アメリカ不法行為法

主要概念と学際法理

AMERICAN TORTS : MULTI-DISCIPLINARY THEORIES

平野　晋 著
Susumu Hirano

中央大学出版部

エンジニア*と,"モノつくり"を通じて社会に貢献する人々に捧げる。

＊ロイヤー・ジョーク〈火星飛行士に最適な資質〉The Right Stuff（ライト・スタッフ）

　　火星に人類を送り込むミッションを検討中のNASAにおいて，人選が始まった。このミッションの最も問題な点は，一人しか選ばれず，しかも片道切符である点だった。行ったら最期，二度と地球には戻れない宇宙飛行士の選考。その対価として幾ら欲しいのかを，候補者に尋ねることになった。
　　候補者の一人，"エンジニア"氏は「一億円」と答えた後，続けてこう言った。「その一億円を母校に寄付します。」
　　次の候補者の"医師"は，同じ質問に対し「二億円」と答え，こう付け加えた。「その内の一億円を家族にあげて，残りは"医学向上基金"に寄付したい」と。
　　最期の候補者は"弁護士"で，返事を小さな声で囁いた，「三億円です」と。
　　面接官が「なぜ前の二人よりもそんなに高額なのだね？」と訊くと，弁護士は更に小さな声で囁いた。
　　「あなたが三億円をくれれば，私はその内の一億円をあなたに差し上げます。そして残りの額から一億円を私がいただいて，……あとはエンジニアに行ってもらいましょう！」

　　拙稿「『法と文学』と法職倫理（第8回）」『際商』Vol. 29, No. 11, 1401, 1402頁（2001年11月）．

はしがき

　筆者がアメリカ不法行為法に，中でも製造物責任法に興味を抱くこととなったのは，undergraduate study（学部教育）を終えて社会人として企業に就職して直ぐのことであった。職務として，アメリカを中心とする多様な国際製造物責任訴訟（litigation）の管理業務（management）[1]を引き受けた筆者は，この分野の様々な問題や矛盾と向き合うことを余儀なくされた。中でも最も印象に残っているのは，1980年代に数年に亘って続いた，中西部のある連邦地方裁判所における「衝突耐性」（crashworthiness）（クラッシュワージネス）[2]を問う訴訟である。原告側弁護士からの，「質問書」（インタロガトリーズ）や「書類等提出要求」（request for production），更には「証言録取」（デポジション）等と呼ばれる膨大な「開示手続」（ディスカバリー）（discovery）要求[3]に対応し，長期の「トライアル（公判）前手続」（pretrial procedure）を終えて，事件はいよいよ「トライアル」（正式事実審理）に突入した。「ヴォア・ディーア」（voir dire：予備尋問）と呼ばれる陪審の選別段階から始まり，各陪審員の背景分析から，証拠調べ段階における陪審員の反応・表情の機微に至るまで，一喜一憂す

---

1) 企業法務は，通常，その大きな比重を占める「予防法務」（e.g., 契約書起案や契約交渉，社内契約審査，等）以外にも，訴訟等への対応・管理という「争訟（臨床）法務」も，主要な業務の一部を構成している。See, e.g., 拙稿「国際法務戦略」in 林昇一＆高橋宏幸 編集代表『戦略経営ハンドブック』466, 469頁（2003年，中央経済社）.
2) 「衝突耐性」（crashworthiness）とは，衝突してもある程度の安全性を有していなければ欠陥であると主張される cause of action（訴訟原因）である。See JAMES A. HENDERSON, JR. & AARON D. TWERSKI, PRODUCTS LIABILITY: PROBLEMS AND PROCESS 242-43 (5th ed. 2004). See also 補追，第四部，第Ⅱ章中の「第三節 政策決定的な製品設計」内の〈D.「衝突耐性」（crashworthiness）型訴訟〉の項.
3) 「質問書」等の「開示手続」については，see infra 第一部，第Ⅰ章中の「第三節 民事訴訟法上（含，証拠法等）の法律用語・概念に関する説明」「1. 訴訟の大まかな流れ」内の〈F. トライアル前手続〉の項.

る毎日。当時は未だ中西部では，たとえ重要訴訟のみを扱う連邦裁判所[4]においてさえも日本人が法廷に登場することが珍しかったためからか，連邦判事は自分の小さな子供を法廷に連れて来て，"社会科見学"をさせていた。被告が欠陥を主張されている自動車と同型車 (an exemplar vehicle) のカット・モデルを「展示証拠」(demonstrative evidence)[5]として証拠採用するように申し立てると，それが気に食わない原告側弁護士は，陪審員抜きで行われる申立の裁定手続の際に，その証拠をわざと乱暴に取り扱って壊そうとさえした。陪審員を法廷に呼び戻して証拠調べが再開すると，良心的に設計を行った被告のエンジニア（証人）に対し，その原告側弁護士は無礼な質問を矢継ぎ早に浴びせ掛けた。……「礼儀正しさ」を欠く (incivility) そのような「訴訟弁護士」(litigators) の態度は一般に，その後アメリカの法律実務で問題になったけれども，数週間続いたトライアルの後に陪審は結局，原告を勝訴させる評決 (verdict for the plaintiff) を下した。しかも，「ミリオン・ダラー・ヴァーディクト」と呼ばれる，億単位の高額な損害賠償を命じる評決であった。「トライアル（公判）後手続」(posttrial procedure)[6]において被告が提出した各種申立も，連邦判事は却下し，評決を受け入れる判決を下した……。

　設計実務というものが，利便や価格や安全等のトレードオフな関係にある諸

---

[4]　連邦裁判所の連邦裁判管轄権は，一定の基準を満たす事件のみを扱う。州内の原告対州外の被告（含，外国企業）との間の訴訟の中でも一定額以上の訴額が係わる「州籍相違裁判管轄権」(diversity suits) が，その例である。

[5]　訴訟における「展示証拠」(demonstrative evidence) の効果的な使用についての実務的な論文として，see, *e.g.,* Mary Quinn Cooper, *Practitioner's Guide : The Use of Demonstrative Exhibits at Trial,* 34 TULSA L. J. 567 (1999)（筆者と共に本件訴訟の防禦を担当した法律事務所のパートナーによる論考）. 学術的な説明としては，see, *e.g.,* MCCORMICK ON EVIDENCE §§ 212-217 (John William Strong, 4th ed. 1992). 証拠採用の可否に関するルールは，see FED. R. EVID. 611(a). *See also id.* R. 403（probative value よりも unfair prejudice 等々が実質的に凌駕する場合には排除される）.

[6]　「トライアル後手続」については，see *infra* 第一部，第Ⅰ章中の「第三節　民事訴訟法上（含，証拠法等）の法律用語・概念に関する説明」「1. 訴訟の大まかな流れ」内の〈G. トライアル後の手続〉の項。

要素の最適なバランスをはかる作業であることを設計者から聞いていた筆者には，その評決・判決が納得できなかった。確かに原告側は，代替設計案（alternative design）を示して[7]設計欠陥の主張・立証を行ったけれども，如何なる事故に対してまでも完全に安全な製品等というものは，実現不可能な話である。そのような現実を踏まえた上で，司法制度は説得力のある，行動指針となるルールを示す責任があるはずではないか。その責任を怠りながら，真摯な設計の結果を事後的に，かつ恣意的に，欠陥扱いして敗訴のレッテルを設計者に貼ることが，筆者には許せなかった。それが正義だとは，思えなかったのである。

その後筆者は幸いにも，製造物責任法の指導的研究者である James A. Henderson, Jr. 教授のいるコーネル大学において，アカデミックな不法行為法等を修得することができた。実務（practice）と密接に関連しているといわれるアメリカのロースクール教育を通じて筆者が感じたことは，判例法と「legal reasoning」の養成を重視した基本に加えて，「法と経済学」に代表される「law ands」（法と〇〇）な学際性が多く論じられていることであった。「法と経済学」が，経済活動に密接なイメージを抱かれる「会社法」（corporations）のような科目で論じられていたのは勿論のこと，「不法行為法」（torts）や「契約法」（contracts）や「財産法」（property）のような民事系基礎必修科目の何れにおいても，教授達は，「法と経済学」的な分析を，講義の初期段階から学生に対し披露し，議論を持ち掛けていた。それは，日本の法学教育では決して経験しなかった新鮮な驚きであった。

本書は，日本と異なるそのようなアメリカ法学の特徴も伝えられるように試みた「トーツ」（不法行為法）の書である。"そのような特徴"とは，即ち，実務に密接であり，判例と「legal reasoning」の養成を重んじ，かつ，学際的視座から在るべき法を探るという特徴である。第一に，実務に密接で判例／

---

7) 設計欠陥を立証するためには原則として「リーズナブルな代替設計案」（reasonable alternative design：RAD）を原告が示さなければならない点については，see infra 第一部，第Ⅱ章中の「第十節 製造物責任」「6．設計欠陥」〈B．更なる洗練化——RAD＝"機能的"設計欠陥基準の採用〉の項．

legal reasoning が重視される点から，民事訴訟や陪審裁判の基礎をある程度知っていることが前提になっている。判例を読み，分析するためには，そこに登場する民事訴訟手続(civil procedure)（含，証拠法(evidence)）を理解していなければならないからである。従って本書も，冒頭の「第一部」において，アメリカ民訴法的な説明にも紙面を割いている[8]。第二に，学際的な視座からの分析として，「法と経済学」と「倫理哲学的基礎(moral foundation of torts)」という，現代不法行為法の原理として重視されている二つの学際的な分析を，「第二部」において紹介している。この二つの学際分析に加えて，更に，近年，アメリカ法学では脚光を浴びてきている「行動経済学」(behavioral economics) や「認知心理学」(cognitive psychology) という分野からの最新の学際的分析（併せて本書においては「法と行動科学（認知心理学）」という）も，「第二部」で紹介してある。「法と行動科学（認知心理学）」は，特に筆者が重視する，明確な「行為規範」(rules for players / the norm for conduct) を示すべきであるという主張を実現化する際に重要な学際分野的な研究であると思われ，かつ日本の法律学では未だ新しい分野であるから，その紹介に紙面を相当割くこととした。なお，本書においては，筆者が関心を抱いている他の「law ands」な分野として，「法と大衆文化」(law and popular culture) や「法と文学」(law and literature) 等と呼ばれるアメリカの学際領域の話題にも言及している。法は，文化やレトリックと無縁ではいられないと感じているからである。

ところで筆者が，本書執筆を思い立った理由の一つは，経済産業省の「ロボット政策研究会」の委員に指名されたことによる[9]。民生用のサービス・ロボットを開発・普及させて，「RT」と呼ばれる "robot technology" を日本の次世代産業の柱にしようという意欲的なその研究会において，大きな心配事となっ

---

[8] 更に，実際に判例を分析する際に必要な技能である「ケース・ブリーフィング」についても，第一部，第Ⅰ章「第四節 ケース・ブリーフ（判例要約）の作り方」の項において紹介している。なお第一部は更に，不法行為法の全体像を概説している。

[9] See 経済産業省「ロボット政策研究会（第一回）の開催について」平成17年1月25日 available at 〈http://www.meti.go.jp/press/20050125003/050125robbot.pdf〉(last visited Sept. 28, 2005).

ていたのが，製造物責任や「安心・安全」への考え方である。あらゆる活動に危険が伴うのと同様に，製品事故もまた不可避である。そこで，何処まで安全を図れば「最適」（optimal）なのかという難しい問題が，ロボットの開発・普及を検討するエンジニア等の関係者に問われているのである。そのような検討への一助にもしたいとの思いも込めつつ本書を執筆したので，読者にも今後の機械系製品に関する製造物責任や安全に関する在り方について，考えてもらえれば幸いである。

なお，本書の主要な関心事は，現代不法行為の中心的なトピックである「事故法」（accident law）や製造物責任法とそれに関わる政策であるけれども，同時に，最も新しい不法行為法の領域である「サイバー・トーツ」（cyber-torts）にも，補追において言及した。（補追，第五部，第Ⅲ章参照。）"サイバー・トーツ"とは，「サイバースペース」（cyberspace）における不法行為法の意である。"サイバースペース"とは，ネットワーク上のコミュニケーション世界のことである。具体的には，インターネットに関わる不法行為が，ネットの普及と共に，新たな領域として付け加わってきた訳である。筆者は，製造物責任法と同様に，サイバー法の研究も実務と共に続けてきたので，最近のアメリカの不法行為法がサイバー・トーツ判例をケースブック（casebook）[10]に掲載していることを知り，補追においてその分野に言及することとした。

最後に本書の刊行に当たっては，短いリードタイムの中で中央大学出版部の平山勝基部長に大変ご尽力いただいた。感謝申し上げたい。

---

10) *See, e.g.,* E. ALLAN FARNSWORTH & MARK F. GRADY, TORTS : CASES AND QUESTIONS 54, 629 (2004) ; AARON D. TWERSKI & JAMES A. HENDERSON, JR., TORTS : CASES AND MATERIALS 13, 19, 942, 968 (2003) ; VICTOR E. SCHWARTZ, KELLY KATHRYN & DAVID E. PARTLETT, PROSSER, WADE AND SCHWARTZ'S TORTS : CASES AND MATERIALS 77, 81 (11th ed. 2005) ; RICHARD A. EPSTEIN, CASES AND MATERIALS ON TORTS 1058 (8th ed. 2004). なお「ケースブック」とは，ロースクールにおいて用いられる教科書であり，多くの判例の中の法廷意見等の原文を抜粋した部分と，多くの学説（その中の多くはいわゆる law journal や law review と呼ばれる論文の原文の抜粋）から構成されるものである。

「補追」について

本書の原稿は当初，第一部から第五部の全五部構成であった。しかし本書に載せることができたのは，前半の第一部および第二部のみとなった。採算上の障害と刊行時期による日程上の問題が主な原因である。

そこで後半の原稿を如何にすべきか……。以下の著名なサイバー法判例が示すように，インターネットは publication の「取引費用」を引き下げて，人々の「知る権利」を実質的に満たす媒体である。

> 「インターネットは，全てのコミュニケーションに対し比較的無限で低コストな能力を与える……。ウェブ・ページや電子メールやニュース・グループを通じて，個人が"出版社"になり得るのだ。」
>
> "[The Internet] provides relatively unlimited, low-cost capacity for communication of all kinds. . . Through the use of Web pages, mail exploders, and newsgroups, the. . . invidual can become a pamphleteer."
>
> *Reno v. American Civil Liberty Union,*
> 521 U. S. 844, 870 (1997).

そこで筆者は原稿の後半（第三部，第四部，および第五部）に「補追」という呼称を与えて，以下のウェブサイト上にて順次 publish することとした。*

http://www.fps.chuo-u.ac.jp/~cyberian

この URL は将来，引っ越し等の理由により変更される可能性があるけれども，「補追」に興味のある読者はサーチ・エンジン等を用いて引っ越し先を検索し，本書の更なる理解の一助としていただければ幸いである。

＊ 『国際商事法務』誌35巻（2007年）下半期以降においても順次分載予定である。

凡　　例

出典表示について（rules of citation）

　本書における注書の形式は，できるだけ，いわゆる『ブルーブック』[1]に従っている。『ブルーブック』とは，アメリカの主要ロースクールの紀要論文（「law journal（ロー・ジャーナル）」や「law review（ロー・レヴュー）」と呼ばれる）等における出典表示（citation）形式の基準書である。

see, supra, infra, **および** ***id.*** **の意味について**

　これらの意味は『ブルーブック』に定義されているけれども，本書の脚注（footnote や単に note と呼ばれる）において多用するので，簡潔に説明しておく。「*see*」は「参照」の意[2]，「*supra*」は「前掲」の意[3]，「*infra*」は「後掲」の意[4]，「*id.*」は「同上」の意[5]である。

原告・被告の表記について（π, ⊿）

　本書が主に扱うアメリカの裁判例とその紹介や研究においては，当事者名を表すことが慣例であり，本書もこれに従っている。更に，アメリカの法律実務や法学教育では，「原告」（plaintiff）のことをしばしば"π"や"P"という頭文字を用いた略称によって表し，かつ，「被告」（defendant）を"⊿"や"D"という頭文字で表すので，本書でもこれを採用している。

---

1) The Bluebook: A Uniform System of Citation (Columbia Law Review Ass'n et al. eds., 18th ed. 2005).
2) *Id.* R. 1. 2(a), at 46.
3) *Id.* R. 4. 2(a), at 66.
4) *Id.* R. 3. 5, at 63.
5) *Id.* R. 4. 1, at 64-65.

判例と裁判例の違い（cases）

　厳密に両者を区別する記述方法も日本には存在しているけれども，本書では全て「判例」という表現に統一して記述することとした。

rationality と reasonableness について

　「rationality」という文言と「reasonableness」という文言は似ているけれども，アメリカ不法行為法においては（も），その意味を分けて捉える必要が生じる場合がある。そこで本書ではできるだけ両者をカタカナ表記で示すように試みた。なお，両者の意味の違いについて示唆となる説明は，本書の第二部，第Ⅱ章中の「第二節　平等の倫理」内の「7．他者の利益の『平等』な尊重と"リーズナブルネス^{reasonableness}"対"ラショナリティー^{rationality}"」の項を参照されたい。

hypothetical,「ハイポ」(hypo.) について

　ロースクールに代表されるアメリカの法学教育や，ロー・ジャーナル（またはロー・レヴュー）等のアカデミックな法律学論文等においては，「hypothetical」と呼ばれる仮想事例を用いて，それに関して様々な議論を展開することが一般的である。更にそのような仮想事例を短縮して，「hypo.^{ハイポ}」と呼ぶのが慣わしである。文章では「Suppose…」とか，「Assume…」という書き出しで始まるセンテンスがその類である。本書でも，「ハイポ」という文言を用いて仮想事例を紹介しているが，それは以上のようなアメリカ的法律学の伝統に基づいている。

strict liability と fault（negligence または intent），および absolute liability と liability without fault について

　アメリカの不法行為法（torts）においては，原告（π）が被告（Δ）の故意または過失の立証を要求されていない場合の責任（liability）が，「strict liability」（厳格責任）と表現され，πがΔの故意または過失の立証を要求される場

合には，⊿の「fault」を立証しなければならないと表現される[6]。即ち，日本の法律学で言うところの「無過失責任［主義］」が「strict liability」に匹敵し，「過失責任主義」が「fault」に匹敵すると言えよう。

　もっとも「過失責任」対「無過失責任」と単純化されたダイコトミー（二分論）（dichotomy）な議論も，実はそのように単純ではない。「厳格責任」（strict liability）は，本書でも一応，便宜上，「無過失責任」（liability without fault, no-fault liability）と位置付けて説明を展開しているけれども，それは「絶対責任」（absolute liability）とは異なる，とアメリカではしばしば指摘されている。何故ならば，厳格責任においても⊿側に様々な抗弁（defense）が許されているからである。更に，厳格責任は「liability without fault」であると便宜上は説明されるけれども，厳格責任の類型になるか否かの評価においては，そのような⊿の活動がπとの関係においてたとえば非互酬的危険（nonreciprocal risk）である中で被害を生ぜしめた場合には賠償責任を負うべきであるという「非難に値する」（blameworthy）要素もあったのではないかとも言われる。即ち純粋にfaultの要素がないとまでは言い切れないようである。そうであれば，「厳格責任」は「厳格責任」であって，「無過失責任」（もしそれが非難に値するという要素に全く反した絶対責任的な意味をも含意するならば特に）ではないし，ましてや「絶対責任」でもない，という説明が正しいのかもしれない[7]。前述の通り本書では，説明の便宜上，「strict liability」を「厳格（無過失）責任」と訳している部分も多いけれども，その背景には以上のような分析も存在することは，理解しておいて欲しい。

---

6) RUSSELL. WEAVER, JOHN H. BAUMAN, JOHN T. CROSS, ANDREW R. KLEIN, EDWARD C. MARTIN & PAUL J. ZWIER, II, TORTS : CASES, PROBLEMS, AND EXERCISES 10 (2005).

7) *See, e.g., id.* at 686. 更に本文中の指摘を理解するために有用な論文は，see George P. Fletcher, *Fairness and Utility in Tort Theory,* 85 HARV. L. REV. 537(1972)（互酬原理によって故意，過失，および厳格（無過失）責任のコモン・ロー判例を説明している）. *See also infra* note 105 in page 66.

possibility と probability

本書は,「probability」が重視されてきたアメリカ不法行為法を紹介する。「probability」とは「蓋然性」であり,単なる「可能性」(possibility) よりも確率の大きい場合を表す。

Restatement(リステイトメント)について

不法行為法には,二次的法源（secondary authorities）[8]として,RESTATEMENTと呼ばれる判例傾向を言い直した編纂物が大きな影響を与えている。それは,大陸法系における民法典（Civil Code）に匹敵する存在であるという評価さえある[9]。中でも特に多く依拠されてきた RESTATEMENT (SECOND) OF TORTS『リステイトメント（第二次）不法行為法』と,混乱が続いた製造物責任法の今後の規範となり得る RESTATEMENT (THIRD) OF TORTS : PRODUCTS LIABILITY『リステイトメント（第三次）不法行為法：製造物責任』の表記については,本書内では場合により簡略化して,以下のように表す場合がある。

RESTATEMENT (SECOND) OF TORTS ⇒「第二次リステイトメント」,または,「R2T」

RESTATEMENT (THIRD) OF TORTS : PRODUCTS LIABILITY ⇒「製造物責任法リステイトメント」(Products Liability Restatement)

---

[8]「secondary authorities」（二次的法源）については,see infra 第一部,第Ⅰ章中の「第二節 アメリカ不法行為法の主要概念」内の「4．二次的法源（リステイトメント等）」の項.

[9] ROBERT COOTER & THOMAS ULEN, LAW AND ECONOMICS 64 (4th ed. 2004).

目　　次

はしがき

「補追」について

凡　例

序　論（introduction） …………………………………………………… 1
　ホット・コーヒー火傷訴訟は正しかった?!　3
　多くの者が抱く疑問　4
　本書の抱く関心事　7

本書において筆者が重視する諸価値・諸要素 ……………………………… 9
　1．忘れられがちな"資源の稀少性"と，『幸福な王子』のメタファーと，
　　　近視眼的思考の弊害　10
　2．忘れられがちな事故発生「蓋然性」（probability）への配慮　13
　3．忘れられがちな「効用」（utility）への「平等」（equal）な尊重という倫理　15
　4．安全と効用の忘れられがちな「トレードオフ」（tradeoffs）の関係　16
　5．製品事故では利用者こそがしばしば「ベスト・リスク・ミニマイザー」
　　　であるという指摘の重要性と，「公正」（fairness）という要素の重要性　18
　6．法と経済学的な「抑止」（deterrence）と倫理哲学的な「矯正的正義」
　　　（corrective justice）の実現の双方の価値への配慮　22
　7．「行為規範」を示す「程度」こそが問題である　23
　8．不法行為［訴訟］制度と，訴訟に頼らない社会保障（セーフティー・
　　　ネット）的救済制度との最適な組み合わせの必要性　24

第一部　不法行為法の概要（big picture）

第Ⅰ章　不法行為法の特徴（nature of torts） …………………………… 27

第一節　不法行為法（torts）とは何か ………………………………… 27
　　1．序　論　27

2．非難に値する要素の弱体化と批判　31
　3．不法行為訴訟における敗訴には「汚名」が伴う　32
　4．「賠償」（compensation）と「抑止」（deterrence）　38
　5．事故法（accident law）　43
　6．歴史観の対立――「過失責任主義」は本当に19世紀産業補助的な偏向だったのか？　43
　7．"EL"：エンタープライズ責任　44
　8．労働災害保険制度，ノーフォールト自動車事故賠償制度，ニュージーランド事故補償制度（workers compensation, automobile no-fault plan, New Zealand Accident Compensation Scheme）　48
　9．ニュージーランド事故補償制度とPalmer元首相の指摘　49
　10．「9・11」（The September Eleventh）テロ被害者補償基金　52
　11．不法行為法の法律学上の分類　53
第二節　アメリカ不法行為法の主要概念　54
　1．州法と判例法　54
　2．アナロジー（類推適用）能力の重要性　57
　3．「帰納法」と「演繹法」によるリーズニングの重要性　59
　4．二次的法源（リステイトメント等）　62
　5．prima facie case（構成要素）　65
第三節　民事訴訟法上（含，証拠法等）の法律用語・概念に関する説明　67
　1．訴訟の大まかな流れ　68
　2．不法行為法に関連する各種申立の概要（motion practices）　75
　3．証拠と証人（evidence and witness）と「証拠法」（evidence）　82
　4．覆す（reversed），差し戻す（remanded），および，支持する（sustained）　84
　5．法廷意見，同意意見，反対意見，および傍論（opinion, concurrence, dissent, and *dicta*）　84
　6．立証責任（burden of proof）　85
　7．仮処分関係　88
第四節　ケース・ブリーフ（判例要約）の作り方（**case briefing**）　89
　1．事　実（facts）　89
　2．争　点（issues）　91
　3．判決・決定・判示事項（holding / decision）　91

4．関連法規・判例・学説（rules）　91
　　5．理　由（reasoning / rationale）　92

第Ⅱ章　不法行為法の主な要素（prima facie case） ……… 93
第一節　故意による不法行為（intentional torts） ……… 93
　　1．総　論　93
　　2．諸類型　93
　　3．人身侵害（人身損害）　94
　　4．財産侵害　94
　　5．精神的侵害　95
　　6．総　括　95
第二節　過失責任（negligence） ……………………………… 96
　　1．過失責任のプライマ・フェイシャ・ケース　96
　　2．「リーズナブル・パーソン・スタンダード」と客観基準　97
　　3．予見可能性（foreseeability）　98
　　4．コミュニティー・スタンダード　99
　　5．"事前"の判断を"事後"的に評価する　100
　　6．単純ではない過失基準　100
　　7．ときに遵守不可能な義務を課してしまうリーズナブル・パーソン・スタンダード　101
　　8．「ノンフィザンス（不作為）」と「ミスフィザンス（失当な行為）」　103
　　9．危険の計量と「ハンド・フォーミュラ」　106
　　10．注意義務の「射程」（「ゾーン・オブ・デインジャー」）対「近因」（リーズナブルな"予見可能性"）　107
　　11．業界慣行（industry custom）と、「制定法違反即過失」（negligence *per se*）と、「過失推定則」（*res ipsa loquitur*）　109
第三節　厳格（無過失）責任（strict liability） ……………… 110
　　1．厳格責任のプライマ・フェイシャ・ケース　110
　　2．野生動物と「異常なまでに危険な諸活動／超危険な諸活動」　111
　　3．使用者責任・代位責任（*respondeat superior* / vicarious liability）　112
第四節　因果関係（causation） ………………………………… 113
　　1．概　要　113

2．因果関係に関する「法と経済学」および「倫理哲学」からの指摘　114
　　3．事実的原因（cause in fact）――「but-for causation」と
　　　「substantial factor rule」　115
　　4．法的原因・近因（legal cause / proximate cause）　116
　　5．予見可能性の「倫理哲学」的分析例　121
　　6．予見可能性に関する「法と行動科学（認知心理学）」からの分析　121
　　7．独立参入原因・中断原因（intervening cause / superseding cause）　122
　第五節　抗　弁（defense）……………………………………………124
　　1．抗弁と「積極的抗弁」（affirmative defense）の違い　124
　　2．「寄与過失」（contributory negligence）と「比較過失」（comparative
　　　negligence）　125
　　3．原告側の過誤（フォールト）と「法と経済学」的"抑止"論　127
　　4．「危険の引受」（assumption of risk）　129
　　5．その他の抗弁　133
　第六節　救　済（remedies）／「コモン・ロー」対「衡平法」……133
　　1．コモン・ロー上の救済と衡平法上の救済　133
　　2．懲罰賠償（punitive damages）　136
　　3．「メッセージを送る」（"sending the message"）　138
　第七節　共同不法行為者（joint tortfeasors）と連帯責任（joint and
　　　　　several liability）……………………………………………139
　第八節　陪審員と判事／事実認定者（jury and judge / fact finder
　　　　　あるいは trier of fact）……………………………………141
　第九節　専門家責任と医療過誤（professional liability and "med mal"）
　　　　　…………………………………………………………………145
　　1．専門家責任（malpractice）　145
　　2．医療過誤（"med mal"）　146
　第十節　製造物責任（products liability）………………………………149
　　1．製造物責任のプライマ・フェイシャ・ケース　149
　　2．法　理　150
　　3．製造物責任法は必ずしも無過失責任ではない　153
　　4．「欠陥」概念の重要性と欠陥の三分類　156
　　5．製造上の欠陥（manufacturing defects）　157
　　6．設計欠陥（design defects）　160

7．設計欠陥における"例外的"な無過失責任寄り類型　166
　8．「誤作動の法理」（the "malfunction doctrine"）　168
　9．警告欠陥（warning defects）　171
　10．警告貼付は必ずしも設計欠陥責任を回避させ得ない――「明らかな危険のルール」（patent danger rule）の衰退と設計欠陥　181
　11．「製品分類別責任」（product category liability）――製造物責任法における「最後の開拓地」（the last frontier）　183
　12．特殊な製品の製造物責任　186
　13．抗弁（その１）：製造責任における利用者側の非行・過誤　189
　14．抗弁（その２）：「state-of-the art」（技術水準の抗弁）　191
第十一節　名誉毀損（defamation : libel and slander）………………… 198
　1．概　要　198
　2．「サイバー・トーツ」と名誉毀損　199
　3．憲法（言論の自由）上の名誉毀損請求への制限　200
　4．「SLAPP」（Strategic Litigation Against Public Participation）　200
第十二節　プライバシー権侵害（invasion of privacy）………………… 201
　1．概　要　201
　2．「right to be let alone」（放っておいてもらう権利）　202
　3．Warren & Brandeis　203
　4．プライバシー権は"財産権"か，"精神被害"か，または"個人の尊厳"か　204
　5．Prosserによる第二次リステイトメントの編纂とプライバシー侵害の四類型　205
第十三節　サイバー不法行為法（cyber-torts）…………………………… 206

第二部　不法行為法の学際的原理（jurisprudence of torts）

不法行為「法と経済学」と倫理哲学の歴史　212

第Ⅰ章　「法と経済学」的な「抑止」等（"law and economics" and deterrence）………………………………… 215

第一節　概　説 …………………………………………………………… 215
　1．序　論　215

2．「事故費用」と「防止費用」の和の減少＝「事故法」の目的　218
3．「危険（損失）の分散」と「ディープ・ポケット」　219
4．危険の分散とディープ・ポケット理論への批判　220
5．「チーペスト・コスト・アヴォイダー」　221
6．「効率的配分」（efficient allocation）対「分配的正義」（distributive justice）　224
7．「パレート最適」（Pareto efficiency）と「完全競争市場」（perfectly competitive market）　227
8．「カルドア＝ヒックス効率」（Kaldor-Hicks efficiency：可能性・潜在的パレート最適）　228
9．「市場の失敗」（market failure）と「外部効果」（external effect）　229
10．「内部化」（internalization）と事故の抑止　231
11．「共有地の悲劇」（The Tragedy of the Commons）　231
12．「情報の非対称性」（an asymmetry of information）　233
13．保険制度：「モラル・ハザード」と「逆選択」（adverse selection）　235
14．保険制度と「危険回避」（risk aversion）と「危険愛好」（risk-seeking, risk-preferring）　238

第二節　「コースの定理」（Coase Theorem） ……………………………… 239

1．「コースの定理」（Coase Theorem）と「互酬的性格」（reciprocal nature）　239
2．「コースの定理」と取引（bargain）を通じた資源の効率的リアレンジメント　242
3．「コースの定理」と「市場取引費用」（market transaction costs）　243
4．「コースの定理」と被告の行為の効用の尊重　246
5．「コースの定理」と内部化への懐疑　247
6．コースの定理のハイポと人身損害（personal injury）　248
7．コースの分析と「双方的危険」（bilateral risk）・「一方的危険」（unilateral risk）　248
8．「注意レベル」（care levels）と「活動レベル」（activity levels）における抑止効果　250

第三節　「チーペスト・コスト・アヴォイダー」論への批判 ………… 254

1．「チーペスト・コスト・アヴォイダー」の無過失責任的解釈　254
2．「チーペスト・コスト・アヴォイダー」の無過失責任的解釈への批判：倫理哲学等からの示唆と，誰が危険を管理していたのか（原告側の非行・

過誤への抑止の重要性）という問題　255
　3．それでは誰がチーペスト・コスト・アヴォイダー（ベスト・リスク・
　　ミニマイザー）なのか　262
第四節　ハンド・フォーミュラ（Hand Formula）……………………266
　1．"最適"な防止費用と「ハンド判事の公式」　266
　2．ハンド・フォーミュラのR. Posnerによる解釈　269
　3．広く支持されるハンド・フォーミュラ　271
　4．何故ハンド・フォーミュラは支持されるべきなのか　274
　5．陪審員には理解され難いハンド・フォーミュラ　277
　6．「危険中立的」（risk neutral）と「危険回避的（risk averse）」選好な
　　「ハンド・フォーミュラ」の問題点　283
第五節　危険効用基準（risk-utility standard）……………………285
　1．ハンド・フォーミュラの歴史　285
　2．リステイトメントの示す「危険効用基準」　287

第Ⅱ章　「倫理哲学」的な「矯正的正義」の実現等（moral philosophy and "corrective justice"）……………………291

第一節　矯正的正義論（corrective justice）……………………291
　1．序　論　291
　2．「帰結主義」（consequentialism）と「義務論主義」（deontology）　294
第二節　平等の倫理……………………295
　1．「平等な自由」（equal freedom）　295
　2．「受容された相互作用」（an accepted interaction）　299
　3．「一方的危険」と厳格（無過失）責任　300
　4．危険の管理　301
　5．「平等」と製造物責任　302
　6．「平等」の倫理と「ハンド・フォーミュラ」とリステイトメント　305
　7．他者の利益の「平等」な尊重と"リーズナブルネス"対"ラショ
　　ナリティー"　307
　8．「効用」（utility）　308
　9．「不均衡基準」："安全利益"対"活動（の自由）利益"　309
　10．ハンド・フォーミュラと被告の活動の価値評価：「危険効用基準」　312

11．「真実」　313
第三節　「コミュニタリアニズム」（communitarianism）と企業性悪説
　　　　　　　　　　　　　　　　　　　　　　　　　　　　　　　　　　315
　　1．「分配」あるいは「分担」と「コミュニタリアニズム」
　　　（communitarianism）の倫理　315
　　2．企業性悪説的な見方と大衆文化（popular culture）　317
　　3．不法行為訴訟の基準として批判されるコミュニタリアニズム／
　　　シェアリングの倫理観　321
第四節　「パターナリズム」（paternalism）と「自己責任」
　　　　　　（personal responsibility）　　　　　　　　　　　　　　322
　　1．「選択の自由」（freedom of choice）と「リバタリアニズム」対
　　　「パターナリズム」　322
　　2．アメリカ法律学上は忌み嫌われてきた「パターナリズム」　324
　　3．「法と行動科学（認知心理学）」が揺るがせる「反パターナリズム」　326
　　4．「ソフト・パターナリズム」対「ハード・パターナリズム」　330
　　5．「非対称パターナリズム」と「リバタリアン・パターナリズム」　331
　　6．「自己責任」と自決権　332
第五節　ロールズ，フレッチャー，そしてドゥウォーキン　　　　342
　　1．John Rawls と"正義"（justice）　342
　　2．"賠償の互酬原理"（reciprocal principle of recovery）と George
　　　P. Fletcher　344
　　3．Ronald Dworkin の"法の帝国"（LAW'S EMPIRE）と「平等主義」
　　　（the principle of equality）　346
　　4．コメント　346

第Ⅲ章　「法と行動科学（認知心理学）」からの新たな示唆（law, behavioral economics, and cognitive psychology）　　　348

第一節　序　論　　　　　　　　　　　　　　　　　　　　　　　348
　　1．「法と行動科学（認知心理学）」とは何か　351
　　2．「限定合理性」（bounded rationality）と「限定意思力」（bounded
　　　willpower）　352
　　3．「予測理論」（prospect theory）　353

第二節　「法と行動科学（認知心理学）」上の主要概念 …………… 359
  1．「入手容易性ヒューリスティック」(availability heuristics)　359
  2．「投錨と調整」(anchoring and adjustment)　367
  3．「あと知恵の偏見」(hindsight bias)　370
  4．「自己奉仕的偏見」(self-serving bias) や「自己中心主義」
    (egocentrism) 等　375
  5．「フレイミング効果」(framing effects) と「予測理論」(prospect theory)　377
第三節　その他の「法と行動科学（認知心理学）」上の概念 ………… 384
  1．「所有効果」(endowment effects)，「現状執着偏見」(status quo bias)，
    「損失回避」(loss aversion)，および「不作為性向」(omission bias)　385
  2．「カスケード」(cascades：連鎖反応)　389
  3．「倫理ヒューリスティック」(moral heuristics)　392
  4．「感情・愛情・情緒ヒューリスティック」(affect heuristics)　397
  5．個人的（主観的）価値判断（individualized value judgments)　398
  6．「シナリオ」(scenarios)　401
  7．「事例に基づく判断」(case-based decision)　401
  8．「帰属錯誤」(attribute error) と「観察者効果」(observer effect)　401
  9．「偏見除去技能」(debiasing techniques)　402
  10．「極端の回避」(extreme aversion)　403
  11．「楽観への偏見」(optimistic bias)　403
  12．「認知不協和理論」(cognitive dissonance theory)，「言質偏見」(commitment bias)，および「自己奉仕推論」(self-serving inference)　404
第四節　法と行動科学（認知心理学）を使ったエンタープライズ責任
    （EL）の解釈の対立 ……………………………………………… 405

第Ⅳ章　"安心・安全"の認知と誤謬（safety and perception of risk） …………………………………………………………………… 409

第一節　効率性の重要性と価値評価の必要性 ……………………………… 410
  1．効率性の重要性　410
  2．"100％の安全性"という"神話"の罪　411
  3．価値評価の必要性　413

xx　目　　次

第二節　大衆の抱く危険意識の誤謬 …………………………………… 415
1．専門家と素人で判断が異なる例　415
2．感情による危険度の過大評価　415
3．大衆（陪審員）は，「あと知恵」により，僅かな安全対策費を企業が掛けてさえいれば，その悲惨な事故被害を防止・回避でき得たはずであると誤って計量しがちである　417
4．危険性を人が過大評価・過小評価する諸要素一覧表の例　420
5．比較的古くから大衆の抱くアンリーズナブルな危険意識であるとしばしば指摘されてきた事象類型の例　421
6 "制御不能"（uncontrollable）あるいは "非自発的"（involuntary）な危険　423
7．未知の危険　426
8．カタストロフィーな危険　428

第三節　危険意識の誤謬への対応策 …………………………………… 430
1．非自発的な危険と周知　430
2．効用とパターナリスティックな安全規制　433
3．未知の危険と認知度の向上　436
4．カタストロフィーと新技術　437

第四節　生命・身体を価値評価する（value of life）………………… 438
1．生命・身体（life and limb）の価値評価の必要性　438
2．「受入補償額（WTA）」の "コースの定理" と "ハンド・フォーミュラ" への影響　446
3．小　括　450

第五節　蓋然性が不確実な場合の「予防原則」（precautionary principle） …………………………………………………………… 453
1．「予防原則」（precautionary principle）とは何か　454
2．安全利益の価値評価の多様性　455
3．何が学べるか　456

参考文献　459

索　　引　481

序　論（introduction）

Political, social, and economic changes entail the recognition of new rights, and the common law, ... grows to meet the demands of society. .... Gradually the scope of these legal rights broadened ; now the right to life has come to mean the right to enjoy life, ... the right to be let alone ....

Samuel D. Warren & Louis D. Brandeis, *The Right to Privacy*, 4 HARV. L. REV. 193, 193 (1890).

嘗て Ronald H. Coase が，その「コースの定理」（Coase Theorem）を示したと言われている論文[1]は，以下の文章で始まる。「This [article] is concerned with those actions of business firms which have harmful effects on others.」本書の主たる関心事も，そこにある。更に本書は，Guido Calabresi の有名な著書[2]の主題である「accident law」（事故法）にも関心を寄せる。即ち，アメリカの不法行為法を紹介しながら，特に，「産業化社会」（industrialized society）においてある程度不可避的に生じる事故に対する企業被告の責任を扱うのである[3]。

しかし上述した「法と経済学」（law and economics）の古典的先人達の時代から，相当程度経っている今日，筆者が本書を書こうと思った動機となる事件は，

---

1) Ronald H. Coase, *The Problem of Social Cost,* 3 J. L. & ECON. 1 (1960).
2) GUIDO CALABRESI, THE COSTS OF ACCIDENTS : A LEGAL AND ECONOMIC ANALYSIS (1970).
3) アメリカでは「産業化社会」から生じる事故以外にも，もっと新しい不法行為法の発展領域として，「情報化社会」（information society）がもたらす不可避的な事故に関する「サイバー不法行為」（cyber-torts）という分野も出現している。*See* 補追，第五部，第Ⅲ章。

"迷い牛"が隣地の農作物を食べたり[4]，蒸気機関車が火の粉を撒いて沿線の農地を焼いたり，自動車事故が頻繁なのに補償制度が不備であったという問題ではない。筆者が関心を抱いたのは，いわゆるホット・ドリンク火傷訴訟である。超大手ファースト・フード・チェーン店の"持ち帰り"（ドライヴ・スルー）用コーヒーを零して大火傷を負った原告（π）が，損害賠償を求めてファースト・フード店の被告（Δ）企業を訴えたところ，約3億円（2.86百万ドル）相当もの高額なπ勝訴の陪審評決（"JV/π"）が下されたという事件である[5]。これは国際的に報道され[6]，一般的にいき過ぎた濫訴社会アメリカの有名事例として受け取る限りは珍しくもない事件である[7]。しかし筆者が本件にインスパイアされたのは，その報道ではない。むしろその高額評決を正当化する，最近散見されるようになった一部の言説[8]に興味を抱いたのである。

---

4) Coase, *The Problem of Social Cost, supra* note 1, at 1.
5) Liebeck v. McDonald's Restaurants, P. T. S., Inc., Civ. No. CV 93-02419, 1995 WL 360309 (N. M. Dist. Ct. Aug. 18, 1994). なお左の出典は単に手続的事項しか扱っておらず，この有名な事件の実体的な内容は公表判例となっていない。しかしその内容の詳細は，後掲脚注＃9にて挙げる論文と書籍が"原告（π）寄り"な立場から紹介している。ところで本文で紹介するように，同事件は結局，高額過ぎた評決額が裁判官によって減額された末に，和解（和解額は秘密）により終結している。
6) *E.g.*, Associated Press, *Woman Burned by Hot McDonald's Coffee Gets $2.9 Million*, Aug. 18, 1994.
7) もっとも代表的な不法行為法学者達が，この事件を「都市伝説」（"urban legend"）の地位を得たと評していることは，記録に値しよう。AARON D. TWERSKI & JAMES A. HENDERSON, JR., TORTS : CASES AND MATERIALS 652 (2003).
8) 次の脚注で紹介するアメリカの"原告寄り"な言説以外にも，日本においても近年，「*Liebeck*」事件の高額評決を擁護する言説が見られる。*See, e.g.*, 内閣，司法制度改革推進本部，司法制度改革審議会「第20回 司法制度改革審議会議事録」（平成12年5月30日(火)14:00～17:00, 於：内閣総理大臣官邸大客間）*available at* <http://www.kantei.go.jp/jp/sihouseido/dai20/20gijiroku.html> (last visited Apr. 17, 2006)（委員による同訴訟への肯定的発言）；浜辺洋一郎『司法改革』116-17頁（平成13年，文春新書）。

ホット・コーヒー火傷訴訟は正しかった?!

　この高額評決を擁護する見解は，以下の事実を挙げて，陪審員の判断が正しかった，正義が下された (justice has been done)，と主張している[9]。

- πは皮膚移植手術を受けて完治まで2年掛かるばかりか，恒久的な傷跡も残る第三度の火傷を負った。殆どの消費者は，これ程の火傷を負うことになる高温なコーヒーをファースト・フード店が出しているとは知らない。しかもこのファースト・フード企業では過去10年の間に，700件ものコーヒーによる火傷の事件があり，僅か2秒から7秒で第三度の火傷になることを知っていて，危険性を医療専門家が指摘していたにも拘わらず，温度を下げなかった。
- 陪審員は，被害者にも過失があったと認定して，通常（補償的）損害賠償額（compensatory damages）を20％減額している。しかし陪審員は，消費者安全を無視したファースト・フード企業を懲らしめるために，同社の2日分のコーヒーの売り上げである2.7百万ドルを，「懲罰賠償」（punitive damages：``pun dmg''）として加えた[10]。もっともこの高額評決額も，裁判

---

9) *E.g.,* Deborah L. Rhode, *Too Much Law, Too Little Justice : Too Much Rhetoric, Too Little Reform,* 11 GEO. J. LEGAL ETHICS 989, 995 (1998) ; Reed Morgan, *Verdict against McDonald's Is Fully Justified,* NAT'L L. J., Oct. 24, 1994, at A20（当該事件におけるπ側弁護士による反論記事）。なお，公表判例になっていない同事件に関する詳しい情報については，以下が，``π寄り''な立場から記載されてはいるものの，参考になる。Michael McCann, William Haltom & Anne Bloom, *Java Jive : Genealogy of a Juridical Icon,* 56 U. MIAMI L. REV. 113 (2001)（マスコミ報道が偏向していたと批判する論文ではあるが，法廷でのtranscriptに基づき記述している）；RALPH NADER & WESLEY J. SMITH, NO CONTEST : CORPORATE LAWYERS AND THE PERVERSION OF JUSTICE IN AMERICA 266-73 (1996)（πの正当性を擁護すると共に企業⊿を非難する書籍であるが，陪審員インタビュー等を伝えている）。
10) 「懲罰賠償」（punitive damages）とは，アメリカ特有の制度で，損害を補償させるだけではなく不法な行為を繰り返す者を懲らしめるために，通常の補償的損害賠

官が減額して，トータルの判決額は結局64万ドルにまで下がっている。そしてπは，控訴される危険を避けるため，公表されていない金額による和解(settlement)に応じている。(しかも和解額が公表されていないのは，⊿側が和解契約で守秘条項を要求したからである。)[11]
- ファースト・フード店側は，この事件以降，警告を［更に］表示するようになり，評決の翌日の報道によればアルバカーキのチェーン店ではコーヒーの温度を下げて，第三度の火傷に至るまでには約60秒掛かるようになった。だからマスコミが馬鹿馬鹿しい訴訟だと非難するような性格の事件ではなかった……。

多くの者が抱く疑問

本件の陪審評決を擁護する上の論調が企業⊿敗訴の高額評決を肯定する主な理由は，零したら大火傷になることを⊿が知りながらも，温度設定を熱いままに放置していたことにあるようである[12]。

しかしそれでも多くの者にとっては，このような高額評決が下されたことに対し（たとえ後に減額され，かつ和解で終結したとはいえ），疑問が残るようである[13]。そもそも零したのは，π自身の過誤(fault)(フォールト)である。しかも，調べてみると，零しただけではなく，それを拭き取らないまま長時間放置したというπ自身の更なる過誤が加わって[14]，大火傷に繋がっている。更に高額評決に疑

償(compensatory damages)に付加して高額な賠償を課すというものである。*See infra* 第一部，第Ⅱ章「第六節 救済／『コモン・ロー』対『衡平法』」の中の「2．懲罰賠償」の項．

11) Nader & Smith, No Contest, *supra* note 9, at 267.
12) McCann et al., *Java Jive, supra* note 9, at 129-30（700件もの火傷のクレームがあったにも拘わらず温度を下げなかった⊿を懲らしめる意図だった旨を，陪審員達が語っている）; Nader & Smith, No Contest, *supra* note 9, at 269-71（同前）．
13) 大学における講義や演習において本件に関する受講生の感想を筆者が尋ねると，賛否両論に分かれるのが常である．
14) もっとも，ある陪審員は，車内でホット・コーヒーを零した場合には直ぐに拭き

問が抱かれる理由は，普通の消費者であれば大火傷には至らないのではないかという点にもあるようだ。即ち，いくら陪審員がπ自身の過誤を認定して20％の通常（補償的）損害賠償額を減額したとはいえ，それでも評決額は懲罰賠償部分が高額過ぎるためにトータルとして数億円程度にまでも達していた[15]。しかも調べてみると，⊿は，消費者が望むから「熱い」ホット・コーヒーを売っていると主張していた[16]。更に10年間に700件というクレーム数は，コーヒーの膨大な総販売数から比べれば微々たるものであると⊿側証人が証言していた[17]。確かに⊿は世界的巨大ファースト・フード・チェーン店であるから，年間70件は非常に少ない数値である。しかもその70件／年間の全てが，πの受傷した程の大火傷であったとは限らないではないか…。

このように考えていくと，πの過誤と⊿の過誤（もし⊿に過誤があると仮定した場合の）を比較したときに，⊿敗訴評決額が数億円相当という高額さが腑に落ちないと感じる者も多い。更に賛否が分かれる点は，熱過ぎると主張された本件ホット・コーヒーを「欠陥」(defect) であると陪審員が認定している点である。本件は，「不法行為法」(torts)[18]の中の小分類である「製造物責任法」(products liability)[19]に関する事件である。本件のような熱過ぎるホット・コー

取るのが難しいので，店内で飲む場合とは異なると指摘している。NADER & SMITH, NO CONTEST, *supra* note 9, at 129. 以下は推測の域を出ないけれども，ドライヴ・スルーという販売方式は自動車内での飲食を予定しているのだから，⊿はそれに伴う危険を予見し，かつ，事故回避策を採るべきだった，と評議室（a jury room）に詰めた陪審員達が陪審評議（jury deliberation）において論理展開したのかもしれない。もっともそのような予見が可能なのは，π側も同じはずである。

15) *Id.* at 269 ; McCann et al., *Java Jive, supra* note 9, at 128-29.
16) McCann et al., *Java Jive, supra* note 9, at 127（客は very hot なコーヒーを好むというマーケット調査結果を根拠としてそのように主張している）．
17) *Id.* at 125 ; NADER & SMITH, NO CONTEST, *supra* note 9, at 269.
18) 「torts」（不法行為法）とは，他者の権利を侵害した者にはそれによって生じた損害を賠償すべき義務が課されるという法律である。民事法の一種であり，従ってその権利を実現させるためには，権利を侵害されたと主張する者が損害賠償を請求する訴訟を提起した上で，これを裁判所に認めてもらわなければならない。*See infra* 第一部，第Ⅰ章．

ヒーの主張は，その製造物責任法における「設計欠陥」(design defects) という概念に該当する[20]。設計欠陥に該当すれば，理論的には，同じ仕様，温度設定で提供されたホット・コーヒーは全てが欠陥であるということになる。即ち，このような評決・判決は，⊿企業や他の同業者が今後はホット・コーヒーを温(ぬる)めに設定することに繋がる。そうすると，熱いホット・コーヒーを時間が経っても手軽に美味しく飲めるという製品や役務を，消費者は享受できなくなる虞がある。そもそも持ち帰り(drive thru)用のホット・コーヒーは，ある程度の時間が経ってからでも美味しく飲めるように，それなりに熱く設定されているはずである。それは多くの消費者も承知しているであろうし，少し口に当てて熱さを感知すれば，飲み方も加減するであろう。疑問が生じるのは，そのように熱いこと自体が果たして欠陥であるのかという点である。

このように考えていくと，ホット・コーヒー火傷訴訟において欠陥認定をした陪審員や，それを許容した裁判官，またはアメリカの裁判制度や不法行為法，更には製造物責任法が問題なのであろうか。特に，本件で欠陥認定をした際に欠けていたのは，大多数の珈琲愛好者（＝大多数のコーヒーの消費者）の利益が正しく考慮に入れられていない点かもしれない。言い換えれば，コーヒーが温(ぬる)くなるという「損失」(losses) または「費用」(costs) が，欠陥か否かの判断の

---

19)　「products liability」（製造物責任法）とは，製品の安全性に関する欠陥が主に人身損害を生じさせた場合に，その製造業者等が損害賠償責任を負うという法律である。不法行為法の一種なので，民事法であり，やはり権利被侵害者が訴えを提起しなければ損害賠償が実現しない。*See infra* 第一部，第Ⅱ章「第十節　製造物責任」．

20)　「design defects」（設計欠陥）とは，製品の設計や仕様が欠陥だったために，その同じ設計・仕様を基に製造された製品全てが欠陥であるとされる欠陥類型である。*See infra* 第一部，第Ⅱ章「第十節　製造物責任」．　本文が扱っている「*Liebeck*」事件では，設計欠陥（*i.e.,* ⊿のマニュアル・レシピ上の温度設定が欠陥であるという主張）に加えて，「警告懈怠」(failure to warn) (*i.e.,* 熱過ぎるという警告が不十分であった）という欠陥類型にも該当すると主張され，陪審もこれを認容し，かつ裁判官もそれを覆していない。警告懈怠とは，警告や指示を怠っていたか，または不適切であった場合に欠陥であるとされる欠陥類型の総称であり，近年では「警告欠陥」(warning defects) とも言われる。*Id.*

際の要素として，適切に検討されていなかったようである。熱いコーヒーを欠陥だと認定するための，より安全な代替案と称する生暖かいコーヒーは，確かにπ個人の事故・受傷を回避するには望ましいものかもしれない。しかしそれと比べた場合の，生暖かいコーヒーを飲まされる大多数の消費者の損失は如何ばかりのものであろうか。そもそも大多数の消費者は，熱いはずのホット・コーヒーを零さないように注意すると推察される。更に万が一零した場合にも，何とかして即座に拭き取ったり脱いだりして，大火傷に至らないように自然に注意するであろう。そのような分析，即ち，「非難に値する」(blameworthy) ごく一部の過誤あるπと，当然の注意 (due care) を有した大多数の熱いコーヒーを好む珈琲愛好家達との間の，トレードオフな「費用便益分析」(CBA: cost-benefit analysis) や「衡量」(balancing) が，アメリカの不法行為法や製造物責任法には存在しないのであろうか。または，倫理的な考慮，即ちπの過誤が，過失相殺の対象になるだけではなく，更にきちんと欠陥や賠償責任の有無自体の判断に反映されていないのであろうか。

本書の抱く関心事

いや，実は，アメリカの不法行為法・製造物責任法には，そのような衡量がルール（法規範）としてきちんと存在する。調べてみれば，「*Liebeck*」事件のような高額評決は，ホット・ドリンク火傷訴訟群の中でも極めて稀な例であることが判明するのである[21]。即ち通常は，あのような原告（π）はトライアル

---

21) *See, e.g.,* DAVID G. OWEN, PRODUCTS LIABILITY LAW 669 (2005). なお，請求棄却を免れてトライアル（正式事実審理）にまで進むことを許された，おそらくは唯一の"公表判例"である Nadel v. Burger King Corp., 695 N. E. 2d 1185 (1997) でさえも，同判例に適用されたオハイオ州法が議会により変更され，それまではπに好都合だった欠陥認定基準が改正されたので，今後は同州においてもホット・ドリンク火傷訴訟が請求棄却を免れるか否か極めて不明である。*See* 695 N. E. 2d at 1191 n. 5 （州の製造物責任制定法の改正により，πに有利だった欠陥基準を1997年1月27日の後に設計された製品に対しては適用されないと記述している）。「*Nadel*」判例については，see 補追，第四部，第Ⅵ章「第三節『*Nadel* 対 *Burger King Corp.*』判例」の

（正式事実審理）へ事件を進行させることすら許されず，その前に裁判所による請求棄却の判決・命令によってπ敗訴に至るのが普通である。本書はそのような判例動向に至っているアメリカ法の原理や"理由"を，不法行為法・製造物責任法の紹介を通じて明らかにしていく。更に「法と経済学」(law and economics) や「不法行為法の倫理哲学」(moral foundations of torts)，または「法と行動科学（認知心理学）」(law and behavioral science / cognitive psychology) 等といった学際的 (inter-disciplinary あるいは multi-disciplinary) な研究が，今日のアメリカの不法行為法や製造物責任法および"安心・安全"の概念の分析手法に影響を与えていることも紹介していく。

ところで，より安全な代替案 (i.e., 温いホット・コーヒー) と称するものが，往々にして，大多数の消費者への悪影響等を考慮していないという上の筆者の指摘については，「法と経済学」の古典である Coase の次の言葉が，読者に示唆を与えてくれるのではなかろうか。

> We have to bear in mind that <u>a change in the existing system which will lead to an improvement in some decisions may well lead to a worsening of others.</u> Furthermore, we have to take into account... the costs involved in moving to a new system. In devising and choosing between social arrangements <u>we should have regard for the total effect.</u> This, above all, is the change in approach which I am advocating.
>
> Ronald H. Coase, *The Problem of Social Cost,* 3 J. L. & ECON. 44 (1960) (emphasis added).

正に"total effect"を考慮しないと，温いホット・コーヒーが罷り通ってしまう虞が，法と経済学的な分析からも懸念されるのかもしれない。

項.

本書において筆者が重視する諸価値・諸要素

　事故においてユーザー（利用者）が受傷した場合，そのような事故費用を被った「ヒガイシャ」(the injured) に対し，憐憫の情を抱くのは自然なことである[22]。その事故発生に関して，いわゆる「カガイシャ」(the injurer) として企業が関係しているとき[23]，カガイシャがヒガイシャへ損害賠償を支払うべきであるという先入観が抱かれることも多いであろう。上で紹介したホット・コーヒー火傷訴訟における，地球規模の巨大ファースト・フード・チェーン企業被告（⊿）敗訴評決も，そのような自然な人の反応を象徴しているのかもしれない。特に，企業⊿が，多数のクレーム（本当に「多数」と評価できるか否かは別途問題があるけれども）[24]を無視していたというストーリーが加われば，なおさらそうなのかもしれない。

---

[22] 一人の被害者に損害が降り掛かった状態は，その一人にとっての経済的破綻の影響が大き過ぎる。むしろ，その損害を，社会共同体の多くの構成員によって，いわば"広く浅く"負担を分散させた方が望ましいという思想が存在する。「危険（損失）の分散」(risk (loss) spreading) である。*See infra* 第二部，第Ⅰ章「第一節　概説」中の「3．『危険（損失）の分散』」と『ディープ・ポケット』の項。

[23] 危険の分散を実行する際に，構成員から同じ金額を徴収するのではなく，富裕者（含，企業）からは多くを，貧者からは少なく徴収することが望ましいとする思想が存在する。「ディープ・ポケット」(deep pocket) である。*See id.*

[24] 10年間で700件のクレーム件数という数値の意味を，冷徹，かつ，数理的に解釈するためには，巨大ファースト・フード・チェーン店が10年間で販売したコーヒーの総数という膨大な母数に比較した場合の，クレームの占める割合を理解しなければならないのではなかろうか。同事件に関する利用可能な公表資料によれば，年間のコーヒーの売り上げは，ドライヴ・スルーにおけるものに限定しても，5億個にも上る。NADER & SMITH, NO CONTEST, *supra* note 9, at 270. 従って年間70件のクレームは，発生蓋然性 (probability) で計算すると，70件÷500,000,000個の確率となる。これに対して1件当たりの損失額を乗じれば，年間の「期待事故費用」(expected accidents costs) が算出できる。もし70件全ての火傷が Liebeck 夫人同様の第三度であったというように，πに極めて有利に仮定してみると，その金額は陪審が評決で下した通常（補償的）損害賠償総額（過失相殺前）が20万ドルであるから，年間の期待事故費用は以下のようになる。

しかし不法行為・製造物責任法は，必ずしも上述した自然な先入観だけで原告（π）の勝敗を決めている訳ではない。様々な価値観や衡量要素を検討し，当事者間での公正さのみならず判例が作り出す「行為規範」（rules for players または the norm of conduct）的な影響等も検討した上で，πの勝敗が決せられている場合も多い。そこで不法行為法において勝敗を決する際に考慮される諸価値や諸要素の中でも，特に筆者が重要であると考える点を，まず以下で列挙しておこう。

1．忘れられがちな"資源の稀少性"と，『幸福な王子』のメタファーと，近視眼的思考の弊害

不法行為法，特に本書が関心を寄せる，利用者／原告（π）に降り掛かった製品事故費用を如何なる場合に提供者企業・被告（Δ）へ「転嫁」（shift）することが正しいのかを検討する際に，筆者が最も重要であるとまず考える要素は，資源の稀少性である。有限な資源を有効に使うためには，無駄（waste）を省かねばならない。「効率的」（efficient）でなければならないのである。その目的に向かって社会の損失を「極小化」（minimize）するためには，事故発生の「蓋然性」（probability）を減らし，発生した場合の損失額（gravity of injuries または severity of losses）を減らし，かつ，そのための「事故回避（防止）費用」（costs of avoidance）も「最適」（optimal）レベルに抑えることが必要である。資源は有限であるから，無限に防止費用を掛ける訳にはゆかない。従って，不法行為法の在り方を検討する際にも，防止費用が「果てしなく」（open-ended）求められるようになってしまうルール（法規範）ではなく，むしろ"最適レベル"の事故防止費用に導かれるようなルールとなる方が望ましいはずである。

「法と経済学」の研究の古典として有名な，Guido Calabresi（グイド カラブレイジ）も，その著書の

70件÷500,000,000個×$200,000 = $0.028/年
即ち，年間の期待事故費用は，トータルでも僅か2.8セントなのである。*See* 補追，第四部，第Ⅵ章「第四節『*McMahon* 対 *Bunn-O-Matic Corp.*』判例」内の「3.『*Liebeck*』事件の事実を用いた持ち帰り用ホット・コーヒーのCBA試算」の項．

第 2 章の冒頭において，以下のように指摘している。

> Some myths will make our analysis difficult if not cleaned up.　The first is that our society wants to avoid accidents at all cost. ....　/ Our society is not committed to preserving life at any cost. [　]
>
> Guido Calabresi, The Costs of Accidents: A Legal and Economic Analysis 17 (1970) (emphasis added).

　利用者／πに補償を与えて救済するにしても，できるだけ多くのヒガイシャへの補償を充実させるためには，無駄使いを省いた効率性を重んじなければならない。何故なら資源が有限だからである。この点に関して不法行為法制度は，裁判に頼らざるを得ない故に「運用費用」（administrative costs）が高額に掛かる[25]ので非効率である。加えて，訴えを自発的に提起し，かつ勝訴等に至る者にのみ賠償を付与するので望ましくない。つまり賠償されない多くの者が出てきてしまうからである。そこで，多くの事故ヒガイシャに効率的に補償を与える目的から望ましいのは，むしろ，社会保障的またはセーフティー・ネット的救済制度になる[26]。従って，不法行為法が扱うべき領域は，一定の限界内の場合に限られるべきこととなる。そのような限界を区画するための基準は，たとえばπに降り掛かった損失を⊿に転嫁することが"正当化"（justify）される

---

25) 「運用費用」とは，たとえば弁護士費用や裁判費用のように，事故の被害を補塡するまでに掛かる様々な費用のことである。*E.g.,* Robert Cooter & Thomas Ulen, Law and Economics 342 (4th ed. 2004).

26) 不法行為訴訟に頼らない制度としてはたとえばニュージーランドに「事故補償（accident compensation）制度」が実在し，そのような制度の方が望ましいことは筆者が以前から指摘してきたところである。*E.g.,* 拙書『アメリカ製造物責任法の新展開：無過失責任の死』（1995年，成文堂）．*See also infra*「8．不法行為［訴訟］制度と，訴訟に頼らない社会保障（セーフティー・ネット）的救済制度との最適な組み合わせの必要性」の項．

という説得性（plausible）の伴う場合である。即ちそれは，主に，「帰責性」（attributable）や「非難に値する」（blameworthy）という，不法行為法の倫理哲学的分析の立場から支持されている要素（法律学上の構成要件的には「過失」や「相当因果関係」と呼ばれる諸要素）が，⊿側に認定される場合等に求められることとなる。

　ところで，生命・身体への「安全利益」（security interest）は，その他の諸活動における自由という「活動利益」（activity interest）よりも，高い地位を付与されるべきであるという倫理哲学的な主張には，十分理解できるものがある。財産的な利益よりも何よりも，人にとっては生命・身体（life and limb）こそが根源的かつ不可欠な利益だからである。しかし，そのような倫理的考慮からは，残念ながら，現実世界における有限な資源の中からどれだけの事故回避（防止）費用を掛けるべきかという基準や限界は示されない。稀少な資源の中から，どれだけの補償額を如何なる方法でヒガイシャに付与することが効率的な方法であるかという具体的手法も，そのような抽象的な倫理考慮からだけでは導き出されないのである。そこで資源が有限であるという考慮は，具体的・現実的に在るべきルール（法規範）を発見するための，重要な前提となってくれる。

　本書が価値を置く，資源の稀少性という考慮要素の重要性は，オスカー・ワイルド原作の御伽噺である『幸福な王子』（THE HAPPY PRINCE）[27]に象徴させて表現することが可能であろう。もう冬になろうというので渡り鳥たる燕はエジプトに行きたがっている。しかし嘗ては幸福な王子であったためにそう名付けられた彫像（statue）は，世の中の不幸を救済せずにはいられない。果物を欲しがる病気の子供に何も与えてあげられない哀れな母親が目に留まると，王子は燕に言うのである。「Swallow, Swallow, little Swallow,... will you stay with me for one night, and be my messenger ?」と。燕は王子の願いに従い，王子の剣に嵌め込まれたルビーを哀れな母親に届けるのである。善行を助けた燕は，も

---

27) Oscar Wilde, The Happy Prince *in* OSCAR WILDE, THE HAPPY PRINCE AND OTHER STORIES (1888).

う冬なのにこう感想を述べる。「It is curious,... but I feel quite warm now, although it is so cold」と。同じ奉仕作業が数回続き，とうとう雪が降り始める。燕は時宜に適ってエジプトへ渡る機会を逸し，眠るように死んでいく。以下のようなメタファーを呟きながら。「I am going to the House of Death. Death is the brother of Sleep, is he not ?」と。そして幸福な王子も，身に着けた宝石も金箔も全てを喜捨したために，みすぼらしくなって市長の命により溶かされてしまうのである。

　作品では最後に，燕と王子が神の御許へと昇天し，幸せな結末となる。しかし，現実世界はどうであろうか。限りある資源を，感情に任せて目に付いた順に分配していけば，不幸にも目に留まらなかった救済されるべきヒガイシャの手元へは，資源が公平にいき亘らないであろう。喜捨は「I feel quite warm now」であるけれども，巨視的に見れば独善に過ぎない。もっと救済するに値する者への資源を消費し尽くすからである。資源を消尽して，燕と王子の気持ちは満たされるけれども，燕が死に statue が溶解された後に残る多くのヒガイシャは，救われない……。あの世での幸福には至るかもしれないが，現実世界での幸福には繋がらないのである。

　以上の『幸福な王子』のメタファーが示してくれるのは，近視眼的思考の弊害という，不法行為訴訟が陥りがちな問題である。人は容易に目の前の事象に目を奪われ，情に流されて巨視的な視点を忘れ，政策的な影響を考慮し損なう。そこで筆者が強調したいのは，在るべき不法行為法における巨視的・政策的要素の重要性である。

２．忘れられがちな事故発生「蓋然性」（probability）への配慮

　資源が稀少である以上，余りにも発生「蓋然性」（probability）の低い事故に対して多額過ぎる事故回避（防止）費用を割くことは，効率性を欠く。そのような無駄は抑えて，もっと蓋然性の高い事故の防止費用に予算を回すべきである。しかし，人は，往々にして，一件当たりの事故費用が大きな印象を与える場合に，その"蓋然性"を考慮に入れることを忘れがちである[28]。忘れがち

故に，蓋然性が低い事故に対して不釣合いな程の事故防止費用を掛けさせるようになりがちであるという傾向も生じる。これもまた人が陥りがちな「近視眼的」思考の弊害である。

このように，蓋然性が重要な要素であり，かつ，忘れられがちであるから remind させなければならないという問題は，後述するアメリカ不法行為法の核心となる思想によって，ある程度，回避できる[29]。即ち，「ハンド判事の公式」（Hand Formula：$B < PL$ ビー・ピー・エル）[30]と呼ばれる公式に象徴される，有責性を認定する際の蓋然性への配慮を加味した基準である。この公式は，効率性を実現するのに有用であるとして，法と経済学の立場からの支持が見受けられる[31]。更に，被告（⊿）と原告（π）の権利や自由を平等・公平（equal）に尊重する公式である等として，不法行為法の倫理哲学的根拠（moral foundations）を重視する立場からも支持が見受けられるのである[32]。そして筆者は特に，その「行為規範」（rules for players または the norm for conduct）としての有用性を評価したい[33]。ハンド・フォーミュラは，特に将来に向けて，「安心・安全」という心地良い"標語"を，資源や予算の限られた現実世界において実践するための具体的な指針に近付いた「test」（基準）であると思われる。即ち，不法行為法の核心となる責任基準は，「リーズナブルな人の基準」理に適った（reasonable person standard）とか[34]，嘗ての製造物責任法の場合は「消費者期待基準」（consumer

---

28) *See infra* 第二部「第Ⅲ章『法と行動科学（認知心理学）』からの新たな示唆」および「第Ⅳ章 "安心・安全"の認知と誤謬」の項．

29) *See, e.g.,* Cass R. Sunstein, *Cognition and Cost-Benefit Analysis,* 29 J. LEGAL STUD. 1059, 1067 (2000)（CBA：費用便益分析を使って正確に危険の度合いに則した事故防止費用を配分すべき等と主張）．

30) United States v. Carroll Towing Co., 159 F. 2d 169 (2nd Cir. 1947) (Hand, J.).

31) *See, e.g.,* Richard A. Posner, *A Theory of Negligence,* 1 J. LEGAL STUD. 29, 32-33 (1972).

32) *See infra* 第二部，第Ⅱ章「第二節 平等の倫理」内の「6．『平等』の倫理と『ハンド・フォーミュラ』とリステイトメント」の項．

33) *See infra* 第二部，第Ⅰ章「第四節 ハンド・フォーミュラ」内の「4．何故ハンド・フォーミュラは支持されるべきなのか」の項．

expectations test）等と言われる（言われた）けれども，そのような曖昧で多義的（vague and ambiguous）な基準では，事例毎，裁判所（i.e., 陪審員や裁判官）毎にその場その場で（ad hoc に）判断が変わる虞が高く，法的安定性に欠ける。それは，「法と経済学」的には「市場取引費用」（market transaction costs）が上昇することに繋がり非効率なので望ましくない[35]。倫理哲学的には，法を遵守せよと命じておきながら遵守すべき法が不明確なので遵守できずに，公正（fair）ではない。しかるにハンド・フォーミュラは，リーズナブル・パーソン・スタンダードや消費者期待等という恣意的な解釈の虞を多分に含むものよりは，マシなのである。安心・安全を，単に心地良い抽象概念に止めることなく，実際に実現するためには，行為者が将来（ex ante または forward looking）に向けて，「安心・安全」の期待を"具現化"させるための実践的なルール（法規範）を示すことが，大切なはずである。しかし情緒的な論者は，ともすると，そのような"前向き（ex ante）"な"生産的"視座に欠けるきらいもあったのではあるまいか。

3．忘れられがちな「効用」（utility）への「平等」（equal）な尊重という倫理

　私見では，不法行為法や製造物責任法により，被告（△）に対して「有責」（liable）という「汚名（label）」（stigma）のレッテルを貼ることが肯定される前提としては，必ず，その汚名に値するだけの納得のゆく根拠が必要である。納得のゆく根拠とは，汚名，即ち倫理的に非難に値する根拠である。「非難に値する」（blameworthy）と評価するためには，企業，特に「モノつくり」を通じて社会に貢献している製造業者等の行為や活動の「効用」（utility）に対しての「平等」

34）　See infra 第一部，第Ⅱ章「第二節　過失責任」内の「2．『リーズナブル・パーソン・スタンダード』と客観基準」の項以下．
35）　ルール（規範）は明確な方が市場取引費用が減少して望ましい点については，see, e.g., infra 第二部，第Ⅰ章「第二節『コースの定理』」内の「3．『コースの定理』と『市場取引費用』」の項．

(equal) な尊重 (respect) を怠らないことが重要である。そのような倫理的な視座を欠き，無闇矢鱈（むやみやたら）と「他人の所為（せい）にする」近視眼的な姿勢は，納得のゆく態度とは言えまい。

4．安全と効用の忘れられがちな「トレードオフ」(tradeoffs) の関係

　現実世界における多くの事象は，資源が有限であるのと同様に，トレードオフな関係にある。そのように，同時に選択できない諸条件の取捨選択を迫られるというトレードオフな関係にあることを，人は忘れがちではあるまいか。たとえば熱いホット・コーヒーを欠陥であると断定すれば，「ホット・コーヒー」の「熱い」という"属性"が否定され，つまりは「ホット・コーヒー」という製品分類 (product category) そのものが欠陥とされるので，世の中からホット・コーヒーが駆逐される。即ち熱いために火傷になり得るという「危険」や「費用」は，熱いからこそ美味しいという「効用」(utility) や「便益」(benefits) との間で，二者択一的な関係，つまりトレードオフな関係にある。従って，その是非を，恣意を廃してリーズナブリーに決する（理に適って）ためには，「危険効用基準」(risk-utility test) または「費用便益分析」(cost-benefit analysis：CBA) と呼ばれる検討が必要とされるのである。しかしそのようなトレードオフな関係を人は忘れがちであるからこそ，腑に落ちない結論がしばしば評決に現れるのではなかろうか。事後的 (ex post) に，事実認定者（fact finder）(i.e., 陪審員または裁判官) が，トレードオフを忘れて被告（⊿）に敗訴の汚名を課しても，事実認定者自身は汚名を被る訳でもなく，その財布も全く傷まないことは事実である。しかし⊿や，⊿と同様に将来に向かって「安心・安全」な製品を開発し設計しなければならない"利害関係者"の立場にいる責任ある製造業者等にとっては，トレードオフを忘れることが許されない。製品価格内の予算には限界があり，従って予算内で安心・安全以外の諸要素にも，費用を使わなければならないからである。目を製造業者等から転じて，安価な製品や利便性の高い製造物を望む多くの消費者や全ての人々に向けてみても，実は，トレードオフを忘れることは許されない。何故ならば彼等にとっても，予算が限られているからである。これ即ち，

資源が限られているという前述の重要な考慮要素にも通じる事実である。従って，⊿の行為の有責性を判断する際にも，近視眼的思考を排除して巨視的・政策的見地から，トレードオフな関係を考慮要素に入れなければならないはずである。完全な安全性や絶対の安全性などというものは，現実世界では存在し得ない。そのような聞き心地の良いだけの抽象論やお題目に惑わされてはいけない。そのような修辞は，具体的に効用を向上させる指針に全く貢献しないばかりか，人々を惑わすだけに却って害悪ですらある。

トレードオフな関係を前提にした，後述する「危険効用基準」や「費用便益分析」という判断基準は，不法行為法において根幹となる責任基準である。そして，そのようなトレードオフな関係を前提に望ましい結論を導き出すという思考・手法の賢さは，アメリカでは実は既に，有名な Oliver Wendell Holmes, Jr.[36]の昔から，以下のように主唱されていたのである。

> "... for everything we have to give up something else, and we are taught to set the advantage we gain against the other advantage we lose...."
>
> <div align="right">Oliver Wendell Holmes, Jr., <i>The Path of the Law,</i> 10 HARV. L. REV. 457, 474 (1897) (emphasis added).</div>

我々もその知恵を，今一度思い起こすべきであろう。

---

[36] 偉大なる法曹。不法行為法の中心的な概念である過失責任の整理にも大きく貢献した人物である。たとえば「過失なければ責任なし」という基本概念の発展に Holmes が寄与した点について，指導的な基本書である『PROSSER & KEETON ON TORTS』は以下のように表現している。"[E]fforts were made by noted writers to construct a consistent theory of tort law upon the basic principle that there should be no liability without "fault" involving a large element of personal blame." と。DAN B. DOBBS, ROBERT E. KEETON & DAVID G. OWEN, PROSSER AND KEETON ON TORTS §4, at 22 (5th ed. 1984) (emphasis added).

5．製品事故では利用者こそがしばしば「ベスト・リスク・ミニマイザー」(最適危険極小化者)であるという指摘の重要性と，「公正」(fairness) という要素の重要性

「cheapest cost avoider」(最安価事故回避者) という発想は，その昔，企業被告 (⊿) こそが常にそうであるとの前提に立ち，専ら⊿の無過失責任を肯定する結論に向けて使用されたようである[37]。しかし，アメリカ製造物責任法の近年の傾向や majority (過半数) が採る主流となる解釈を研究し，これを正しく日本に紹介するならば，無過失責任の思想には否定的な批判が趨勢を占めるに至っている。即ち，多くの場合，ユーザー (利用者) こそが少ない費用で危険を回避する上で最適な立場にいると指摘されるに至ったのである[38]。本書では，新旧両者の違いを明確にするために，両者の呼称を変えておこう。即ち，近年の傾向は「ベスト・リスク・ミニマイザー」(最適危険極小化者)(the best risk minimizer) と呼ぶことにする。

利用者こそが"ベスト・リスク・ミニマイザー"であるという指摘は，ホット・コーヒー火傷訴訟を分析すれば，理解できる。火傷事故の回避費用として，温くすることにより大多数の消費者が美味しいホット・コーヒーを享受する「効用」を広く奪われるという損失と，πのようにごく一部少数の愚者が零しただけでなく即座に拭き取るなり脱ぐなりという非常に簡単な事故回避費用とを比較して，果たしてどちらが安価なのか。どちらがベスト・リスク・ミニマイザーであるというのか[39]。そのような分析は，別のホット・コーヒー火傷

---

37) See, e.g., Guido Calabresi & Jon T. Hirschoff, *Toward a Test for Strict Liability in Torts,* 81 YALE L. J. 1055 (1972). See also VICTOR E. SCHWARTZ, KELLY KATHRYN & DAVID E. PARTLETT PROSSER, WADE AND SCHWARTZ'S TORTS : CASES AND MATERIALS 2 (11th ed. 2005)(客観的過失責任に関して HOLMES の THE COMMON LAW を出典表示).

38) See, e.g., Mary Fist, *An Interview with John Byington,* 14 TRIAL MAGAZINE 25, 25 (Feb. 1978) *cited in* OWEN, PRODUCTS LIABILITY LAW, *supra* note 21, at 792. See also RICHARD A. POSNER, ECONOMIC ANALYSIS OF LAW 180 (4th ed. 1992)（殆どの不法行為は，両当事者の活動の衝突により生じるので，事故を回避する上でカガイシャの方

類似事件を担当した,「法と経済学」者でもある Easterbrook(イースターブルック) 判事が法廷意見を担当している「*McMahon*」事件[40]において, 判り易く示されている。更に法と経済学では, 事象を, ⊿だけが危険を生じさせるいわゆる「一方的危険」(unilateral risk) と, 利用者も危険に寄与する「双方的危険」(bilateral risk) に分類し, 後者では⊿が必ずしも有責ではなく, 利用者こそがベスト・リスク・ミニマイザーであるという指摘もある[41]。ホット・コーヒーを零した火傷は, 典型的な後者 (*i.e.*, 双方的危険) の類型である。「コースの定理」を表した論文において Ronald H. Coase(コース) が指摘しているように, A と B が衝突した場合に, A に責任を課すことが正しいとは限らない。正しい結論を導き出すためには, 夫々(それぞれ)の行為の社会全体への影響も考慮に入れなければならない。改善策が社会全体に及ぼすより大きな損失または「悪化」(worse off) を考慮しなければならないのである。即ち, 火傷を回避するための事故回避策である, 温(ぬる)くするという施策が, π自身へ (火傷を回避でき得たという) 好ましい効果があることだけを考慮に入れているのでは駄目である。πと⊿という当事者間だけの近視眼的

　　　がヒガイシャよりも better position にいたという前提に立つことはできないと指摘).

39) ホット・ドリンク火傷訴訟に限らず, 一般に, π自身の過誤に関し, πこそが the party who most easily and cheaply take precautions to avoid an accident であるから, そのような注意をπが怠った場合には, 賠償を⊿から減免することにより, 適切な precaution を採らせる incentive になると指摘されている。RUSSELL L. WEAVER, JOHN H. BAUMAN, JOHN T. CROSS, ANDREW R. KLEIN, EDWARD C. MARTIN & PAUL J. ZWIER, II, TORTS : CASES, PROBLEMS, AND EXERCISES 525 (2005).

40) McMahon v. Bunn-O-Matic, Corp., 150 F. 3d 651 (7th Cir. 1998). *See also* 補追, 第四部「第Ⅵ章 ホット・ドリンク火傷訴訟」内の「第四節『*McMahon* 対 *Bunn-O-Matic, Corp.*』判例」の項.

41) *See infra* 第二部, 第Ⅰ章「第二節『コースの定理』」内の「7．コースの分析と『双方的危険』・『一方的危険』」の項。なお倫理哲学的に在るべき不法行為法を論じる立場からも, 法と経済学が指摘する「双方的危険」と同様に, いわゆる「互酬的危険」(reciprocal risk) については被害者が受忍すべきであると解釈し得る。*See infra* 第二部, 第Ⅱ章, 第五節内の「2．"賠償の互酬原理"と George P. Fletcher」の項.

な狭い思考に止まるのではなく，美味しい「ホット」コーヒーを奪われる大多数の消費者の損失を生じるという巨視的・政策的見地からの worse off も考慮に入れなければならない。

「双方的予防」(bilateral precautions) という分析を支持する見解は，不法行為法の倫理哲学的分析の立場にも見受けられる[42]。たとえば，「平等な自由」(equal freedom) という倫理的視座から見れば，事故というのは⊿のみが起因させ，寄与し，帰責させられるものではない。⊿とπの双方の行為が相俟って初めて事故が発生するのである[43]。そして両者の行為に対しては平等な尊重が求められる。そこで責を帰すためには，たとえば危険を生じさせた物をどちらが管理(コントロール)していたかとか，管理していたために容易に回避できたのはどちらの当事者であるのかが問われる等と主張されている。このような分析手法は，言い方を換えれば，どちらの当事者がベスト・リスク・ミニマイザーであったかということであろう。たとえばホット・コーヒーによる火傷を回避するためには，危険を生じさせたコーヒーをπと⊿のどちらが管理していて，容易に回避できたかということになろう。

倫理哲学的な「公正さ」(fairness) の立場からは，更に，愚者のπを勝訴させ，⊿敗訴を媒介して多くの賢明な消費者達に「危険（損失）の分散」を図るという思想が非難されている。即ち，そのような危険の分散は，非難に値するπに対して善良な大多数の消費者が「補助金」(to subsidize) を支払うことになるからである[44]。このように公正さの視点は，アメリカの不法行為法の在る

---

[42] やはりホット・ドリンク火傷訴訟に限らず，一般に，π自身の過誤に関しては倫理の概念から⊿の過失を免除してきた理由として，さもなくばπが不相応な賠償を得られてしまうと捉えられてきたと指摘されている。WEAVER ET AL., TORTS, *supra* note 39, at 525.

[43] *See, e.g., infra* 第二部，第Ⅱ章内の「第二節 平等の倫理」の項．

[44] 不注意な者に対し注意深い消費者が「補助金」を支払うことが「公正」(fairness) に反するからそうはさせないという倫理哲学的な不法行為法の分析に関しては，たとえば以下のように言われている。

べきルール（法規範）を理解するときの重要な要素である。たとえば製造物責任における「衝突耐性」(crashworthiness) という争点を巡る論議が，アメリカの指導的不法行為法学者達の思考を理解するのに役立つであろう。即ち衝突耐性とは，衝突事故に巻き込まれることが十分に予見される自動車という製品においては，衝突に対してもある程度の耐性が備わっていなければ欠陥であると主張される訴訟原因である[45]。（しかし完全な安全性は達成し得ないから，要はどの"程度"までの衝突耐性が必要なのかが一番重要かつ困難な問題であるけれども，その争点はここでは触れないでおく。）衝突耐性の訴訟原因では，従って，たとえπが飲酒運転により衝突事故を起こしたという過失があったとしても，そのようなπの重大な過失は，自動車製造業者⊿の責任認定には理論的には無関係なはず

> From a fairness perspective, requiring individual users and consumers to bear appropriate responsibility for proper product use prevents careless users and consumers from being subsidized by more careful users and consumers, when the former are paid damages out of funds to which the latter are forced to contribute through higher product prices.
>
> RESTATEMENT (THIRD) OF TORTS: PRODUCTS LIABILITY § 2 cmt. a (1998) (emphasis added).

更に，無闇矢鱈と無過失責任を企業に課す「エンタープライズ責任」（EL: enterprise liability）は，不当な補助金制度になる，と倫理哲学的に不法行為法を分析する Geistfeld も以下のように指摘している。

> By fully pursuing a safety objective, enterprise liability creates significant insurance inefficiencies, such as the forced pooling of individuals with different risk characteristics, resulting in some risk classes (*i.e.,* low income individuals with relatively low risk of loss) subsidizing other risk classes (*i.e.,* high income individuals with relatively high risk of loss).
>
> Mark Geistfeld, Essay, *Implementing Enterprise Liability: A Comment on Henderson and Twerski,* 67 N.Y.U. L. REV. 1157, 1171 (1992) (emphasis added). *See also* OWEN, PRODUCTS LIABILITY LAW, *supra* note 21, at 792.

45) *See* 補追，第四部「第Ⅱ章 設計欠陥」「第三節 政策決定的な製品設計」「2.『意識的な設計選択』」内の〈D.「衝突耐性」型訴訟〉の項．

である。何故ならば衝突耐性は，衝突した後の安全性，即ち衝突後の損害拡大（enhancement of injuries）を許容し得るような設計等を問題にするから，"何故"衝突が発生したかという原因は無関係だからである。実際，製造物責任法のリステイトメント共同起草者である Henderson(ヘンダーソン)と Twerski(トゥワースキー)は，上の理論に基づき，衝突耐性が求められる衝突がリーズナブルな範囲である限りはπの過誤は無関係であるという起草案を共同提案していた[46]。しかし，この案を検討する，代表的な不法行為法学者と実務法曹で構成される会議体は，その案を採用しなかった。理由は，πに対して（たとえば飲酒運転者だったπに対して）責を全く負わせない案は「不公正」（unfair）だからだということであった[47]。この例が示すように，不法行為法は，公正・不公正を問題にするのである。

6．法と経済学的な「抑止」（deterrence）と倫理哲学的な「矯正的正義」（corrective justice）の実現の双方の価値への配慮

　これまで指摘したように，不法行為法の検討には，大別して，「法と経済学」的な視点からの効率的な「抑止」（deterrence）という目的と，倫理哲学的な視点からの「公正」（fairness）や「正義」（justice）等と呼ばれる目的からの分析が重要である。そして，私見では，この両目的からの分析の結果，車の両輪とでも言うべき双方がある程度のバランスを保たないような結果や，双方共に満たさないような結果は，多くの者から疑問を抱かれるのではないかと思われる。何故ならば，バランスを欠いたり双方共に欠如する場合には，「納得のゆかない」ことになるからである。ホット・ドリンク火傷訴訟の高額賠償評決に対し，

---

46) Restatement (Third) of Torts : Products Liability § 6 cmt. f (Tentative Draft No. 1, 1994) ; James A. Henderson, Jr. & Aaron D. Twerski, *Intuition and Technology in Products Design Litigation : An Essay on Proximate Causation,* 88 Geo. L. J. 659, 676-77 (2000)（製造物責任法リステイトメントの Tentative Draft No.1 において本文で紹介したような案を提出したけれども，反対されて却下された経緯を紹介している).

47) Henderson & Twerski, *Intuition and Technology in Products Design Litigation, supra* note 46, at 677.

納得のゆかない感想が多数出てくる理由は，効率的な抑止だけではなく，公正さをも満たさないからなのではあるまいか。

7．「行為規範」を示す「程度」こそが問題である

特に，製造物責任法，中でも設計欠陥や警告懈怠という欠陥類型における在るべき欠陥基準・責任基準を探求する際に重要な考慮要素は，何処までの安全や表示が必要であるかという「程度」の問題である。即ち，あらゆる活動には危険が不可避であるように，製品もまた，完全な安全というものは実現不可能である。「安心・安全」等というキャッチフレーズは，その内容において何も意味を為さないし，人々を惑わすだけに問題がある。必要なのは，まず事故が不可避であるという「事実」を理解することである。次に，果たして何処までの安全（即ち「程度」）が必要なのかという基準（即ち「行為規範」）を示すことである。製造業者等が，如何に安全設計を組み入れ，かつ警告表示を貼って製品を提供しても，製品事故は避けられない。それならば，何処までの安全が不可欠なのかという「程度」を示さなければならないはずである。「程度」を示せば，それが「行為規範」(rules for players ; the norm for conduct ; standard of conduct) になり，現実的に遵守すべき指針を示してくれる。

そもそも遵守すべき規範が明確であることは，「rule of law」（法の支配）の前提である。規範（norm）を明確に示さなければ，「市場取引費用」(market transaction costs) が増して効率的な結果に至らないので，最適な「抑止」(deterrence) を目指す「法と経済学」(law and economics) の立場から望ましくない。倫理哲学 (philosophical foundations of tort law) 的にも，遵守すべき規範を「事前」(*ex ante*) に示さずに「事後」(*ex post*) 的に責任を課すような不法行為法の在り方は，「公正」(fair) ではない。

行為規範を示すことなく，「モノつくり」に励んで社会に貢献している製造業者等の活動に対し，「あと知恵の偏見」(hindsight bias) を用いて何でも「他人の所為(せい)」にするような，単に"無責任"で非生産的な言説には，説得力が欠けていると解すべきではなかろうか。

8．不法行為［訴訟］制度と，訴訟に頼らない社会保障（セーフティー・ネット）的救済制度との最適な組み合わせの必要性

ニュージーランドが採用したような，不法行為訴訟に頼らない社会保障（セーフティー・ネット）的救済（事故補償：accident compensation）制度は，被告（⊿）に過誤がない事故のヒガイシャが負担を強いられていた「残余事故費用」（residual accident costs）を社会全体で効率的に分担する故に望ましい。ところが同制度は，事故回避・抑止の誘因（incentives）を⊿に与えないという理由により，その採用に否定的な言説を多く目にする。

しかし，社会保障的救済制度を用いず無理矢理に不法行為訴訟制度の拡大適用に固執し，「注意レベル」（care levels）を越えて過誤がない⊿に無過失（厳格）責任を課し続ければ，社会に必要な（即ち一般消費者全体に必要な）活動を減退させてしまうという，「活動レベル」（activity levels）への「歪み効果」（distorting effects）を生んでしまう。「何でも他人の所為」にすれば，「因果応報」に陥ってしまうのである。つまり，いき過ぎた無過失責任主義の拡大適用は，「過剰抑止」（over-deterrence）故に望ましくない。

そこで望ましい制度の在り方は，以下のようになる。即ち，不法行為法は無過失責任ではなく，⊿の過誤に対して責任を課す原則を堅持する。そこで生じる「残余事故費用」に対しては，社会保障的救済制度を適用する。このような最適な組み合わせにより，「過剰抑止」による「歪み効果」を生まずにヒガイシャを救済することも可能になる。「抑止」と「救済」という，不法行為法の二大目的を"最適"に達成することができるのである。

我が国でも最近，過剰（？）な医療過誤訴訟も原因の一つとなって産婦人科医や小児科医の減少を招き必要なサービス（*i.e.,* 役務）供給の減退故に患者が困っているときく。「抑止」と「救済」の最適なバランスが，日本でも喫緊な不法行為訴訟問題として問われているのではあるまいか。

第一部　不法行為法の概要
(big picture)

「法の命は論理ではなかった。——それは経験だったのである。」
"The life of the law has not been logic : it has been experience."
オリバー・ウエンデル・ホームズ，ジュニア判事

>　　　　　　　　OLIVER WENDELL HOLMES, JR., THE COMMON LAW 5 (1881)
>　　　　　　　　(Mark DeWolfe Howe ed. 1962).

　第一部においては，まず，不法行為法（torts）を理解するためのビッグ・ピクチャー（概観）を描く。

第Ⅰ章　不法行為法の特徴（nature of torts）

　以下，第一節においては，不法行為法という学問分野の特徴を簡潔に示す。続く第二節では，不法行為法の中の主要概念を簡潔に紹介する。第三節は手続法的側面を紹介し，第四節は判例分析に不可欠なケーフ・ブリーフィングの方法を紹介する。

第一節　不法行為法（torts^{トーツ}）とは何か

1．序　論

　不法行為法は，他人の行為［または場合によっては不作為］によって被った害を扱う[1]。一定の害を生じる行動を管理または規制し，被害への責任を課し（to assign responsibility for injuries），かつ，被害者へ償いを与える（to provide recompense for victims）。不法行為法の主な関心事は被害への賠償（redress for harm done）である。不法行為法の主な仕事は，どのような場合に損失を一方当事者から他方当事者に転嫁（shift）し，または転嫁させずに損失が降り掛かったままにする（allowed to remain where it has fallen）かを決定することである。

　「tort」とは，『BLACK'S LAW DICTIONARY^{ブラックス・ロー・ディクショナリー}』によれば，通常は損害賠償（damages）による救済を獲得し得る「a civil wrong」（民事的な不法，悪事，非行）であって，契約違反（breach of contract）以外のものと定義される[2]。または，法が課す義務への違反（a breach of a duty）である，とも定義されている[3]。不

---

[1] *See* ROBERT E. KEETON, LEWIS D. SARGENTICH & GREGORY C. KEATING, TORTS AND ACCIDENT LAW : CASES AND MATERIALS 1208-14 (4th ed. 2004).
[2] BLACK'S LAW DICTIONARY 1526 (8th ed. 2004).
[3] *See id.*

法行為法の指導的な基本書（treatise）[4]である『PROSSER AND KEETON ON TORTS』によれば[5]，不法行為法とは，契約および契約に準ずる義務（quasi-contractual duty）を除外したところの義務違反であって，損害賠償請求訴訟を構成し得るものであり，このように不法行為法は通常，消極的な形で定義される[6]。更にロースクールにおける不法行為法の教科書になる「ケースブック」（casebook）[7]の中から，比較的理解し易い定義を例示すると次のようになる[8]。「torts」という文言には，被害者（原告）が，「the wrongdoer」（不法，悪事，非行を行う者）に対し，金銭的な判決を求めるための「訴訟原因」（a cause of action）[9]を有する civil wrongs（民事的な不法，悪事，非行）を含意（connote）する。または[10]不法行為法とは，「a civil wrong」に対して法が救済を認容するものとされ，主な救済は損害賠償

---

4) 「treatises」（学術書，専門書）とは，法律分野毎にルールの reasons や批判を掲載した研究者著作であり，実務家にもアカデミックにも有用な書籍と，実務家が著作した実務的な書籍との双方を含む概念である。本文で引用する『PROSSER AND KEETON ON TORTS』（出典は次の脚注参照）は前者であり，不法行為法の分野では判例もしばしば引用する程の権威がある。See, e.g., E. ALLAN FARNSWORTH, AN INTRODUCTION TO THE LEGAL SYSTEM OF THE UNITED STATES (3d ed. 1996). 実際，本書の補追が引用紹介する多くの判例・法廷意見も，『PROSSER AND KEETON ON TORTS』を引用し，かつ，依拠しつつ判決を下している。

5) DAN B. DOBBS, ROBERT E. KEETON & DAVID G. OWEN, PROSSER AND KEETON ON TORTS § 1, at 2-3 (5th ed. 1984).

6) Id. § 1, at n. 2.

7) 「casebook」（ケースブック）とは，ロースクールにおいて用いられる教科書であり，中身は多くの判例の中の法廷意見および／または同意意見・反対意見の原文を抜粋した部分と，多くの学説（その中の多くはいわゆる law journal や law review と呼ばれる論文の原文の抜粋）から構成されるものである。

8) AARON D. TWERSKI & JAMES A. HENDERSON, JR., TORTS: CASES AND MATERIALS 1 (2003).

9) 「cause of action」（訴訟原因）とは，裁判所において他者からの救済を獲得する権利の基礎となる事実の状況の意である。See BLACK'S LAW DICTIONARY 235 (8th ed. 2004).

10) RUSSELL L. WEAVER, JOHN H. BAUMAN, JOHN T. CROSS, ANDREW R. KLEIN, EDWARD C. MARTIN & PAUL J. ZWIER, II, TORTS: CASES, PROBLEMS, AND EXERCISES 1 (2005).

であるけれども，場合によっては「インジャンクション」(injunction: " inj ")[11] も認められる。更に「torts」の位置付けについては，本節，後掲「11. 不法行為法の法律学上の分類」の項も参照されたい。

A. 語源と性格： やはり『PROSSER AND KEETON ON TORTS』によれば，法律英語で「torts」と呼称される不法行為の語源は，ラテン語の「tortus」であり，「twisted」という意味である。フランス語の「wrong」という意味もある。Twerski & Henderson（トゥワースキー ヘンダーソン）のケースブックによれば[12]，ノルマン・フランスの「twisted」および「crooked」や，現代英国の「tortuous」および「torture」に起源があるという。即ち不法行為法というのは，"civil wrongs" が対象で，被害が賠償され，反社会的行為を "discourage" させるものであると説明される[13]。因みに不法行為法の文脈においては，不法行為のことを，「wrongdoing」即ち「悪事，非行」と呼び，不法行為者のことを「wrongdoer」とか「tortfeasor」（トートフィーザー）（不法行為者）等と呼ぶのが慣行である。このように不法行為法を定義する際には，単に被害者を金銭的に補償（compensate）すること（いわゆる弱者救済）を目的とする社会保障制度やセーフティー・ネット，または効率的に事故補償を行う保険制度とは異なって，「wrong」（不法，悪事，非行）に対する私的な制裁というニュアンスが含まれる点は，不法行為法を理解するために重要であろう。「wrong」即ち「悪」とか「社会悪」または「wrongdoing」（悪

---

11) 「injunction」（インジャンクション）とは，作為または不作為を命じる裁判所命令の意。コモン・ロー上の救済［即ち損害賠償］だけでは不十分であり，かつ，インジャンクションが認容されなければ回復不可能な被害（irreparable injury）が生じる旨を示さなければ，認容されない。See BLACK'S LAW DICTIONARY 800 (8th ed. 2004).

12) See TWERSKI & HENDERSON, TORTS, supra note 8, at 1. Also VICTOR E. SCHWARTZ, KATHRYN KELLY & DAVID E. PARTLETT, PROSSER, WADE AND SCHWARTZ'S TORTS : CASES AND MATERIALS 1 (11th ed. 2005)（同旨）; E. ALLAN FARNSWORTH & MARK F. GRADY, TORTS : CASES AND QUESTIONS xxxiii (2004)（同旨）.

13) See, e.g., PROSSER AND KEETON ON TORTS, supra note 5, §1, at 2-3.

事，非行，不法な行為）といった要素が，不法行為法には不可避的に伴い，かつ，含意(connote)されているのである[14]。

B．刑事法との相違： 不法行為法は「wrongdoing」に対する法である点において刑事法に似ているけれども，しかし，筆者が不法行為法を「私的な」制裁，と表現した点が刑事法と相違するところである。即ち，国家が国民に成り代わって自動的に対応を発動する刑事法と異なって，不法行為法では，あくまでも，原告が提訴（私訴：private litigation）した場合にのみ機能し得る。それでも不法行為法を「制裁」であると筆者が表現した理由は，個人が私訴を通じて「権利を実現」したり「私的に矯正を求める」という不法行為法の備える重要な側面，即ち「to vindicate [one's] interest」や「personal redress」[15]という側面が，その実際の意味を日本語に置き換えた場合には，「制裁を求める」という含意を表すべきであると感じられたからである[16]。言い方を換えれば，「権利を実現」するという言葉には「制裁を求める」というニュアンスが含意

---

14) 不法行為法は，倫理的な悪に対して償わせるという大衆の意識に基づくという指摘については，see 補追，第三部，第Ⅳ章「第二節　近因」内の「1.『*Wagon Mound (No. 1)*』判例」の項．なお，「wrong」の意味については，以下の有名な判例のケースブリーフの中の Cardozo(カドーゾ) 判事の法廷意見も参考になろう。*See* 補追，第三部，第Ⅳ章「第二節　近因」内の「2.『*Palsgraf 対 Long Island R. R.*』判例」の項．

15) *See, e.g.*, John C. P. Goldberg, *Twentieth-Century Tort Theory*, 91 GEO. L. J. 513, 517 (2003)．なお "vindication" という文言に関しては，被告（Δ）の大きなミスコンダクトを懲らしめることを目的とする懲罰賠償のことを「"vindictive"damages」と呼ぶことがあることからも，その懲罰性が感じられるのではあるまいか。なお懲罰賠償については，see *infra* 第一部，第Ⅱ章「第六節　救済／『コモン・ロー(common law)』対『衡平法(equity)』」内の「2．懲罰賠償」の項．

16) *See* 本節 *infra*「3．不法行為訴訟における敗訴には『汚名』が伴う」の項の中の Gary Schwartz の指摘等（大衆によって「倫理的な悪事（moral wrongs）を特定し，かつ，矯正する装置である」と理解されていると指摘）．*See also* Goldberg, *Twentieth-Century Tort Theory, supra* 15, at 651（不法行為事件は被害者への同情と，加害者への非難の欲求とを同時に生むと指摘）．

されていると思われる。

2．非難に値する要素の弱体化と批判
　　　(blame-worthy)

　ところで近年，不法行為法では以前に比べると「wrong」（悪事，非行，不法）に伴う「非難に値すること」（blameworthiness）や「有責性」（culpability）の要素，または「過誤」(fault)（フォールト）の要件が求められなくなってきているという言説をしばしば目にする[17]。この点を特に強く支持する論説は，不法行為法の目的を，次項で述べる「賠償」に専ら重点を置く論者の中に特に多く見受けられる。しかし，仮に賠償を重視して「wrong」（悪事，非行，不法）という不法行為法の核心を軽んじるならば，論理的には社会保障，セーフティー・ネット，および／または保険制度の方が不法行為法制度よりもより良い（better off）はずである。その点において，wrong（悪事，非行，不法）を軽んじて賠償に偏る主張には難がある。

　もっとも判例法の発展傾向を眺めると，昔よりもwrong（悪事，非行，不法）／fault（過誤）を軽んじる傾向にあることは否めない[18]。特に製造物責任法が判例発展と共に責任拡大傾向を示した際に，それが全て「無過失責任」（liability without faultまたはnonfault liability）であると誤解された嘗ての傾向は，wrong／faultを軽んじる現代的特長を顕著に表していると言えよう[19]。

　しかし，同時に読者が忘れてはならないのは，一時の行き過ぎた製造物責任法による無過失責任主義拡大傾向にはその後に歯止めが掛かり，むしろ，wrong／faultを重視する方向に回帰している点である[20]。即ち，不法行為法に

---

[17] *See, e.g.*, Gerald J. Postema, *Introduction : Search for an Explanatory Theory of Torts, in* PHILOSOPHY AND THE LAW OF TORTS 1, 3 (Gerald J. Postema ed. 2001)（倫理哲学的視点から不法行為法を論じた論者達の論稿を集めた本の編者としての冒頭部のまとめとして，非難に値すること等の要素への評価が低下している点を指摘）．

[18] *See, e.g.*, PROSSER AND KEETON ON TORTS, *supra* note 5, §4, at 20-26.

[19] *See generally* 平野晋『アメリカ製造物責任法の新展開：無過失責任の死』（1995年，成文堂）．

[20] *See, e.g.*, John C. P. Goldberg, *Introduction : the Restatement (Third) of Torts :*

おいてはやはり，wrong／fault という核心的要素を抜きに語ることには無理があったと解釈すべきである。

　そして私見では，wrong／fault に基づかず，無闇矢鱈と無過失責任を拡大する傾向は，多くの人々の同意を得られないと思われる。たとえば，持ち帰り（ドライヴ・スルー）用ホット・コーヒーを車内で零した上に拭き取るのも遅らせた挙句に大火傷に至った場合にまで，多額な賠償責任をファースト・フード・レストランに転嫁するような評決に対しては，wrong／fault という視点から controversial であったというのが正しい評価ではあるまいか。

3．不法行為訴訟における敗訴には「汚名(stigma)」が伴う

　無過失責任の拡大や「エンタープライズ責任(enterprise liability)」（後述）[21]の拡大に疑問が抱かれる理由の一つとして筆者は，訴訟に頼る不法行為法制度の中でヒガイシャ救済を拡張する限り，非難に値しない被告（⊿）企業（と，特にそこで実際に訴訟の矢面に立つ労働者達）が，wrongdoing（悪事，非行，不法な行為）を犯した訳でもないにも拘わらず，「敗訴」という「汚名」(stigma) のレッテル(label)を貼られる点を挙げておきたい。即ち，不法行為訴訟は，悪事に対する私的制裁を求めるという属性を不可避的に有するので，⊿が敗訴することは悪事に対する私的制裁が国家によって認定されたという意味合いを伴ってしまう。つまり，悪事でなくても，非難に全く値しなくても，一種の保険制度としてヒガイシャに対して自動的に救済金が支払われる過程として，取り敢えず制度的に⊿が「敗訴」する必要があるからそうなったというふうに，割り切れる訳ではない。従ってたとえば製造物責任の無過失責任性を肯定する論理として，古くは机上の理論として唱えられた言説が現在においてさえも日本では多々引用されているように，取り敢えず企業⊿を保険会社と看做して無過失賠償責任を課し，企業はそれを製品価格に上乗せして広く浅く消費者に転嫁すれば良い，という主張[22]に

　General Principles and the John W. Wade Conference, 54 VAND. L. REV. 639 (2001).
21)　*See infra* 本節「7．"EL"：エンタープライズ(事業)責任」の項.
22)　「risk (loss) spreading」（危険（損失）の分散）と言われる。*See infra* 第二部，第

は，敗訴に伴う労働者達の"痛み"や"不公正"さ（unfairness）が考慮されていない点において，倫理的に賛同し難い。この⊿側の痛みという要素は，残念ながらなかなか紹介されず[23]，余り認知されてこなかった視点である。そこで，「法と文学」(law and literature) という学際的立場から，有名な法曹 legal thriller 作家の手になる以下の一節に象徴される"痛み"を紹介しておこう。

　　父はまた生産管理を専門とするエンジニアである。会社で週に七十時間働いていた。この会社は様々な製品をつくっていて，そのひとつに脚立があった。脚立はその性質上，きわめて危険な道具であり，そのため父の会社は頻繁に訴訟の標的[24]にさらされていた。設計を担当していた関係で，父

　　Ⅰ章「第一節　概説」中の「3.『危険（損失）の分散』」と『ディープ・ポケット』」の項および第一部，第Ⅱ章「第十節　製造物責任」内の「3. 製造物責任法は必ずしも無過失責任ではない」の項.

23)　もっとも例外的に紹介されてきた例としては，医療過誤訴訟における被告医師の汚名というイシューがある。See Clarence Morris, *Custom and Negligence*, 42 COLUM. L. REV. 1147, 1165 (1942). See also 補追，第三部，第Ⅶ章，第一節の「2. 医療慣行を遵守しても過失責任を課したケース」内の〈A.「Helling 対 Carey」判例〉および〈D. 汚名〉の項.

24)　［本書筆者注］アメリカでは製造物責任の濫訴あるいは「言い掛かり訴訟」(frivolous suits) の象徴になっているのが，脚立や梯子である。本文中で引用・紹介した一節に続いて，アルコール中毒になった「父」が後に脚立に登って「電球を交換していた」最中に落ちて死に至るという話になり，更には「ぼく」が「母」に脚立メーカーを訴えてみてはどうかと提案する話が披露される。「ぼく」はロースクールを卒業後「ambulance chaser」(アンビュランス・チェイサー)（「救急車を追っかけ」て"訴訟漁り"をするような手合いの弁護士の意）になってしまうと話が展開していく。原作者グリシャムのアイロニーがよく現れていよう。なお，「電球の交換」という部分も，本稿の筆者にはジョークに思える。アメリカでは lawyer joke（ロイヤー・ジョーク）と呼ばれるカテゴリーが存在し，「電球の交換」に纏わるジョークも多いのである。たとえば以下が有名であろう。

　　〈電球の交換〉
　　問　：　電球を交換するために弁護士が何人必要ですか？
　　答　：　三名。一人は脚立に上って電球を交換する人。二人目は脚立を揺する役。

は会社の代表として法廷外で宣誓証言をしたり，法廷で証言をする役目を負わされがちな立場だった。……弁護士たちとの八時間におよぶ交渉をおえて帰宅するなり，父は四杯のマティーニを飲みはじめていた。"ただいま"もなし。抱擁もなし。ディナーもなし。それから一時間に四杯のマティーニを流しこみながら，一瞬も休まずに悪口を述べ立てたあげく，リクライニングチェアにすわったまま寝入ってしまう。三週間もつづいた審理がおわり，評決で会社側が大敗北を喫したときなど，母は医者を呼び，父はそのままひと月ほど入院していた。

> ジョン・グリシャム作，白石朗 訳『原告側弁護人』1 頁（1996年，新潮社）（脚注は本書の筆者が付加）．

　この痛みを理解することは，たとえば"社会にとって有用な活動"を萎縮させないために必要である。非難に値しない者に対してまで不公正に責任を課すことは，抑止効果を超えて，当該活動からの撤退という過剰な効果を生む。たとえば小児科医等への濫訴は医療過誤を抑止するだけでなく，小児科医という職種への希望者自体を減少させてしまう。つまり「何でも他人の所為」にすれば「因果応報」に陥る。社会に有用な製品の開発・販売という局面でも事態は同じである[25]。稀少資源という所与の中で，消費者の求める製品の利便や低価格や見栄えや安全性等々の，トレードオフ（tradeoffs）な関係にある様々な諸要素のバランスを量りつつ，そのような消費者の効用を高めようと日々努力

　　そして三人目は，脚立メーカーを訴える役目です。
　　　　拙稿「『法と文学』と法職倫理（第15回）」
　　　　『際商』Vol. 30, No. 6, 839, 842頁（2002年
　　　　6月）．

[25]　なお訴訟や法的ルールに「分配的正義」を持ち込むと，有用な商品が市場から減少して消費者が高額負担を強いられるような「distorting effects」（歪み効果）を産むという「法と経済学」からの指摘については，see ROBERT COOTER & THOMAS ULEN, LAW AND ECONOMICS 9 (4th ed. 2004).

しているエンジニア等の製品開発・設計関係者達にとっては，その苦労して"創った"製品が事後的に，かつ，理不尽（アンリーズナブリー）に「欠陥」扱いされれば，反感や萎縮効果（chilling effects）も生じようというものである。

ところで，不法行為法には敗訴という汚名の要素が伴うという筆者の指摘は，指導的な不法行為法学者の論文中にも根拠を発見することが可能である。即ちG. Schwartz は，不法行為訴訟が後述する「矯正的正義」（corrective justice）[26]に根拠を置くと主張しつつ，以下のように指摘する[27]。

　不法行為法の矯正的正義の理由（rationale）を排除しようとする如何なる試みも，満足を与えず，かつ，不満足的であるという縛から逃れられないのだ。
　……。
　この点は大衆の態度から言い直すことが可能である。即ち，大衆は不法行為法をほぼ倫理的な文脈で理解しているのである。つまり，倫理的な悪事（moral wrongs）を特定し，かつ，矯正する装置であると理解しているのである。従って，不法行為法［のこの倫理的側面を無視して，それ］を社会政策の文脈において変革しようとする如何なる試みも，大衆の支持という強い基盤を混乱させ，または，遠ざける（estranging）危険を冒すことになるであろう。

---

26)　「矯正的正義」（corrective justice）については，see infra 第二部，第Ⅱ章「第一節　矯正的正義論」内の「1．序論」の項．

27)　Gary T. Schwartz, *Mixed Theories of Tort Law : Affirming Both Deterrence and Corrective Justice*, 75 TEXAS L. REV. 1801, 1816 & n. 121 (1997)（訳は本書の筆者）．更に，「法と経済学」の立場の論者も，汚名という費用が発生することは認識しているようである．*See, e.g.*, Guido Calabresi & Jon T. Hirschoff, *Toward a Test for Strict Liability in Torts*, 81 YALE L. J. 1055, 1076 n. 75 (1972)（行為者は費用と蓋然性を考慮に入れるのみならず，stigma という計算困難な要素も考慮に入れる必要性を指摘）．なお，汚名の問題は典型的には医療過誤における⊿の医師にとって深刻である．*See* 補追，第三部，第Ⅶ章「第一節　医療過誤と慣行」中の「2．医療慣行を遵守しても過失責任を課したケース」内の〈D．汚名〉の項．

更に Dobbs は，不法行為法の発展が裁判所をして人の意思を罰するように招いている（"invite courts to judge and punish a state of mind"）と指摘する[28]。そしてその傾向は，フランツ・カフカ著『審判』（THE TRIAL）[29]に似ているという。そういえばカフカは，不条理作家として有名なだけではなく，法律家でもあったことが，「法と文学」（law and literature）という学際領域では有名である。しかも彼の本職が労働災害対応であった[30]という事実は，Dobbs も指摘する彼の作品と不法行為法との関係を探る上で単なる偶然ではあるまい。即ちカフカ研究家によれば，当時，正に不法行為法が関心を抱く，「産業化社会」（industrialized society）の発達に伴う問題としての労働災害の悲惨さにカフカは心を痛め，その不条理観が作品に現れているという[31]。確かに不可避的な事故被害を補償するためのセーフティー・ネットや社会保障の不足による「残余事故費用」（residual accident costs）[32]の個人による重い負担は，不条理そのものかも

---

28) *See* Dan Dobbs, *Tortious Interference with Contractual Relationships*, 34 ARK. L. REV. 335, 346-47 (1980).

29) なお原題は『DER PROZESS』なので意味は「proceeding」，即ち内容から推しても"刑事手続"と訳すべきかもしれない。*See, e.g.*, RICHARD A. POSNER, LAW AND LITERATURE 38 (revised and enlarged ed. 1998).

30) カフカは大学で法律学を修めた後，コート・クラークを経て保険会社に就職後，労災局（Worker's Accident Insurance Institute for the Kingdom of Bohemia in Prague）に転職している。労災局は，国家が創設し，民間企業が基金を拠出するという準政府機関（semigovernmental）である。そこにおいて，労災保険の執行という法律職（in a legal capacity）に14年間携わっている。職務内容は，企業をそのリスク毎に類別し，調査を組織し，企業からの異議に対して控訴状を作成し，裁判所において労災局を代理することも含まれていたという。工場を調査してリスク評価するため，工業住宅を巡回し労働者達の生活を観察することもあったことは，作品に影響を与えた模様である。当時，工場では事故が絶えなかったのである。沈鬱な作風に産業化社会の事故法が影響を与えていたという説明は，plausible であろう。*See* Douglas E. Litowitz, Review Essay, *Frank Kafka's Outsider Jurisprudence*, 27 LAW & SOC. INQUIRY 103, 106, 108-110 (2002).

31) *Id.*

32) 「residual accident costs」（残余事故費用）とは，事故防止策を採った後に発生した事故による損失という意味である。たとえば自動車と自転車が最適な事故防止費

しれない。しかし，逆に，非難に値しない企業⊿の労働者達が，不当に「あと知恵」（hindsight）等によって責められ，かつ敗訴のレッテルを貼られることもまた，不条理である。それは正に『審判』の主人公「ヨーゼフ・K.」が，何の思い当たる理由もなく敗訴・執行されていく様に似ている。特に製造物責任における無過失責任の不条理さを，筆者は以下のPosner, J.（ポズナー判事）の業績の一節を紹介することにより，アナロジカリーに紹介しておきたい。

　ある朝，目覚めて特定されない訴追理由によって逮捕されたことに気付き，更に，何の訴追理由なのかを発見することも不可能であることに気付いたことを想像してみたまえ。しかも，如何なる法の違反も思い浮かばないのである。これは人生の不条理（life's unfairness）の説得力のある象徴であり，厳格［無過失］責任──即ち，非難可能ではない行為の結果に対する法的責任──であって，十分に酷なもの（bad enough）なのだ。ヨーゼフ・K. は，自らの行為の非難可能性とは無関係に罰せられるのだ。彼は何も［非難に値することを］していないのである。

Richard A. Posner, Law and Literature 134 (revised and enlarged ed. 1998)（訳は本書の筆者）（強調付加）.

　私見では，このような視点こそが，不法行為法の在るべきルールを論じる際に最も欠けている考慮事項だと思われる。従って筆者は本書で強調しておきたい。不法行為法という訴訟に頼る制度を用いつつ，非難に値することを要求しない無過失責任を拡大する限り，「汚名」というレッテルが⊿企業の労働者達に貼られる不公正が存在するのである，と。

　用を掛けていたにも拘わらず衝突して発生した「事故費用」（accident costs）は，残余事故費用となる。過失責任の下では自転車操作者がそれを背負い，厳格［無過失］責任の下では自動車運転者側に転嫁されて背負うという訳である。*See, e.g.*, Goldberg, *Twentieth-Century Tort Theory, supra* note 15, at 551.

もしヒガイシャ救済において，社会保障的なセーフティー・ネット的制度を用いれば，賠償支払いの前提条件として⊿の敗訴が求められる訳ではなく，従って非難に値すること（*i.e.*, wrongdoing：悪事，非行，不法）を欠くにも拘わらず⊿に汚名が貼られるという不条理や不公正を発生させずに，しかも効率的に，救済を促進できる。だからこそ，非難に値するという根拠の薄弱な事故の損害については，筆者は予てから不法行為制度に頼らずに社会保障制度の活用を主張してきたのである。

4．「賠償」(compensation) と「抑止」(deterrence)

不法行為法の目的は何かに関する説は多岐に亘る[33]けれども，最も主流となる考え方はやはり，①「賠償」(compensation) あるいは「救済」(remedy) と，②「抑止」(deterrence) あるいは「命令」(prescription) の双方を目指すという説である[34]。

①の「賠償」や「救済」とは即ち，原告（π）に対する金銭的補償を付与することである。②の「抑止」や「命令」とは，被告（⊿）が敗訴したというメッセージが，同様な立場の者達に対する将来の作為・不作為の行動指針的な命令となって，望ましくない作為・不作為への抑止効を有するという考え方である。①は事故発生「後」の損失の転嫁を扱い，②は事故発生「前」に事故を防止して損失発生を抑制することを目指す。①で発生してしまった損失は，たと

---

33) たとえば Goldberg の前掲論文は，本文で紹介した「賠償・抑止論」(compensation-deterrence theory) 以外にも，Guido Calabresi（「cheapest cost avoider」で有名），Ronald H. Coase（「コースの定理」で有名），Richard A. Posner, Robert Cooter, Richard Epstein 等による法と経済学的な「経済学的抑止論」(economic deterrence theory)，Ralph Nader 等による社会活動家的な「社会正義論」(social justice theory)，Ernest Weinrib, Jules Coleman, Stephen Perry, Arthur Ripstein 等による倫理哲学的な「矯正的正義論」(corrective justice theory)，George Fletcher や Gregory Keating 等による「互酬理論」(reciprocity theory) 等を挙げつつ多様な説の存在を紹介している。Goldberg, *Twentieth-Century Tort Theory, supra* note 15.

34) *Id.* at 521.

図表#1　不法行為法の目的

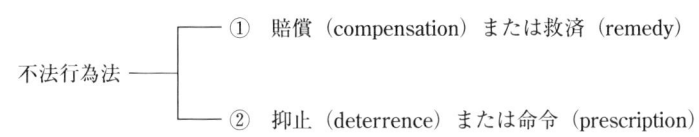

不法行為法 ── ① 賠償（compensation）または救済（remedy）

　　　　　　└─ ② 抑止（deterrence）または命令（prescription）

え⊿に転嫁できても消える訳ではないのだから，そもそも損失発生を極小化させる②の目的の方が，もし効率的に達成できれば望ましい[35]。

　不法行為法の目的を，上述したように賠償と抑止の双方に求める論者の代表として挙げられる不法行為法学者には，Oliver Wendell Holmes, Jr., Leon Green, William Prosser, Kenneth Abraham, Michael Green, James A. Henderson, Jr., William Powers, Robert Babin, Gary Schwartz, Aaron D. Twerski, John Wade 等が含まれるとされる[36]。これら代表的な学者の多くが，後掲する『リステイトメント』（RESTATEMENT）と呼ばれる権威ある判例法編纂物に関係している[37]ことからも，その立場の主流派的な位置付けが窺えよう。

　ところで抑止と賠償という二大目的相互間のバランスを如何に量るかという点に，不法行為法の在り方の難しさがある[38]。前者（②抑止）を重視する論者

---

35) *See, e.g.*, Gary T. Schwartz, *Affirming Both Deterrence and Corrective Justice, supra* note 27, at 1832 ; Gregory C. Keating, *Reasonableness and Rationality in Negligence Theory*, 48 STAN. L. REV. 311, 341-42 (1996). *See also infra.* 第二部，第Ⅰ章，第一節内の「2.『事故費用』と『防止費用』の和の減少＝『事故法』の目的」の項.

36) Goldberg, *Twentieth-Century Tort Theory, supra* note 15, at 521.

37) William Prosser は『リステイトメント（第二次）不法行為法』の起草者，Michael Green と Gary T. Schwartz は『リステイトメント（第三次）不法行為法：物理的（身体）危害（基本原則）』の共同起草者，James A. Henderson, Jr. と Aaron D. Twerski は『リステイトメント（第三次）不法行為法：製造物責任』の共同起草者である。なお，不法行為法に限らずアメリカ法における権威者としての Holmes 判事の過失責任主義確立に対する貢献については，see *supra*「序論」内の「本書において筆者が重視する諸価値・諸要素」at note 36.

38) 以下，本文の当段落と次の段落の記述については，see, *e.g.*, Postema, *Search for an Explanatory Theory of Torts, supra* note 17, at 1, 2, 5.

と後者（①賠償）を重視する論者の間では，当然，不法行為法上の様々な論題や争点における解釈が多様に別れることになる。

たとえば抑止を重視する立場からは特に，不法行為訴訟による判決を通じて示されるルール（法規範）が単なる裁判規範になるだけではなく，同時に「命令」として抑止力を将来に向かって人々の行動に与えるためには「行為規範」(rules for players または the norm for conduct) にならねばならないと考える論者も見受けられる。そして，それが有効に機能するためには，行為規範・命令はできるだけ明確性を有すべきであると考える。何故ならば曖昧な規範は「市場取引費用」(market transaction costs) を引き上げてしまって非効率だからである[39]。

更に不法行為法の「②抑止」について付言しておくと，不法行為法では抑止機能が実際には働いていないではないか，という批判もしばしば見受けられる。加えて現代の国家は市民を保護するために公法・行政規制によって危険な行為を有効に規制してより効果的に抑止機能を働かせるのであるから，私人間の法である不法行為法における抑止機能に対し疑問が出るのである。しかしそれでもなお不法行為法制度が存在し続けてきた理由として，いわゆる「経路依存性」(path dependency)[40]的な論拠を示す論稿もあり興味深い[41]。そこで抑止機能と

---

39) ルール（規範）は明確な方が市場取引費用が減少して望ましい点については，see infra 第二部，第Ⅰ章「第二節『コースの定理』」内の「3．『コースの定理』と『市場取引費用』」の項．

40) 「path dependency」（経路依存性）とは，経済学の論理に由来する言葉であり，過去の出来事等が将来の選択肢や行動を限定してしまう現象を言う．See, e.g., Michael Gerhardt, The Limited Path Dependency of Precedent, 7 U. PA. J. CONST. L. 903, 903 (2005). See also 拙書『サイバー法と電子商取引』197頁 & n. 71（1999年，NTT 出版）．なお私見では，アメリカにおいては事故を取り巻く訴訟が原告側弁護士達（plaintiff's bar）により一種の"産業化"しているために，そのような抵抗勢力が非効率な制度の改革を阻害するという「path dependency」を惹き起こしている．原告側弁護士達が不法行為制度に「寄生」して「被害産業」を形成しているという指摘については，see infra 本節「9．ニュージーランド事故補償制度と Palmer 元首相の指摘」の項．「ATLA」(Association on Trial Lawyers of America) と呼ばれる，成功報酬（contingent fee）により人身損害（personal injury）訴訟を受任する原告側法曹界の主要擁護団体が，不法行為法改革に対して抵抗することに

いう点から公法・行政規制と不法行為との関係を見ると，たとえば以下のように説明できる。即ち，行動を厳しく禁止した方が良い場合には公法・行政規制が用いられる。それ程厳しく禁止しなくても良い場合にこそ特に不法行為法の抑止機能が期待される。不法行為法の中身も無過失（厳格）責任と過失責任に分けられて，前者は如何に注意を払ってでも不可避的に事故を生じさせる活動に対して事故費用を「内部化」（internalize）[42]させることで「活動レベル」（activity levels）での抑止効果を目指し，後者は活動レベルでの抑止を求める程ではないような場合に「注意レベル」（care levels）での最適な防止費用を掛けさせるような誘因（incentives）となるように機能するという訳である。

ところで安全を促進するためには，行政規制を徹底させるのが良いけれども，何故に規制せずに自由な領域を残すのかについて付言しておく。たとえば，多くの食品は，高カロリーで成分に偏りがあり，摂取し過ぎると健康に害を及ぼすけれども，販売が禁じられていない。政府が一定の食事だけを国民に摂取するように強要していないのである。そのような政策が正当化される理由としては，個人の嗜好を尊重しつつ，規制は必要最小限度の情報提供等に抑えるという思想があると指摘されている[43]。個人の自律や自治権，自決権等を重んじ

　　　については, see, *e.g.*, Victor E. Schwartz, Mark A. Behrens & Leavy Mathews III, *Federalism and Federal Liability Reform : The United States Constitution Support Reform*, 36 HARV. J. ON LEGIS. 269, 271 (1999)（州において改革法案が成立するとATLA等が違憲訴訟を提起する等を通じて妨害活動を行うと指摘）; Victor E. Schwartz, Mark A. Behrens & Monica G. Parham, *Fostering Mutual Respect and Cooperation between State Courts and State Legislatures : A Sound Alternative to a Tort Tug of War*, 103 W. VA. L. REV. 1, 5 (2000)（同旨）.

41）　本文中の本段落の以上の部分の記述については, *e.g.*, Mark Geistfeld, *Economics, Moral Philosophy, and the Positive Analysis of Tort Law, in* PHILOSOPHY AND THE LAW OF TORTS 250, 256 (Gerald J. Postema ed. 2001).

42）　「内部化」（internalization）や「activity levels」（活動レベル），「care levels」（注意レベル）については, see *infra* 第二部，第Ⅰ章「第一節　概説」内の「10.『内部化』と事故の抑止」および「第二節『コースの定理』」内の「8.『注意レベル』と『活動レベル』における抑止効果」の項.

43）　*See* W. KIP VISCUSI, RATIONAL RISK POLICY 25 (1998). なお本文が紹介する自治・自

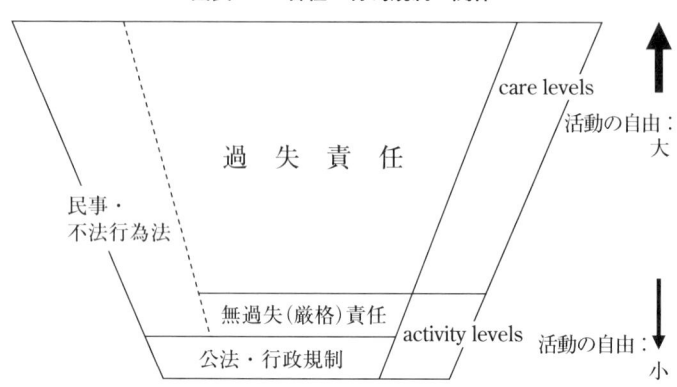

図表#2　各種の行為規制の関係

```
        ↑
   care levels
               活動の自由：
   過　失　責　任       大

民事・
不法行為法
               ↓
   無過失(厳格)責任
   公法・行政規制  activity levels  活動の自由：
                         小
```

る立場である。(もっとも論者によっては自由に介入して保護主義的に規制を強化すべきという立場もあり得る。)詳しくは，後掲　第二部，第Ⅱ章「第四節『パターナリズム』と『自己責任』」内の「1.『選択の自由』と『リバタリアニズム』対『パターナリズム』」以降等を読んで欲しい。

　不法行為法における「①賠償」の機能についても言及しておくと，既に述べたように，賠償を主に目的とするならば訴訟に頼る不法行為制度は非効率等の理由から望ましくないはずである。賠償の目的をより効果的に達成する制度については，本節の後掲「8．労働災害保険制度，ノーフォールト自動車事故賠償制度，ニュージーランド事故補償制度」の項を参照して欲しい。

　　決権という要素以外にも，社会にとって効用のある被告（⊿）の［非互酬的危険（nonreciprocal risks）な］活動については，禁止したり差止を命じるべきではなく，無過失賠償責任を課すことにより被害者の事故費用を⊿に転嫁して社会に有用な危険から罪のない被害者を保護すべきであると指摘されている。See, e.g., George P. Fletcher, *Fairness and Utility in Tort Theory*, 85 HARV. L. REV. 537, 568-69 (1972).　そのような厳格（無過失）責任が肯定される根拠については，see also id. at 547-48.

5．事故法（accident law）

　ロースクールの教科書である casebook（ケースブック）を通じて不法行為法を学んで気が付く一つの特徴は，19世紀から20世紀にかけての判例の多くが，「産業化社会」(industrialized society) に伴う諸活動に係わる事故を扱っていることである。たとえば鉄道事故，船舶事故，自動車事故，労働災害，そして製造物責任事故等である。判例名（当事者名）だけを眺めても，産業化の初期の頃には「R. R.」(railroad の略称）や「Ry.」(railway の略称）が多く，近年でも「Co.」や「Ltd.」等の企業（business firms）を示すものが多いことは，上で指摘した現象を象徴していよう。この印象は，現代不法行為法の中心的関心事が産業活動に伴う"事故"にあることを間接的に物語っている。アメリカでは「事故法」(accident law または law of accidents) という言葉が造（coined）られ，かつ使われることもあることから，不法行為法の主たる関心事が産業化社会に伴う事故にあることが窺えよう[44]。

6．歴史観の対立──「過失責任主義」は本当に19世紀産業補助的な偏向だったのか？

　「過失なければ責任なし」(there should be no liability without "fault") という過失責任主義に基づく不法行為法は，英米において勃興し始めた産業界を「補助」(subsidize) するための「道具」(instrumental) として用いられたものだったという言説が，広く流布されているようである。そのような言説の起源として有名な著作は，Morton Horwitz 著『THE TRANSFORMATION OF AMERICAN LAW』(1977年) である。

　しかし，この言説に対しては，有力な批判が存在することも日本の読者は想起すべきである。それは，アメリカ不法行為法学において指導的な学者である，Gary T. Schwartz（ゲアリー シュワーツ）による紀要「*Tort Law and the Economy in Nineteenth-Century*

44）　*See generally* Thomas Grey, *Accidental Torts*, 54 VAND. L. REV. 1225 (2001).

America : A Reinterpretation」『YALE LAW JOURNAL』誌90巻1717頁（1981年）である。19世紀の判例を実際に詳細に分析した同論文によれば，過失責任主義が19世紀に採られたとはいえ，司法は被害者に対し好意的であり，企業被告（Δ）に対しては非効率なまでに厳しく責任を課していた。利益追求のために新規に危険な事業を行う企業に懐疑的であったのである。たとえば鉄道会社は乗客の生命・身体を預るから "smallest neglect" でさえも許されないと判示されたり，「過失推定則」(*res ipsa loquitur*) が適用されたり，鉄道沿い火災に対して沿線の土地所有者の寄与過失を認めず鉄道会社を有責と判定したり，業界慣行遵守も免責理由にならないと判示していた。更に，「反企業的な陪審」(anti-corporation jury) の裁量権が広範に亘り，かつ原告（π）に対し同情的であるためにΔからπへ富を移転する傾向があることを裁判所が憂うる程であったという。従って，「新マルクス主義者」(neo-Marxist) と呼ばれている Horwitz（もっとも G. Schwartz 自身は Horwitz を "populist" と呼んでいる）が主張するような，司法が経済権力に屈して産業界を補助したという主張の根拠・証拠は全く見い出し得ずミスリーディングである。即ち Horwitz の主張は，populist が陥り易い「過剰単純化」(over-simplification) の弊害がある。つまり19世紀に過失責任主義は確かに顕著になったけれども，その事実から即，厳格（無過失）責任を意図的に捨て去ったと結論付けることは誤り，ということである。なお過失責任主義が採用されたリーディング・ケース[45]（代表判例）が産業化社会とは無関係な個人間の紛争だったという点も，産業界への補助だとする説への疑問を投げ掛けている[46]。

7．"EL"：エンタープライズ（事業）責任

「エンタープライズ責任」(enterprise liability : "EL") とは，主に商業的事業活

---

45) Brown v. Kendall, 60 Mass. (6 Cush.) 292 (1850). 犬の喧嘩を止めさせようとした事故を巡る訴訟である。同判例紹介は，see 補追，第三部，第Ⅱ章「第一節　過失基準」内の「2．『*Brown 対 Kendall*』判例」の項。

46) RICHARD A. EPSTEIN, CHARLES O. GREGORY & HARRY KALVEN, JR., CASES AND MATERIALS ON TORTS 77-78 (1984).

動から生じた損害に対しては，事業者が，無過失責任を負うべきであるとする考え方である。製造物責任においては，製品使用から生じた全ての製品事故に対して製造業者等が絶対責任を負うという思想である[47]。Guido Calabresi（グイド カラブレイジ）によればエンタープライズ責任とは，付保または自家保険をする蓋然性の最も高い者にこそ損失を負担させるべきという意味と，その負担した損失の一部を製品価格に上乗せして購入者に広く事故費用を分散させる等のシステムとを意味する[48]。即ち，企業がいわば「保険者」(insurer) になり，受傷者が「被保険者」(the insured) になると捉えられる概念である。"EL" は，19世紀以降の過失責任主義が「産業界寄り」なルール（法規範）であったという前掲 Morton Horwitz の主張に触発されていると指摘され[49]，「一匹狼的な学者達」(somewhat maverick scholars) が1920年代から'50年代にかけて主導し，事故の損失を社会的に広く分散させるという基準に依拠していたと言われる[50]。もっとも中には有名な不法行為法学者の論者もおり，それは Fleming James である[51]。EL 擁護者はしばしば，無過失責任論を賞賛し，「連帯責任」(joint & several liability) 法理や「市場占有率責任」(market share liability) 法理を擁護する[52]。即ち EL 論者は，不法行為法の主な目的である「抑止」(deterrence) と「賠償」

---

47) James A. Henderson, Jr., *Echoes of Enterprise Liability in Products Design and Marketing Litigation*, 87 CORNELL L. REV. 958, 961 (2002) ; COOTER & ULEN, *supra* note 25, at 382.

48) GUIDO CALABRESI, THE COSTS OF ACCIDENTS: A LEGAL AND ECONOMIC ANALYSIS 50-51 (1970).

49) Goldberg, *Twentieth-Century Tort Theory, supra* note 15, at 538.

50) G. Schwartz, *Affirming Both Deterrence and Corrective Justice, supra* note 27, at 1804.

51) Goldberg, *Twentieth-Century Tort Theory, supra* note 15, at 540. *See also* George L. Priest, *The Invention of Enterprise Liability: A Critical History of the Intellectual Foundations of Modern Tort Law*, 141 J. LEGAL STUD. 461 (1985)（2～3名の著名な学者による "誤った製造物責任理論" の促進（promotion of a mistaken theory of product liability）が，エンタープライズ責任を発展させたと指摘している）．

52) Goldberg, *Twentieth-Century Tort Theory, supra* note 15, at 540.

（compensation）の内，後者を重視する。被害者賠償の極大化と損失分散（loss spreading）という不法行為法の社会保険的目的を強調するのである[53]。

なお，エンタープライズ責任には批判も多く，たとえば以下のような指摘がある。まず，前述した通り，19世紀の不法行為法が産業界を支援するために過失責任主義を採用したという分析は誤っているという強力な指摘が存在している。更に，たとえば製造物責任に関しては，ELの代表的な論者 Fleming James が思い描いたような不可避的 (inevitable) な「製造上の欠陥」(manufacturing defects) とは異なり，近年では「設計欠陥」(design defects) や「指示警告欠陥」(inadequate instructions/warnings) 等のような注意懈怠 (inadvertent) 的主張が主なものとなってしまっている[54]。そのため主な責任問題は「過失責任的」な responsibility の問題となり，「帰責性」(blameworthiness) を問う不法行為過失責任の「抑止力」が機能する分野になるので，エンタープライズ責任論者の強調した無過失責任的「賠償」機能ばかりを不法行為の目的とする論理が説得力を失う等と批判される[55]。更に，賠償機能を強調し過ぎるエンタープライズ責任論は，一定の社会的に好ましい経済活動さえをも萎縮させるという「過剰抑止」(over-deterring) の虞もある，と批判される[56]。いわゆる「［責のない者達までをも］殺し過ぎる」(overkill)[57]のである。加えて，不法行為責任を拡大し

---

53) James A. Henderson, Jr., *Why Negligence Dominates Tort*, 50 UCLA L. REV. 377, 381 (2002).
54) 設計欠陥や警告懈怠と異なって，製造上の欠陥には無過失責任が適用されることが正当化される理由については，see *infra* 第Ⅱ章「第十節　製造物責任」の内の「5．製造上の欠陥」の項．
55) *See* Goldberg, *Twentieth-Century Tort Theory, supra* note 15, at 543.
56) *Id*.「歪み効果」(distorting effects) とも言われる。*See infra* 第二部，第Ⅰ章，第一節内の「6．『効率的配分』と『分配的正義』at note 49 and accompanying text. *See also* 同第一節内の「10．『内部化』と事故の抑止」at note 62 and accompanying text.
57) 「overkill」（殺し過ぎ）という文言は，製造物責任法の世界で指導的な不法行為法学者 Twerski が，警告懈怠における因果関係の立証責任の転換を批判して以下のように用いていることに由来する。"But an across-the-board presumption is

過ぎると，危険の分散や賠償といったエンタープライズ責任論の目指した機能の担い手である保険会社が逃げ出してしまうことになると批判される。そもそも不法行為訴訟制度を通じて無闇矢鱈に企業を「保険者」として責任を拡大することは，「運用費用」(administrative costs) が掛かり過ぎる点において正当化し得ない。保険制度としてみても，ELの拡大は，「逆選考」(adverse selection) や「モラル・ハザード」(moral hazard) の観点から，正当化し得ないと指摘されている[58]。拡大化し過ぎた不法行為法は，消費者をして高額な付保製品購入を強いるから公平な費用分散にはならないという批判もある[59]。更に，そもそもELは，「公正」と「抑止」に基づく一貫性を保った企業への責任賦課が不可能になるという批判もある[60]。加えて，ELは，余りにも責任賦課を広範囲に認め過ぎるので，たとえばナイフを生産する会社に対して自動的に責任を課すようなことにもなり，社会としてそのような責任転嫁は受け入れられないと批判されている[61]。

---

overkill." JAMES A. HENDERSON, JR. & AARON D. TWERSKI, PRODUCTS LIABILITY : CASES AND PROCESS 388 (5th ed. 2004). 以下は全くの私見であるが，不法行為法における overkill という問題提起は，筆者には，映画「The Killing Field」(1984年，英国映画) を想起させてならない。無闇矢鱈と⊿の所為にする思想の過激さが，あの悪夢を描いた映画を想起させるのである。

58) Henderson, *Echoes of Enterprise Liability, supra* note 47.「逆選択」(adverse selection) や「モラル・ハザード」(moral hazard) については，see *infra* 第二部，第Ⅰ章「第一節　概説」内の「13. 保険制度：『モラル・ハザード』と『逆選択』」の項.

59) George L. Priest, *The Current Insurance Crisis and Modern Tort Law*, 96 YALE L. J. 1521, 1525, 1585-86 (1987).

60) Henderson, *Why Negligence Dominates Tort, supra* note 53, at 397. *See infra* 第二部，第Ⅰ章「第三節『チーペスト・コスト・アヴォイダー』論への批判」内の「2. 『チーペスト・コスト・アヴォイダー』の無過失責任的解釈への批判：倫理哲学等からの示唆と，誰が危険を管理（コントロール）していたのか（原告側の非行・過誤への抑止の重要性）という問題」の項の中の〈F. 総括（"抑止"と"分配"の双方にとって必ずしも望ましい手段ではない）〉の項.

61) Gary T. Schwartz, *The Hidden and Fundamental Issue of Employer Vicarious Liability*, 69 S. CAL. L. REV. 1739, 1750 (1996). 即ち，以下のように指摘しているのである。

8．労働災害保険制度，ノーフォールト自動車事故賠償制度，ニュージーランド事故補償制度（workers compensation, automobile no-fault plan, New Zealand Accident Compensation Scheme）

産業や機械文明の発達がもたらす効用に伴って，不可避的に増加する事故被害への対応策として，不法行為法に頼らない社会保障（social insurance）的な救済立法が存在する[62]。たとえば労働災害への補償制度（workers compensation）は，明らかに不法行為制度にとって代わる意図で設立されているし[63]，自動車事故に対するノーフォールト制度も同種の事故における不法行為訴訟に一部とって代わる意図である[64]。

しかしアメリカは上のようなセーフティー・ネットの整備が，他の先進国に比べて未だ未だ不十分であり，事故の受傷者はそれだけ不法行為訴訟制度に頼らざるを得ないし，かつ，他の社会保障先進国よりも不法行為訴訟制度が発達

> ナイフが切れるという危害は，ある意味，ナイフを頒布することに伴う「特徴」である。……。しかし我々の不法行為制度はナイフ……を生産する会社に対して自動的に責任を嫁すことへ興味を示していない。我々の厳格責任制度がどのようなものであれ，そのような結果は排除されるのである。
>
> *Id.*（訳は本書の筆者）（強調付加）.

62) *See, e.g.*, FARNSWORTH, LEGAL SYSTEM OF THE UNITED STATES, *supra* note 4, at 128（産業化社会の影響を受けて，不法行為法に修正を加える労災保険制度とノーフォールト自動車事故賠償制度を挙げて，簡潔に説明している）．なお不法行為法のケースブックは通常，不法行為制度に代わる事故補償制度を紹介するのが慣例となっている。*See, e.g.*, *infra* authorities listed in note 66.

63) Grey, *Accidental Torts, supra* note 44, at 1229. なお，産業化社会に変革したことに伴う事故被害者に対し19世紀の司法は一般的に同情的であり，企業被告に対しては厳しい責任を課す傾向にあったけれども，労災事故だけはその傾向の例外であったために，労災補償制度の導入が促されたという指摘もある。Gary T. Schwartz, *Tort Law and Economy in Nineteeth-Century America : A Reinterpretation*, 90 YALE L. J. 1717, 1775 (1981).

64) Grey, *Accidental Torts, supra* note 44, at 1229.

したと指摘されている[65]。もしその指摘通りであるならば，アメリカよりも社会保障整備が進む国々（含，日本？）は，アメリカ程に不法行為訴訟における責任理論をELの拡大に求める必要も存在しないのではないか。この点については，以下のような指摘も見受けられる。

> 他の殆どの西洋諸国では，社会保障プログラムが合衆国におけるよりも高い割合の事故被害者に補償を提供している。アメリカの……事故法体制（accident law regime）は，比較的，高コストな不法行為訴訟に頼って被害者を賠償しないままに放置し，事故抑止において貧弱な仕事しかせず，更に，訴訟から利益を得る弁護士以外には被害者を構成する人達の内のごく一部だけを満足させているのだ。
>
> John Fabian Witt, *Toward a New History of American Accident Law: Classical Tort Law and the Cooperative First-party Insurance Movement*, 114 HARV. L. REV. 690, 697 (2001)（訳は本書の筆者）（強調付加）．

9．ニュージーランド事故補償制度とPalmer元首相の指摘

なお，事故に対するセーフティー・ネットを徹底的に拡大し，これにより不法行為訴訟に頼ることのない理想的な制度を作り上げた例として有名な国がニュージーランドである[66]。即ちニュージーランドでは，不法行為訴訟を原則として廃止（禁止）し，代わりに事故による被害は原則として全て社会保障的

---

65) *Id.* at 1229, 1283（社会保障が他の先進国よりも貧弱なアメリカでは今後も不法行為訴訟制度の発展が続くと予測している）．
66) *E.g., id.* at 1230；KEETON ET AL., TORTS AND ACCIDENT LAW, *supra* note 1, at 1208-14；PROSSER, WADE AND SCHWARTZ'S TORTS, *supra* note 12, at 1202-03；TWERSKI & HENDERSON, TORTS, *supra* note 8, at 695-705；EPSTEIN ET AL., CASES AND MATERIALS, *supra* note 46, at 992-1004.

な制度で補償するという理想的な事故補償公社（ACC: Accident Compensation Corporation）を成立させたのである。そもそも不可避的な事故被害の費用を補償するためには，もはや過誤（fault）に基づく不法行為制度では限界がある。無理やり過誤に基づかない被告（⊿）でさえも有責にして補償の目的を達成しようとすると，訴訟に掛かる高額な「運用費用」(administrative costs) の正当性に深い疑問が生じてならない。更には過誤のない⊿にさえも，敗訴の汚名・レッテルを課してしまうことに対し筆者は大いに不満である。産業や文明の発達に伴う不可避的なヒガイシャ救済を目的とするならば，運用費用が高額なために非効率で，かつ"汚名"という副作用も伴う不法行為訴訟制度に頼るよりも，むしろ，ニュージーランドを見習ってセーフティー・ネットの整備にこそ注力すべきではなかろうか[67]。

ニュージーランド事故補償制度については筆者が既に拙書で紹介済みであり[68]，更には他に日本にも専門の研究者がいるであろうから，本書では限定的に簡略な紹介に止めておく。即ち以下において，同制度導入実現に多大な貢献をした同国元首相の Palmer 教授による論文の中から，興味深い指摘を少しだけ引用しておく。

不法行為法の目的は，以下の何らかの組み合わせとして多様に発展してきた。
- 受傷者の補償
- 危険な行動の抑止
- 当事者間の矯正的正義

---

[67] たとえば日英独仏のように殆どの治療費をカバーしてくれる社会保障的な医療制度（socialized medicine）がアメリカでは欠けていて，事故の治療費さえも保障されていないために高額な損害賠償額にて賄わなければならないからこそ，アメリカは日欧に比べて高額な賠償額に達すると分析されている。*See* Gary Schwartz, *Products Liability and Medical Malpractice in Comparative Context, reprinted in* HENDERSON & TWERSKI, PRODUCTS LIABILITY, *supra* note 57, at 707.

[68] 拙書『アメリカ製造物責任の新展開：無過失責任の死』, *supra* note 19, at 232-59.

- 賠償責任保険を通じた損失の分散
- 経済的な効率性の達成
- オンブズマンとしての，および，教育的な機能

［しかし］不法行為法のこれらの諸目的の何れにおいても，実証的裏付けが可能な方法で満足のゆくような達成が為されているとは私には思われない…。

　…。<u>不法行為制度の取引費用は，恥ずべき程に高額（scandalously high）</u>である。…。…自動車事故の被害者に1ドルの便益を付与するために1.07ドルもの費用が掛かる…。…自動車人身損害賠償責任保険の保険料の1ドル当たりの内の，僅か14.5％しか被害者の損失補償にいかない…。…。…不法行為制度の全体の出費の内の僅か47％しか，原告は純補償額として受け取ることができないのである。

Geoffrey Palmer, *The Design of Compensation Systems : Tort Principles Rule, O.K.?*, 29 VAL. U. L. REV. 1115, 1166 (1995)（訳は本書の筆者）（強調付加）.

更に以下のように，刺激的な文言を用いつつ，不法行為制度の欠点を鋭く批判しているのである。

　通常の費用便益分析においては，不法行為制度廃止の立証が圧倒的［に説得的］であると思わざるを得ないであろう。不法行為制度から得られる便益は，その費用と不利益とによって凌駕されている。<u>被害産業（The injury industry）</u>は，疑いなく，アメリカの政策において強力な利権を有している。疑いなく，<u>不法行為制度に寄生（parasitic）する人々は，原告側弁護士達（plaintiffs' attorneys）</u>や保険産業であるが，同制度から<u>血を吸い続けたい（suck blood from it）</u>と望んでいるのだ。

Id. at 1161（訳は本書の筆者）（強調付加）.

更に，アメリカが，社会保障的な思想を受容しない点を，たとえば以下のように批判している。

　…合衆国では，受傷した人々が公共の基金から回復を得るという社会保険の諸概念に対し，極端な抵抗があるように思われる。…。
　…。
　…。全員が付保される健康［保険］プログラムのバックアップなしには，不法行為制度を改革することは難しい。
　…。医療過誤と製造物責任の訴訟爆発（explosion）により生じた諸問題は，立法者達による不法行為制度への内的ルール［法規範］変更により少しは弱まるけれども，諸問題がなくなることはないように思われる。
　　　　　　　　　　　　　　Id. at 1161, 1165（訳は本書の筆者）．

更に，そもそも何故，不法行為法を禁じて代わりに社会保障的に，過誤に基づかない救済制度が必要なのかの理由を，「法と経済学」（law and economics）的に以下のように指摘している。

　トレードオフは，社会に対する全体の効用が増進するという前提に基づいて，提示されている。――より多くの被害者が支払いを受け，過誤を立証する必要がないために多大な節約が生じ，全体として，各人が良化（better off）するのである。もっとも各個人被害者が経済的に良化するという主張は説得力をもってなし得ないということは真実である。しかしながら，広い視野で判断するならば，その［ニュージーランド的な］改革は，不法行為法よりもより良いアレンジメントなのである。
　　　　　　　　　　Id. at 1159（訳は本書の筆者）（強調付加）．

10.「9・11」(The September Eleventh) テロ被害者補償基金

不法行為法に頼らない社会保障的な被害者救済制度の最も新しいものとして

は，2001年9月11日にニューヨーク市の貿易センタービルに旅客機を衝突させて破壊した，いわゆる「9・11」(ナイン・ワンワン)(Sept. 11th) テロの犠牲者に対する制度がある。「The September 11th Victim Compensation Fund」である[69]。テロ後の驚くほど素早く（事件から僅か10日後に）制定法化され，運用されていて，補償額も通常の社会保障制度的な事故補償システムに比べて高額（遺族への平均補償額は2百万ドルを超える）である。しかし，その他の各種被害者（たとえばオクラホマ連邦ビル爆破テロや，以前の貿易センタービルでの爆破テロ等）への救済に比べて，何故そのように9・11テロの被害者のみが厚遇されるのか等に関し，様々な問題が提起されているようである。

11. 不法行為法の法律学上の分類

アメリカの民事・実体法は以下の三つに大きく分類される。「torts」(不法行為法)，「contracts」(契約法)，および「property」(プロパティー)(物権等の財産法) である。

これらはロースクールの1年生[70]が基礎必修科目 (a required first-year course) として修得しなければならない重要科目であるのみならず，法曹資格試験 (bar exam.)(バーイグザム) でも各州が共通で実施する試験科目群 (multi-state bar exam.) の根幹を成す程に重要なものである。これら三科目の内，「財産法」は権原 (entitlement) や権原の取得，利用，および譲渡等を専ら扱い，「契約法」は契約（法的拘束力を有した約束や関連する諸義務等）から生じる責任を扱う。そして「不法行

図表#3　アメリカの主な民事法

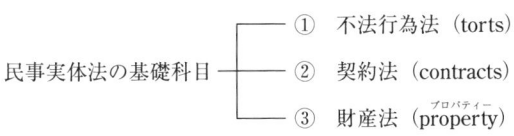

民事実体法の基礎科目 ─┬─ ① 不法行為法 (torts)
　　　　　　　　　　　　├─ ② 契約法 (contracts)
　　　　　　　　　　　　└─ ③ 財産法 (property)(プロパティー)

---

69) 本文の当段落の記述については，see TWERSKI & HENDERSON, TORTS, *supra* note 8, at 712-20 ; PROSSER, WADE AND SCHWARTZ'S TORTS, *supra* note 12, at 1202-11.

70) *See, e.g.*, Geoffrey Palmer, *The Design of Compensation Systems : Tort Principles Rule, O. K.?*, 29 VAL. U. L. REV. 1115, 1164 (1995).

為法」は，法によって課される責任（" [p]rivate civil liabilities... 'imposed by law' "）を扱うのである[71]。更に不法行為法の定義を具体的に試みるならば，それは前述した通り「civil wrong」（民事的不法，悪事，非行）を扱う。即ち生命・身体への侵害や，財産，社会的評価等への侵害（interfere with person, property, reputation...）を扱うのである[72]。

第二節　アメリカ不法行為法の主要概念

1．州法と判例法

不法行為法の特徴の一つは，州毎に独立して異なる法[73]（state law）になっている点である。異なるといっても同じ国家における州毎の相違なので，基本的な部分はどの州でも同じ性格を有している。しかし細かな点では相違がある[74]。

もう一つの不法行為法の特徴は，原則として「判例法」（case law または common law）が基礎[75]となっている点である。英国から継承した判例の積み重ね

---

71) Grey, *Accidental Torts, supra* note 44, at 1228.
72) FARNSWORTH, LEGAL SYSTEM OF THE UNITED STATES, *supra* note 4, at 124.
73) *Id.* at 125.
74) そのために，たとえば不法行為法上の主要概念に関する各州の相違点を集めた書籍も存在する。*E.g.*, MORTON F. DALLER, TORT LAW DESK REFERENCE : A FIFTY-STATE COMPENDIUM (2005 ed.).
75) *E.g.*, PROSSER AND KEETON ON TORTS, *supra* note 5, § 3, at 19（圧倒的に判例法であり，裁判所毎の裁判例によって発展が果てしなく続いていると指摘）．*Also* FARNSWORTH, LEGAL SYSTEM OF THE UNITED STATES, *supra* note 4, at 125-26. ところで「common law」とは，多義的な語彙であり，主に以下の意味を有する。①制定法に由来する法体系（the body of law）ではなく，司法府の判決に由来する法体系。②大陸法制度（civil law system）に基礎を置く法体系ではなく，英国の法制度に基礎を置く法体系であり，英米法制度一般の概念。③「equity」における法体系に対抗する「law court」に由来する法体系。なお英国法の歴史的起源には主に三種類が存在し，一つは common law，二つ目は equity，そして三つ目は制定法である。common law は慣習から発展し，「king's court」によって創造・運用された。その com-

が法としての効力を有している。特に同種の事件に対する同州内の上位または同じ裁判所による判例は，いわゆる「拘束力を有する法源」(binding authority) として，下位の裁判官がそれに依拠しなければならないという権威を有する[76]。同種の事件は将来においても同様な判決を受けるであろうという「先例拘束性」(stare decisis または the doctrine of precedent) の法規範ルールである[77]。なお最近の不法行為法は，判例法だけではなく，州毎に制定法化されている部分もある。しかし，その多くは判例を「法典化」(codify) したものなので，基本は判例法にある。(もっとも判例のルールを変更したり，不足を補うような追加をしたりするために制定法が成立する場合もある。)[78] これ等，州内の判例法と制定法は，裁判官が裁判を行う際に依拠しなければならないルール(規範)として，「一次的法源」(primary authorities) と言う[79]。

　もっとも裁判所は，同じ州内の判例だけを参照して事件を解決するとは限らず，他州の判例も参考になるものは，拘束力を有しないものではあるけれども，いわゆる「sister states」の権威として検討に取り入れることが多い。同州内での判例でも上位の裁判所によるものではなく同等未満の裁判所によるものは拘束力を有しないけれども，やはり参考になるものは任意に裁量で参考にする場合もある。更に後述する[80]，全米的に判例法の集大成として編纂された

---

　　mon law において生じることがある硬直性と不公正を克服するために equity が発展。equity は「chancellor」(大法官) 乃至「the Court of Chancery」(大法官裁判所) が執行の任に当たった。BLACK'S LAW DICTIONARY 293-94 (8th ed. 2004).

76)　FARNSWORTH, LEGAL SYSTEM OF THE UNITED STATES, *supra* note 4, at 52-53.

77)　*Id.* at 51. なお「*stare decisis*」はラテン語であり，「to stand by things decided」という意味。訴訟で同じ争点が提起された場合には先例に従わなければならないという法理のことである。BLACK'S LAW DICTIONARY 1443 (8th ed. 2004).

78)　FARNSWORTH, LEGAL SYSTEM OF THE UNITED STATES, *supra* note 4, at 126, 128 (判例法上の寄与過失に代えて制定法によって導入された比較過失制度や，ノーフォールト自動車事故賠償法等を挙げている).

79)　*Id.* at 83. *See also* BLACK'S LAW DICTIONARY 143 (8th ed. 2004) (判例や制定法を definitive or decisive な legal writing であると捉えて例示している).

80)　*See infra* 本節「4．二次的法源 (リステイトメント等)」の項。

『リステイトメント』（RESTATEMENT）という編纂物を参考にする例も，不法行為法訴訟判例では非常に多く見られる。または，既に何度か登場した『PROSSER AND KEETON ON TORTS』^(プロッサー＆キートンの不法行為法)等の学者が書いた基本書（treatise）^(トリーティス)を参考にする例も多い。加えて，ロー・ジャーナル／ロー・レヴュー（law journal / law review）等に掲載された学術論文も，学者が書いたものに限らず優秀なものならば学生が書いた「ノート」（notes）や「コメント」（comments）と呼称される論文であっても，やはり参考として裁判所が採用する例も散見される[81]。これ等，他州等の拘束力を有しない判例や，リステイトメントや，基本書や論文等は，裁判官が必ずしもその権威に拘束されることはないけれども説得力があるとして任意に，裁量で採用可能な類の権威として，「二次的法源」（secondary authorities）や「説得的法源」（persuasive authorities）と総称される[82]。

---

81)「law journal」や「law review」と呼ばれる雑誌は，ロースクールが発行する法学系の学術雑誌であり，学説の主な発表（publish）の場になっていて，権威の非常に高いものである。その運営は通常，2年生以上の選抜された優秀な学生で構成される編集員によりほぼ完全に自治的に行われる。編集員の選抜は通常，学生の1年の際の成績（トップ○○％以内）や，入会試験を通じて行われる。編集員に選抜されたことは名誉なばかりか，履歴書に記載して巨大法律事務所への就職に繋がるので，ロースクールにおいてはほぼ全ての学生が編集員になることを目指して成績を競い合う。もっともロー・レヴュー／ロー・ジャーナルの編集員になる意義はその高いプレステージのみにあるのではなく，編集員になることによって初めて経験できる法律家としての技能にこそある。即ち編集員の責務は，教授等による掲載論文の編集作業（そこには全ての脚注の原典確認作業や，本文の記述の修正までも含まれる）のみにあるのではない。加えて，シンポジウム等の学術講演会の主催（企画および実施）を行うばかりか，自らも全員が notes や comments と称される論文を書くことが義務付けられる。その notes/comments の内，優秀なものは再び選抜の上，ロー・ジャーナル／ロー・レヴューに掲載され，更なる名誉となり，再びビッグ・ローファーム等への就職にも繋がる。これらの責務を通じて，通常の学生よりも数段上の，文章作成能力，リサーチ能力，および論文作成能力を，丹念に鍛えられる。ところでそのように選抜・掲載されたロー・レヴュー／ロー・ジャーナル掲載の学生 notes/comments 論文が，実際に判例において引用された例としては，see 補遺，第三部，第Ⅳ章「第一節　事実的因果関係」「4．市場占有率責任」内の〈A．「*Sindell* 対 *Abbott Laboratories*」判例〉の項。

以上のようにアメリカの不法行為法は，州毎に異なる判例法という特徴を有する。従ってばらばらに理解しようとすると訳が判らなくなる[83]。そこで，理解を促すためには，どの州の判例にも共通するところを把握することが必要である。実際，ロースクールにおける不法行為法科目の学習でも，そのような方法が採られている[84]。

2．アナロジー（類推適用）能力の重要性

判例法が重要視される不法行為法では，目の前の紛争事件に対し，似たような先例や，その他の各種法源を当てはめて解を導き出す能力が多く求められる。従って，アナロジーの能力が最低限度，必要になる。この点につき，ニューヨーク法曹である偉大な判事，Benjamin Nathan Cardozo, J.（カドーゾ判事）が以下のように述べていること[85]は参考になろう。

---

82) FARNSWORTH, LEGAL SYSTEM OF THE UNITED STATES, *supra* note 4, at 83 ; BLACK'S LAW DICTIONARY 143 (8th ed. 2004) (secondary authorities とは，法を説明するけれども法を establish するものではない authorities である。たとえば treatises, law-review articles 等であると定義。更に persuasive authorities とは，some weight を伴うけれども not binding on a court であると定義している)。なお，law journal/law review 論文や他州の判例に依拠しつつ判事が意見を構成している例としては，see, *e.g.,* 補追，第四部，第Ⅰ章「第二節『*Escola* 対 *Coca Cola Bottling, Co. of Fresno*』判例 (Traynor, J. の同意意見)」において掲載した Traynor, J. の同意意見の原文。

83) *See, e.g.,* Postema, *Search for an Explanatory Theory of Torts, supra* note 17, at 4 (Holmes の有名な指摘「life of law is not logic but...」を引き合いに出しながら，判例を文言通り読んでも混乱をきたすだけであり，一貫した理論の把握の重要性を指摘している)。

84)「casebook」（ケースブック）と呼ばれる判例を中心に学説等も多く転載したロースクールの教科書は，様々な州や連邦裁判所が下した全米的に著名な判例（法廷意見と同意・反対意見）を多く読ませることによって，法曹に要求される多様な思考能力を身に付けさせつつ，全米的な不法行為法の体系的理解を修得させるように工夫されている。

85) BENJAMIN NATHAN CARDOZO, THE NATURE OF THE JUDICIAL PROCESS (1921) *reprinted in* MARJORIM D. ROMBAUER, LEGAL PROBLEM SOLVING : ANALYSIS, RESEARCH AND

... Where does the judge find the law which he embodies in his judgment ? There are times when the source is obvious. The rule that fits the case may be supplied by the constitution or by statute. ...

　We reach the land of mystery when constitution and statute are silent, and the judge must look to the common law for the rule that fits the case. ... The first thing he does is to compare the case before him with the precedents, ... [T]he work of deciding cases in accordance with precedents that plainly fit them is a process similar in its nature to that of deciding cases in accordance with a statute. It is a process of search, comparison, and little more. ... He must then fashion law for the litigants before him. In fashioning it for them, he will be fashioning it for others.

　　. . . .

　[T]he problem which confronts the judge is in reality a twofold one : he must extract from the precedents the underlying principle, the *ratio decidendi* ; he must then determine the path or direction along which the principle is to move and develop, if it is not to wither and die.

　以上，Cardozo, J.（カドーゾ判事）が指摘したように，アナロジーだけでは十分ではない。しかし最低限度，判例と目の前の訴訟との間のアナロジーは不可欠な能力なのである。

　なお Cardozo 判事が示唆したように，拘束力をもつ判例であっても，目の前の事件の解決として妥当ではないと思われたときは，先例を縮小解釈したり，目の前の事件が先例と異なると解釈したり，または，正面から覆したりする必要性が出てくる。その際，依拠するのは，「public policy」（公共政策）と呼ばれる理由であることも多く，その根拠として「二次的法源」（secondary authorities）（後述）や，学際的概念を引用する必要性も出てくる[86]。

　　Writing 6-7 (3d ed. 1978).
　86）　本文中の当段落以下の記述については，see generally Farnsworth, Legal System

3.「帰納法(inductive reasoning)」と「演繹法(deductive reasoning)」によるリーズニング(推論)の重要性

　これは(も)不法行為法に限らない重要な点である。即ち,判例法に基礎を置き,それを重視するアメリカ法を体系的に理解するためには,特に「帰納法的(inductive)なリーズニング(推論)」の能力が要求される。つまり様々な判例(法廷意見)を読んで,それらに共通するルール(法規範や法準則)を導き出すという推論が重視される。たとえば,不法行為法の「法と経済学」(law and economics)的な分析においては,様々な判例を示しつつ,それらに共通するルールは効率や富(または福祉)の極大化の達成である,即ちアメリカのコモン・ロー(判例法)は既に法と経済学的な目的に沿って知らず知らずの内に判決を下してきたのだ,という見解が導き出されたりするのである[87]。更に,『リステイトメント』の編纂にあたっても[88],膨大な量の判例を分析した上で,そこに共通する規範(準則)を発見／創造する。即ち判例傾向を集約・反映する「ブラック・レター」(black-letter law)と呼ばれる条文的なルールを指導的な法学者が起案し,「アメリカ法律協会」(American Law Institute : ALI)の会員によって議論された後に民主的に採択され,それが後に裁判所によって二次的法源(secondary authorities)として依拠されることとなるのである[89]。

OF THE UNITED STATES, *supra* note 4, at 52-60. なお判例(法廷意見や同意・反対意見)中にしばしば登場する「policy」(政策)という文言は,非常に広い意味で用いられ,具体的には「理由となる,先例に関連しないあらゆる考慮を包含する」(encompass any rational consideration not related to precedents)概念である。ROMBAUER, LEGAL PROBLEM SOLVING, *supra* note 85, at 34. 更にやはり判例にしばしば登場する「public policy」(公共政策)という文言の意味は,広義では,国家や社会全体にとっての基本的関心であると裁判所が捉える諸原理や諸基準を意味する。狭義では,公衆一般を害するようなことを許容しない原理を意味する。BLACK'S LAW DICTIONARY 1267 (8th ed. 2004).

87) たとえば代表的な「法と経済学」の研究者である Richard A.(リチャード) Posner, J.(ポズナー判事)の業績にはそのような分析傾向が見受けられ,それだけに批判も多いようである。
88) *See infra* 次節「4．二次的法源(リステイトメント等)」の項.
89) たとえば,『リステイトメント(第三次)不法行為法:製造物責任』(RESTATEMENT

上で示した「法と経済学」研究や『リステイトメント』起草といった帰納法的思考の例は，アカデミックな法律界の最高峰における例であるが，帰納法が要求されるのはそのような頂点の議論においてだけではない。「法律相談人」(counselor at law) や「法律代理人」(attorney at law) 業といった法曹[90]の日常業務である法律実務 (legal practice) や，その基礎を構成するロースクールにおける法学教育でも，徹底的な帰納法的思考の実践・鍛錬が求められるのである。たとえばカウンセリング（相談）業務においては，依頼人からの具体的な事例から「争点」(issues) を発見した上で，これに対する法的見解として該当しそうな判例や学説（まずは主に後掲「二次的法源」としての treatises）等をリサーチした上で「ルール」（法規範や法準則）を導き出し，それを依頼人の事例に当てはめて，「メモランダム」(memorandum) と呼ばれる意見書を書いて依頼人に提出するという作業が基本である。「リティゲイション」(litigation) と呼ばれる訴訟法務・法廷実務においても，相手方代理人・法曹の主張を論駁するように，依頼人 (client) に有利な[91]判例や学説を探し出してルールを導き出し，そ

(THIRD) OF TORTS: PRODUCTS LIABILITY (1998)）というリステイトメントは，コーネル大学教授の James A. Henderson, Jr. が，共同起草者であるブルックリン大学教授の Aaron D. Twerski と共に，膨大な製造物責任に関する各州の判例を把握した上で（加えてロー・ジャーナル／ロー・レヴュー等に掲載された学説も把握・分析した上で），全米的なルール（法規範・法準則）の傾向を示すべく，たとえば「欠陥」を判断する基準は§2という部分の条文に相当するブラック・レターに記載のようなルールになると起案して行った後，その起草案を，ALI の会議体で議論の末に修正を重ねて，最終的に全体会議で採択されて発布に至っている。この製造物責任法リステイトメント§2のブラック・レターについては，see infra 第Ⅱ章，第十節「6．設計欠陥」内の「B．更なる洗練化―RAD = "機能的" 設計欠陥基準の採用」の項．

90)　アメリカの法曹・弁護士は，依頼人からの法律相談に応えるという「counselor」としての側面と，依頼人を代理して法律業務を行うという「attorney」としての側面との，双方を兼ね備えている。因みに筆者の有するニューヨーク州の法曹資格（米国では州毎に法曹資格を授与する制度になっている）は，「counselor and attorney at law」という．

91)　アメリカは「adversary system」（当事者対抗主義，論争主義，対審構造）という

れを用いて依頼人の主張を補強することが求められる。ロースクールにおける日々の講義においても学生は,「ケースブック」(casebook) に掲載されている膨大な量の判例(法廷意見や学説等)を予習で読みこなし,教授からの難解な質問に関わる「ソクラテス方式」[92]の問答を通じて思考力を養った後,講義を通じて読んだ判例から各論点毎にルール(法規範・準則)を学生自身が導き出してサブノートを作成する努力を続けなければ,最終試験[93]での合格が覚束ない

対立構造を司法制度の基礎に据えており,不法行為法が深く関わる民事訴訟も, πとΔが対立した主張・立証を行うことが基本である。従って,法曹・弁護士の責務 (professional responsibility と呼ばれる法曹倫理等) も,依頼人の利益のために「zealous advocate」(熱心な擁護者) として党派的に行動することを強く求める。See, e.g., MODEL CODE OF PROFESSIONAL RESPONSIBILITY EC 7-1 (1981); CHARLES W. WOLFRAM, MODERN LEGAL ETHICS § 10.3, at 578-82 (1986). See also 拙稿「『法と文学』と法職倫理(第3回)」『際商』Vol. 29, No. 6, 714, 714-19頁(2001年6月)。 なお「adversary system」については, see, e.g., WOLFRAM, MODERN LEGAL ETHICS, id. § 10.1, at 564-65.

92)「Socratic method」(ソクラテス方式) とは,ギリシャの哲人ソクラテスが弟子に対して質問を繰り返して真理を自ら発見させるように導いた如くに,教授が学生に対して質問を繰り返し,答えを教えることなくルールを自らが発見するように導くような,古典的なロースクールにおける教育手法である。法学教育の初学者である1年生の思考を鍛錬するために主に用いられてきたもので,通常は多くの受講生の誰が指されて"犠牲者"になるかを事前に予告しないため,多くの学生が毎回予習を熱心に行うためのインセンティヴにもなっている。講義は,判例等を予習してきている前提で行われるから,講義時間の多くはこの問答に割かれ,学生は問答の意味を理解するように全精力を集中させなければならない。予習をして来なければ,全く付いていけず,落ち零れることとなるのである。

93) 最終試験は通常,事例問題でかつ論述式である。実践的な能力が試され,合格するためには,ルール(法規範・準則)を理解していることは最低限の条件に過ぎず,そのルールを目の前の事例解決に向けて「当てはめる」能力 (application of the rules to the issues in the facts) も強く試されるのである。なお,事例の中から「争点」(the issues) を先ずは発見する能力が前提となるのは言うまでもない。この点も,実務に近い能力養成が図られているのである。即ち実務でもクライアントからの依頼(事実)の中から「争点」を発見し,それに対して「ルール」を「当てはめ」て結論をアドヴァイスする能力が,法曹には基本的に求められるからである。See BLACK'S LAW DICTIONARY 1425 (8th ed. 2004).

仕組みになっている。いきなりルールを教授が講義で読んでくれる筈ての日本の優しい(?)法学教育とは大違いである。(即ちアメリカでは学生自身が汗をかかねばロースクールを生き残れないけれども，日本では教授が汗をかいて優しく講義をしてくれていた(?!)のかもしれない…。)

　なお，不法行為法の分析において帰納法的な思考が重視されるからといって，ルールを具体的事例に当てはめる際に要求される「演繹的な推論」(deductive reasoning) が軽視されている訳ではない。むしろ，帰納法的推論と同様に演繹的推論も重要である。何故ならば，ルールを実際の具体的紛争案件，事実，争点に当てはめて結論を導き出す作業は，法曹（裁判官，弁護士等）として根本的な技能だからである。ロースクールにおいても，演繹的推論の能力を鍛錬することも重視されていて，たとえば講義における教授とのソクラテス方式による問答では，「ハイポ」(hypo.: hypothetical) と呼ばれる仮想事例に判例法を当てはめた場合にどうなるか云々という議論が繰り返される。判例法の不備を，異なる事例に当てはめて気付かせたり，より良いルールの代替案を提案させる能力を養うのである。更に，最終試験にも事例問題が通常出題され，法曹資格試験（bar exam.）でも事例問題が膨大に出題される。ルールの当てはめ能力を強く求めているのである。

　以上のように，アメリカの法曹に要求される技能には，帰納法的推論と演繹的推論の双方が含まれる。前者は主に膨大な判例からルールを導き出す能力であり，後者はルールを事例に当てはめる能力である。不法行為法の修得も，当然にそのような能力が前提となる。

4．二次的法源(secondary authorities)（リステイトメント等）

　州毎に異なる判例法を特徴とする不法行為法の全国的な傾向を理解するのは大変である。そこで，その一助として重要な二次的法源(secondary authorities)の代表として，先に少し触れた『リステイトメント』(RESTATEMENT) という編纂物がある[94]。基本的

---

94)　「RESTATEMENT」とは，American Law Institute（ALI：アメリカ法律協会）が発行する influential treatises である。ALI は，選抜された3,000名未満の法律家，判事，

第Ⅰ章　不法行為法の特徴　63

な民事法（*i.e.*, 契約法[contracts]，不法行為法[torts]，財産法[property]）が州毎に異なるアメリカでは，これら基本民事法や付帯的な民事法（たとえば agency と呼ばれる代理法は日本では民法の中に基本規定が記載されている）についても夫々[それぞれ]についてリステイトメントが編纂発布されている。本書の扱う不法行為法分野のリステイトメントは，1934年に編纂発布された『リステイトメント［第一次］不法行為法』（RESTATEMENT OF TORTS）に続いて，1965年～79年には『リステイトメント（第二次）不法行為法』（RESTATEMENT (SECOND) OF TORTS）（"R2T"）[95)]が編纂発布されている。最近，その第三版として『リステイトメント（第三次）不法行為法：製造物責任』（RESTATEMENT (THIRD) OF TORTS : PRODUCTS LIABILITY）が1998年に編纂発布された。続けて『リステイトメント（第三次）不法行為法：責任分配』（RESTATEMENT (THIRD) OF TORTS : APPORTIONMENT OF LIABILITY）が2000年に編纂発布され，『リステイトメント（第三次）不法行為法：物理的（身体的）危害への責任』（RESTATEMENT (THIRD) OF TORTS : LIABILITY FOR PHYSICAL HARM）の最終提案（Proposed Final Draft No. 1）が2005年に発表されている。判例発展が著しい不法行為法分野では，嘗ての第二次（"R2T"）の時代までのように，単に torts を一つのリステイトメントで纏めることさえ難しくなり，第三次では複数のリステイトメントに細分化していることが理解できよう。加えて，アメリカの法律学における民事基本法としての torts の重要さを示唆する事実であろう。

　なお『リステイトメント』の中身は，「ブラック・レター」（black-letter law）と呼ばれる条文に匹敵する部分がゴチック体（太字）でまず，「§」（section）毎に番号を付されて記載されている。これに続いて「コメント部」（comments）がアルファベット順の記号を付されて記述されて，ブラック・レター・ルール

　　法学教員から成る1923年設立の団体で，アメリカ法の不確実性や複雑さの克服のために，模範法やリステイトメントの編纂発布等を荷っている。BLACK'S LAW DICTIONARY 1339 (8th ed. 2004) ; FARNSWORTH, LEGAL SYSTEM OF THE UNITED STATES, *supra* note 4, at 32, 87-88.
95)　その頭文字を取って "R2T" と略記される場合もある。PROSSER, WADE AND SCHWARTZ'S TORTS, *supra* note 12, at 1219.

の理解を助けてくれる。更に続いて「報告者の注書」(Reporters' Note) という部分があって，そこには「サイテーション」(citation)[96]（根拠となった主要な判例や学説文献等の出典）が記されている。

リステイトメント以外の二次的法源として不法行為法の分野で影響力があるのは他に，やはり先に触れたいわゆる『PROSSER AND KEETON ON TORTS』[97]（プロッサー&キートンの不法行為法）を挙げることができる。多くの法廷意見（court opinion），同　意（concurring）・反　対　意　見（dissenting opinion）において引用・依拠されるので，影響力がある。その他にも，拘束力を有さない他の法域 (jurisdiction: "jdx") の判例の中でも，特に指導的な裁判官が書いた法廷意見は，その"説得力"(persuasiveness) 故に，他州の裁判所も引用する場合が多い。たとえば，Oliver Wendell Holmes, Jr.（ホームズ判事），や，Benjamin Nathan Cardozo, J.（カドーゾ判事），または，Learned Hand, J.（ラーニド・ハンド判事）等による法廷（あるいは同　意（concurring）・反　対（dissenting））意見である[98]。

---

96) 「citation」（出典）を示すことが強く求められるのは，アメリカの法律実務，法律研究，および法学教育の全てにおける特徴である。即ち実務においてmemorandum や brief 等を起案する際には，必ず citation を付記することが求められ，law journal / law review 論文にも膨大な脚注（footnotes）が付記される。学術研究において根拠・出典が求められるのは当然であるけれども，その"量的"な要求や徹底さがアメリカ法律学では際立っている。何故そこまで出典に固執するのか。私見であるが，判例法を重視する法制度の特徴のような気がする。即ち，法曹がものを言う際には，必ず先例が求められる。判例がなければ，最低限，学説的な根拠（law journal / law review に掲載された論文等）を記載しなければならない。先例・学説が何もなければ，ものを言ってはならぬ，のであろう。See FED. R. CIV. P. 11 (b) (2) & 1993 amendment advisory committee's note（法的な主張が nonfrivolous であることを certify する義務が弁護士に課されているけれども，その違反の判断に際しては，判例における少数意見でも law review article でも考慮すると指摘）．See also 補追，第四部，第Ⅵ章「第四節『McMahon 対 Bunn-O-Matic Corp.』判例」中の「2．コメント」内の〈M.「ジャンク・サイエンス」と専門家証人（『Daubert』ルール）〉の項。

97) DAN B. DOBBS, ROBERT E. KEETON & DAVID G. OWEN, PROSSER AND KEETON ON TORTS (5th ed. 1984).

98) See FARNSWORTH, LEGAL SYSTEM OF THE UNITED STATES, supra note 4, at 53. 本書の補追もこれら偉大な法曹の判例や意見を収録している。たとえば Cardozo, J. の意見の例として収録のものは, see, e.g., 補追，Adams v. Bullock, 227 N.Y. 208

5．prima facie case（構成要素）

不法行為法の学習において最初に把握しておいた方が理解を促すことになる概念は，その基本構造である。即ち，被告（⊿）に責任（liability）が生じるために，原告（π）が最低限度，主張・立証しなければならない要素を理解することが重要である。このような要素のことを「prima facie case」（一応の立証）という。因みに「case」という語句は，この文脈では「事件」と訳すよりも，むしろ「主張」（argument）や「立証」（production of evidence）と訳した方が意味に適っているであろう。即ち「prima facie case」("p. f.")とは，それをπが主張・立証すれば，仮に⊿が何らの抗弁（defense）等もしない限り，それだけでトライアル（正式事実審理）にまで事件を進めて事実認定者（通常は陪審員）がπを勝訴させ得る最低限度の要素である[99]。逆に表現すれば，πが立証責任（burden of proof）を負う要素が prima facie case であり，その立証に成功しなければπが敗訴するのである。なお，立証責任を果たすための基準は，いわゆる「プリポンダランス・オブ・エヴィデンス」（a preponderance of evidence：証拠の優越）と言われ，半分を超えて確からしいことである[100]。事実認定者[101]

(1919)；Pokora v. Wabash Ry., 292 U. S. 98 (1934)；Martin v. Herzog, 126 N. E. 814 (N. Y. 1920)；Palsgraf v. Long Island R. R. 162 N. E. 99 (N. Y. 1928) 等．

99) *E.g.*, BLACK'S LAW DICTIONARY 1228 (8th ed. 2004)．同 DICTIONARY によれば，まず「*prima facie*」とは「at first sight」とか「on first appearance」という意味のラテン語である。そして「prima facie case」とは，当事者による「証拠提出」（production of evidence）のことであり，事実認定者が該証拠提出者にとって有利な事実を推認（infer the fact）しても良いと許容するのに十分な証拠提出（production of enough evidence）という意味である。*Id.*

100) *See infra* 本章，第三節中の「6．立証責任」内の〈A．プリポンダランス・オブ・エヴィデンス／証拠の優越〉の項．

101) 「trier of fact」（事実認定者）とは，「fact finder」と同義であり，たとえば陪審員のように，事実の争点に関して裁定を下すために証言を聞き，証拠を review する者の意である。BLACK'S LAW DICTIONARY 629 (8th ed. 2004)．「陪審裁判」（jury trial）においては陪審が事実認定者になり，「裁判官裁判」（bench trial）においては裁判官がその任に就く。

が,「証拠全体の重さ」(weighing all the evidence) として,「more likely than not」であると認定できれば立証責任を果たしたことになる[102]。

ところで不法行為法の主な責任概念は,通常,以下の三つに分類される[103]ので,プライマ・フェイシャ・ケース ("p. f.") もその分類毎に理解した方が判り易いであろう。

図表♯4　不法行為法責任の主要な三分類

① 故意による不法行為　　　　intentional torts
② 過失責任　　　　　　　　　negligence
③ 厳格［無過失］責任　　　　strict liability

なお,現代の不法行為法において最も重要かつ中心的な義務違反は,「過失責任」であり,その周辺に「故意による不法行為」と,「厳格（無過失）責任」があると捉えるのが一般的である[104]。故意による不法行為と厳格責任の方が,過失責任よりも,歴史的には古い由来を伴うイメージが強いけれども[105],厳

---

102) このために一般には確からしさを51%以上,立証できれば良いと言われる。
103) *E.g.*, PROSSER AND KEETON ON TORTS, *supra* note 5, §7, at 31-32.
104) *E.g.*, Grey, *Accidental Torts, supra* note 44, at 1269.
105) 19世紀中頃から判例発展によって過失責任主義の原則が形成されてくる以前の不法行為責任の原則は,Δの「自発的な行為」(*voluntary* act) によってπの人身または財産に生じた損害に対しては過失の立証がなくてもΔが有責となる「act at peril」という厳格責任の原則を採用していた。つまり因果関係の欠如のみが,免責事由 (excuse) となる。そのような古(いにしえ)の厳格責任主義を示すリーディング・ケースとして,不法行為法のケース・ブックにしばしば掲載される有名な判例は,15世紀の The Thorns Case, Y. B. Mich. 6 Edw, 4, f. 7, pl. 18 (1466) や,17世紀の Weaver v. Ward, 80 Eng. Rep. 284 (K.B. 1616) である。以上のようにΔの「自発的な行為」に責任が課される "古の厳格責任" と異なり過失責任主義においては,「悪い行為」(*wrongful* conduct) が有責とされ,それ以外の被害は「不可避的な事故」(unavoidable accidents) ということになる。それに伴い何が「wrongful conduct」であるのかという問題が重要になってきたのである。従って行為する上で遵守しなければならない「義務」(duty) の概念や,払わなければならない「当然の注意」(due care) という概念や,それを遵守していれば行為が「正当化」(justification)

格責任には現代的な意味合いを有する小分類が生まれてきている。即ち，街中で爆発物を用いて工事を行う場合のような，一定の危険な活動については，たとえ注意を怠っていなくてもそれにより生じた損害に対して無過失責任が課される[106]。そもそも危険性が高い活動については公法的制定法によって活動そのものを禁止したり制限することがある。しかし，一定の危険性が高い活動についてはその効用や有用性ゆえに完全に禁止するまでには至らないけれども，損害が生じた場合に無過失責任を課すことで activity levels での活動抑制をするのが良いと考えられている[107]。

第三節　民事訴訟法上（含, 証拠法等）の法律用語・概念に関する説明

本書の補遺において紹介するように，実際の判例（法廷意見や同　意・反対意見）を分析する際には民事訴訟法（civil procedure）や証拠法（evidence）上の基本的用語や基本概念に関する言葉が不可避的に出てくる。そこで，判例を理解する

　　されて「過誤」（fault, 過失）がなかったと認定される「行為基準」（standard of conduct）という概念が，「過失責任体制」（fault regime）においては「wrongful」を定義するために必要になってきたのである。See KEETON, SARGENTICH & KEATING, TORTS AND ACCIDENT LAW, *supra* note 1, at 283-84. このような古の厳格責任と過失責任との違いは，Fletcher によれば，当事者間の公正という「狭い文脈」（narrow context）から視点が転じて，risk を伴う⊿の活動の社会全体における意義（費用，便益等）を検討するという「広げられた文脈」（broadening the context）への変化である。即ち過失責任の核心である reasonableness は risk を伴う⊿の行為の justification を問題とし，そのような reasonableness/justification は risk の便益，費用，効用，および社会にとっての有用性等を検討する点が，個人の狭い状況内のみにおいて⊿の責任や excuse を論じていた古の厳格責任と異なるという訳である。Fletcher, *Fairness and Utility in Tort Theory*, *supra* note 43, at 540, 542, 557, 559. これは，個人の自立（individual autonomy）から公の福祉（public welfare）への変化であるとも捉えることが可能である。*Id.* at 566.

106) *See infra* 第Ⅱ章内の「第三節　厳格（無過失）責任」の項.
107) Grey, *Accidental Torts, supra* note 44, at 1276-77.

ために最低限必要不可欠な概念を，以下にてまずは説明しておく[108]。

1．訴訟の大まかな流れ

A．控訴審，州裁判所，連邦裁判所： アメリカの訴訟も日本とほぼ同様に，第一審の審査に対する控訴審が存在する。しかし三審制を採る州は三分の一程度であり，その場合の中間上訴審査を司る裁判所は「intermediate appellate court」と一般に呼ばれる[109]。第一審の州地方裁判所は一般に「trial court」と呼ばれる。「トライアル」(公判) という事実認定等の正式事実審理を集中審理形式で行い[110]，基本的な勝敗を決定するのが「trial court」(正式事実審理裁判所) である (事実審)。「陪審裁判」(jury trial)[111]が執り行われるのもこの trial court の段階である。第二審以降の州上訴裁判所では，証言や証拠を新たに提出させることはなく，専ら trial court の書面上の記録 (訴答，申立，証言記録等) に基づいて法律審査を行い[112] (法律審)。trial court にて法律 (の主に解釈) に大きな誤謬 (errors) がなかったか否かを上訴審は review するのである。従って，「法律問題」(issues of law) に関して大きな誤謬がない限り，trial court における陪審の「事実認定」(findings of fact) は原則として尊重される[113]。実務

---

108) 本文中の記述については，逐一脚注にて出典表示する資料以外にも，see, *e.g.*, STEVEN BAICKER-MCKEE, WILLIAM JANSSEN, MATTHEW BERGER & JOHN B. CORR, FEDERAL CIVIL RULES HANDBOOK (1995 ed.) ; JOAN M. BROVINS & THOMAS OEHMKE, THE TRIAL PRACTICE GUIDE : STRATEGIES, SYSTEMS, AND PROCEDURES FOR THE ATTORNEY (Section of General Practice, A. B. A., 1992).

109) *E.g.*, COOTER & ULEN, LAW AND ECONOMICS, *supra* note 25, at 64.

110) See *infra* 当「1．訴訟の大まかな流れ」内の〈C．トライアル (総論)〉以下の諸項目。

111) 原則として (equity—衡平法—上の救済を請求するのではなく，損害賠償請求のような common law 上の救済を請求する際には)，πまたは⊿の当事者のどちらかが要求すれば陪審裁判になるのがアメリカの司法制度の特徴である。陪審裁判における，陪審員と裁判官の役割分担については，see *infra* 第Ⅱ章「第八節 陪審員と判事／事実認定者」の項。

112) *E.g.*, TWERSKI & HENDERSON, TORTS, *supra* note 8, at 6.

113) *Id. See also* U.S. CONST. amend. VII.

の感覚としては，大部分の事件の訴訟の勝敗は trial court の段階でほぼ決する。「事実認定者」（trier of fact / fact finder：通常は陪審員）の判断を非常に大きく尊重する制度になっているからである。従って，第一審で敗訴しても上訴審で挽回すれば良い，等という姿勢は実務上は甘い。もっとも先例として意義があるのは（同時にアカデミックにも意味があるのは），裁判所による法律判断であって，陪審による事実認定ではない。従って判例として多く学ぶものは，主に第二審以上の裁判所による法律判断の記録，即ち「法廷意見」や「同意意見」，「反対意見」，中でも特に「理由」（reasoning）と呼ばれる部分である。

　ところでアメリカには，州政府に属する州裁判所以外にも，連邦政府に帰属する連邦裁判所が存在する。（後者の方が前者よりもプレステージは高い。）連邦裁判所は三審制であり，第一審となる「連邦地方裁判所」（U. S. District Court）と，第二審の「連邦控訴審裁判所」（U. S. Court of Appeals），および，最終的な「連邦最高裁判所」（U. S. Supreme Court）から成る[114]。連邦地方裁判所は trial court である。訴訟は州裁判所で扱われるのが原則であり，連邦裁判所が扱うのは例外的な場合に限られ[115]，訴額が大きく当事者が複数の州に跨っていたり，連邦関連事項が争点になるような大きな事件が連邦裁判所で扱われる。不法行為訴訟の多くも，州裁判所で裁かれるのが原則であり，州の判例が基礎となるのでこれを軽視すべきではない。しかし同時に判例としてアカデミックな研究の対象になるものの中には，連邦裁判所のもの（特に「巡回控訴審」（U. S. Court of Appeals, ○○ Circuit，「○○」内には巡回区の番号が，たとえば「Seventh」とか「Second」等と記入される）と呼ばれる控訴審裁判所の判例）も多い。

---

114) 連邦地裁は各州に1箇所から最大4箇所まで存在し，訴訟の多い州（たとえばニューヨーク州）には東，西，南，北部各1箇所計4箇所設置されている。連邦控訴審は全米13箇所に存在する。連邦最高裁は一つである。*See, e.g.,* COOTER & ULAN, LAW AND ECONOMICS, *supra* note 25, at 64.

115) その扱う範囲は「連邦裁判管轄権」（federal jurisdiction ("jdx")）と呼ばれる。

70　第一部　不法行為法の概要

B.　第一審の訴訟手続のビッグ・ピクチャー：　　「trial court」における一番重要な手続は，「trial(トライアル)」と呼ばれる正式事実審理の手続である。「トライアル」は公開法廷（公判）で，しばしば「陪審裁判」(jury trial) の形式により執り行われる。大衆文化 (*e.g.*, リーガル・スリラー小説や法廷映画) においても有名な法廷場面の多くは，このトライアルのシーンである。（大衆文化においては劇的な展開になって華やかな場面であるけれども，実務はそれ程に華やかではない。）trial court の手続は，上のトライアル手続を中心に据えて，その前後に手続を分けた上で，前者を「トライアル前手続（公判前手続）」(pretrial practices または pretrial procedure) と呼び，後者を「トライアル後の手続（公判後手続)」(posttrial practices または posttrial procedure) という。実務では，トライアル前手続が長期間に及び，一年から数年に亘り間欠的に様々な手続が行われる。トライアル自体は通常数日から数週間に亘って連日開催される集中審理で終わる。評決の後の「トライアル後の手続（公判後手続)」の期間は通常余り掛からない。

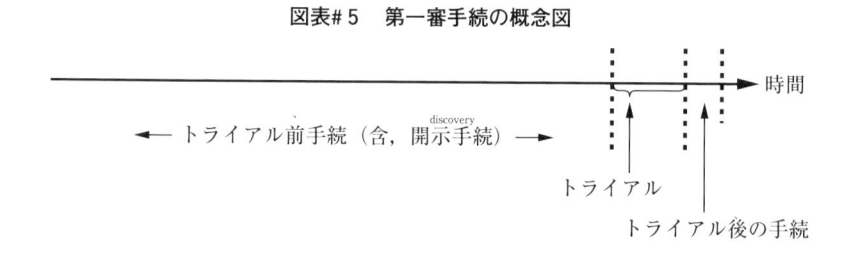

図表#5　第一審手続の概念図

←　トライアル前手続（含，開示手続(discovery)）　→　　　トライアル　　　→時間

トライアル後の手続

C.　トライアル(trial)（総論）：　　「トライアル」(trial：正式事実審理) の役割は，通常は陪審から成る「事実認定者」(trier of the fact または fact finder と呼ばれる) が，原告（π）・被告（Δ）双方の各代理人弁護士による「冒頭陳述」(opening statements)[116]に続く主張・立証を見聞き（証拠調べ）した上で，「事実認定」

---

116)　証拠調べに入る前に，何を立証したいのかを最初に陪審に理解させるために，π と Δ の双方の代理人が冒頭陳述を行うのである。FARNSWORTH, THE LEGAL SYSTEM OF THE UNITED STATES, *supra* note 4, at 105.

(fact findings) を行い，かつ，多くの場合は裁判官が「説示」(charges または jury instructions) する法律を認定事実に当てはめて，⊿が有責 (liable) か無責 (not liable) かの判断を下し，かつ，有責の場合の損害賠償額を決定することである[117]。このように陪審には，勝敗と賠償金額を決定する強大な権限・裁量権が原則として与えられている[118]。(もっとも「説示」に従って認定事実に法を当てはめなければならない。)[119] 従って実務では，陪審を説得することがトライアルにおける主たる関心事になる。なお陪審による判断のことを「評決」(verdict) という。

D. 証拠調べ（π's case-in-chief and ⊿'s rebuttal）: 事実認定者の前で原告（π）・被告（⊿）が主張・立証を行う証拠調べの手順は[120]，まず π 側の立証（plaintiff's case-in-chief）段階が置かれ[121]，そこでは π 側の証人が召還され，証人は π 側代理人弁護士による「主尋問」(direct examination) に応えて証言を

---

117) 責任認定段階と損害賠償認定段階を分けて，陪審員が前者において有責と認定したときだけ後者も審理する場合もある。そのような「二段階審理」のことを「bifurcated trial（バイファーケイティッド）」という。See BLACK'S LAW DICTIONARY 1543 (8th ed. 2004); BROVINS & OEHMKE, supra note 108, at 137. これは訴訟経済のため以外にも，稀に後者では陪審員を取り換える場合には前者で有責と判断を下した陪審員が後者に偏見を持ち込むことを避けることにも資する。
118) FARNSWORTH, THE LEGAL SYSTEM OF THE UNITED STATES, supra note 4, at 107（歴史的に判事の権限が狭まったことに応じて陪審の権限が強大になった理由は，植民地時代に宗主国英国の官吏だった判事職への不信によると指摘している）。なお，そのように決定者は判事であるというよりも陪審であるという側面が強いため，たとえば弁護士は自陣営の証人が証言する際には判事を見て話すよりも，陪審員に目を合わせて (eye contact) 話すように指示したりする。
119) See, e.g., WEAVER ET AL., TORTS, supra note 10, at 8.
120) Generally RICHARD H. FIELD, BENJAMIN KAOLAN & KEVIN M. CLERMONT, MATERIALS FOR BASIC COURSE IN CIVIL PROCEDURE 107-110 (5th ed. 1984).
121) まずは π が証拠提出責任 (burden of presenting evidence) を負うので，トライアルの証拠調べは π の立証段階から始まるのである。FARNSWORTH, THE LEGAL SYSTEM OF THE UNITED STATES, supra note 4, at 105.

行い，続いて⊿側弁護士もπ側証人の矛盾を突いたり「信憑性」（credibility）を崩したりするためにその証人に対し「反対尋問」（cross examination）を行う[122]。更にπ側代理人による「再主尋問」（redirect examination）と⊿側代理人による「再反対尋問」（recross examination）と続く。π側の立証段階が終了すると，次に⊿側の反証（defendant's rebuttal）段階に移行する。⊿側の証人に対し⊿側代理人弁護士が主尋問を，π側代理人弁護士が反対尋問を，……と続く。そして⊿側の反証段階の後に，π側の反論（surrebuttal）段階が続く，という具合に進む。このような証拠調べ段階が終了すると，双方代理人弁護士による「最終陳述」（closing arguments）が行われる。

E. 評議（jury deliberation）〜評決（verdict）： 最終陳述に続いて（州によってはその前に），裁判官が陪審員に対し，事件に適用されるべき法のルール（rules of law）〔実質的な法原理〕を「説示」（chargesおよびjury instructions）する[123]。なお両当事者は判事に対し，事前に各々の説示の案を提示できる。しかし最終的に説示に如何なる法規範を盛り込むべきかを決定するのは裁判官である[124]。陪審員は「陪審員室」（a jury room）に詰めて，まずは「foreman」〔フォアマン〕（陪審員長）を互選にて選出した後，非公開で「陪審評議」（jury deliberation）を行い，合議により「評決」（verdict）〔ヴァーディクト〕に到達する。伝統的には全員一致（unanimous）でなければ評決に達し得ないけれども，現在では少し要件が緩やかに修正されている。評決に必要な一致に至らない場合，それは「ハング・ジュアリー」（hung jury：評決不能の陪審）と呼ばれ，やり直しとなる。評決は通常，「一般評決」（general verdict）と呼ばれる，π勝訴または⊿勝訴という結論だけを述べる形式である[125]。そ

---

122) *Id.* at 105-06.
123) *Id.* at 107（なお判事の権限は制限されているので，説示の中では証人の信憑性（credibility）や証拠の重さ（weight of evidence）について触れることは許されていない）．
124) *E.g.*, WEAVER ET AL., TORTS, *supra* note 10, at 8.
125) 一般評決や個別評決等については，see *infra* 第Ⅱ章「第八節 陪審員と判事／事実認定者」の項．

こには理由も示されない。しかし時々，「個別評決」(special verdict) という形式で，個別的な事実認定のみを評決として示し，その事実認定に基づく法の適用は裁判所に委ねる方法の評決もある。

F. トライアル前手続（公判前手続）(pretrial procedure)： 「トライアル前手続（公判前手続）」の目的は，トライアルに向けて争点を整理することである。トライアルは市民から成る陪審員を集めて執り行われる陪審裁判が原則なので，長期に亘って市民を裁判に繋ぎ止めておくことをできるだけ避ける必要があるから，トライアルがひとたび開始されたならば連日開催して集中審理ができるように，トライアル前手続の段階で証拠や争点を十分準備し詰めておくのである。トライアル前手続の段階では未だ陪審員は関与せず，当事者間で自主的に進められることが原則の「開示手続」(discovery) が大勢を占める。

開示手続は[126]，当事者同士で証拠を開示し合い，相手方の手の内を明かさせ合う手続である。具体的な開示要求の手段としては，「質問書」(インタロガトリーズ)(interrogatories)[127]，「証言録取」(デポジションズ)(depositions)，「書類等提出要求」(request for production of documents and things)，「自白要求」(request for admission) 等がある。特に「証言録取」は大衆文化[128]でもしばしば紹介される手続であり，「被証言録取者」(デポーネント)(deponent) が宣誓した上で相手方または自身の代理人弁護士からの質問に答えるものである。その記録は速記者 (a stenographer) によって逐語的に記録され，近年では（後で陪審に見せるために）ビデオ・テープで録画されることが多い。開示手続の記録は，後のトライアルにおいて陪審が見聞きする証拠となり得る。

---

126) *E.g.*, FED. R. CIV. P. 26-37.
127) 「interrogatories」(インタロガトリーズ)（質問書）とは，他方当事者に対して発出する質問書面である。FED. R. CIV. P. 33 ; BLACK'S LAW DICTIONARY 838 (8th ed. 2004).
128) *See, e.g.*,「レインメーカー」(The Rainmaker, 1997)（パラマウント映画。フランシス・フォード・コッポラ監督。マット・デイモン主演，ダニー・デビート，ジョン・ボイド，ミッキー・ローク共演）（医療保険会社の医療費不払い訴訟において，白血病のためにトライアルまでは存命しない依頼人に対して，その自宅の庭で，主人公の新米弁護士が証言録取を行うシーンが効果的に挿入されていた）。

なお証拠となる証言として，宣誓した上で供述した書面を「宣誓供述書」（affidavits アフィダヴィット）と言う[129]。開示手続は煩雑かつ費用も掛かるものであり，原則，裁判所の手を煩わさずに自主的に進めることが想定されている。しかし開示要求に従わない相手方等に対して，裁判所が命令を下して強行的に開示させる必要があったり，逆に，開示要求が理不尽な負担を開示当事者に課すような場合等には，裁判所[130]が時々，当事者からの「申立 motions」により，介入して様々な「命令」（orders）を下すことになる[131]。

更に裁判所は「日程会議」（scheduling conference）や「トライアル前会議（公判前会議）」（pretrial conference）等と称される各種の「会議」（conferences）を時々行い，証拠や争点を絞り込む"争点整理"のような話し合いを通じてトライアルに向けた準備の進捗を管理する マネージ[132]。実務では，裁判所がこのような会議（特に pretrial settlement conference）の機会を捉えて，和解による紛争解決を強く勧める。できるだけトライアルの負担を減らすように事件を采配するのである[133]。

争点整理以外の「トライアル前手続（公判前手続）」の主な役割は，トライアルに進めるまでもない事件を，当事者からの申立に基づき，この段階で排除す

---

129) *See, e.g.*, BLACK'S LAW DICTIONARY 62 (8th ed. 2004).
130) 連邦裁判所の実務では，開示手続上の紛争の処理は，多忙な「judge」（裁判官）自身が扱わず，「magistrate judge」（治安判事）という下位の者に采配が委ねられている場合も多い。
131) 「申立」（a motion）とは，裁判所に対し一定の「裁定」（a ruling）を求めることであり，それは公式な「（裁判所）命令」（a court order）に至る。「（裁判所）命令」とは，事件全体の最終的な判断である「判決」（judgment）以外の全ての"司法的な決定"（a judicial determination）のことである。FARNSWORTH, THE LEGAL SYSTEM OF THE UNITED STATES, *supra* note 4, at 103 n. 8. 開示手続を強制する裁判所命令に違反した場合には，様々な制裁（sanctions）が課され得るので，その sanctions が開示を促すことになっている。*See* FED. R. CIV. P. 37.
132) *See* FED. R. CIV. P. 16.
133) 実務上の感覚からも殆どの訴訟はトライアルに到達する前に和解で終結する。トライアルに到達した少数の事件の中でも，後に控訴審に到達するのは更に少数である。*See, e.g.*, TWERSKI & HENDERSON, TORTS, *supra* note 8, at 5.

ることである。即ち、事実認定を陪審員に委ねるまでもなく、複数挙げられている原告（π）の請求(claims)の幾つかを「棄却」(dismiss) したり、π敗訴の判決 (summary judgment for defendant) を下したりするのである[134]。

G. トライアル後の手続（公判後手続）(posttrial procedure):

「トライアル後の手続（公判後手続）」における主な役割は、陪審の「評決」(verdict) を踏まえて、裁判所として「判決」(judgment) を下すことである。もっとも判決が評決通り (enter judgment on the jury's verdict) とは限らず、評決を不服とする当事者からの各種申立（後述）に基づいて裁判所が決定を下す。たとえば陪審による賠償金額の評決を不服とする被告の申立を裁判所が認めて、評決額の引き下げに原告が応じればその減額の判決を下すか、さもなくばトライアルのやり直し（後掲の「ニュー・トライアル：再審理」）を命じる場合もある。裁判所が各種申立を全て却下すると、評決に基づいて判決を下すことになる[135]。

2．不法行為法に関連する各種申立の概要 (motion practices)

不法行為法の研究対象となる判例（法廷意見）を理解する前提として、度々現れてくる各種「申立」(motions) の基本的な知識が必要である。以下、概説しておく。

A.「請求棄却（請求を述べていないことによる）の申立」(motion to dismiss(ディスミス)) および「訴答に基づく判決申立」(motion for judgment on the pleadings):

「請求棄却の申立」(motion to dismiss(ディスミス) [for failure to state a claim on which relief can be granted])[136]とは、「demurrer(ディマラー)」とも呼ばれる申立である[137]。それは、原告（π）

---

134) 「[motion to] dismiss」や「[motion for] summary judgment」等については、see infra「2．不法行為法に関連する各種申立の概要」の項．
135) FARNSWORTH, THE LEGAL SYSTEM OF THE UNITED STATES, *supra* note 4, at 108.
136) *See* FED. R. CIV. P. 12(b)(6).
137) *See generally* FARNSWORTH & GRADY, TORTS, *supra* note 12, at xl-xli.; WEAVER ET AL.,

が提訴開始したばかりの「訴状」(complaint) を送達 (service of process) した後，通常は被告 (Δ) 側が「答弁書」(answer)[138]を提出する際かその前に，πの請求を棄却するように裁判所に請求する手続である。Δがπの請求棄却を求める理由は，訴状の記載事項がもし全て正しかったと仮定しても，救済に値する事項 (i.e., cause of action：訴訟原因)，即ち「法的根拠」(legal basis) が存在しない[139]ことによる。救済に値する請求 (claim) とその根拠となる事実の記載が全くないのであるから，もはやそれ以上，法的に，訴訟を継続する必要性がないと判断されるべきであるという訳である。従って裁判所としては，訴状に記載されている事実が全て本当であると仮定した上で，即ち「被申立人」(nonmoving party)（通常はπ）に有利な前提に立った上で，それでも被申立人（通常はπ）が敗訴すべきか否かを審査する。申立通りの場合に裁判所は，通常はπに訴状を修正させる機会を与えるけれども，救いようのない場合は修正の余地 (leave to amend) なしに請求を棄却する。

なお，提訴の後，πの訴状とΔの答弁書等が交わされた後に，それら（訴状や答弁書等を併せて「pleadings」(プリーディングズ)（訴答手続）という）[140]に基づいて，πまたはΔが

TORTS, *supra* note 10, at 4 ; FARNSWORTH, THE LEGAL SYSTEM OF THE UNITED STATES, *supra* note 4, at 106. なお請求棄却の申立理由には，本文で紹介している failure to state a claim 以外にも，たとえば lack of jurisdiction（管轄権欠如）による棄却請求等もあるけれども (see FED. R. CIV. P. 12 (b))，本書ではそのような民事訴訟上の詳細は省略する。

138)「answer」（答弁書）は，πの訴状の記載事項を認容するか否認するかを記載しなければならない手続であり，通常は訴状の「送達」(service of process) から30日以内の提出が義務付けられる。答弁書には「抗弁」(defense) の記載も通常求められる。WEAVER ET AL., TORTS, *supra* note 10, at 4.

139) *Id.*

140)「pleadings」とは，πとΔが具体的に主張する法と事実を特定し互いに知り合うための手続である。*Id.* at 5. 訴答手続には「訴状」と「答弁書」以外にも，Δからπに対する「counterclaim」（反訴）に対するπからΔへの「reply to a counter-claim」（反対訴答）や，Δが他のΔに対して請求をする「cross-claim」（交差請求）に対する他のΔからの「answer」（答弁書）や，当事者以外の第三者を（特にΔが）訴訟に引きずり込む「impleader」（被告の引き込み）あるいは「third-party practice」

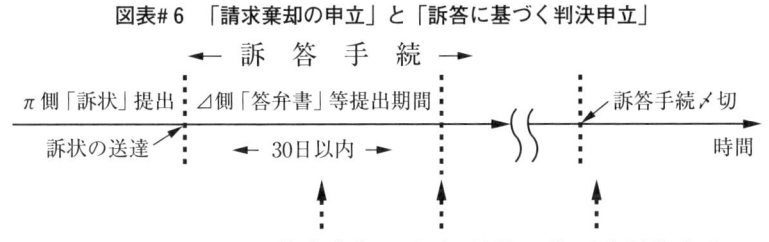

図表#6 「請求棄却の申立」と「訴答に基づく判決申立」

```
        ← 訴 答 手 続 →
π側「訴状」提出  ⊿側「答弁書」等提出期間        訴答手続〆切
訴状の送達    ← 30日以内 →                   時間
              ↑         ↑
         請求棄却の申立 訴答に基づく判決申立
```

勝訴するように裁判所に請求する申立のことを,「訴答に基づく判決申立」(motion for judgment on the pleadings) と言う[141]。

B. サマリー・ジャッジメントの申立 (motion for summary judgment):この申立は,開示手続が終了した時点で,申し立てられる[142]。請求棄却の申立と同様に,「法律問題」として (as a matter of law),事件をトライアルに進めないように裁判所に求めるものである[143]。原告 (π) でも被告 (⊿) でも,どちらの当事者も申立可能であるが,典型的には,開示手続の結果によっても陪審が原告 (π) を勝訴させるに足る証拠がないことを理由に,被告 (⊿) 勝訴の判決を下すように⊿側が申し立てる場合が多い。この段階では,訴状の内容が本当であったと仮定する審査段階は既に終わっているので,開示手続を通じて明らかになった事実も含めて,π側の証拠が仮に全て陪審に信じられ,かつ,πに有利に「推認」(infer) されたと仮定した上で,即ち被申立人(nonmoving party)(多くの場合π) に有利な推定をした上で,それでもなおπの請求が認められないと裁判

（同前）と呼ばれる手続における「third-party complaint」（被告引込訴状）に対する第三者からの「third-party answer」（被告引込答弁書）も含まれる。*See id.*; FED. R. CIV. P. 7(a).

141) *See* BLACK'S LAW DICTIONARY 1058 (8th ed. 2004); FED. R. CIV. P. 12(c).
142) *See, e.g.*, FARNSWORTH & GRADY, TORTS, *supra* note 12, at xli.
143) WEAVER ET AL., TORTS, *supra* note 10, at 5.

図表#7　サマリー・ジャッジメントの申立時期

```
←──  トライアル前手続（含，開示手続） ──→ ←トライアル→
─────────────────────────────────────────────────→
                                                 時間
                      ↑
            サマリー・ジャッジメントの申立
```

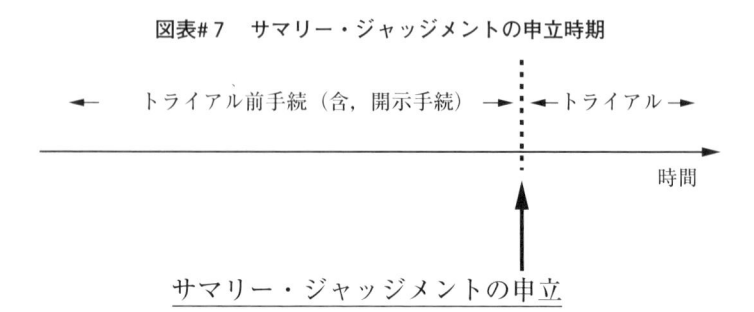

所が判断した場合に，⊿勝訴の「サマリー・ジャッジメント」（"S/J"）が下される[144]。具体的には，「a genuine issue of material fact」（重要な事実の真正な争点）が存在しないか否かを基準に判断される[145]。

C. 法律問題としての判決の申立（motion for judgment as a matter of law）：

「法律問題としての判決」（judgment as a matter of law）は[146]，トライアル突入後，原告（π）側の主張・立証（plaintiff's case）終了段階，被告（⊿）側の主張・立証（defendant's case）終了段階，または，陪審評議（jury deliberation）に続く評決後の段階で，提出できる申立である。州裁判所・州民事訴訟規則上では，相手方の主張・立証終了段階で提出されるものを「指図評決」(さしず)（directed verdict："DV"）の申立と呼び，評決後の段階で提出されるものを「評決無視の判決」(judgment n. o. v.[147]または judgment notwithstanding the verdict）の申立と呼ぶ。これらの申立を審査する際に裁判所は通常，被申立人（通常は原告（π））側の証拠だけを見て，それを陪審が有利に推認したと仮定した場合に，申立人（多く

---

144) FED. R. CIV. P. 56.
145) Id.
146) See FARNSWORTH & GRADY, TORTS, supra note 12, at xli.
147) 実務では「j. n. o. v.」と略称される中の「n. o. v.」とは，ラテン語の「non obstante veredicto」（non obstante = notwithstanding ; veredicto = the verdict）の意である。BLACK'S LAW DICTIONARY 860 (8th ed. 2004).

の場合は被告（⊿））を勝訴させることが可能か否かを判断する。被申立人（≒π）の証拠を仮に信じた上で被申立人（≒π）に有利に推認した場合にも被申立人（≒π）が敗訴すべきか否かが判断基準なので，サマリー・ジャッジメント（"S/J"）と同様である。どちらの場合も，被申立人（≒π）側の証拠が「法律問題として」（as a matter of law）不適切か否かが基準となる。法律問題であって「事実問題」（a matter of fact）ではないとされるので，裁判官に判断が委ねられる[148]。「法律問題としての判決の申立」が「サマリー・ジャッジメントの申立」と異なるのは，申し立てる時点である。一方の「サマリー・ジャッジメントの申立」は，トライアル突入が阻止されるか否かを懸けて，トライアル前の証拠を基に判断される。他方の「法律問題としての判決の申立」は，π側の立証（あるいは⊿側の反証）終了の後に更なるトライアル進行阻止を懸けるか，または，評決を覆すか否かを懸けて，トライアル突入後のπ側立証（あるいは⊿側の反証）終了段階か，または，評決後に判断される。

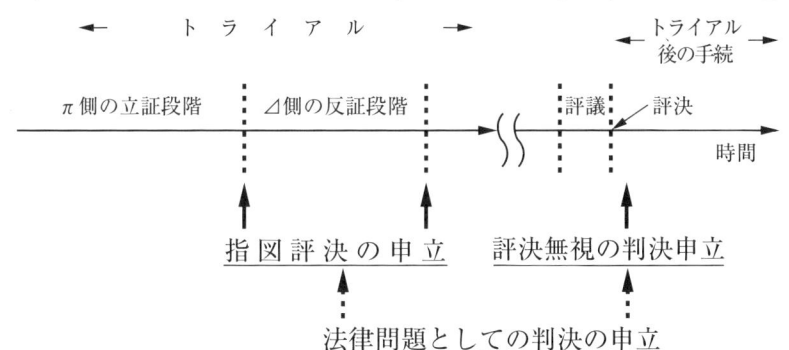

図表#8　法律問題としての判決の申立（「指図評決の申立」と「評決無視の申立」）

```
←  トライアル  →              ← トライアル →
                                  後の手続
π側の立証段階 ┊ ⊿側の反証段階 ┊      ┊評議 ┊評決
─────────────┊──────────────┊──〜〜─┊────┊──────→
              ┊              ┊      ┊    ┊      時間
              ↑              ↑           ↑
         指図評決の申立           評決無視の判決申立
                    ↑
           法律問題としての判決の申立
```

---

148) FARNSWORTH, THE LEGAL SYSTEM OF THE UNITED STATES, *supra* note 4, at 106. なお，民事訴訟手続においては，法律問題は裁判官に，事実問題は陪審員に，という責任分担が原則となっている。*See infra* 第Ⅱ章「第八節　陪審員と判事／事実認定者」の項．

D. 指図評決の申立（motion for a directed verdict）： 前述したように，「評決無視の判決」(judgment n. o. v. または judgment notwithstanding the verdict) と姉妹的な手続が，「指図評決」（directed verdict:"DV"）である。相手方の立証段階終了後に申し立てられる指図評決が求めているのは[149]，たとえば原告（π）の立証段階終了時点に被告（⊿）が，⊿の反証段階に移行する前に，反証するまでもなく，π側の立証だけから判断してもπが敗訴すべき場合には，⊿側の反証を待つまでもなくπを敗訴させても良いということである。前述の通り証拠を被申立人(nonmoving party)に最も有利に検討するという「most favorable evidence rule」を用いて，それでもリーズナブルな陪審であれば敗訴させるべきであるという「irrational verdict test」を満たした場合に，申立が認められる[150]。πの立証終了時点でπが十分な立証をしなかった場合に⊿側の申立によりπの請求を棄却する同様な手続は，「ノン・スーツ」(non-suit または compulsory nonsuit)の申立とも言われていた[151]。

E. 評決無視の判決の申立（motion for a J. N. O. V.）： 「指図評決」("DV")の姉妹的手続が，「評決無視の判決」(judgment n. o. v. または judgment notwithstanding the verdict) である。judgment n. o. v. はラテン語の「*non obstante veredicto*」(＝notwithstanding the verdict) に由来する。指図評決を補完する機能が与えられていて，連邦民事訴訟規則（FEDERAL RULES OF CIVIL PROCEDURE）上も両者は，同じ規則第50条内の(a)と(b)とで規定されている。評決無視の判決の手続が指図評決の手続と姉妹的・補完的に設けられている理由の一つは以下の通りである。即ち，指図評決の申立は，陪審評議の前の一方当事者の立証終了時点で，その立証が不十分であるから陪審評議に付すまでもなく判決を下すように他方当事者（たとえば被告（⊿））が求めるものである。しかし裁判官にとっては，陪審評議の機会を被申立人(nonmoving party)（たとえば原告（π））から奪ってしまう

---

149) FED. R. CIV. P. 50(a).
150) FIELD, KAPLAN & CLERMONT, CIVIL PROCEDURE, *supra* note 120, at 133-34.
151) FARNSWORTH, THE LEGAL SYSTEM OF THE UNITED STATES, *supra* note 4, at 106.

ことには躊躇を感じる。敢えてπ敗訴の指図評決を命じなくても，陪審評議に付せば，陪審員はπ敗訴の評決を下すかもしれない。そうすれば申立に対し裁判所は判断を下す必要性がなくなる。そこで裁判所は，取り敢えず事件をπから取り上げずに陪審に評議させて，リスクを回避できるという訳である[152]。しかし陪審がπを勝訴させる評決を下してしまった場合，特に，指図評決申立の段階で裁判所が判断を迷って取り敢えず評議に付したにも拘わらず，期待に反してπ勝訴評決に至った場合には，⊿にとって酷かもしれない。そこで，⊿が指図評決を申し立てていたにも拘わらず認められていなかった場合には，⊿が評決無視を申し立てると，裁判所は再度介入して審査する機会が与えられるという訳である。更に裁判所が，指図評決よりも評決無視の判決の方において比較的に申立を認容し易い理由としては，前者ではなく後者に基づいて評決に反する判決を下しておけば，それがもし控訴審において覆されても，控訴審としては元々の評決に従った判決を下せるから，新たに「ニュー・トライアル」（後掲）を命じなくても済み，その分だけ経済的であるという指摘もある[153]。加えて指図評決よりも評決無視の判決の申立を認容する方が比較的受け入れ易い理由としては，後者の申立があるまでの間，裁判所は時間を稼げる分だけ，検討する余地を得られるという点も指摘されている[154]。以上のように，評決無視の判決手続には指図評決手続の補完機能が与えられているのである[155]。このために，指図評決が認容される基準である「most favorable evidence rule」と「irrational verdict test」が満たされれば評決無視の判決も認容されることとなる[156]。

---

152) FIELD, KAPLAN & CLERMONT, CIVIL PROCEDURE, *supra* note 120, at 137.
153) FARNSWORTH, THE LEGAL SYSTEM OF THE UNITED STATES, *supra* note 4, at 108.
154) *Id.*
155) 従って指図評決を申し立てていたけれども認められなかった事実がない限り，評決無視の判決を申し立てることができない。FED. R. CIV. P. 50(a).
156) FIELD, KAPLAN & CLERMONT, CIVIL PROCEDURE, *supra* note 120, at 136.

F．ニュー・トライアルの申立（motion for a new trial）：　「ニュー・トライアル」(new trial) とは，簡潔にいえば，トライアルのやり直し，即ち「再審理」である[157]。判断基準は「プレジュディシャル・エラー」(prejudicial errors：不利益な誤謬）と呼ばれる，当事者の権利義務に実質的な影響を与える程の誤謬である[158]。平易に言えば，余り影響のない誤謬（harmless errors）ではニュー・トライアルは認められない[159]。ニュー・トライアルの申立が認められる際の基準の一つに「weight of the evidence test」(証拠の重さ，証拠全体の優越性）というものがある。裁判官が全ての証拠を見た上で，陪審の判断が誤っていたと明らかに確信しなければならないというテストである。

G．レミッティター（損害額減額決定）の申立（motion for remittitur）：
「レミッティター」(損害額減額決定) とは，陪審による評決額の過剰を減額する手続である[160]。法的問題として賠償額が過剰であると判事が判断した場合に，πに対して減額を命じることが可能とされる。当事者達がその判事の示す変更を受容しなければ，判事は「ニュー・トライアル」を命じることもできる[161]。

3．証拠と証人（evidence and witness）と「証拠法」（evidence）

「証拠」(evidence) とは，主張される事実を「立証」(prove) または「否認」(disprove) する傾向のものであって，「証言」(testimony；人証) や，書面（書証）や有体物（物証）が含まれる[162]。アメリカでは訴訟法において「アドヴァーサ

---

157)　*Id.* at 137.
158)　「prejudicial errors」は「reversible errors」や「harmful errors」，「fatal errors」とも呼ばれ，当事者の実質的な権利や訴訟の結果に影響を与える程の誤謬の意である。BLACK'S LAW DICTIONARY 583, 1218 (8th ed. 2004).
159)　FED. R. CIV. P. 61.
160)　BLACK'S LAW DICTIONARY 1295 (6th ed. 1995).
161)　FARNSWORTH, THE LEGAL SYSTEM OF THE UNITED STATES, *supra* note 4, at 108. *See also infra* text acompanying note 125 in page 135.
162)　BLACK'S LAW DICTIONARY 595 (8th ed. 2004).

リー・システム」(当事者対抗主義) が採用されているので, 証拠・証人も原則は, 両当事者が各自準備する[163]。(即ち実務では党派的な戦いになる。)

「証人」(witness) には,「lay witness」(素人証人) と「expert witness」(専門家証人) が含まれる。前者が意見を述べることが許容されるのは, 直接知っている事柄 (first hand knowledge) に基づく意見や推論の範囲に限定されるけれども, 後者は専門知識等に基づき専門的な意見を有する資格があるとされるので, lay witness よりも広い範囲で意見を述べることが許される[164]。

「証拠法」(evidence) とは, 法手続において何が証拠として許容されるか, 即ち証拠採用できるか否かを規律する法のことをいう[165]。たとえば「伝聞証拠」(hearsay：即ち declarant 以外の者の声明であってその内容の真実を証明するために提示される証拠；FED. R. EVID. 801-02.) は, 証拠法が認める例外に該当しない限り許容されないという具合に証拠法が規律している。証拠採用できることを「admissible」(許容される, 証拠能力がある) と言い, 証拠採用できないことを「inadmissible」(許容できない, 証拠能力がない) と言う。admissible な証拠とは, 即ち,「関連性」(relevancy) があり, かつ, 伝聞証拠排除の原則等により排除されないために裁判所が受容すべき証拠のことを言う[166]。

---

163) FARNSWORTH, THE LEGAL SYSTEM OF THE UNITED STATES, *supra* note 4, at 99.
164) BLACK'S LAW DICTIONARY 1633 (8th ed. 2004)；FED. R. EVID. 701-706. もっとも怪しい expert witness の証言を安易に許容してしまうと陪審が判断を誤ってしまう。いわゆる「junk science」の問題である。拙著『アメリカ製造物責任法の新展開：無過失責任の死』, *supra* note 19, at 264-96. そこで junk science の歯止めとして expert witness による証言の許容基準を示したことで有名な連邦最高裁判例が, *Daubert v. Merrell Dow Pharmaceuticals, Inc.*, 509 U. S. 579 (1993) である。本書が関心を寄せるホット・ドリンク火傷訴訟においても, △ファースト・フード企業が高額敗訴評決を下された背景には, π側 expert witness の junk science の問題も無関係ではないかもしれない。See McMahon v. Bunn-O-Matic Corp., 150 F. 3d 651, 657-58 (7th Cir. 1998) (Easterbrook, J. による当法廷意見は, Liebeck v. McDonald's Restaurants, P. T. S., Inc., 1995 WL 360309 (N. M. Dist. Ct. Aug. 18, 1994) におけるπ側 expert witness と同一人物の宣誓供述書が conclusory 故に *Daubert* 基準に反し許容できないとして激しく非難している).
165) BLACK'S LAW DICTIONARY 595 (8th ed. 2004).

4．覆す(reversed)，差し戻す(remanded)，および，支持する（sustained)

「reverse」とは，下級審の判決を「覆す」または「破棄する」という意である。「remand」とは「to send back」，事件を更に審理させるために下級審に「差し戻す」ことである。上訴審において「事実審」(trial court) の判断が「覆され」ると，事件は事実審に「差し戻」されて，「ニュー・トライアル」等を開いて再度審理することになる[167]。差し戻された場合には，事実審は上級審の判決・指示に拘束されることとなる[168]。このように多くの場合，破棄と差戻は「reversed and remanded」("R & R") というようにセットで命じられる。

「sustained」とは，「to affirm, uphold, or approve」であり，下級審の判断を上級審が「支持する」という意味である[169]。なお，トライアルにおいて証人の証言や証拠に関して「異議」(objections) を申し立てられた際に，その異議を判事が認容する場合にも「sustain」(to grant) という。因みにそのような異議申立を判事が「却下」することは「overrule」(to refuse to sustain, or recognize as sufficient) と言う[170]。

5．法廷意見，同意意見，反対意見，および傍論（opinion, concurrence, dissent, and *dicta*)

「opinion」(法廷意見) とは，特定の事件における裁判所の決定を説明した，書面化された声明であり，通常は事実（facts），法（points of law），理由（rationale)，および傍論（*dicta*）を含むものである[171]。「反対意見」(dissenting

---

166) *Id.*
167) BLACK'S LAW DICTIONARY 1293 (6th ed. 1995). *Also* FARNSWORTH, THE LEGAL SYSTEM OF THE UNITED STATES, *supra* note 4, at 110.
168) FARNSWORTH, THE LEGAL SYSTEM OF THE UNITED STATES, *supra* note 4, at 110.
169) BLACK'S LAW DICTIONARY 1447 (6th ed. 1995).
170) *Id.* at 1104.
171) BLACK'S LAW DICTIONARY 1125 (8th ed. 2004).

opinion）は法廷意見のことをしばしば「majority opinion」と呼ぶ。「majority opinion」の正確な定義は，当該事件を検討した判事達の内の過半数が参加した意見，となる[172]。なお「dissent」とは多数意見に対して不同意（disagreement）という意であり，そのような判事の意見が「dissenting opinion」である[173]。「concurrence」とは，裁判所の達した判決に同意（agreement, assent）するという意味であり，法廷意見とは異なる理由で結論に賛成する別個な意見が「concurring opinion」と呼ばれる[174]。「$\overset{ディクタ}{dicta}$」（傍論）とは「a $\overset{ディクタム}{dictum}$」の複数形であり，正式には「$\overset{オービター}{obiter}$ dictum」と言い[175]，判決に必要な「rule of the law」（そのような部分を holding とも言う）以外の意見の全ての部分[176]，即ち判決の法理の一部ではない部分（no part of the doctrine of the decision）の意である[177]。

6．立証責任（burden of proof）

「立証責任」（burden of proof）とは[178]，争いのある主張（disputed assertion）を立証する当事者の義務のことである。立証責任には「証拠提出責任」（presentation）と「説得責任」（persuasion）の双方が含まれる。「証拠提出責任」とは，サマリー・ジャッジメント（"S/J"）や指図評決（"DV"）のような請求棄却の裁定による敗訴から免れて，争点を事実認定者に決定させるのに足るだけの証拠を提出する当事者の義務のことをいう。「説得責任」とは，事実認定者が当

---

172) *Id.* at 1125.
173) *Id.* at 506, 1125.
174) *Id.* at 309.
175) ラテン語である。なお「*obiter*」とは，「by way of」の意。*Id.* at 1102.
176) FARNSWORTH, THE LEGAL SYSTEM OF THE UNITED STATES, *supra* note 4, at 55. なおこの文脈における「rule of law」とは「法の支配」という意味よりもむしろ，「実質的な法原理」（substantive legal principle）という意味である。*See* BLACK'S LAW DICTIONARY 1359 (8th ed. 2004).
177) BLACK'S LAW DICTIONARY 485 (8th ed. 2004).
178) *Id.* at 209.

事者にとって有利な判断をするように説得する当事者の義務を言う。

以上の説得責任と，事件をトライアルにまで進めるための提出責任等を併せて，πには以下の三つの burden of proof が課されていると整理することも可能である[179]。

① burden of pleading：訴状において十分な請求となる事実を記載すること[180]。
② burden of coming forward with enough evidence to avoid a directed verdict against π [burden of production]：リーズナブルな陪審員ならばπの主張が more probable than not であると認定し得る旨を裁判官に説得すること。(*i.e.*, 証拠提出責任)
③ burden of persuasion：πの主張が more probable than not であると陪審員に認定してもらうこと。(*i.e.*, 説得責任)

ところで民事訴訟の場合の立証責任は，原則，次の段落で説明する「プリポンダランス・オブ・エヴィデンス／証拠の優越」(preponderance of evidence) という程度の責任を果たせば良い。刑事訴訟の場合は，民事の場合よりも立証責任がより重く設定されていて，「合理的な疑いを超える」(beyond a reasonable doubt) 責任を果たさなければならない。冤罪を避けようという強い要請からであろう。

A. プリポンダランス・オブ・エヴィデンス／証拠の優越 (preponderance of evidence)： 不法行為も含む民事訴訟の立証責任は，「プリポンダラン

---

[179] *See* PROSSER, WADE AND SCHWARTZ'S TORTS, *supra* note 12, at 235.
[180] 即ち，請求を述べていないことによる請求棄却を生き残るのに足るだけの事実と法律を訴状に記載するという負担である。*See supra*「2．不法行為法に関連する各種申立の概要」内の「A.『請求棄却（請求を述べていないことによる）の申立』および『訴答に基づく判決申立』」の項。

ス・オブ・エヴィデンス」または「証拠の優越」と言われる基準で判断する。即ち,「the contested fact is more probable than not」であるか否かが基準だと言われる。存否や真否が争われている事実がより確からしいか否かということである[181]。言い換えれば,確からしさの蓋然性の50%を少しでも超えれば立証責任が果たされる。

B. クリア・アンド・コンヴィンシング・エヴィデンス／明白かつ確信を抱くに足る証明 (clear and convincing evidence): 「clear and convincing evidence」(明白かつ確信を抱くに足る証明)とは,「プリポンダランス・オブ・エヴィデンス／証拠の優越」よりも重く,「合理的な疑いを超える」よりも軽い立証責任である。立証すべき事柄が「highly probable」または「reasonably certain」であることと定義される[182]。民事不法行為においても,例外的に,州によっては懲罰賠償の立証責任等において要求される,通常よりも重い立証責任である[183]。更に,名誉毀損の訴訟において,いわゆる「公人」(public figure) が原告の場合等に要求される立証責任である[184]。

C. 推論・推認,推定 (inference and presumption): 動詞の「infer」(推論する・推認する) とは,事実や事実的推理から,結論を導き出すことであり,名詞の「inference」(推論・推認) とは,他の諸事実から論理的な帰結を演繹的に導き出す (deducing) ことにより到達した結論のことである[185]。「presumption」(推定) とは,ある事実が,他の諸事実や事実群の立証によって存在したものであると法的に推論・推認 (legal inference) されることである[186]。

---

181) FARNSWORTH, THE LEGAL SYSTEM OF THE UNITED STATES, *supra* note 4, at 107.
182) BLACK'S LAW DICTIONARY 596 (8th ed. 2004).
183) *See infra* 第Ⅱ章「第六節 救済／『コモン・ロー』対『衡平法』」の中の「2. 懲罰賠償」の項。
184) *See infra* 第Ⅱ章「第十一節 名誉毀損」内の「3. 憲法(言論の自由)上の名誉毀損請求への制限」の項。
185) BLACK'S LAW DICTIONARY 793 (8th ed. 2004).

この presumption によって通常（後掲「rebuttable presumption」の場合）は立証責任（証拠提出責任または説得責任）が反対当事者に「転換」（shift）されるので，その反対当事者は presumption を覆すように反証を挙げるべく努力することとなる[187]。

「rebuttable presumption」（反証を許す推定）とは，一定の諸事実からプライマ・フェイシャ・ケース（prima facie case："p. f."）[188]が為されたとされる推論・推認であるけれども，この推論・推認に反する証拠によって覆され得るものである[189]。

「irrebuttable presumption」（反証を許さない推定）とは，「conclusive presumption」（看做し，または確定的推定）とも呼ばれるものであり，更なる証拠や主張によって覆されない推定である[190]。

7．仮処分関係

A．TRO（temporary restraint order）／一方的緊急差止命令： 相手方当事者への通知なし（*ex parte*）に，特殊な緊急性の場合に限って，短期間に限り，裁判所が認定する差止命令である[191]。

B．プレリミナリー・インジャンクション（preliminary injunction）／暫定的差止： 勝訴の蓋然性と回復不可能な損害発生の蓋然性等を示すことにより認められる暫定的な差止である[192]。

---

186) *Id.* at 1223.
187) *See id.*
188) 「prima facie case」については，see *supra*「第二節　アメリカ不法行為法の主要概念」内の「5．prima facie case（構成要素）」の項.
189) BLACK'S LAW DICTIONARY 1224 (8th ed. 2004).
190) *Id.* at 1223-24.
191) BLACK'S LAW DICTIONARY 1464 (6th ed. 1995).
192) *Id.* at 1180.

第四節　ケース・ブリーフ（判例要約）の作り方（case briefing）

　本書が補遺において紹介する判例の多くは，原文（法廷意見や同意・反対意見）を筆者が要約したものである。アメリカの本当のケースブック（casebook）は，要約前の原文を少し編集したものをそのまま掲載する体裁を採る。殆ど原文に近い状態の沢山の判例の中から読者自身が争点等の重要な情報を発見し，かつ帰納法的な法的推論の能力を養いつつ不法行為の実体法も同時に修得する。そこで必要になる法律家の基礎的な技能が，「判例要約」（case briefing）である。もっとも判例要約の仕方には人それぞれによって相違がある。そのため以下では，筆者が主に用いた判例要約の方法を紹介しておく[193]。本書の読者も機会があれば，是非，原文に当たって自ら要約に挑戦して欲しい。

　ケース・ブリーフィングする方法としては，判例内の情報を概ね以下の五点に分けて纏めることが多いようである。即ち，1.「事実」（facts）（含，A.「訴訟手続上の経緯」（procedural history）），2.「争点」（issues），3.「判決・決定・判示事項」（holding），4.「法理，準則，規範，（関連法規・判例・学説）等」（rules），および5.「理由」（reasons）というように，主要な項目に分けて要約する。各項目を纏める際の留意点は，以下の通りである。

1. 事　実（facts）

　事件の概要をこの項目で纏める。初心者は，「facts」を長く抜き書きし過ぎがちなので，注意と勇気が必要である。即ち，ケース・ブリーフの事実として重要なのは，当該事件の扱う法的な争点（以下の「争点」（issues）の項目）の内，

---

[193]　本文で紹介するケース・ブリーフィングの方法は，拙稿「国際法務から"政策"法務へ（下）」『際商』Vol. 30, No. 5, 648, 648-53頁（2002年5月）に修正を加えてここに転載するものである。更にケース・ブリーフィングについては，see, *e.g.*, ROMBAUER, LEGAL PROBLEM SOLVING, *supra* note 85.

読者が関心を有する「issues」に関連する facts のみである。そもそもケース・ブリーフを作成する目的は，読者自身の理解を深めるための手段として纏めるのである（従って他人が作成したケース・ブリーフはその人の関心事が読者の関心事と異なれば当然に内容が異なってくるので，他人のケース・ブリーフは役に立たない，当てにするな，と言われる）。それ故に読者自身がその判例の中で特に焦点を当てたい issues に関連しない facts は，捨て去るべきである。更に理解を深めるためにも，issues や facts 等は読者自身の言葉に置き換えて記載しておくべきである。なお，一つの事件の中にも，主要な争点から細かな争点まで複数の issues が含まれているのが通常である。従って，主要な争点以外にも細かな争点に関連する facts まで全てをケース・ブリーフに書き込み始めると，それはもはや「ブリーフ」（要約）ではない[194]分量に膨んでしまうばかりか，ブリーフの焦点が曖昧になるので，とにかくコンサイスに纏めるように試みるべきである。慣れてくれば，読者が関心のある争点とそれに関連する事実のみに絞り込んで不要な部分を捨て去ることができるようになるばかりか，自身の言葉で書けるようにもなる。ところで，法廷意見の原文の中で関連事実が記載されている部分は，普通，原文の最初の方に集中している。しかし油断してならないのは，最初の方には記載されていない重要な事実が，法廷意見の真中辺りの，法的な検討をしている部分（以下の「理由」（reasoning）に該当する部分）や同意・反対意見において初めて触れられていることがあるので，最初に記載がなかったからといって重要な関連事実を見落とさないような注意が必要である。

---

[194] もっともアメリカの法曹自身，文書を長ったらしく書いてしまうという欠点がある，とロイヤー・ジョークの世界でも以下のように指摘されている。

「弁護士」… 一万字もの書類を書きながら，これを，"ブリーフ"と呼ぶ人々のこと。　　　　　　　　　　　　　　　　　　フランツ・カフカ
拙稿「『法と文学』と法職倫理（第5回）」『際商』
Vol. 30, No. 8, 1008, 1010頁（2002年8月）。

A. 訴訟手続上の経緯（procedural history）：

裁判手続上の経緯を簡単に記載する項目が、「procedural history」等と言われる。たとえばケース・ブリーフィングしようとする判例が控訴審判決の法廷意見であれば、地裁等の下級審・事実審（トライアル）における経緯や結論等を簡単に言及する訳である。慣れてくれば別個に「procedural history」の項を設けなくても、上記「事実」(facts) の中の最後の方に、簡単に手続上の経緯を記載しても良い。（本書の補追もそのような体裁を採っている。）

2. 争　点（issues）

当該事件における法的な争点を端的に指摘する。前述した通り、自分がケース・ブリーフィングする対象の争点と無関係な争点は省略しても良いのである。

3. 判決・決定・判示事項（holding / decision）

当該判決／決定を一言で記載する部分である。言わば、その判例の結論を書く訳である。普通は簡単に一、二行で書く。たとえば、「…故に事件を破棄、差し戻す（"R＆R"）」という具合である。
（reversed and remanded）

4. 関連法規・判例・学説（rules）

当該法廷意見がある結論（holding）に至る根拠として、一次的法源としての制定法や先例、または、二次的法源としての基本書(treatise)や『リステイトメント』といった法源をここに記載する。この「rules」を前述の「事実」(facts)から抽出された「争点」(issues)に「当てはめ」(reasoning / application of law) た結果、「結論」(holding) が導き出されるというように考えると、分かり易い。なお、rules の項には、人によっては、当該判例の記録から導き出せるルール（法規範、法原理、準則等）を記載せよと指導する者もいる。

5．理　由（reasoning / rationale）

　ここ「reasoning」が，ケース・ブリーフィング作業中の最も重要な部分である。何を理由に裁判所はそのような判決や決定に達したのか。どのように「rules」を「issues」へ当てはめたのか。その際に裁判所は何を配慮したのか。たとえば，「法と経済学」（law and economics）的な視点に立って経済的合理性(rationality)を配慮したり，「public policy」（公共政策）[195]の名の下に法目的等を配慮したり，「fairness」（公正）とか「equity」（衡平）という概念を配慮したりする場合がある。そのような裁判所の「思考」を法廷意見から読み取るのである。即ち「issues」に対して「rules」を当てはめた結果が「holding」であるけれども，その"当てはめ方"（application of law）が「reasoning」（理由，法的推論）である。この部分には学ぶべきものが多いばかりか，批判すべき問題点も存在する。法学教育は，条文や法理を暗記することではなく，むしろ法的思考能力の養成にこそ力点が置かれるべきであるというアメリカの伝統では，この「reasoning」（＝application of law）の部分が非常に重要視されるのである。

195）「public policy」という文言の意味については，see *supra* note 86.

第Ⅱ章　不法行為法の主な要素（prima facie case）

第一節　故意による不法行為（intentional torts）

1．総　論

「故意による不法行為」（intentional torts）とは，他人の生命・身体，財産等を，故意に侵害することである。たとえば他人を同意なく殴って受傷させたような場合である。プライマ・フェイシャ・ケース（prima facie case："p.f."）[1]は，類型次第で異なる[2]けれども，共通する要素は概ね以下の通りである[3]。

図表＃9　故意による不法行為に共通するプライマ・フェイシャ・ケース（"p.f."）

① 被告による行為　　　　　defendant's action
② 故意　　　　　　　　　　intent
③ 因果関係　　　　　　　　causation

2．諸類型

故意による不法行為の基本は，古い英国の判例に従って以下のように類型化

---

1) 「prima facie case」については，see *supra* 第Ⅰ章「第二節　アメリカ不法行為法の主要概念」内の「5．prima facie case（構成要素）」の項。
2) たとえば「動産への不法侵害」の類型である「trespass to chattels」においては，"損害の発生" も prima facie case として要求されている。RESTATEMENT (SECOND) OF TORTS § 218 (1965). *See* 補追，第三部，第Ⅰ章「第六節　Trespass to Chattels（動産への不法侵害）」の項。
3) 特に "故意" が重要である点につき，see, *e.g.*, RESTATEMENT (THIRD) OF TORTS : LIABILITY FOR PHYSICAL HARM § 1 (Proposed Final Draft No. 1, 2005).

されているのが特長である[4]。即ち,「脅迫（アソールト）」(assault),「暴行（バッテリー）」(battery),「不法監禁（フォールス・インプリズンメント）」(false imprisonment),「横領（コンヴァージョン）」(conversion),「不法侵害（トレスパス）」(trespass) である。なお,他人の土地の"利用・享受"(use or enjoyment) を侵害する類型として重要なのは,「ニューサンス」(private nuisance) である。現代型の故意による不法行為類型としては,更に,「精神的苦痛の故意による賦課」(intentional infliction of emotional distress：IIED) がある。

3．人身侵害（人身損害）

「assault」（脅迫）と「battery」（暴行）と「false imprisonment」（不法監禁）の三類型は,「人の尊厳」(human dignity) を保護法益とする点において共通する[5]。中でも「assault」（脅迫）と「battery」（暴行）は,言わば姉妹関係にある類型で,後者は違法な"接触"を対象とし,前者はその"未遂"が原告に認知された場合を対象とする。従って通常の請求では,両者がセットとなって「assault & battery」という形で提起される。もっとも「assault」が"認知"を問題にするということは,"物理的"な人身というよりも,むしろ"精神的"な面 (emotional life) を保護法益としている点において,後述する「intentional infliction of emotional distress」（精神的苦痛の故意による賦課）に近い[6]。なお「false imprisonment」（不法監禁）は,その文言通りに監禁を対象にする。

4．財産侵害

財産侵害の「trespass」（不法侵害）は,"土地"への侵害の場合の「trespass to land」（不動産への不法侵害）と,"動産"への侵害の「trespass to chattels」（動産への不法侵害）に分かれる。「trespass to chattels」と「conversion」（横領）は姉妹関係にあり,前者は動産への侵害の程度が"軽い"

---

4) *E.g.*, E. ALLAN FARNSWORTH, LEGAL SYSTEM OF THE UNITED STATES 126 (3d ed. 1996).
5) *E.g.*, MARSHALL S. SHAPO, PRINCIPLES OF TORT LAW 47 (2003).
6) *Id.*

場合であり，後者は同じ動産への侵害でも程度が"酷い"場合の類型である。「nuisance」(生活妨害)は，土地への財産侵害という点で「trespass to land」(不動産への不法侵害)に似ているけれども，前者は前述の通り"使用・享受"への侵害であって，後者は排他的占有権の侵害を対象にする点で異なる。

5．精神的侵害

「intentional infliction of emotional distress」(精神的苦痛の故意による賦課 IIED)は，「精神的な利益」(emotional interest)を保護法益とする類型である。この名称の下で類型化されたのは未だ最近のことであり[7]，有名な不法行為法学者のWilliam L. Prosser (プロッサー)法務研究科長が整理し，かつ自らが起案した『リステイトメント(第二次)不法行為』("R2T")を通じて広まることになった[8]。以下が「プライマ・フェイシャ・ケース」(一応の立証)である。

① 極度に言語道断(extreme and outrageous)な行為が，
② 故意または無謀に(intentionally or recklessly)，
③ 厳しい精神的苦痛(sever emotional distress)を惹き起こしたこと，

である[9]。

6．総　括

以上の故意による不法行為法は，伝統的には「非難に値する」(blameworthy)要素が肯定され(即ち他人を殴って受傷させれば賠償責任を肯定することについて余り異議は生じないであろう)，賠償責任を課すという判断に対する論議も比較的に少ない。「産業化社会」(industrialized society)の生んだ「事故法」(accident

---

7) 他の故意による不法行為法の諸類型が，英国法に起源を置き700年近くの歴史を有した古さに比べて，「精神的苦痛の故意による賦課」(IIED)は僅か50年程の歴史しかないと指摘されている。AARON D. TWERSKI & JAMES A. HENDERSON, JR., TORTS : CASES AND MATERIALS 38 (2003).

8) *E.g.*, SHAPO, PRINCIPLES OF TORT LAW, *supra* note 5, at 47.

9) *Id.* at 48.

law) の分野に比べると，故意による不法行為は牧歌的社会における個人対個人の権利侵害の判例に由来するものが多く，それだけ現代不法行為法の研究においては余り重点が置かれない。事故法を中心とする現代において重要なのは，むしろ，以下の過失責任や，厳格（無過失）責任である。

もっとも古い故意による不法行為類型についても，現代的な再生現象が見られる。たとえば，インターネット上の極めて新しい問題（*e.g.*, スパムまたは迷惑メール問題）に対し，とても古い故意による不法行為法の類型（*e.g.*, トレスパス・トゥー・チャテルズ（trespass to chattels））を類推適用して，妥当な判断を導く判例・学説が現れたりするので[10]，興味深いことである。更に intangible（無体）な権利侵害における故意による不法行為は，アメリカで判例発展を遂げている[11]。

第二節　過失責任（negligence）

1．過失責任のプライマ・フェイシャ・ケース（一応の立証）

「過失責任」(negligence) とは，「当然の注意義務への違反」(breach of duty of due care) が惹き起こした（proximate causation）被害（injuries）に対する賠償責任である。即ち，人がある行動を採る際には，他人の生命・身体，財産等を侵害しないように一定の注意をもって行動する義務がある。従ってたとえばその注意の程度を下回った行為により他人に害を被らせたような行為は，注意義務違反による過失責任となる。そこで過失責任のプライマ・フェイシャ・ケース（一応の立証）(prima facie case "p. f.") は図表＃10のように表すことができる[12]。

---

10) *E.g.*, CompuServe, Inc. v. Cyber Promotions, Inc. and Sanford Wallace, 962 F. Supp. 1015 (S. D. Ohio, 1997) （spamに対してtrespass to chattelsを適用）．いわゆる「古い皮袋に新しいワインを入れる」(pouring new wine into old bottles) という援用が見られ，かつ，trespass to chattels（トレスパス・トゥー・チャテルズ）のサイバースペースにおける適用拡大を巡る論議がサイバー法における中心的トピックスの一つにまでなっているのである。*See* 補追，第五部，「第Ⅲ章　サイバー・トーツ」の項．

11) FARNSWORTH, LEGAL SYSTEM OF THE UNITED STATES, *supra* note 4, at 126.

図表#10　過失責任のプライマ・フェイシャ・ケース（一応の立証 "p.f."）

① 注意義務　　　　　　Duty of Due* Care ［(*) due：当然の，適正な］
② 注意義務違反　　　　Breach of the Duty of Due Care
③ 因果関係　　　　　　Proximate Causation
　　事実的原因　　　　　　　Cause in Fact
　　法的原因（近因）　　　　Proximate Cause
④ 損害　　　　　　　　Injuries

　上の要素①の「注意義務」と，②によるその「違反」が，いわゆる過失概念である。

2．「リーズナブル・パーソン・スタンダード」と客観基準
（reasonable person std.）　　　　　　　　　　　（objective std.）

　人は如何なる注意義務を負っているのであろうか。それは一般に，「リーズナブル・パーソン・スタンダード」（a reasonable person standard）と呼ばれる基準によって判断される[13]。場合によって同じ概念を「慎重な人」（a prudent man, a prudent person）の基準という場合もある。即ち，人は誰でも，同様な立場にいる，「通常の慎重さ」（ordinary prudent）を有する，理に適った人が払うべき注意を払う義務を負っていると捉える。そのように客観的な払うべき義務を，仮に払うことを怠った（failure to）場合には，たとえ主観的には最善の注意（subjective best judgment）を払ったつもりであっても，*注意義務違反＝過失*となる。従って，リーズナブル・パーソン・スタンダードという過失基準は，"客観基準"（objective test）である。俗に，過失とは「うっかりして」（inadver-

---

12)　*E.g.*, DAN B. DOBBS, ROBERT E. KEETON & DAVID G. OWEN, PROSSER AND KEETON ON TORTS § 24, at 164-65 (5th ed. 1984)；E. ALLAN FARNSWORTH & MARK F. GRADY, TORTS：CASES AND QUESTIONS 215 (2004)；TWERSKI & HENDERSON, TORTS, *supra* note 7, at 109.

13)　*E.g.*, RESTATEMENT (SECOND) OF TORTS § 283 (1965)（因みに「a reasonable man under like circumstances」という文言を使っている）．*See also* 補追，第三部，第Ⅱ章「第一節　過失基準」内の「3．リーズナブル・パーソン・スタンダード：客観基準と『*Vaughan 対 Menlove*』判例」の項．

tent) いたことであると誤解されているけれども，民事不法行為法上の過失責任はそのような主観的な基準（subjective test）ではない[14]。（もっともうっかりしていたことが客観的なリーズナブル・パーソン・スタンダードの注意義務よりも劣っていれば，それも不法行為法上の過失に該当する。）たとえ被告（⊿）が自身にとっての最善の注意を払っていたとしても，その注意がリーズナブル・パーソン・スタンダードより劣っていれば過失になるのである。問題は，⊿と同様な立場に仮にリーズナブル・パーソンがいたならば払っていた注意を下回ったか否かである。

3．予見可能性（foreseeability）

過失が認定される前提として求められる要素の一つに，「予見可能性」(foreseeability：``4cb'')がある。予見可能性の有無こそが，「過失」概念（the concept of negligence）と，単なる「事故」（accident）とを隔てるものであるとも言われる[15]。しばしば判例・法廷意見において，被告（⊿）が「知り，または知るべ

---

14) *Generally*, BLACK'S LAW DICTIONARY 1032 (6th ed. 1995). *See also* James A. Henderson, Jr. & Aaron D. Twerski, *Doctrinal Collapse in Products Liability : Empty Shell of Failure to Warn*, 65 N.Y.U. L. REV 265, 40-41 (1990)（以下のように説明している。"The law of negligence is based upon the hypothetical reasonable person. The test is objective ; subjective factors particular to individual defendants generally do not excuse liability."）．*Cf.* VICTOR E. SCHWARTZ, KELLY KATHRYN & DAVID E. PARTLETT, PROSSER, WADE AND SCHWARTZ'S TORTS : CASES AND MATERIALS 235 (11th ed. 2005)（negligence は嘗ては "inadvertence" や "inattention" や "indifference" と混同されていたという歴史を紹介）．

15) SHAPO, PRINCIPLES OF TORT LAW, *supra* note 5, at 79. 予見不可能な危険は知り得ない故にその費用（costs）と便益（benefits）を衡量することができない。そして費用便益分析（cost-benefit analysis）は過失の reasonableness を決定するための実質的基準になっている（後掲「9．危険の計量と『ハンド・フォーミュラ』の項」を参照）。従って予見可能性が過失の要件になっていると指摘するのは，see George P. Fletcher, *Fairness and Utility in Tort Theory*, 85 HARV. L. REV. 537, 571 (1972). 更に Fletcher は，予見可能性が過失の争点と共に法的原因・法的因果関係の争点でもあることが，多くの学説において支持されていると示唆している。*Id.* at 571 n.

きであった」("knew or should have known") と表現されるものが，予見可能性の要素である[16]。人は，当該コミュニティーにおける当時の common knowledge である事柄については，実際には知っていなくても，知っているべきであったとされる[17]。即ち，法的には，知っていた如くに扱われる ("the actor is treated as though he knew the matter") のである[18]。なお，過失責任（に拘わらず不法行為責任全般に亘り）予見可能性の要素が関係してくる論点は多岐に亘り複雑である。たとえば後掲するように，予見可能な範囲"外"のπに対しては注意義務を負わないとされたり[19]，法的原因・法的因果関係は予見可能な範囲内に止まるとされたりする[20]。

4．コミュニティー・スタンダード（community std.）

リーズナブル・パーソン・スタンダードは，事実認定者（通常は陪審員）によって決定される。しかし陪審員の中の特定の誰かが基準となる訳では決してない。リーズナブル・パーソンとは，「リーズナブルな行為（理に適った）のコミュニティーにおける理想として人格化されたもの」[21]なのである。従って，それは，理想

---

126. See also infra text accompanying notes 19-20 および「10．注意義務の『射程』（『ゾーン・オブ・デインジャー』）対『近因』（リーズナブルな"予見可能性"）」の項．
16) Shapo, Principles of Tort Law, supra note 5, at 78.
17) Restatement (Second) of Torts § 290 (1965).
18) Id. § 290 cmt. a.
19) See infra 本節内の「10．注意義務の『射程』（『ゾーン・オブ・デインジャー』）対『近因』（リーズナブルな"予見可能性"）」の項．
20) See infra 本章中の「第四節 因果関係」内の「4．法的原因・近因」の項．
21) Prosser and Keeton on Torts, supra note 12, § 32, at 175（以下のように説明している。"[A person of reasonable prudence] is rather a personification of a community ideal of reasonable behavior, determined by the jury's social judgment. [ ]"). なおコミュニティー・スタンダードは，当事者間の利害のみならず社会全体の利益を考慮するので，コミュニティーにおける互酬的な危険（reciprocal risks）に対しては責任を問わないという有名な分析もある。Fletcher, Fairness and Utility in Tort Theory, supra note 15, at 540, 549（互酬原理）．

としてのコミュニティー・スタンダードでもある。(しかし,たとえば医師の医療過誤に代表される「専門家責任」等では,基準とすべきコミュニティーの範囲がローカリティ(地域社会)なのかナショナリティ(全国的社会)なのかという争点が生じる。)[22]

5. "事前"(foresight)の判断を"事後"(hindsight)的に評価する

過失責任の有無は,原告に損害が発生するよりも以前の,被告(⊿)が有すべき知見を基に判断する[23]。即ち「事前的」(ex ante) 判断を,「事後的」(ex post または post hoc) に評価するのである。そこでは,実際に発生した事故を無視して,つまり発生していなかったかのような前提に基づいて,評価しなければならないはずである。しかし問題は,事故が起きたことを知ってからでは除去が困難な偏見が生じ,事実認定者は⊿の過失責任を肯定しがちであることが,「法と行動科学(認知心理学)」の実証実験によって証明されている点にある[24]。そこで現在の過失基準のままでは,たとえ⊿が注意義務を満たす予防策を採っていても,事後的には不当に有責であると評価される虞がある[25]。

6. 単純ではない過失基準

過失基準は様々な事象に当てはめることができる客観性を有するとはいえ,具体的事象毎・事案毎に当てはめてみなければ被告の行為が有責と判断される

---

22) *See* 補遺,第三部,第Ⅶ章「第一節 医療過誤と慣行」「1.『地域基準』対『全国基準』」内の〈A.『*Brune 対 Belinkoff*』判例〉の項.
23) Kim A. Kamin & Jeffrey J. Rachlinski, *Ex Post ≠ Ex Ante : Determining Liability in Hindsight*, 19 LAW & HUM. BEHAV. 89, 90 (1995).
24) *See infra* 第二部,第Ⅲ章「第二節『法と行動科学(認知心理学)』上の主要概念」内の「3.『あと知恵の偏見』」の項.なお,「法と行動科学(認知心理学)」全般については,see *infra* 第二部「第Ⅲ章『法と行動科学(認知心理学)』からの新たな示唆」.
25) 従って debiasing techniques(偏見除去技術)等の対応が必要であると指摘するものとして, see Kamin & Rachlinski, *Ex Post ≠ Ex Ante, supra* note 23, at 102.

のか無責と判断されるのか不明であるという問題がある[26]。そのように過失の判断基準が複雑な理由は，過失責任法の守備範囲が広過ぎるためであるという指摘がある[27]。即ち，主に「契約法」(contracts)と「財産（物権）法」(property)が扱う私的権利以外の，膨大な残余部分の殆どを過失責任がカバーするから，複雑になるのである。更に，そもそも人が何をすべきかを決定するためには，後述するような多種多様な諸価値観に関する複雑な判断を下す必要がある。更に過失を判断する際の分析手法として何が最適であるかについての見解も常に一つに定着している訳ではない。何が過失責任かという規範的問題を解決するための，単純な演繹的手続は，存在しないと指摘されているのである。

7. ときに遵守不可能な義務を課してしまうリーズナブル・パーソン・スタンダード

リーズナブル・パーソン・スタンダードは，理想的な「理に適った人」の基準を，現実世界においては「理想的ではない人」(nonidealized individuals)に対して当てはめる。従って，ときに「厳格［無過失］責任」に相当してしまうと

---

26) たとえば Gilles は以下のように指摘する。

[T]he conventional negligence instructions, which present the reasonable person standard as an open-ended invitation to imagine how a nonnegligent person might have behaved, ...

Stephen G. Gilles, *The Invisible Hand Formula*, 80 VA. L. REV. 1015, 1027 (1994).

そもそも「standard」とは，認定事実に直ぐにそれを当てはめて結論が導き出されるものではなく，その前に認定事実の評価が必要になるという，ある意味限度のない規範（open-ended norm）である。対して「rule」とは，事実を認定すればその評価抜きに，即，それを当てはめれば結論が導き出される程にかなり確定した法的戒律（fairly definite legal precept）である，と説明されることがある。*See* ROBERT E. KEETON, LEWIS D. SARGENTICH & GREGORY C. KEATING, TORTS and ACCIDENT LAW : CASES AND MATERIALS 369 (4th ed. 2004).

27) Kenneth W. Simons, *The Hand Formula in the Draft Restatement (Third) of Torts : Encompassing Fairness as Efficiency Value*, 54 VAND. L. REV. 901, 928-29 (2001).

いう指摘がある。たとえば倫理哲学的に不法行為法を分析する学者（オックスフォード大学 Birks 教授）は，以下のように指摘する[28]。

　［過失責任の］客観基準は被告（Δ）の実際の能力を無視している。更に，現実世界においては，リーズナブル・マンであってさえも，ミスをしょっちゅう犯すし，それでもリーズナブルで注意深いという評判を失うことはないという事実を，客観基準は考慮に入れない。……。
　即ち，結局は，コモン・ローの過失の現実（the reality of the common law negligence）は，効果として，悪い慣行（bad practice）に対し厳格［無過失］責任を課しているのである……。

更に同じくオックスフォード大学の Honore 教授も，以下のように同様な指摘をしている[29]。

　……不法行為法において求められる注意と技能の程度は厳しいものだとしても，驚くには当たらない。過失基準は殆どいつも，客観的なものなのである。であるから Δ は，たとえ，急ぎ過ぎていたり，不器用過ぎだったり，または愚か過ぎだったりしたために過誤(fault)［を犯すこと］が止むを得なかった（could not help）としても，リーズナブル・パーソンならば犯さなかったであろう過誤については責任を課され得るのである。<u>過失責任は名目（nominally）上は過誤についての責任であるけれども，実質的に Δ は厳格［無過失］責任に服するのである。</u>

---

28)　Peter Birks, *The Concept of Civil Wrong, in* PHILOSOPHICAL FOUNDATIONS OF TORT LAW 31, 45 (David G. Owen ed. 1995)（訳は本書の筆者）.
29)　Tony Honore, *The Morality of Tort Law : Questions and Answers, in* PHILOSOPHICAL FOUNDATIONS OF TORT LAW 31, 89 (David G. Owen ed. 1995)（訳は本書の筆者）（下線付加）.

なお近年では,「法と行動科学(認知心理学)」という学際分野の研究からも同様な指摘が見られる。そして,実社会における<u>理想的ではない人</u>に対して「理に適った人の基準」を押し付けて責任を課してしまうことには,「公正さ」において疑問があるばかりか,安全ではない行為を<u>抑止する上</u>での効率性という<u>点</u>でも疑問があるという批判も見られる[30]。人の判断や行動が必ずしも<ruby>ラショナル<rt>理に適った</rt></ruby>ではないことが認知科学的に判明してきたことから,「法と行動科学(認知心理学)」からもこのような指摘が出てきたと思われる。

以上のような「リーズナブル・パーソン・スタンダード」という性格は,代表的なケースブック[31]に引用された以下のセンテンスが象徴していると筆者には思われる。

It is sometimes said that the study of negligence is the study of the <u>mistakes a reasonable man might make</u>. (Harry Kalven, Jr.)

8.「ノンフィザンス(不作為)」と「ミスフィザンス(失当な行為)」

「義務」(duty)の要素に関して重要な概念の一つは,たとえば赤の他人を救

図表#11　義務の射程

原則,注意義務アリ	原則,作為義務ナシ (特別な関係がある場合のみ義務アリ)
作為	不作為
<u>ミスフィザンス</u>	<u>ノンフィザンス</u>

---

30) *See* Chris Guthrie, *Prospect Theory, Risk Preference, and the Law,* 97 Nw. U. L. Rev. 1115, 1128 & nn. 88-89 (2003).

31) Richard A. Epstein, Cases and Materials on Torts 145 (8th ed. 2004) (emphasis added).

出する義務の有無が問題になる場合のように，そもそも作為義務があるか否かという問題である。原則として，赤の他人を救出する義務は，たとえ見捨てればその者が受傷する場合でも，存在しない。即ち原則として不作為は過失責任を生じさせない[32]。しかし特別な関係にある者に対する場合や，救出等の作為に自発的に関与した場合等には，その作為における不注意は過失責任の対象となり得る。不法行為法では，このような概念を示すために，「ノンフィザンス」(nonfeasance, 不作為) と「ミスフィザンス」(misfeasance, 失当な行為) という概念的区別が用いられる。即ち一方の「ノンフィザンス」とは，何もしないこと (failure to act) であり，これに対しては通常，過失責任が課されない。他方の「ミスフィザンス」とは，不適切な作為であり，これに対しては故意や過失責任等が課されるという訳である[33]。

ノンフィザンス (failure to act) には原則として責任が課されないけれども，ミスフィザンスな場合には責任が生じるという概念は，いわゆる「善きサマリア人」の事例において議論を呼んできた。「善きサマリア人」の事例とは，原告 (π) を救出する必要性が生じる事態を被告 (Δ) がそもそも作出していないような場合である[34]。その場合，コモン・ローの原則としては，通常，Δ に救出義務が存在しない。ノンフィザンス (不作為) には責任が課されないのである。しかし，ひとたび利他 (altruism) 的で自発的な救出行為に着手してしまうと，もしその作為中の過失によって π に害が生じれば，Δ に責任が生じる。ミスフィザンスだからである。しかしこのコモン・ロー上の原則は，困っている隣人を救出しようという善き活動（たとえば被害者の近くに居合わせた医師による救出活動）を奨励しないことになり，望ましくない。そこで全ての州とコロンビア特別区において，このコモン・ローを修正する特別法が制定されている。たとえば医療関係者が救出活動に従事した場合には，故意または重過失的な場

---

32) *See* FARNSWORTH & GRADY, TORTS, *supra* note 12, at 216.
33) *See, e.g.*, Stephen Perry, *Responsibility for Outcomes, Risk, and the Law of Torts, in* PHILOSOPHY AND THE LAW OF TORTS 72, 97 (Gerald J. Postema ed. 2001).
34) EPSTEIN, TORTS, *supra* note 31, at 495.

合を除き，通常過失による責任からは免除される州制定法が見受けられる[35]。そのような制定法は，新約聖書の教えに因んで，「善きサマリア人法」("Good Samaritan" Act) と呼称されている[36]。

なお，コモン・ローが上のようにミスフィザンスに対しては責任を課し，逆にノンフィザンスには責任賦課に対し謙抑的である理由として，「法と行動科学（認知心理学）」的な立場からは，人が作為よりも不作為を好む傾向が影響しているという興味深い指摘もある[37]。

A. 不動産所有者・占有者の責任と「attractive nuisance doctrine」（魅惑的危険物の法理）[38]：

原則として作為義務 (affirmative duty) は課されないというコモン・ロー上の「ノンフィザンス」の例外の一つに，不動産の所有者・占有者の責任がある。彼等はたとえば敷地内への招待者や客に対して責任を負う。彼等は更に不法侵入者 (trespasser) に対してまでも責任を課される場合があり，その代表例は「attractive nuisance doctrine」（魅惑的危険物の法理）と呼ばれる。敷地内に被告 (⊿) が人工物 (*e.g.*, 鉄道の転車台，爆発物，等) を構築したことにより，子供にとっては「魅力的な状態」(some tempting conditions) を作出した⊿には，責任が生じるのである。

---

35) *Id.* at 506-07.
36) 同制定法と背景にある聖書の逸話の説明は，see *infra* 本章「第九節　専門家責任と医療過誤」「２．医療過誤」中の「C.『善きサマリア人』制定法」内の脚注＃180；補追，第五部，第Ⅲ章「第三節　名誉毀損と電子掲示板やISPの仲介者責任」中の「３.『善きサマリア人』制定法」内の脚注＃103.
37) *See* Ilana Ritov & Jonathan Baron, *Reluctance to Vaccinate : Omission Bias and Ambiguity, in* BEHAVIORAL LAW AND ECONOMICS 168, 171 (Cass R. Sunstein ed. 2000)（法は製造業者に対して製造物責任を課すけれども，製造しない者には責任を課さない等の例を挙げている）.
38) 本文中の記述については，see, *e.g.*, EPSTEIN, TORTS, *supra* note 31, at 495-96, 517-19；RESTATEMENT (SECOND) OF TORTS § 339 (1965). なお「turntable doctrine」や「torpedo doctrine」とも呼ばれる。BLACK'S LAW DICTIONARY 139, 1097 (8th ed. 2004).

9. 危険の計量と「ハンド・フォーミュラ」
　　　(calculus of risk)　　　(Hand Formula)

　前述したように，過失の判断基準は，リーズナブル・パーソン・スタンダードによって客観的であるとは言え，やはり何が当該状況下におけるリーズナブル・パーソンの為すべき注意なのかという具体的な内容は，それだけでは未だ曖昧である。特に，現代不法行為法の中心的問題である，「産業化社会」(industrialized society) における「事故法」の分野では，被告が何処まで注意義務を払えば責任を免除されるのかという「行為規範」(rules for players/the norm for conduct) を更に明確化することが要望されて当然であろう。具体的には，社会全体において損失となる，予想される「期待事故費用」(expected accident costs) を回避するために，果たして幾らまで「防止・回避費用」(prevention costs または accidents avoidance costs) を掛けるべきかの基準が必要となる。そのような要望にある程度応えることのできる考え方が，過失の判断基準としての「危険の計量」(calculus of risk) や，「ハンド・フォーミュラ」($B<PL$) 等である[39]。前者は指導的な不法行為法学者による1915年に公表された論文[40]が影響を与え，後者は1947年の判例[41]が有名であるが，詳細は後述[42]に譲りたい。

　これ等の概念を要約して一言で表すならば，そもそも過失責任は危険の伴う全ての行為を有責にはしていない。アンリーズナブルな危険 (i.e., リーズナブル・パーソン・スタンダードを満たさない危険) のみが責任対象である。それでは何がアンリーズナブルな危険を伴う行為であるかを問うならば，それは，当該行為・活動の価値やそれに伴う危険等の諸要素を「衡量」(balancing) して判断するということである。または，当該行為に伴う危険の費用と，それを回避・

---

39) See 補追，第三部，第Ⅱ章「第一節　過失基準」内の「7. 危険の計量」の項. See also infra note 43.
40) Henry Terry, *Negligence*, 29 HARV. L. REV. 40 (1915).
41) United States v. Carroll Towing Co., 159 F.2d 169 (2d Cir. 1947) (Hand, J.).
42) *Infra* 第二部，第Ⅰ章「第四節　ハンド・フォーミュラ」および「第五節　危険効用基準」の項.

防止するために要する費用とを衡量して判断するということである。これは「互酬（reciprocity）原理」で有名な George P. Fletcher が紀要「*Fairness and Utility in Tort Theory*」『HARVARD LAW REVIEW』誌85巻537頁（1972年）において分析したように，ヒガイシャと被告（⊿）という当事者間の公正（fairness）のみに固執せず，当該判決が社会全体に及ぼす影響や，⊿の活動の社会的効用・便益（a net social utility (benefit)）や公の福祉（public welfare）を，「正当化」（justification）という概念で考慮する。このような衡量によって，曖昧さの残るリーズナブル・パーソン・スタンダードが，具体性を帯びることとなる。このような責任判定基準は一般に「危険効用基準」（risk-utility test）や「費用便益分析」（cost-benefit analysis：CBA）とも呼ばれる。因みに危険効用基準（費用便益分析）を一言で端的に表せば，「検討している行為の advantages（benefits）と disadvantages（costs）とを秤に掛けること（weighing）である。」[43]

10. 注意義務の「射程」（「ゾーン・オブ・デインジャー」危険の射程）対「近因」（リーズナブルな"予見可能性"理に適った）

列車に乗り遅れそうな乗客を被告（⊿）鉄道会社の職員が後押ししたところ，その乗客の手荷物を落としてしまい，中身がたまたま花火だったために爆発し，ホームの反対側にいた原告（π）の横の秤が倒れてπが受傷した[44]。そのように，鉄道会社の職員の過失と，πの受傷との関係が余りにも"遠い"（remote な）場合にまで，⊿は過失責任を負うであろうか。これは有名な「*Palsgraf*」ポールスグラフ判決に出てくる事例である[45]。興味深い問題の一つは，そもそも遠い存在の

---

43) DAVID G. OWEN, PRODUCTS LIABILITY LAW 494 (2005).
44) なお事件の真相は少し異なるという研究は有名である。RICHARD A. POSNER, CARDOZO：A STUDY IN REPUTATION 33-34 (1990). *See also* 補追，第三部，第Ⅳ章「第二節　近因」「2.『*Palsgraf* 対 Long Island R. R. 判例』」内の「B.『*Palsgraf*』事件の真相」の項．しかし，判例上は本文中のような事実を前提に有名な Cardozo, J. の法廷意見とカードーゾ判事 Andrews, J. のアンドリュース判事反対意見との間で示唆に富む法律議論が交わされているので，その前提で本文が紹介したような問題を検討するのが良いであろう。SHAPO, PRINCIPLES OF TORT LAW, *supra* note 5, at 302（同旨）．

πに対してまではΔが注意義務を負わないのか，または，注意義務は負うけれども法律上の原因（「近因」proximate cause と呼ばれる）が遠過ぎて責任の遮断を探求すべきなのか，という分類／切り分け上の争点である。前者の捉え方（判例＝Cardozo カドーゾ判事の法廷意見）[46]は「ゾーン・オブ・デインジャー」(zone of danger) 危険の射程 等と呼ばれ，一定の範囲の人に対しての危険についてのみΔの注意義務が及ぶと考える。従って，遠いπに対しては，そもそも注意義務が及ばないのだから，注意義務「違反」も存在せず，過失がない。故に因果関係を論じるまでもなく過失責任もない。これに対し，後者（近因；法的因果関係）の問題であると捉える見方（Andrews判事の反対意見 dissent）は，Δの注意義務が世界中のあらゆる人に対して及ぶ (Every one owes to the world at large the duty of refraining from those acts that may unreasonably threaten the safety of others.) と捉える。従って，たとえ遠いところにいるπに対しても注意義務が及び，従って注意義務違反も存在し得る。しかし，責任発生の要件として更に必要な"法的因果関係（近因）"の検討においては，πが余りにも"遠い"(remote) ところにいた場合には，そのような者

図表#12 "義務の射程"対"近因"——"予見可能性"の分類学
「*Palsgraf 対 Long Island R. R.*」判例における Cardozo, J. 対 Andrews, J.
ポールスグラフ　ロングアイランド鉄道会社

過失責任認定のためのプライマ・フェイシャ・ケース： 一応の立証

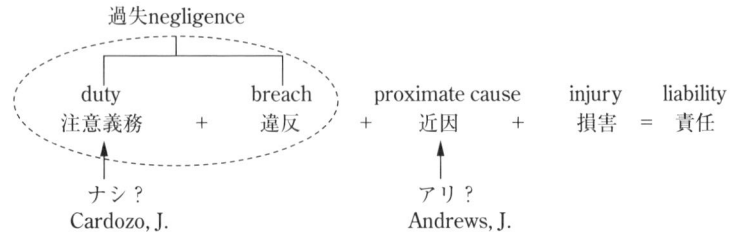

過失negligence

duty	breach	proximate cause	injury	liability
注意義務	＋ 違反	＋ 近因	＋ 損害	＝ 責任

ナシ？
Cardozo, J.

アリ？
Andrews, J.

---

45) Palsgraf v. Long Island R. R., 162 N. E. 99 (N. Y. 1928). *See* 補追，第三部，第Ⅳ章「第二節　近因」内の「2.『*Palsgraf 対 Long Island R. R.* 判例』」内で紹介する同判例ケース・ブリーフの項。

46) なお不法行為法の第二次リステイトメントもこの Cardozo, J. の説を掲載している。Restatement (Second) of Torts § 281 (b) & cmt. a, illus. 1 (1965).

に損害が生じることがリーズナブリーに"予見可能"か否かを判断基準として，法的因果関係（近因）の有無を決め，もしリーズナブリーに予見可能であったならば近因も肯定されて，⊿が有責となり得る。

　このような事件はめったに発生しないとも言われ，一見すると単なるアカデミックな議論に過ぎないようである。しかし，多くの学者が論じ，かつ，ロースクールの教科書である多くのケースブック（casebook）に掲載されているこの有名な判例を理解しておくことは，不法行為法を理解するために必要である。何故ならば，まず第一に，過失責任の主要概念の一つである当然の注意「義務」（duty of due care）の射程（zone）という概念を理解することに資する[47]。第二として，事実的な因果関係（cause in fact）が繋がっていても，法的な価値・規範的判断として，「近因」（proximate cause）がない場合には責任を遮断し得るという構造を理解することに資する[48]。更に第三として，「予見可能性」（foreseeability）という要素が，近因の構成要素であるばかりか，義務の要素にもなり得るから，義務と近因という両者が緊密な関係にあるということの理解にも役立つであろう。近因については，本章後掲，第四節内の「４．法的原因・近因」の項も参照。

11．業界慣行（industry custom）と，「制定法違反即過失」（negligence *per se*）と，「過失推定則」（*res ipsa loquitur*）

　過失責任基準の「リーズナブル・パーソン・スタンダード」は前述のように客観的であるが故に多様な事象に適用可能である反面，抽象的な規範であるために具体性に欠ける。そこで判例は，一定の具体的事象類型毎に過失の該当・非該当に関する指針を示してきた。たとえば被告（⊿）による「業界慣行」（industry custom）遵守は必ずしも過失認定を免れさせる訳ではない。代表判例は *The T. J. Hooper*, 60 F. 2d 733 (2d Cir. 1932) (Hand, J.) である。更に，関連性の

---

47) *See* VINCENT R. JOHNSON & ALAN GUNN, TEACHING TORTS 83 (3d ed. 2005).
48) *Id.*

ある安全法規違反はそれ自体「即過失」(*per se* negligence) であると推定される。代表判例は，*Martin v. Herzog*, 126 N. E. 814 (N. Y. 1920) (Cardozo, J.) である。状況証拠 (circumstantial evidence) から過失の存在を推認・推論する「過失推定則」(*res ipsa loquitur*) も古くから判例が示してきた準則である。代表判例は英国の *Byrne v. Boadle*, 159 Eng. Rep. 299, 2 H. & C. 722 (Exch. 1863) である。(以上の詳細は，補追，第三部，第Ⅱ章，第一節内の「8．業界慣行と過失責任の関係」および同章内「第二節 制定法違反」および「第三節 過失推定則」の項を参照。)

第三節　厳格(無過失)責任(strict liability)

1．厳格責任のプライマ・フェイシャ・ケース

「厳格責任」(strict liability) とは，たとえ注意義務違反がなくても (即ち幾ら注意を払っていても)，たとえば被告の行為・活動によって原告が受傷すれば責任が生じるような類型である。従ってこの厳格責任は，「無過失責任」(liability without fault) とも呼ばれる。そこでは前述したように[49]，ある一定の大きな危険性を伴う活動においては，たとえ行政法規によって活動自体を完全に禁止する程ではないにしても，その活動から生じる，注意を払ってさえも不可避的に生じてしまう他人への損害に対しては，賠償責任が存在すると捉えるのである。たとえば，住宅地で虎を飼うとか，人口密集地で爆薬を用いて工事を行う等の

図表#13　厳格責任のプライマ・フェイシャ・ケース ("p. f.")

①	安全維持義務	Duty to Sustain Safety
②	義務違反	Breach of the Duty
③	因果関係	Proximate Causation
	事実的原因	Cause in Fact
	法的原因 (近因)	Proximate Cause
④	損害	Injuries

---

[49] *See supra* 第Ⅰ章「第一節　不法行為法 (torts) とは何か」内の「4．『賠償』と『抑止』」の項．

活動である。従って，義務違反という構成によってプライマ・フェイシャ・ケース（prima facie case：“p. f.”）を表せば，図表♯13のようになろう。

この prima facie case は，過失責任と対比してみれば良く理解できる。即ち，過失責任では①の要素として「当然の注意義務」（duty of due care）が挙げられていたけれども，厳格責任では如何に注意を払っていてさえも，損害の結果を発生させしめていれば責任を免除されない。そこで，注意義務の代わりに，［絶対的な］安全維持義務が要件となるのである。

2．野生動物と「異常なまでに危険な諸活動／超危険な諸活動」

歴史的にはコモン・ロー上の厳格責任を二つに分類できる。古い類型としては，前述した虎を街中で飼う場合のように，「野生動物」（wild animal）に代表される危険な動物の飼育に伴う無過失責任である。産業化社会に近付いてからの類型としては，前述した人口密集地で爆薬を用いて工事を行うような類型である。それは，法理として「abnormally dangerous activities」（"Ab Dg Ak"）や「ultra-hazardous activities」（"ulhz Ak"）と呼ばれる。その起源は，有名な英国判例の「*Rylands 対 Fletcher*」[50]にあると言われる[51]。（同判例については補追，第三部，第Ⅲ章，「第一節 『*Rylands 対 Fletcher*』判例，他」の項を参照されたい。）

A. 「**one-bite rule**」（"一噛目は只"の準則）： 飼っていた動物が他人に危害を負わせた場合の飼育者の責任を語る上で，不法行為法を履修する全てのアメリカのロースクール学生がおそらくは学び，かつ印象に残る法理は，

---

50) Rylands v. Fletcher, Court of Exchequer, 3 H. & C. 774, 159 Eng. Rep. 737 (1865); Exchequer Chamber, L. R. 1 Ex. 265 (1866); House of Lords, L. R. 3 H. L. 330 (1868).

51) 以上の本文については，see *e.g.*, FARNSWORTH & GRADY, TORTS, *supra* note 12, at 393. *See also* RUSSELL L. WEAVER, JOHN H. BAUMAN, JOHN T. CROSS, ANDREW R. KLEIN, EDWARD C. MARTIN & PAUL J. ZWIER, II, TORTS : CASES, PROBLEMS, AND EXERCISES 655 (2005).

「one-bite rule」("一嚙目は只"の準則）である。これを理解するためには，まず，「家畜」(domestic animal) と「野生動物」(wild animal) との間の責任基準の違いが関係してくる。即ち，「家畜」とは，慣習上，それを拘束した時点において人間への役務に貢献するもの（an animal that is by custom devoted to the service of mankind at the time and in the place in which it is kept）である。この定義に当てはまらないものが，「野生動物」である。そして，コモン・ロー上，「野生動物」が飼育者以外の者に加害した場合，飼育者は厳格（無過失）責任を負う。しかし「家畜」の場合は，「その動物の種類にしては異常なまでに危険な傾向」を有していることを知り，または知る理由があった場合には厳格責任を負うけれども，そうでなければ過失責任が適用される[52]。そこでしばしば問題になるのが，"犬"である。飼い犬のドーベルマンが他人に危害を加えた場合と，チワワがそうした場合とでは，厳格責任か過失責任かという大きな相違が出てくるのではないか，というハイポ（hypo.: hypothetical, 仮想事例）がロースクール学生の興味を惹くのである。普段は大人しいチワワが，他人を初めて嚙んだ場合，飼育者は厳格責任を逃れ得る。即ち，チワワは「『free one bite』（只で一嚙）を享受できる（entitled to)(?!)」等と表現されて[53]，コモン・ローの可笑しさが（ときに誤って）法学生の心深く印象に残るのである。

3．使用者責任・代位責任（*respondeat superior* / vicarious liability）

　無過失（厳格）責任に分類される代表的な法理の一つが，「使用者責任」（*respondeat superior*）または「代位責任」(vicarious liability) である。「*respondeat superior*」とは，「let the master answer」の意で，正に使用者責任である。事業の執行中（scope of employment）に使用人・従業員が過失で原告に害を被らせた場合には，使用者・雇用主たる被告（⊿）が厳格［無過失］責任を負うというものである[54]。他者（*i.e.*, 使用人・従業員）が犯した wrong（不法，非行，悪事）

---

52) 本文中の以上の記述については，see RESTATEMENT (SECOND) OF TORTS §§ 506-507, 509 (1965). *See also* WEAVER ET AL., TORTS, *supra* note 51, at 655.

53) *See* PROSSER, WADE AND SCHWARTZ'S TORTS, *supra* note 14, at 690.

に対して⊿が責任を負うので,「代位責任」の一種である[55]。もし「使用者責任」という分類が存在しないと仮定しても,そのような使用人・従業員を選任・監督した上で過失があれば使用者・雇用主を有責とできるけれども,「使用者責任」の法理を用いればその手間が省けるという訳である[56]。無過失責任であるから,非難に値するという要素が希薄になり得るにも拘わらず,そのような法理が肯定されている根拠としては,分配的な考慮 (distributional considerations) が関連しているという有力な指摘がある[57]。ヒガイシャ救済のために富裕な使用者・雇用主が賠償責任を"代わりに"負担するという訳である。

第四節　因果関係 (causation)

1．概　要

原告が勝訴するために最低限度求められる要素 (*i.e.*, プライマ・フェイシャ・ケース) の一つが,因果関係である。英語では,「cause」(原因) とか「causation」(因果関係) 等と表現される。この因果関係は,更に小分類として,「事実的原因」(cause in fact) と,「法的原因」(proximate cause または legal cause) に分類される。「proximate」とは「近い」という意味であるから,「近因」とも訳されている。これに近い日本的な法概念は「相当因果関係」である。

因果関係が満たされるためには,事実の原因と近因 (*i.e.*, 法的原因) との双方共に満たされなければならない[58]。理論的には,まず事実的原因が満たされるか否かが最重要になってきて,それが満たされた上で,その次の審査段階として,たとえ事実的原因が存在したとしても,更に法的原因が満たされること

---

54) FARNSWORTH & GRADY, TORTS, *supra* note 12, at 431. *See also* BLACK'S LAW DICTIONARY 1311-12(6th ed. 1995).
55) FARNSWORTH & GRADY, TORTS, *supra* note 12, at 431.
56) *Id.*
57) Guido Calabresi & Jon T. Hirschoff, *Toward a Test for Strict Liability in Torts*, 81 YALE L. J. 1055, 1083 n. 95 (1972).
58) *E.g.*, PROSSER AND KEETON ON TORTS, *supra* note 12, § 41, at 263.

が必要になる。しかし通常は，前者が肯定されれば自然に後者も肯定される場合が多い。事実的原因と，法的原因との，両者を合わせた上位概念も，やはり「proximate cause」（近因）や「proximate causation」と言われるので，少しややこしい。即ち図表#14のような関係になる。

図表#14　多義的な「近因」

proximate cause　＝　　　cause in fact　＋　proximate cause
近因　　　　　　　＝　　　事実的原因　　＋　法的原因（近因）

2．因果関係に関する「法と経済学」および「倫理哲学」からの指摘

なお因果関係に関する不法行為法の原理的な分析について一言述べておくと，「抑止」(deterrent) 機能を重視する「法と経済学」(law and economics) 的な分析からは，そもそも因果関係を責任要件とすることが重要視されないという見方も存在する。何故ならば，抑止機能が目指すのは望ましくない行動への抑止であるから，そのような望ましくない行動が行われた際には，それによって実際に原告（π）に被害が生じたことは重要ではなく，たとえそれが原因でπに損害が生じない場合であっても，そもそも望ましくない行動に対しては賠償義務を課して抑止すべきと考えられるからである。しかしそのような場合には，賠償金額を認定するのが困難であるという運用面等での問題も指摘されている[59]。

因果関係が不要であるとする抑止論については更に，そこでは「最適危険回

---

59) 本文中の本段落内の以上の記述については，*e.g.*, Mark Geistfeld, *Economics, Moral Philosophy, and the Positive Analysis of Tort Law, in* PHILOSORHY AND THE LAW OF TORTS 250, 257-59 (Gerald J. Postema ed. 2001). *Also* Gary T. Schwartz, *Mixed Theories of Tort Law : Affirming Both Deterrence and Corrective Justice*, 75 TEXAS L. REV. 1801, 1815-16 (1997)（因果関係を要件にする点は矯正的正義論には適合するけれども，法と経済学的抑止論からは乖離する点に加えて，賠償額は⊿が惹き起こした危険の期待額に限定されずにπに生じた実損害全てに広がる点も矯正的正義論に合致して抑止論には合わないと指摘）.

避者」(the best risk avoider) に負担を課すことが望ましいのであって，その最適危険回避者が必ずしも訴訟当事者の被告（⊿）であるとは限らないという指摘もある。たとえば自動車事故のπが，加害者である自動車運転者を訴えた場合，その⊿よりも自動車製造業者の方がもしかしたら最適危険回避者かもしれないというのである[60]。

もっとも因果関係を省くことは矯正的正義論には当てはまらないと指摘されている[61]。そもそも不法行為法はπが提訴することで発動し，かつ，⊿のみが賠償の責を負うという「当事者双方性」(bilateral structure) を前提にする制度であるが，広く抑止を求め出すと，そのような当事者双方性への説明も困難になってしまうという指摘もある[62]。

3．事実的原因（cause in fact）――「but-for causation」と「substantial factor rule」

「事実的原因」または「事実的因果関係」とは，Bという事象が生じる原因が物理的，事実的に，Aに起因するという関係である。言い方を換えると「AなかりせばB生ぜず」("sine qua non") という関係である。従ってこの事実的原因のことを，「but-for causation」と呼ぶ。即ち「but for～，…。：～が仮になかったならば…もなかったはずなのに」という英熟語に由来する考え方である。「仮に被告（⊿）の注意義務違反がなければ，原告（π）は受傷しなくても済んだはずだ」という関係があれば，事実的因果関係を認定するのである。これを逆に表現すれば，「⊿の注意義務違反がなかったとしても，どのみちπは受傷していた」という場合には，事実的因果関係が不存在になる。その具体的な考え方については，「*New York Cent. R. R.* 対 *Grimstad*」判例[63]が参考にな

---

60) G. Schwartz, *Affirming Both Deterrence and Corrective Justice, supra* note 59, at 1816.
61) *Id.*
62) Gerald J. Postema, *Introduction : Search for an Explanatory Theory of Torts, in* PHILOSOPHY AND THE LAW OF TORTS 1, 5 (Gerald J. Postema ed. 2001).

る。

　通常は，この「but for」のテスト(基準)を使えば，事実的因果関係の有無が明らかになる。しかし，非常に稀に，このテストではおかしな結論になる場合がある。たとえば⊿#1と⊿#2という二人の過失の双方が，一名のπの受傷を惹き起こした場合を仮定してみよう。そしてその⊿#1と⊿#2の過失のどちらか一方だけでも十分にπを受傷させた場合を想定してみる。そのような場合では，二名の⊿の一方の過失だけでもπが受傷したのだから，「⊿#1の過失がなければπは受傷しなかった」というbut-for causationが成り立たない。⊿#1の過失がなくてもπは⊿#2の過失だけで受傷したからである。同様に⊿#2についてもbut-for causationが不成立なので，理論的には，⊿#1も⊿#2も双方共に事実的因果関係不存在を理由に責任を免れてしまう。これは納得のゆかない結論である。そこで，このような場合はbut-for causationではなく，むしろ，「substantial factor rule」(実質的要素の準則)という概念を用いて，どちらか一方の過失だけでも"実質的"(substantial)な損害発生の原因になったと言えれば，事実的因果関係を肯定すべきだという理論も存在する。これは稀な場合であるけれども，その具体的な考え方については「*Kingston 対 Chicago & N. W. Ry.*」判例[64]が参考になる。

4．法的原因・近因 (legal cause / proximate cause)

　A．概　要：　たとえ事実的因果関係が存在しても，原因と結果の関係が余りにも「遠い」(英語ではremoteな)場合には，法的責任を被告(⊿)に課す

---

63) New York Cent. R. R. v. Grimstad, 264 F. 334 (2d Cir. 1920). 同判例のケース・ブリーフは，see 補遺，第三部，第Ⅳ章「第一節　事実的因果関係」中の「1. but-for causation (あれなかりせばこれなし因果関係)」内の〈A.『*New York Cent. R.R. 対 Grimstad*』判例〉の項。

64) Kingston v. Chicago & N. W. Ry., 191 Wis. 610, 211 N. W. 913 (1927). 同判例のケース・ブリーフは，補遺，第三部，第Ⅳ章「第一節　事実的因果関係」中の「2．substantial factor rule (実質的要素の準則)」内の〈A.『*Kingston 対 Chicago & N.W. Ry.*』判例〉の項。

ことが，しっくりこない場合もある。そのような場合に，法的評価として，法律的因果関係が存在しないと判断して，責任を否定するための手段が，「法的原因」(legal cause) または「proximate cause」(近因) である。いわゆる「風が吹けば桶屋が儲かる」というような場合には，確かに事実的には因果関係が繋がっているとはいえ，そのような「遠い」原因に対してまで責任を課すことはおかしいではないかという場合に使うための概念である。即ち，法が責任を課すことを正当化 (justify) できるだけの重要性と，結果と原因との近接した関係にのみ，責任は限定されるのである[65]。そこでは何らかの正義または政策という社会的概念が，責任を限定させるように機能するという訳である[66]。そのように，legal/proximate cause は"法的評価"として，陪審員による「事実認定」(fact findings) ではなく，裁判所が適用するものであるから，物理的または機械的な近接さを連想させる「proximate」という単語は不適切だという指摘もある[67]。むしろ「legal cause」とか「responsible cause」という呼称の方が望ましいという訳である[68]。その具体的な考え方については，「Palsgraf 対 Long Island R. R.」判例[69]内の Andrews 判事の反対意見 (dissenting) が参考になる。

B. 予見可能性と近因： 既に触れたように「予見可能性」(foreseeability) という要素は，「過失」の概念，特に注意「義務」の射程に関係するばかりか，近因にも関係する。即ち法的因果関係が否定される典型的な論理としては[70]，

---

65) PROSSER AND KEETON ON TORTS, *supra* note 12, § 41, at 264.
66) Id.
67) Id. at 273.
68) Id.
69) Palsgraf v. Long Island R. R., 162 N. E. 99 (N. Y. 1928). 同判例のケース・ブリーフは，see 補追，第三部，第Ⅳ章「第二節 近因」内の「2.『Palsgraf 対 Long Island R. R. 判例』」の項．
70) 本段落の記述については，see RROSSER AND KEETON ON TORTS, *supra* note 12, § 42, at 273. *See also* OWEN, PRODUCTS LIABILITY LAW, *supra* note 43, at 767-69.

Δの立場にいる人 (in the shoe of the defendant) には結果等が「予見不可能」(unforeseeable) な場合であるとされる。または単に予見不能というのではなく、その前に「リーズナブリーに」（理に適って）という修飾語を付して「reasonably unforeseeable」と定義する。別の理論としては「直接的な結果」(direct consequences) であるか否かで判断する。しかし予見可能・予見不能や、直接的な結果か否かという概念は極めて曖昧であり、しかも法的評価ということになると担当判事の裁量に依拠するところも大きく、極めて不安定な概念である[71]。即ち、Δを有責とすべきであると主張する論者・判事は、そもそもΔの行為の fault（過誤）または culpability（有責性）を強調し、そのようなΔの過誤がもしなければそもそも損害が生じなかったはずであると主張し、予見不可能性については極めて狭く解釈して、有責な判断に持ち込もうとする。逆に、Δに責任を課すことに反対する論者・判事は、Δの行為とπに生じた被害との間の距離や時間の"遠さ"を強調することにより（即ち法的因果関係不存在を極度に狭く解釈しないことにより）、Δに責任を課すべきではないと論じ、かつ場合によっては労災保険のような社会保障的な制度によりπの補償をはかるべきだと主張する[72]。個々具体的な近似する事例間においてさえも予見可能性の射程に関する解釈の相違が生じる[73]理由は、即ち、結局は判断・評価を下す者の規範観の相違に帰するようにも感じられる。

　予見可能性や直接的な結果という概念については、いわゆる「*The Wagon*

---

71) たとえば政策的な衡量が行われるという指摘がある。PROSSER AND KEETON ON TORTS, *supra* note 12, § 42, at 273. 更に、「一つの規範」(a single moral principle) ではなく、「異なる複数の規範的諸考慮が詰まった福引袋である」(a grab bag of differing normative considerations) という指摘もある。Perry, *Responsibility for Outcomes, supra* note 33, at 96.

72) *See* SHAPO, PRINCIPLES OF TORT LAW, *supra* note 5, at 307.

73) *See id.* at 304-06（似たような判例間において、ある判例はΔの行為とπの被害との間が遠いと思われるにも拘わらず近因が遮断される場合を極めて狭く解釈してΔを有責とし、逆に他の判例では行為と被害の間が遠い場合に近因を否定してΔを無責と判断していると例示している）．

Mound (No. 1)」判例[74]が参考になる。同判例は，被害が予見可能でなければ責任が⊿に課されないという法理に関するリーディング・ケースである[75]。

C.「the "eggshell-skull rule"/the "thin-skull rule"」：
エッグシェル・スカル／シン・スカル

なお，予見不能の問題の下位分類・小分類として，「危害の程度」("extent of harm")のみが予見不能な場合には近因・責任が肯定されるけれども，「危害の種類」("type of harm")までが予見不能な場合には否認される，と言われている[76]。前者の有名な例示は，いわゆる「卵の殻の頭蓋骨の準則」("eggshell-skull rule")あるいは「薄い頭骸骨の準則」("the thin-skull rule")[77]というハイポ[78]である。被告（⊿）が不法行為によって加害した（たとえば頭を非常に軽く叩いた）相手方たる原告（π）の頭蓋骨がたまたま通常の硬さを有さずに，卵の殻の如くに柔らかかったために重傷や死に至った場合は，⊿の立場にいる人には不法行為の結果たる「被害の程度」がそこまで酷いものになるとは予見不可能であったとしても，結果に対して責任を負うのである。法格言でいうところの，いわゆる"The tortfeasor must take his victim as he finds him." という法理である。

---

74) Overseas Tankship (U. K.) Ltd. v. Morts Dock & Engineering Co., Ltd., [The Wagon Mound (No. 1)] [1961] A. C. 388 (Privy Council). 同判例のケース・ブリーフは，see 補追，第三部，第Ⅳ章「第二節 近因」内の「1.『*Wagon Mound (No.1)*』判例」の項。

75) *E.g.*, Perry, *Responsibility for Outcomes, supra* note 33, at 95 ; Fletcher, *Fairness and Utility in Tort Theory, supra* note 15, at 571 n. 125. なお，予見可能な範囲内にいるπに対してのみ義務の射程が及ぶという法理に関する代表判例は，前掲 Cardozo, J. が法廷意見を担当した「*Palsgraf*」判例である。

76) *See, e.g.*, Christopher Dove, Note, *Dumb as a Matter of Law : The "Superseding Cause" Modification of Comparative Negligence*, 79 TEX. L. REV. 493, 525 & n. 176 (2000).

77) *See, e.g.*, WEAVER ET AL., TORTS, *supra* note 51, at 263, 267. なおこのように被害の予見不可能な甚大さ・程度に対してまでもが免責されない判例傾向は，不法行為法のケースブックで最初に学ぶ有名な *Vosburg v. Putney*, 50 N. W. 403 (wis. 1891) にも見受けられる。*See* 補追，第三部，第Ⅰ章，第一節内の「3．故意」．

78)「hypo.」（ハイポ）とは，hypothetical の略称であり，仮想事例の意。

ところで同じ予見不可能性の論点でも，「程度」が予見不能な場合では⊿を免責しないけれども，「種類」までが予見不能に至る場合は⊿を免責するという法的因果関係・近因の思想は，私見では，「危険の引受」（assumption of risk）[79]や「公然かつ明白な危険」（open and obvious danger）[80]，または注意「義務」（過失責任の場合）や「欠陥」（製造物責任の場合）の不存在等という，π側の非行・不正やπ側の過誤（フォールト fault）に関する検討に通じるところがあり，これを言い換えれば，責任の限界に関する他の争点の検討に通じるところがあると思われる。たとえば，ホット・ドリンクを零した過誤に加えて，拭き取るのを遅らせた点においても非があるπが，ホット・ドリンクが熱いことの設計欠陥や警告懈怠を主張する損害賠償請求の分析においては，典型的なπは，ホット・ドリンクが熱いことは知っていたけれども，短時間で大火傷に至ることまでは知り得なかったと主張する。この場合のπ側の非行の予見可能性の検討では，ホット・ドリンクに不可避的に伴い，または含意される危険の「程度」が予見不能なのであって，火傷が生じるという危険の「種類」は予見可能であったと，法的に評価できる。すると，⊿が同様な立場に置かれた場合には免責されないことのアナロジーとして，πの責も免除されないという法的な解釈に至り得るのである[81]。そもそも予見可能・不可能性の問題は，それが⊿にとっての予見可能・不可能性の問題であろうと，πにとってのものであろうとも，両者に共通して存在するのは，危険とその認知に関する法的評価という問題なのである。

　ところで予見可能性を，法的因果関係・近因の要素として捉えずに，「ゾーン・オブ・デインジャー」（義務の射程）の要素と捉える見解もあることは，前掲「*Palsgraf*（ポールスグラフ）」判決に関して記述した通りである。同判例が示した問題は，π

---

79) *See infra* 本章内の「第五節　抗弁」内の「4．『危険の引受』」の項．

80) *See infra* 本章内の「第十節　製造物責任」内の「13．抗弁（その１）：製造物責任における利用者側の非行・過誤」の項．

81) *See* 補遺，第四部，第Ⅵ章「第五節『*McCroy* 対 *Coastal Mart, Inc.*』判例」等の項．

の存在が予見可能か否かの問題であるから,「予見不可能な原告」(the "unforeseeable plaintiff") と言われる。

5．予見可能性の「倫理哲学」的分析例

　様々な規範概念から多様に解釈される予見可能性に関して,倫理哲学的な分析の立場からの一つの解釈を紹介しておこう[82]。即ち Perry は,帰責性の根拠として,回避可能性が必要であり,そこでは危険を「管理(コントロール)」していたことや,「リーズナブリーな(理に適った)予見可能性」も重要であると主張する。そして,「リーズナブリーな予見可能性」とは,通常の人々にとって危害を予見する可能性でなければならない。何故ならば,諸個人の概念的機能は相違点よりも共通点の方が非常に大きいし,共通点に基づく予見性を責任の根拠・範囲とすることにより,個人間の協力を促進し,個人同士の協調的な行動が容易になるし,個人が相互の行動に対して抱く「互酬的な期待」(reciprocal expectations) を固着化することに資するからである。社会における共通の協調的ルールを探るための倫理規範として,説得力のある説ではなかろうか。

6．予見可能性に関する「法と行動科学（認知心理学）」からの分析

　以上のように,予見可能性は不法行為責任を肯定するための重要な要素である。しかしその認定にあたっては,被告(Δ)が不当に予見可能性の責を課される虞があるという,先に少し触れた[83]非常に示唆に富む指摘がある。即ち,認知心理学を法律学に応用させた学際領域である「法と行動科学（認知心理学）」における実証研究によれば,人は,事実の発生前に予見可能であったか否かを発生後に評価させると,発見可能であったという偏見が働くと指摘されている。これを「あと知恵の偏見」(hindsight bias) という。従って,裁判では,事実認定者 (*i.e.*, 陪審や判事) が「あと知恵の偏見」によって,事前には誰にも予測不

---

82)　*See* Perry, *Responsibility for Outcomes, supra* note 33, at 100-01.
83)　*See supra* 本章「第二節　過失責任」内の「5．"事前"の判断を"事後"的に評価する」の項。

可能であったような事象でさえも予見可能であったと過大評価してしまう虞がある[84]。つまり⊿に不利になると指摘されている。その実証研究として有名な論文は，Rachlinski 達による「*Ex Post ≠ Ex Ante : Determining Liability in Hindsight*」『LAW & HUMAN BEHAVIOR』誌19巻89頁（1995年）である。(その概要や「あと知恵の偏見」については，後掲，第二部，第Ⅲ章「第二節『法と行動科学（認知心理学）』上の主要概念」内の「3.『あと知恵の偏見』」の項を参照。)

7．独立参入原因・中断原因（intervening cause / superseding cause）

「独立参入原因」(intervening cause) とは，連続した流れの中の最初の出来事と，最後の結果との"間"に生じる出来事であって，それのために，wrongful act（不法な行為）と被害との間を繋いでいたはずの自然な出来事の流れを変えてしまうものを意味する[85]。独立参入原因が余りにも強いために wrongdoer（不法な行為，非行，悪事をする者）から責任を免除させしめてしまう程の場合には，「中断原因」(superseding cause) となる。即ち「中断原因」とは，当初の不法行為者を有責としていた原因を凌駕するに足り，それにより不法行為者を免責させると法が捉える程の，独立参入的な行為または force の意味である[86]。これ等は，結果に対して被告（⊿）以外の"他原因"が介在したことにより，もはや⊿の作為・不作為が近因とは言えない[87]ためにこれを免責させしめる際の概念を表す文言であり[88]，第二次リステイトメント（"R2T"）のブラック・レター部（条文相当部分）は「superseding cause」の文言を用いてこの概念を規定している[89]。法的因果関係・近因の判断が不安定なのと同様に，裁量的

---

84) 本文当段落中の記述の出典は，see 段落末尾の出典。
85) BLACK'S LAW DICTIONARY 234 (8th ed. 2004).
86) *Id.* at 235.
87) *See* OWEN, PRODUCTS LIABILITY LAW, *supra* note 43, at 777.
88) *See* FARNSWORTH & GRADY, TORTS, *supra* note 12, at 367-68.
89) 以下のように規定している。

§ 440. Superseding Cause Defined

な評価が大きく左右する独立参入原因・中断原因の判断も不安定である。

なお，製造物責任法の文脈においては，製品の安全装置をユーザーが取り外して使用したために受傷した事件のような場合にも，独立参入原因・中断原因の問題になり得る[90]。そもそも原告（π）による相当程度の egregiousness, blameworthiness, culpability 等な作為・不作為が受傷結果に介在する場合には，「抑止」(deterrent) および「公正」(fairness) の双方から，法的因果関係・近因を遮断して⊿を免責するように判断すべきであろう。しかし，そのような判断を下さずに，安易に「比較過失」・「比較フォールト」[91]の争点として陪審員へ判断を委ねるとき，納得のゆかない評決に至る虞があるのではなかろうか[92]。（独立参入・中断原因の実際の検討例としては，補遺，第三部，第Ⅳ章「第二節 近因」「2.『*Palsgraf* 対 *Long Island R. R.*』判例」内の Andrews 判事の反対意見 (dissenting) の項と，第四部，第Ⅵ章「第三節『*Nadel* 対 *Burger King Corp.*』判例」の項が参考になる。）

　　A superseding cause is an act of a third person or other force which by its intervention prevents the actor from being liable for harm to another which his antecedent negligence is a substantial factor in bringing about.
　　　　　　　　　　　　　　　　　RESTATEMENT (SECOND) OF TORTS § 440
　　　　　　　　　　　　　　　　　(1965) (emphasis added).

90) OWEN, PRODUCTS LIABILITY LAW, *supra* note 43, at 782. もっとも常に製造業者等を免責するとは限らない。See *infra* 本章「第十節 製造物責任」内の「10. 警告貼付は必ずしも設計欠陥責任を回避させ得ない——『明らかな危険のルール』の衰退と設計欠陥」の項。

91) 「比較過失」・「比較フォールト」については，see *infra*「第五節 抗弁」の項。

92) *But see* Dove, Note, *The "Superseding Cause" Modification of Comparative Negligence*, *supra* note 76（裁判官が近因を遮断するよりもむしろ比較過失を陪審判断に委ねるべきだと主張）．

第五節　抗　弁 (defense)

1．抗弁と「積極的抗弁」(affirmative defense) の違い

原告 (π) が prima facie case (一応の立証) の段階を終えて，被告 (Δ) が手を拱いていると Δ は敗訴する虞が高い。そこで Δ としても責任を回避するために通常は反論を行う。「抗弁」(defense) を主張・立証するのである。その方法は大別して二種類に分類される。

まずは π のプライマ・フェイシャ・ケース (prima facie case : "p. f.") に関する各要素に対して反論を主張・立証する。"p. f." についての立証責任を π が果たしていない，と事実認定者 (fact finder，通常は陪審員) あるいは判事が最終的に判断するような反論を行うのである。たとえば過失責任の場合は前述した通り，π が注意義務や義務違反や近因 (事実的原因＋法的原因) 等の「立証責任」(burden of proof : "b/p") を果たさなければならない。これに対し Δ としては，π がその "b/p" を果たしていないとか，そもそも Δ には注意義務がなかったとか (従って注意義務 "違反" ＝過失もなかった)，仮に過失があったとしても法的因果関係が遮断されるべきである等と主張・立証するのである[93]。

もう一つの抗弁は，π の "p. f." とは別に，即ち π には主張・立証責任がない要素であるけれども，それを Δ が主張・立証して事実認定者 (≒陪審員) あるいは判事を説得できれば，Δ が敗訴しないで済むという種類の抗弁である。この種類の抗弁を，「affirmative defense」(積極的抗弁) という。Δ 側が積極的に主張・立証する抗弁だからである。『BLACK'S LAW DICTIONARY』によれば[94]，

---

93)　たとえば注意義務の不存在や法的因果関係不存在は多様な表現を用いて責任不存在の認定になり得る点につき，see, *e.g.*, SHAPO, PRINCIPLES OF TORT LAW, *supra* note 5, at 302 (π への duty 欠如，proximate cause 不存在，第三者等による intervening cause により因果関係が遮断，予見不可能な被害が Δ の過失から too remote，Δ の行為は π に対する過失ではない，被害は Δ の過失による natural and probable consequence ではない，結果は Δ の行為の危険の射程内ではない等の，裁判所が認定する抗弁を例示している)。

「積極的抗弁」とは，たとえ訴状の記載が全て正しいと仮定してさえも，πの請求を打ち負かすことになる抗弁であり，⊿が立証責任を負うものである。

2．「寄与過失」(contributory negligence) と「比較過失」(comparative negligence)

たとえば，嘗てのアメリカの不法行為法では広く認められていた積極的抗弁として，「寄与過失」(contributory negligence) がある。これは，πの受傷に繋がる注意義務違反が⊿側にあっただけではなく，π自身にも注意義務違反があったために，πへの救済が否定されるというものである[95]。このような寄与過失は，⊿の積極的抗弁なので，⊿が積極的にπの義務違反を主張・立証しなければならない。

なお，現代のアメリカ不法行為法では，日本等の大陸法体系上の「過失相殺」に似せた「比較フォールト／比較過失」(comparative fault, comparative negligence) が殆どの州にて制定法等を通じて採用されているので[96]，π側の過誤・過失は主に賠償額の減額対象になり，「寄与過失」によって全く賠償請求が否定されるという事態は少なくなってきている[97]。嘗ての「寄与過失」では，たとえ⊿に非があって何割かの賠償義務が本来ならば肯定されるべき場合にまでもπは理論上は全く賠償を得られなくなり得た。このような all-or-nothing なルールは余りにもπに対して酷であるということで，寄与過失を否定するような

---

94) BLACK'S LAW DICTIONARY 451 (8th ed. 2004).
95) *E.g.*, WEAVER ET AL., TORTS, *supra* note 51, at 525. なお実際の判例上はπに酷な寄与過失を裁判所が容易に認定しなかったという興味深い分析もある。G. Schwartz, *Tort Law and the Economy in Nineteenth Century America*, *supra* note 77.
96) 多くの場合は州の立法（成文・制定法）により採用されている。*E.g.*, EPSTEIN, TORTS, *supra* note 31, at 343. 判例によって採用する州もあるけれども極少数の州の場合である。PROSSER, WADE AND SCHWARTZ'S TORTS, *supra* note 14, at 598.
97) もっとも比較フォールト・比較過失の検討に付される前に，そもそも⊿には注意義務違反がないとか近因が欠けている等と判断された場合には，⊿に責任がないので，減額ではなく免責という結論に至ることとなる。

法理が判例にて生まれ，結局は「比較フォールト」「比較過失」の制定法によって消失するに至った訳である。もっとも比較過失／比較フォールトのルール内容については，州毎に以下 A.～D. のような相違が見られる[98]。

A. "純粋" 比較過失・比較フォールト ("pure" comparative negligence/fault)：　原告（π）の過失の度合いを純粋に相殺するルールである[99]。

B. "修正"（50% rule）比較過失・比較フォールト ("not as greater as")：πの過誤の割合が，被告（⊿）のそれと比較して，「plaintiff's fault is "not as great as" the defendant's」な限りにおいては，相殺した上での賠償請求を許容するけれども，それを超えた場合，即ち，⊿と同等またはそれを超えてπの過誤が認定されれば，完全に救済を認めないというルールである。

C. "修正"（51% rule）比較過失・比較フォールト ("not greater than")：πの過誤が⊿の過誤との比較において，「the plaintiff's fault is "not greater than" the fault of the defendant's」である場合，即ち，πの過誤が⊿よりも大きいと認定されれば，πへの賠償が完全に禁じられるルールである。約12の州において採用されている。

D. "修正"（軽/重 rule）比較過失・比較フォールト（slight/gross）：「plaintiff's negligence "was slight" in comparison with the negligence of the defendant」な場合のみに，相殺した上でのπへの賠償を許容する。未だにこのルールを採用し続けているのは，唯一サウス・ダコタ州だけである。

---

98) *See* Prosser, Wade and Schwartz's Torts, *supra* note 14, at 598-99. *See also* Mortion F. Daller, Tort Law Desk Reference : A Fifty-State Compendium (2005 ed.).

99) *See also* Restatement (Third) of Torts : Apportionment of Liability § 7 (2000).

以上のB．(50% rule) と C．(51% rule) で違いが生じるのは，πの過誤が⊿と全く同じ場合だけである。僅かな違いのように見えるけれども，しかし実務的には，陪審員にとって50%（同等に過誤）という分岐点はインパクトがあるので，重要な差異であると言われている。

E．ラスト・クリア・チャンス：　「ラスト・クリア・チャンス」（最後の明白な機会）(last clear chance) とは，たとえ受傷に至る原因においてπの過誤（フォールト）がある場合にも，結果発生前に⊿に回避する機会があった場合には，⊿が責を逃れられないという法理である。比較フォールト／比較過失が採用されるよりも前の，寄与過失がルールであった時代には，たとえば⊿に過失の責があるにも拘わらずπの些細なフォールトゆえに救済が全く認容されないという all-or-nothing 的な酷な帰結を回避するために生み出された法理だと言われる[100]。

3．原告側の過誤（フォールト）と「法と経済学」的"抑止"論

以上説明したように，原告（π）側のフォールトは，その程度や，これを評価する裁判官・陪審員の裁量次第で，被告（⊿）の責任が減免される要素となる。免責になる場合の法理としては，たとえば，「当然の注意義務」(duty of due care) や「欠陥」(defect) が存在しない（製造物責任の場合）であると理論構成される場合や，「近因」が遮断されると評価される場合，または，古くは「寄与過失」が適用された場合等がある。損害賠償が減額される法理としては，前述した「比較フォールト」「比較過失」（過失相殺）が用いられる。

ところで，これまで説明した，πの過誤（フォールト）を減免要素とするルール（法規範）は，「法と経済学」的"抑止"論からも正当化 (justify) されると言われる。即ちπのフォールトが，π敗訴や賠償金の減額に繋がることにより，πにも⊿同様に適切な行動に向けた誘因（インセンティヴ）を生んでいるという訳である[101]。

---

100) *See* PROSSER, WADE AND SCHWARTZ'S TORTS, *supra* note 14, at 312.　更に原因において寄与過失のあるπよりも，⊿の方が cheaper cost avoider であるという，「法と経済学」的な正当性の根拠も認定し得ると指摘されている。*Id.* at 311.

図表#15　抗弁とπ側の過誤

〈過失責任の場合〉
責任認定のための prima facie case（一応の立証）　　　：注意義務＋違反＋近因＋損害＝責任
「注意義務」がないために責任免除となる場合　　　：注意義務＋違反＋近因＋損害≠責任
「近因」が切断されるために責任免除となる場合　　：注意義務＋違反＋近因＋損害≠責任
πの「寄与過失」があるために責任免除となる場合　：注意義務＋違反＋近因＋寄与過失＋損害≠責任
πの「比較 fault／過失」のために責任減額となる場合：注意義務＋違反＋近因＋比較 fault／過失＋損害＝責任減額

〈製造物責任の場合〉
責任認定のための prima facie case（一応の立証）　　　：欠陥＋近因＋損害＝責任
「欠陥」ではないために責任免除となる場合　　　　：欠陥＋近因＋損害≠責任
「近因」が切断されるために責任免除となる場合　　：欠陥＋近因＋損害≠責任
πの「寄与過失」があるために責任免除となる場合　：欠陥＋近因＋寄与過失＋損害≠責任
πの「比較 fault／過失」のために責任減額となる場合：欠陥＋近因＋比較 fault／過失＋損害＝責任減額

　なお私見ではあるが，［特に倫理的に］納得がゆかないと思われる評決・判決の多くが，πを敗訴させるべきなのにそう判断せずに⊿を敗訴（減額したとはいえ）させてしまう場合に見受けられるのではないかと思われる。即ち法理的には，比較フォールト・比較過失でπの賠償を減額させるだけでは妥当ではなく，むしろ，義務が存在しないとか法的原因・近因が遮断されていると評価することにより⊿の責任を否定しπを敗訴させるべきだと捉えられる場合が問題になり得る。確かに比較フォールト・比較過失は，π・⊿双方に適切な金銭的負担を課すことで望ましい行為への誘因を生むという理論は理解できる。しかしこの理論の実際的な効果としては，たとえ比較フォールト／比較過失によりπにも負担を強いているとはいえ，表見的・社会的影響としては，「敗訴」という「汚名」（stigma）のレッテル（label）が⊿にだけ一方的に貼られ，πには貼られない。即ち世間的には，非難されるべきは⊿であると解釈されてしまう訳である。それ故にこそ，論争を呼ぶ（controversial）⊿敗訴評決・判決は，たとえπ

---

101)　*See, e.g.*, G. Schwartz, *Affirming Both Deterrence and Corrective Justice*, *supra* note 59, at 1818 ; WEAVER ET AL., TORTS, *supra* note 51, at 525.

の賠償が減額されていたとはいえ，むしろπを敗訴させるべきだったのではないかという疑問が生まれる。たとえば，ホット・コーヒーをπ自身のフォールト（過誤）により零し，更に，それを素早く拭き取らないというπ側のフォールト（損失をmitigateする義務違反）も追加されたために大火傷に至った損害を，ファースト・フード店Δ側に転嫁し，かつ敗訴のレッテルをΔに貼った評決には，事実を調べるとπの賠償が減額されていたとはいえ，それでもなお世間的には，多くの者にとって納得のゆかない反応が出ているのではないか。そのような事例では，減額だけでは足りず，むしろπ敗訴とすべきであり，そうならば，法理的には比較フォールト／比較過失を適用するのではなく，むしろ義務／欠陥の不存在や法的原因・近因の遮断を適用すべきということになろう。（前掲図表♯15参照。）

4．「危険の引受」(assumption of risk)

A．概　要：　「危険の引受」(assumption of risk) とは，発生した危険を原告（π）側が引き受けたために，被告（Δ）に対し損害賠償を請求することが否定されるような抗弁である[102]。以下の三種類に分類される[103]。

① **明示の危険の引受 (express assumption of risk)**：πが明示的に，契約書への同意を通じて，事前に賠償請求権を放棄 (waive) するような場合。

② **一次的危険の引受 (primary assumption of risk)**：スポーツのように危険が伴う活動にπが自発的に従事したことからΔにはそもそも「当然の注意義務」(duty of due care) や義務「違反」(breach) が存在しないと理論構成される場合。

③ **二次的危険の引受 (secondary assumption of risk)**：Δには注意義務が存在しかつそれを違反したかもしれないけれども，πはその危険を認識し，かつ自発的に引き受けていたので「積極的抗弁」(affirmative defense) に

---

102)　*See, e.g.*, FARNSWORTH & GRADY, TORTS, *supra* note 12, at 580-81.
103)　*See id.* at 580-81, 590, 598-99.

よって免責されると主張される場合。

　理論的には，②は，そもそもプライマ・フェイシャ・ケース（prima facie case: "p.f."）をπが立証できない場合であり，従って⊿の責任が免除される。しかし③については，πが"p. f."を満たした上で，それでもなお⊿側が責任の減免を求める「積極的抗弁」（affirmative defense）であり，従って裁判所としては責任免除よりはむしろ減額しか認定しないことになり易い。その役割は比較フォールト／比較過失に近似しているため，過半数(majority)の州においては比較フォールト／比較過失の法理に吸収されていると言われる[104]。

B．危険の引受の要件：　危険の引受の抗弁は，π側の行為の非行・不正の一種であり，「同意あれば被害なし」（*volemti non fit unjuria*）というラテン語の法格言に由来する法理である[105]。もっとも危険の引受の抗弁が認定されるためには，以下の三要件が満たされなければならないとされる。

① 危険を知っていて（knowledge of the danger），

② 危険を具体的に正しく判断し（an appreciation of that danger），かつ，

③ その危険に自発的に身を晒したこと（voluntarily exposed himself to that danger），である[106]。

しかしこのような前提条件を厳密に要求し，具体的な危険（the specific risk）を完全に正しく判断して自発的に引き受けた場合しか適用しないことになると，危険を引き受けたと解釈し得る場合がなくなってしまい不当である。筆者が思うに，危険の引受も，前述したように危険の認知に関する争点である故の困難さが伴う。この困難さを解く際の一つの示唆に富む指摘は，ロー・レヴュー論文におけるKeetonによる以下のような指摘に見い出すことができるのではなかろうか[107]。

---

104) *See id.* at 599.

105) OWEN, PRODUCTS LIABILITY LAW, *supra* note 43, at 821, 824 & n. 9（英語では以下のように表される "[A] person is not wronged by that to which he or she consents."）.

106) *Id.* at 822-23 & n. 21.

『危険』（risk）という文言は，所与の事実的環境において作動中の力に対する認識を一定程度欠いていることを黙示している。［認識の"一定程度の"欠如を示す］その理由は，もし人がこれら全ての力を知り，かつ理解していたと仮定したならば，その人は必ず受傷することを知っていたか，または，必ず受傷しないと知っていたかということになってしまうからである。

即ち Keeton が指摘するように，もし具体的な危険の完全な認識や自発性を厳格に要求すれば，そのような π は自殺をする意図を持っていたことと同義になるので，ナンセンスである[108]。従って裁判所は，実際には危険の引受の成立要件として当該危害に繋がる機能の正確な理解等までを求めないとされる[109]。

危険の引受は，ホット・ドリンク火傷訴訟やファースト・フード肥満訴訟のように，本書が特に関心を寄せる，新たな製造物責任法の潮流である「製品分類別責任」（product category liability）の問題解決にとっても重要な争点となり得る。即ち近年の，製品分類別責任に区分できる一連の訴訟類型は，製品分類の属性に伴う危険（inherent danger），または避け得ない危険（unavoidable danger）を"欠陥"であると主張する。しかもそれは後述する「公然かつ明白な危険」（open and obvious danger）であり[110]，そのような危険を利用者側が（程度の差こ

---

107) Robert E. Keeton, *Assumption of Risk in Products Liability Cases*, 22 LA. L. REV. 122 (1961)（訳は本書の筆者）（強調付加）．原文は以下の通りである．

   "Risk" implies a degree of want of appreciation of the forces that are at work in a given factual setting, since if one knew and understood all these forces he would know that injury was certain to occur or that it was certain not to occur.

108) OWEN, PRODUCTS LIABILITY LAW, *supra* note 43, at 824.
109) *Id.*
110) *See infra*「第十節 製造物責任」中の「13. 抗弁（その1）：製造物責任におけるユーザー側の非行・過誤」内の〈A.「公然かつ明白な危険」と「明らかな危険」の小括〉の項．

そあれ）知りながら引き受けたにも拘わらず，欠陥を主張する。そのような場合に責任が肯定されるべきか否かは，「公然かつ明白な危険」の争点と，「危険の引受」の争点が関係してくるのである。その妥当な解決には，やはり後述[111]する「法と行動科学（認知心理学）」の研究成果も必要になってこよう。

　更に倫理哲学的な分析も必要になる。即ち，危険の引受を首肯すべきという主張の根拠には，「行為の自由」(freedom of action) という倫理的な考慮が存在している[112]。自らの行為に対して責任を負うべきなのは⊿のみならず，πも同様ということである[113]。言い換えれば，「自己責任」(personal responsibility) や「自決権」(self determination) や「選択の自由」(freedom of choice) 等と言われる倫理的な根拠である。しかしこのような主張に対する反論としては，πには「選択の自由」が存在しないという状況を考慮すべきというものがある[114]。労働災害の場合がその典型である。即ち，危険を拒否し難く力関係が平等ではない労働環境下では，使用人・従業員が必ずしも職場の危険を自発的に引き受けた訳ではない。もっともこれに対しては報酬が危険を包含し取引が成立しているという主張が存在し得る[115]。しかし再反論としては，危険が正当に反映されている報酬額であるか否か等という問題や，そもそも生命・身体の危険を幾らに評価すべきかという問題等が，自発的取引成立の主張の障害になろう。

　労災のような特殊事情は別にして，重要な考慮要素と思われるのは，やはり，⊿において客観的な過失基準や安全性を維持する基準が求められている中では，利用者にも同様に，客観的な注意義務が求められるべきではないかという点である。即ち双方共にリーズナブルネス（理に適っていること）の基準を当てはめた結果として，⊿の義務や義務違反が否定される場合が出てきたり，πの賠償が減額される場合が出てきたりすべきということである。「平等」の倫理からも，危険を管理（コントロール）す

---

111)　*See infra* 第二部「第Ⅲ章『法と行動科学（認知心理学）』からの新たな示唆」の項.
112)　SHAPO, PRINCIPLES OF TORT LAW, *supra* note 5, at 144.
113)　*Id*. at 145.
114)　*Id*.
115)　*Id*. at 148.

る者が⊿よりはむしろπであったような場合には，πにも客観的にリーズナブルな注意義務が要求されるべきであるし，それにより事故も減少して事故費用（accident costs）が減るという抑止効果も促進されるのではあるまいか。

5．その他の抗弁

「出訴期限」（statute of limitations）や「責任制限期間」（statute of repose リポーズ）といった，時効に近い法理が存在する[116]。既に説明してきた抗弁が原告（π）の行為に基づく抗弁（conduct-based defense）であったのとは異なり，この項における抗弁は制定法により規定された抗弁（statutory defense）に分類される。時効的な責任制限が制定法により設定されている理由は，時間の経過と共に証人・書証等の記憶・記録が曖昧・消失することと，被告が何時までも責任に服する可能性を払拭して帳簿を閉めることができるように（can close his book）との考慮であると言われている[117]。

第六節　救済（remedies）／「コモン・ロー common law」対「衡平法 equity」

1．コモン・ロー上の救済と衡平法上の救済

A．損害賠償とインジャンクション inj：　不法行為法における原告の救済方法としては，「損害賠償」（damages）が基本である。しかし「差止」のような不作為や，作為をも命じる「インジャンクション」（injunction : "inj"）という救済方法も，例外 exceptional 的に認容される。歴史的・法理的な両者の違いは，嘗ての英国法における「コモン・ロー」（common law）と「衡平法」（equity イクイティー）の違いに由

---

116)　両者の違いは，「statute of limitations」が請求原因の発生時点（たとえばπの受傷時やその原因の発見時）を始期として起算するのに比べて，「statute of repose」の方はπの請求原因の発生時期とは無関係に⊿の行為を起算点として（たとえば欠陥を主張されている製品の設計時や製造時として）責任期間に制限を設ける点にある。See BLACK'S LAW DICTIONARY 1451 (8th ed. 2004).

117)　JAMES A. HENDERSON, JR. & AARON D. TWERSKI, PRODUCTS LIABILITY : CASES AND PROCESS 489 (5th ed. 2004).

来する。損害賠償は「コモン・ロー上の救済」(legal remedy)[118]であるから原則とされ，インジャンクションはコモン・ロー上の救済だけでは不十分な場合を救う「衡平法上の救済」(equitable remedy) 故に，「extraordinary」(普通ではない) な救済として，例外的にしか認容されないと位置付けられるのである[119]。これは，契約法においても，契約違反の場合の救済の原則が損害賠償であり，契約通りの履行 (「特定履行」—specific performance—と言う) の認容は例外的な場合であると位置付けられるのと同様な概念である[120]。(なお契約法では，次の2.項にて説明する「懲罰賠償」は認められない[121]。更に，「予定損害賠償」—liquidated damages（リキデイティッド・ダメージズ）—も，実際の損害額を超える場合には懲罰賠償と捉えられて裁判所が容易に認容しない。)[122]

　救済に関する不法行為法の原理的な分析について一言述べておくと，最適な救済手段を巡る「法と経済学」的な見方からは，一方の衡平法的な救済は被告の行為自体を禁じることとなり，他方のコモン・ロー上の救済は金銭賠償さえ賦与すれば行為までを禁じないという性格において，様々な興味深い分析が存在する。即ち有名な「コースの定理」(Coase Theorem) やそこから派生した様々な学説は，救済をどちらの当事者に付与すべきか (entitlement) を論議するだけでなく，どのような救済を如何程に付与すべきかに関するものが散見されるのである[123]。

---

118) 単に「law上の救済」(legal remedy) と書いて「common law 上の救済」を意味する場合も，アカデミズムと実務の双方において多々見受けられる。lawという単語が単に「法律」を意味するのか，または，「コモン・ロー」を意味するのかは，文脈によって判断することとなる。たとえば衡平法との比較的な文脈では law が common law を意味している，等である。
119) *See* BLACK'S LAW DICTIONARY 800-01, 1320 (8th ed. 2004).
120) *See, e.g.*, 樋口範雄『アメリカ契約法』40頁 (平成6年，弘文堂).
121) *Id.* at 315.
122) *See* BLACK'S LAW DICTIONARY 949-50 (8th ed. 2004).
123) *See, e.g.*, MITCHELL A. POLINSKY, AN INTRODUCTION TO LAW AND ECONOMICS 15-25 (1989) (インジャンクションと損害賠償の最適な付与の仕方の分析を紹介している).

B. 補償的損害賠償（compensatory damages）： 救済（remedies）の原則である金銭的な損害賠償（damages）の中でも，更に原則となるのが，「補償的損害賠償」(compensatory damages) である。その原則は，原告（π）が損害を被らなかった状態に戻すこと（to restore the status quo ante ; to make the plaintiff whole again）である[124]。損害賠償額を幾らにするのかを決めるのは「事実問題」(a question of fact) なので，「事実認定者」（通常は陪審員）に委ねられる。従って陪審員による損害賠償額の認定（評決額）を法律的に review してやり直し (i.e., ニュー・トライアル[再審理]）させることは極めて限定され，原則として評決額が余りにも低過ぎるか高過ぎるために「良心を驚愕させる」(shock the conscience) 程である場合だけである[125]。

補償的損害賠償の中身は，「経済的損失」(economic loss) と「非経済的損失」(non-economic loss) に分類される。経済的損失の中身には，「失われた賃金」(lost wages) や「治療費」(medical expenses) が含まれる。非経済的損失には，肉体的・精神的な「苦痛」(pain and suffering) や，被害者の家族からの請求として「配偶者権の喪失・家族生活から受ける精神的利益の喪失」(loss of consortium) が含まれる。これら「非経済的損失」の陪審員による認定は，定量的な基準を欠くために高額化し易く，問題が指摘されている。(「不法行為法改革」(tort reform) の対象になっている。)[126]

---

124) 本文中の本項内の記述については，see, *e.g.*, WEAVER ET AL., TORTS, *supra* note 51, at 331 ; KEETON ET AL., TORTS AND ACCIDENT LAW, *supra* note 26, at 677 ; PROSSER, WADE AND SCHWARTZ'S TORTS, *supra* note 14, at 519-520 ; Cass R. Sunstein, Daniel Kahneman & David Schkade, *Assessing Punitive Damages (with Notes on Cognition and Valuation in Law)*, *in* BEHAVIORAL LAW AND ECONOMICS 232, 252 (Cass R. Sunstein ed. 2000).

125) PROSSER, WADE AND SCHWARTZ'S TORTS, *supra* note 14, at 520. *See also supra* 第一章「第三節　民事訴訟法上（含，証拠法等）の法律用語・概念に関する説明」中の「2. 不法行為法に関連する各種申立の概要」内の〈G. レミッティター（損害額減額決定）の申立〉の項。

126) *See generally* DALLER, TORT LAW DESK REFERENCE, *supra* note 98.「不法行為法改革」については，see *infra*「第七節　共同不法行為者と連帯責任」の項。

そもそもの不法行為法の目的は、「wrong」（不法，非行，悪事）により害を被らせた者をして、その被害を「回復」（repair）させしむることにある[127]。そのような私的な利益の実現（to vindicate the "private" interest）が目的であり、損害賠償はその実現手段となる。このような伝統的コモン・ロー上の解釈または「矯正的正義」論（corrective justice）的な解釈[128]に対し、「法と経済学」（law and economics）的な解釈からは[129]，損害賠償が，他人の人身の完全性（physical integrity）や財産へ損害を与えたことの「対価」（price）を支払わせることにより危険な活動の「外部費用」（external costs）を「内部化」（internalize）させ、そのような行動を採らないように奨励することで「抑止」（deterrence）機能を提供し，効率的な安全（efficient safety）を導入させる誘因（incentives）になると捉える[130]。

C．名目的損害賠償（nominal damages）： 名目的損害賠償（nominal damages："nom dmg"）とは，権利を実現させること（to vindicate rights）自体や，または，被告による時効取得を阻止すべく勝訴判決を記録に残すことが主たる目的の，少額な賠償額である[131]。

2．懲罰賠償（punitive damages）

日本法との大きな違いの一つは，アメリカの不法行為法では「懲罰賠償」（punitive damages："pun dmg"）が認容される点である。因みにアメリカでも契約法の remedies としては懲罰賠償が認められないことは前述の通りである。

「懲罰賠償」とは，被告（⊿）の行為が害意（culpable state of mind）を有する

---

127) KEETON ET AL., TORTS AND ACCIDENT LAW, *supra* note 26, at 677.
128) *See generally infra* 第二部「第Ⅱ章『倫理哲学』的な『矯正的正義』の実現等」の項.
129) WEAVER ET AL., TORTS, *supra* note 51, at 331.
130) *See generally infra* 第二部「第Ⅰ章『法と経済学』的な『抑止』等」の項.
131) PROSSER, WADE AND SCHWARTZ'S TORTS, *supra* note 14, at 519-520.

ような場合，即ち重過失や故意のような非難に値する要素が高い（gross misconductな）場合に，再び同じ過ちを犯させない誘因（インセンティヴ）とするために，つまり懲らしめるために，原告（π）の損害を本来在るべき状態に戻すという通常の「補償的損害賠償」(compensatory damages) に付加して，認定される賠償のことである[132]。従って，「exemplary damages」（懲戒的損害賠償）とか，「"vindictive" damages」（制裁的賠償）等と呼ばれることもある[133]。そのため，πの"現状復帰"(to make the plaintiff "whole") という賠償を目的とする通常の「補償的損害賠償」と異なるのである。懲らしめるという性格から，刑法における罰金に近い概念であるけれども，原則としてその金銭は国庫ではなくπ自身（と多くの場合はその代理人弁護士のポケット！）に入る点において罰金ではなく，「private law」（私法）上の救済である[134]。

懲罰賠償は，たとえば「assault & battery」（アソールト・アンド・バッテリー）（脅迫＆暴行）のような「故意による不法行為（IT）」の場合に一般的に認容される[135]。故意に達していなくても，以下のような場合に認められている。即ち「reckless disregard for the rights of others」とか，「willful misconduct」とか，「wantonness, recklessness, or want of care indicative of indifference to consequences」等の場合である[136]。なおπの立証責任の程度としては，多くの州が制定法により，通常の「プリポンダランス・オブ・エヴィデンス／証拠の優越」(preponderance of evidence) では足りず，「クリア・アンド・コンヴィンシング・エヴィデンス／明白かつ確信を抱くに足る証明」(clear and convincing evidence) を要求している[137]。

懲罰賠償責任に対しては様々な批判がある[138]。たとえば，勝訴したπにの

---

132) *See, e.g.*, TWERSKI & HENDERSON, TORTS, *supra* note 7, at 651.
133) *Id.* at 547.
134) *E.g.*, FARNSWORTH & GRADY, TORTS, *supra* note 12, at 547.
135) *E.g.*, PROSSER, WADE AND SCHWARTZ'S TORTS, *supra* note 14, at 554.
136) *Id.*
137) HENDERSON & TWERSKI, PRODUCTS LIABILITY, *supra* note 117, at 634.
138) *See, e.g.*, TWERSKI & HENDERSON, TORTS, *supra* note 7, at 653 ; WEAVER ET AL., TORTS, *supra* note 51, at 361.

み「棚ボタ」(棚から牡丹餅：a windfall) がもたらされるのは，他の被害者と比べて不公正であり不法行為法を「富籤」(a lottery) 化しているとか，既に刑事罰に服している⊿にとっては「二重処罰 (double jeopardy) の禁止」違反であるとか，陪審に対しての有用な指針が存在しないので極度に高額化する等である[139]。それ故に，州の制定法によって「上限額」(caps) が設定されたり，前述のように立証責任の程度が「クリア・アンド・コンヴィンシング・エヴィデンス／明白かつ確信を抱くに足る証明」にまで加重されたり等といった修正が実施されている[140]。

3．「メッセージを送る」("sending the message")

特に企業被告 (⊿) が，重過失・故意を伴う程の言わば害意のある作為・不作為を犯したと陪審が認定する際には，そのような企業⊿を許さないという「メッセージを送る」(sending the message) 機能として，高額な懲罰賠償を評決によって認定する場合が見られる。たとえば2000年にはマイアミの煙草訴訟陪審裁判において1,440億ドルもの懲罰賠償評決が下されたり，1999年にはニューヨーク州の銃訴訟の陪審裁判において，犯罪者による銃使用の結果の被害者に対し，本来ならば「独立参入・中断原因」(intervening cause / superseding cause)[141] によって⊿が免責されるのが通常なところ，⊿に対し56万ドルもの賠償評決が下されたりしている[142]。このような傾向は，陪審が，自らを活動家 (activists) と看做して，記念碑的な評決を下すことで産業界全体に衝撃を与え，社会の変革を促すことを目指しつつ「事実上の公共政策」を樹立 (to establish de facto public policy) しようとしているとさえ，指摘されている[143]。サ

---

139) TWERSKI & HENDERSON, TORTS, *supra* note 7, at 653.
140) *Id.*；HENDERSON & TWERSKI, PRODUCTS LIABILITY, *supra* note 117, at 634.
141) *See supra*「第四節　因果関係」内の「7．独立参入原因・中断原因」の項.
142) Mark Curriden, *Jurors Increasingly Are Sending Loud Messages of Censure with Megabuck Verdict. But Critics Charge that a Jury Is the Least Qualified Body to Decide Public Policy*, 87 A. B. A. J., Aug. 2001, at 36, 37.
143) *Id.* at 37-38.

ザン・メソジスト大学ロースクール等による調査結果によれば，陪審員が個別事件を超えた衝撃を与えることを意図したと公言していた事件数は，1970年から90年までの間は僅か100件未満だったところ，1990年以降には700件を超える数に上っているという[144]。

もっとも本来は個別事件への解決が委ねられているに過ぎない陪審が，「一罰百戒」的な効果を狙って，本来は立法府や行政府にこそ相応しい機能までも発揮しようとするこの傾向には批判も多いようである[145]。本書が関心を寄せる高額評決事件のホット・コーヒー火傷訴訟においても，陪審は，⊿企業の大手ファースト・フード・チェーン店に対し，100万ドルを超える懲罰賠償評決(million dollar verdict)を付与した理由として，財政負担を課すことで⊿企業の中枢に対し，「目を覚ましなさい。人々は火傷を負っているのです」というメッセージを伝達したかったと述懐している[146]。これは，懲罰賠償と陪審裁判の今日的な機能を象徴する話ではなかろうか。

第七節　共同不法行為者（joint tortfeasors）と連帯責任（joint and several liability）

原告（π）の被害を惹き起こすに当たって複数の当事者・被告（⊿）達が関わるような場合に，「共同不法行為者」(joint tortfeasors) の間の責任分配という問題が生じる。複数の共同不法行為者である⊿達は，しばしば「連帯責任」

---

144) *Id.* at 38.
145) *Id.* at 38-39. *See generally* Bryce A. Jensen, Note, *From Tobacco to Health Care and Beyond – A Critique of Lawsuits Targeting Unpopular Industries*, 86 CORNELL L. REV. 1334 (2001)（煙草訴訟で高額示談に至った手法を用いて，本来ならば立法府にて解決すべき政策問題となる Health Maintenance Organization による治療費削減策への訴訟や，鉛塗料訴訟，および銃訴訟等を追行して高額和解等を目指すやり方は，三権分立に反する等として批判するノート論文である).
146) *See* 補追，第四部「第Ⅵ章　ホット・ドリンク火傷訴訟」内の「第一節『*Liebeck* 対 *McDonald's*』事件」の項．

(joint and several liability) を課され，その不当さが近年の「不法行為法改革」(tort reform) と呼ばれる[147]制定法による判例法修正運動の中の一つのトピックになっている。「joint [and several] liability」とは，各一人のΔが他のΔ達の帰責部分をも含む，全ての賠償責任を課される法理である[148]。πとしては，共同不法行為者に対して joint [and several] liability が認定されれば，どの一人のΔから全額を回収しても良くなる点において魅力的である。しかし，当事者Δに引き入れることができなかったり，支払い能力のない（insolvent）Δ達の責任部分をも含めた，全ての賠償を請求されたΔのみが負担を強いられることの不正義が批判されている[149]。

複数のΔ達が関わるその他の問題としては，各Δへの事実上の因果関係をπが立証できない場合の「選択的責任」(alternative liability) や「市場占有率責任」(market share liability) という法理が有名である。特に後者については批判も強い。たとえばΔの責任に基づかずその富裕さ故に賠償責任を課したとか，賠償保険料の高騰化を招いて必需品の供給への disincentive になる等という批判が見受けられる[150]。（これらについては，補追，第三部「第Ⅳ章 因果関係」において判例と共に紹介している。）

---

147) もっとも「tort reform」への反対派は，「tort deform」と呼ぶようである。*See, e.g.*, RALPH NADER & WESLEY J. SMITH, NO CONTEST : CORPORATE LAWYERS AND THE PERVERSION OF JUSTICE IN AMERICA 267 (1996)（tort deform lovers がホット・コーヒー火傷高額評決の *Liebeck* 事件を濫訴社会の象徴のように歪めてプロパガンダすると批判）.

148) *See, e.g.*, SHAPO, PRINCIPLES OF TORT LAW, *supra* note 5, at 277 ; BLACK'S LAW DICTIONARY 854 (8th ed. 2004). 即ち「joint」（共同）に賠償請求が可能であるばかりか，「several」（夫々）にも可能という訳である。

149) SHAPO, PRINCIPLES OF TORT LAW, *supra* note 5, at 281. *See also* TWERSKI & HENDERSON, TORTS, *supra* note 7, at 474-76.

150) *See* SHAPO, PRINCIPLES OF TORT LAW, *supra* note 5, at 281.

第八節　陪審員と判事／事実認定者 (jury and judge/fact finder あるいは trier of fact)

　アメリカ不法行為法を理解するためには，陪審員制度の理解も不可欠である。当事者にとって陪審裁判は権利であって義務ではないから，当事者の一方が請求しない限りアメリカでも非陪審の「裁判官裁判」(bench trial)〔ベンチ・トライアル〕が行われる[151]。しかし，実際には殆どの場合，原告（π）側が陪審裁判を請求するために，不法行為訴訟の多くが陪審裁判になるようである。

　従って不法行為訴訟では陪審裁判が原則であるといっても過言ではないけれども，事件を裁く全ての権限が陪審に任されている訳ではない。裁判官の管理〔コントロール〕に服しながら，陪審が権限を行使するという役割分担が存在する。陪審に全てを任せない理由としては，陪審への不信を挙げることができる。即ち，法律の素人たる陪審員は，あらゆるπの受傷を補償してあげたく思う傾向があり，特に陪審からみれば他人（被告（Δ））の金で受傷を補償してあげたくなり，Δが企業の場合には益々この傾向が強まる[152]。そこでこのように偏向的な判断を下す傾向のあることが，陪審の役割を限定して代わりに裁判官に判断させる部分のある理由として挙げられているのである[153]。事件を繰り返し裁いて

---

151)　陪審裁判を受ける権利は，合衆国憲法修正条項においても以下のように保障されている。

　　　In Suits at common law, where the value in controversy shall exceed twenty dollars, the right of trial by jury shall be preserved, ...
　　　　　　　　　　　　　　　　　　　　U. S. Const. amend. VII.
　　なお，連邦民事訴訟規則でも陪審裁判の権利が保障され，陪審裁判事項となる請求において一方当事者がこれを要求すると陪審裁判になる。Fed. R. Civ. P. 38 (a) (b).
152)　*See, e.g.*, Prosser and Keeton on Torts, *supra* note 12, § 38, at 238.
153)　*Id.* 史にたとえば過失責任基準としてのリーズナブル・パーソン・スタンダードの陪審による正しい適用に関し，『リステイトメント［第一次］不法行為法』の起草者（Bohlen）も懸念を示したとして，Gilles は概ね以下のように紹介している。

いる裁判官の方が，素人で"その場限り"(*ad hoc*)の陪審員よりも，経験を積んでいる上に法律の背景や"政策"を熟知しているから，場合によっては裁判官の判断の方が望ましいという訳である[154]。もし仮に裁判官が適切なコントロールを欠いて陪審に全てを委ねてしまえば，以下のような弊害が生じると指摘されている。即ち，①陪審が権限を濫用して法律原則に反した決定を下してしまう虞，および，②同様な事件は同様な判決を受けるという各判決間の整合性が保たれなくなる虞，である[155]。

そこで，重要になるのが，如何なる場合に陪審に判断が委ねられ，逆に裁判官に委ねられるかという分岐点である。前述のように陪審が⊿企業に偏見を抱く虞という⊿側の懸念と，逆に，一般には π にとって陪審の判断が有利であると思う π 側の思惑との，双方にとっての重大事は，事件が陪審による審査 (*i.e.*,「トライアル」(trial)(正式事実審理)と呼ばれる事実認定を含む集中審理の手続段階)に到達し，その結果たる「評決」(verdict)が裁判所 (*i.e.*, 裁判官) によって覆されたり，修正・変更されないか否かということになる。(本書の補追が紹介する判例においても，事件をトライアルに到達させるか否かや，評決を覆すか否かという，裁判所・裁判官の判断が争われる場合が多い[156]。)

> 即ち Bohlen は，効用と危険とを秤に掛ける役割を陪審員に託すことができないと主張。陪審員は π の被害と ⊿ の富裕さに衝き動かされてしまい，"事実上の無過失責任の規範" (a *de facto* norm of strict liability) をしばしば採用してしまうであろうと訴えたのである。たとえ陪審員がリーズナブル・パーソン・スタンダードを適用したとしても，⊿の行為の効用に対しては小さなウエートしか置かないであろうとBohlen は示唆したのだった，と。Stephen G. Gilles, *On Determining Negligence : Hand Formula Balancing, The Reasonable Person Standard, and the Jury,* 54 VAND. L. REV. 813, 837 (2001).

154) *See, e.g.*, PROSSER AND KEETON ON TORTS, *supra* note 12, § 38, at 238. なお，経験を積んだ裁判官が地域社会の意見をより良く代表できるようになるという学説は，補追，第三部，第Ⅱ章「第一節 過失基準」内の「9．裁判官が判断すべき過失」の項で紹介するように，Oliver Wendell Holmes, Jr. の『THE COMMON LAWS』(1881) が有名である。

155) RICHARD A. EPSTEIN, CHARLES O. GREGORY & HARRY KALVEN, JR., CASES AND MATERIALS ON TORTS 222 (1984).

第Ⅱ章　不法行為法の主な要素　143

　なお前掲したように[157]，陪審が下す判断を「評決」(verdict) と言い，その種類としては「一般評決」(general verdict) が下される場合と，「個別評決」(special verdict) の場合とに分かれる。「一般評決」とは，π勝訴またはΔ勝訴という結論だけを述べる評決で，通常の評決方法である[158]。「個別評決」は，個別的な事実認定のみを評決として示し，その事実認定に基づく法の適用は裁判所に委ねる方法の評決である[159]。

　「陪審裁判」(jury trial) における，判事と陪審との役割分担を理解しておくことは，大切である。理論的には，しばしば，「事実問題は陪審員に，法律問題は裁判官に」と言われる[160]。つまり事件における事実がどうであったかが争われた場合，その決定は原則として陪審員が行う。即ち「陪審裁判」においては，陪審員が「事実認定者」(fact finders) となるのである。「裁判官裁判」(bench trial) の場合は陪審員がいないので，事実認定者の役割も裁判官が担う。

---

156)　裁判官による陪審コントロールの仕方としては，前掲，第Ⅰ章「第三節　民事訴訟法上（含，証拠法等）の法律用語・概念に関する説明」内の「2．不法行為法に関連する各種申立の概要」において紹介したような民事訴訟手続上の各種の「申立」(motions) を用いる方法がある。更に，当該訴訟に適用されるべき法律として裁判官が陪審員に与える「説示」(jury instructions, jury directions または charges) という手段もある。*See* BLACK'S LAW DICTIONARY 856 (6th ed. 1995).「説示」によって陪審員は法に則った評決を下すように導かれることになる。しかし仮に説示の内容が誤っていれば，それに沿った陪審評決も誤りとなり得る。そもそも説示は陪審員に対して当てはめるべきルール（法規範）を示すものだから，如何にその内容を陪審に示すのかは，当事者にとって実務上，非常に重要な事項である。そこで説示の誤りを争う機会が当事者には与えられている。EPSTEIN ET AL., CASES AND MATERIALS ON TORTS, *supra* note 155, at 222.　*See also* FED. R. CIV. P. 51（説示の手続についての連邦民事訴訟規則上の規定である）．

157)　*See supra* 第Ⅰ章「第三節　民事訴訟法上（含，証拠法等）の法律用語・概念に関する説明」中の「1．訴訟の大まかな流れ」内の〈E．評議 (jury deliberation) 〜評決 (verdict)〉の項．

158)　BLACK'S LAW DICTIONARY 1560 (6th ed. 1995).

159)　*Id.*

160)　*E.g.*, PROSSER AND KEETON ON TORTS, *supra* note 12, § 37, at 235.

なお，陪審裁判の場合，理論的には「法律問題は裁判官に」と言われているけれども，実際には一般的に用いられる「一般評決」の方法において，法律の「適用・当てはめ」(application of the rules) という法曹こそが最も鍛錬され，かつ法曹にこそ任せるのに相応しい領域の作業さえをも，素人の陪審員に任せてしまう[161]という問題がある。

陪審裁判では，たとえば過失責任の請求に関して⊿に"過失"があったか否かとか，製造物責任訴訟において"欠陥"があったか否か等の非常に重要な判断も，陪審員に委ねられる。従って，πを敗訴させるべきであると思われる事件をも，安易に陪審の判断に委ねたような場合にこそ，「納得がゆかない」と思う者が多く出る評決が下されてくるようにも思われる。なお，そうは言っても陪審の恣意が完全に許されている訳ではない点の理解に関して，以下の法廷意見が参考になろう[162]。

> 一方の裁判官は，過失の存在が認定できる，とリーズナブリーに言えるような何らかの事実が証拠により示されたか否かを決めなければならない。他方，陪審員は，そのような事実が提出されたとき，かかる事実から過失を認定できるか否かを決めなければならない。…。リーズナブリーに過失が認定できるような事実がある場合に，もし裁判官自身の見解では過失が認定されるべきではない，という理由に基づいて裁判官が事件を陪審員から引き上げてしまえば，そのような故意は陪審員の領域への重大な侵害になろう。逆に，もし陪審員がどのような事実の表明からも過失を認定することが自由にできるとすれば，最も恣意的な方法で使われる権限を陪審員の手に委ねることになってしまう。
>
> 3 A. C. at 197（訳は本書の筆者）（強調付加）．

---

[161] EPSTEIN ET AL., CASES AND MATERIALS ON TORTS, *supra* note 155, at 223.
[162] Metropolitan Ry. v. Jackson, 3 A. C. 193, 197 (1877), *reprinted in id.* at 223（訳は本書の筆者）．

即ち前掲，第Ⅰ章「第三節　民事訴訟法上（含，証拠法等）の法律用語・概念に関する説明」内の「6．立証責任」の項にて説明したように，裁判官は，最低限度のスクリーニングの役割を果たす。どのような陪審員によってさえもリーズナブリー(理に適った)には過失を「推認」(infer) できるだけの「証拠提出責任」(burden of production) をπが果たしていないような場合は，裁判官は事件を陪審員に委ねずに，申立に基づき請求棄却・⊿勝訴を命じるのである。しかし，πが提出した証拠から陪審員が過失を推認することもリーズナブリーにあり得る場合 (reasonable minds may differ) には，裁判官は事件を陪審員に委ねなければならない。そのように役割分担をしている訳である[163]。

第九節　専門家責任と医療過誤（professional liability and "med mal"）

1．専門家責任（malpractice）

医師や弁護士等の各種の「専門家」(profession) の不法行為責任，即ち「専門家責任」(professional liability) は，「マルプラクティス」(malpractice) と呼ばれる[164]。専門家も素人同様に，その「当然払うべき注意義務」(duty of due care) の基準 (standard) は，「リーズナブル・パーソン・スタンダード」であるけれども，果たして何が「専門家のリーズナブル・パーソン・スタンダード」であるのかが問題になる。その専門家の注意義務基準は，一般には以下のように表現される。「the knowledge, training and skill (or ability and competence) of an ordinary member of the profession in good standing」である，と[165]。その意味

---

163)　たとえば危険が明白であるために警告義務が存在しないか否かという製造物責任法における論点に関し，具体的な事案の中で，当該危険が明白か否かにつき，「when reasonable mind may differ as to the risk was obvious or generally known」な際には，「the issue is to be decided by the trier of fact」であるとされるが，これは陪審員の担う役割を示す好例であろう。RESTATEMENT (THIRD) OF TORTS: PRODUCTS LIABILITY § 2 (c) cmt. j (1998) (emphasis added).

164)　PROSSER, WADE AND SCHWARTZ'S TORTS, *supra* note 14, at 171.

は，「average」な構成員の基準ではないと言われる[166]。average 未満は駄目だということになれば，半数は駄目だということになり困る(?!)からである。または，average 未満な構成員であっても，必要な技能や注意を備えた者もいるからである。

　　A. 慣行と，専門家責任基準と，専門家証人： 専門家責任以外の一般の過失の認定における「custom」（慣行）の位置付けは，custom への遵守が必ずしも無過失の認定を享受できる「確定的な証拠」(conclusive evidence) ではなく，それは「何らかの証拠」(some evidence) に過ぎないと言われる[167]。しかし，専門家責任の場合には，専門家の基準への遵守・不遵守の証拠が「確定的」(conclusive) であると言われる[168]。従って原告（π）は，専門家の基準を示して，被告（⊿）がそれよりも劣っていた事実を立証しようとし[169]，逆に⊿は，やはり専門家の基準が何なのかを示しつつ⊿自身がそれを遵守していたと反証する。即ち専門家の基準が，攻撃と防禦の双方において用いられるのである。つまり専門家の基準こそがマルプラクティス訴訟の主要な争点の一つになる。ところで素人の事実認定者には，専門家の助言をもらわなければ，何が専門家の「当然払うべき注意義務」基準なのかが判らない。そこで両当事者は，いわゆる「専門家証人」(expert witness) に証言させて，⊿が専門家としての注意義務を違反した／違反しなかった旨を立証しようと努めることになる[170]。

2．医療過誤（"med mal"）

「medical malpractice」または略して「med mal」と呼ばれる医療過誤訴訟は，

---

165) *Id. See also* PROSSER AND KEETON ON TORTS, *supra* note 12, § 32, at 187.
166) PROSSER, WADE AND SCHWARTZ'S TORTS, *supra* note 14, at 171.
167) *See* 補追，第三部，第Ⅱ章「第一節　過失基準」内の「8．業界慣行と過失責任の関係」の項.
168) KEETON ET AL., TORTS AND ACCIDENT LAW, *supra* note 26, at 370.
169) *Id.* at 370.
170) PROSSER, WADE AND SCHWARTZ'S TORTS, *supra* note 14, at 171.

不法行為法の中でも一つの分類を形成する程に重要なトピックスの一つである。近年特に，訴訟や賠償責任の増加による「医療過誤保険危機」が発生し，「defensive medicine」（防衛的医療）と呼ばれる医療の"萎縮効果"も生じて社会問題になっている。防衛的医療とは，過剰に検査を行ったり，患者を自分以外の病院に送致したりして，多額の医療費を無駄遣いするという問題である[171]。医療過誤保険危機という状況においては，医師と原告（π）側弁護士と（保険会社と）が互いに非難の応酬をしている。医師曰く，貪欲なπ側弁護士達が成功報酬制度で事件を受任し，過誤保険費用を多額に消費させるから，保険制度自体の存立も危うくさせられている，と。対するπ側弁護士（plaintiffs' bar）曰く，自分達は救いなく受傷した患者・依頼人のために正義を為そうとしているのだ，責められるべきは貪欲な保険会社なのだ，と[172]。

A. 医療過誤と慣行： 「業界慣行」と過失基準の関係は，たとえば医学界での医療過誤訴訟類型における注意義務でも問題になる。不法行為法学で特に扱われるトピックは，医師の注意義務がその開業する「地域の基準」（local standard / locality rule）なのか，それとも「全国的な基準」（national standard / nationality rule）を遵守しなければ有責となるのか，という問題である[173]。

B. インフォームド・コンセント： 「インフォームド・コンセント」（informed consent）の法理とは，医療行為や手術の危険を患者に開示するように医師に対し法が要求する義務である[174]。それは歴史的には当初，「battery」（暴行）を根拠とする「故意による不法行為」の訴訟に見られたけれども，後にそれが医師という専門家の「義務」（duty）違反であると捉える過失責任を根

---

171) John Gibeaut, *The Med-Mal Divide*, 91 A. B. A. J., Mar. 2005, at 39, 41.
172) *Id.* at 40.
173) *See* 補迫，第三部，第Ⅶ章「第一節 医療過誤と慣行」内の「1.『地域基準』対『全国基準』」の項.
174) *See* PROSSER, WADE AND SCHWARTZ'S TORTS, *supra* note 14, at 102.

拠とする訴訟に変容したのである[175]。

「インフォームド・コンセント」の義務の核心は,「自決権」(self determination),即ち個人の「自律」(autonomy)と「選択の自由」(free choice)にある。意味のある選択権を行使するための十分な情報が提供されなければならないという訳である[176]。ところで,何処まで危険を医師が患者等に開示しなければならないのかという基準としては,「医師中心・医療実務中心の基準」(physician-centered medical-practice standard)ではなく,主に,いわゆる「患者中心の基準」(patient-centered standard)が採られている[177]。典型的な患者にとっては重要であると思われる危険(deemed material),または,特定な患者にとっては重要であることを医師が知り,または知る理由を有していた危険は,開示しなければならない[178]。

C. 「善きサマリア人」制定法 ("Good Samaritan" statutes): 前掲「第二節 過失責任」内の「8.『ノンフィザンス(不作為)』と『ミスフィザンス(失当な行為)』」の項にて触れたように,「善きサマリア人」制定法とは,自発的に人助けをした際の過失責任から行為者を減免することにより,自発的救出活動を奨励するための制定法である[179]。同制定法がなければ,たとえば医師がボランティアな救出活動に着手しなければ「ノンフィザンス」(nonfeasance)として責任を問われないのに,救出すればその際の過失を「ミスフィザンス」(misfeasance)として責任を問われ得てしまう。そのような嘗てのコモン・ロー上の原則は,『新約聖書』(ルカ伝)の「善きサマリア人」の教え[180]に反し,却

---

175) Id.
176) SHAPO, PRINCIPLES OF TORT LAW, supra note 5, at 122.
177) Richard W. Wright, The Standards of Care in Negligence Law, in PHILOSOPHICAL FOUNDATIONS OF TORT LAW 249, 268 (David G. Owen ed. 1995).
178) Id. この本文中の概念について,詳しく分析する代表判例は,see 補追,第三部,第Ⅶ章「第二節 インフォームド・コンセント」中の「1. 自律・自決権とインフォームド・コンセント」内の〈A.「Canterbury 対 Spence」判例〉の項.
179) BLACK'S LAW DICTIONARY 715 (8th ed. 2004).

って路傍で困っている人を見て見ぬ振りをするように奨励してしまう。医師がボランタリリーに救出に着手することが，仇となるからである。これを「法と経済学」的に分析すれば，善き行いを discourage するので望ましくない。倫理哲学的に分析しても，「公正」(fair) な結果とは言い難いであろう。そこで，全米50州とコロンビア特別区において，何らかの「善きサマリア人」法が制定されているのである。

第十節　製造物責任 (products liability)

1．製造物責任のプライマ・フェイシャ・ケース（一応の立証）

不法行為法の下位分類として，非常に重要な位置を占めるのが，「製造物責任法」(products liability) である。製品の「欠陥」(defects) が損害を惹き起こした場合には，製造業者等の売主側に賠償責任が生じるという法理である。そのプライマ・フェイシャ・ケース(prima facie case : "p. f.")（一応の立証）は図表＃16の通りである。

---

180)　即ちルカ伝は以下のように説いている。

> A certain man went down to Jerusalem to Jericho, and fell among thieves which stripped him of his raiment, and wounded him, and departed, leaving him half dead. And by chance there came down a certain priest that way : and when he saw him, he passed by on the other side.　And likewise a Levite, when he was at the place, came and looked at him, and passed by on the other side.　But a certain Samaritan, as he journeyed, came where he was : and when he saw him, he had compassion on him, and went to him, and bound up his wounds, pouring in oil and wine, and set him on his own beast, and brought him to an inn, and took care of him.　And on the morrow when he departed, he took out two pence, and gave them to the host and said unto him, Take care of him ; and whatsoever thou spendest more, when I come again, I will repay thee.　Which of these three, thinkest thou, was neighbour unto him that fell among the thieves.　And he said, He that shewed mercy on him. Then said Jesus unto him, Go, do thou likewise.
>
> 　　　　　　　　　　　*Luke* 10 : 30-37 (King James), *reprinted in* EPSTEIN, TORTS, *supra* note 31, at 496-97.

150　第一部　不法行為法の概要

図表#16　製造物責任法のプライマ・フェイシャ・ケース（一応の立証）

① 欠陥　　　　　　　　　　　Defects
② 因果関係　　　　　　　　　Proximate Causation
　　事実的原因　　　　　　　　　　Cause in Fact
　　法的原因（近因）　　　　　　　Proximate Cause
③ 損害　　　　　　　　　　　Injuries

　「過失責任」[181]や「厳格責任」[182]と，「製造物責任（不法行為法上の厳格責任：strict liability in torts）」等との間の"p. f."の相違点は，「過失」や「安全維持義務」に代わって，「欠陥」が要素になっていることである[183]。従って，製造物責任において一番重要な要素は，「何が欠陥か」という欠陥基準となる。製造物責任法の分野は急速に判例発展したため，判例・学説の混乱が生じ，現在でも発展を遂げつつある。そのため欠陥基準においても混乱があった。しかし現在では，『リステイトメント（第三次）不法行為法：製造物責任』[184]の編纂発布が完了し，一応の整理がついたところである。

2．法　理

　なお，製造物責任という文言で表される法理は，歴史沿革的・判例発展的な背景から，様々な法理の総称であった。即ち，「契約法」（contracts）から判例発展してきた「保証違反」（breach of warranty："br/wt"）[185]，および，「不法行為」

---

181)　*See supra*「第二節　過失責任」内の「1．過失責任のプライマ・フェイシャ・ケース（一応の立証）」の項．
182)　*See supra*「第三節　厳格（無過失）責任」内の「1．厳格責任のプライマ・フェイシャ・ケース（一応の立証）」の項．
183)　「①欠陥」の要素を"①義務"と"②義務違反"に分解して理論構成すれば，たとえば，『リステイトメント（第二次）不法行為法』§402Aにおける製造物責任の定義を利用して，「①＋②＝『アンリーズナブリーなまでに危険な製品』を提供しない義務違反」と捉えることも可能である．更に，たとえば保証違反の法理を用いた製造物責任の場合には，「①保証義務＋②保証義務違反＋③因果関係＋……」という理論構成も可能であろう．
184)　Restatement (Third) of Torts : Products Liability (1998).

の「過失責任」法理における「レス・イプサ・ロキタ（過失推定則）」(*res ipsa loquitur*)[186]，ならびに，「不法行為法上の厳格責任」(strict liability in torts)[187]という諸法理から主に構成されていた。(後掲，図表#17参照。) 実務では，原告側弁護士が，これら諸法理違反をできるだけ多く訴状において記載・主張した後に，開示手続等を通じて可能な請求を徐々に絞り込み追行していくのが通常である[188]。しかし現在では，このような重複する諸法理を州制定法によって整理して，"製造物責任法"という一つの法に統合する動きも見受けられる[189]。

---

185) *See* 補追，第四部「第Ⅳ章　保証違反」の項.
186) *See* 補追，第三部，第Ⅱ章「第三節　過失推定則」の項.
187) 「strict liability in torts」（不法行為法上の厳格責任）とは，「strict liability in contracts」（契約法上の厳格責任）に対比される言葉・法理である。契約法上の法理では，そもそも過失は要件（プライマ・フェイシャ・ケース）とされておらず（代わりに "privity" と呼ばれる契約等の "関係" が要件となっていてπの請求上の障害になっていた），それを製造物責任的な事例に当てはめた「契約法上の厳格責任」と呼ぶべき判例発展 (*i.e.*, 契約関係等を不要とする) が，図表#17にあるように，1932年の「*Baxter*」判例や1960年の「*Henningsen*」判例等によって示されてきていた。これに対し，不法行為法上の法理では，過失が要件とされπの請求上の障害になっていたので，過失の立証責任を「過失推定則」の類推適用等により軽減する判例発展が生じた。しかし，過失そのものの要件を不要とする程にまでは至っていなかった。(1944年の「*Escola*」判例において Traynor, J. は，過失を不要とすべきという有名な意見を書いてはいたけれども，それは同意意見であった。) ところが，図表#17にあるように，1962年の「*Greenman*」判例 (Traynor, J. が法廷意見を担当) と，1965年のリステイトメント第二次不法行為 ("R2T") §402Aの編纂発布によって，不法行為法理でありながら過失の要件を不要とすることを正面から肯定する authorities が出現し，これ等が「不法行為法上の厳格責任」を構成していくことに至った訳である。*See* 拙書『アメリカ製造物責任法の新展開：無過失責任の死』2-19頁 (1995年，成文堂)。
188) 何故ならば，同じ製品事故の事実に関し，保証違反の諸法理や不法行為法上の諸法理等，複数の法理に基づいて救済を請求できるからである。*See, e.g.*, JAMES J. WHITE & ROBERT S. SUMMEWRS, THE UNIFORM COMMERCIAL CODE § 9-1, at 340 (5th ed. 2000).
189) *See, e.g.*, 補追，第四部，第Ⅵ章「第五節『*McCroy* 対 *Coastal Mart, Inc.*』判例」の項（カンザス州は制定法により，全ての製造物責任訴訟を，それが如何なる法理

製造物責任法リステイトメントの成果かもしれない。

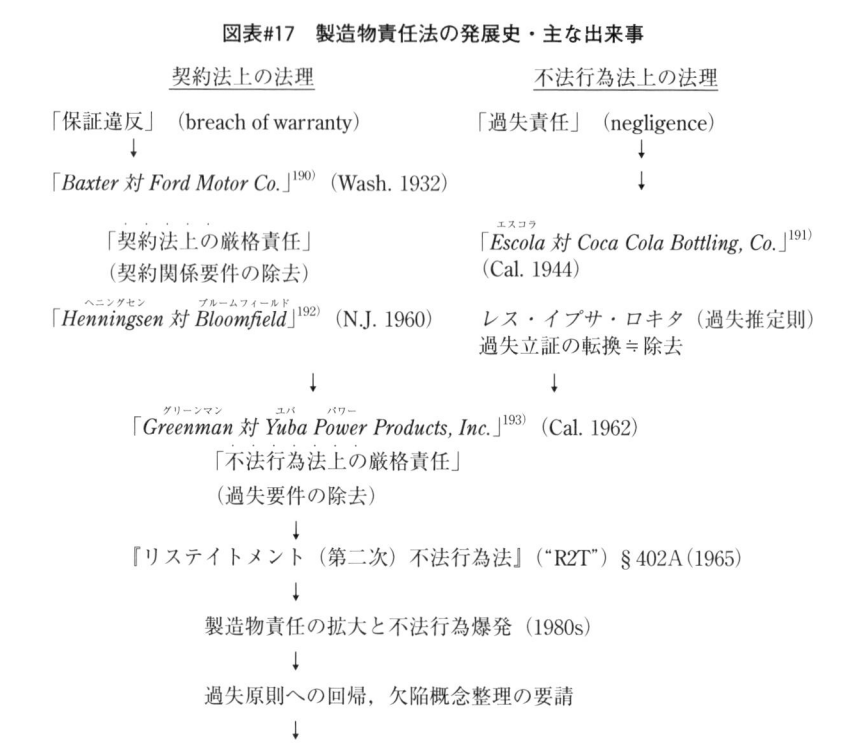

図表#17 製造物責任法の発展史・主な出来事

契約法上の法理　　　　　　　　　不法行為法上の法理

「保証違反」（breach of warranty）　　「過失責任」（negligence）
↓　　　　　　　　　　　　　　　　　↓
「*Baxter* 対 *Ford Motor Co.*」[190]（Wash. 1932）　　　↓

「契約法上の厳格責任」　　　　　「*Escola* 対 *Coca Cola Bottling, Co.*」[191]
（契約関係要件の除去）　　　　　（Cal. 1944）

「*Henningsen* 対 *Bloomfield*」[192]（N.J. 1960）　　レス・イプサ・ロキタ（過失推定則）
　　　　　　　　　　　　　　　　　　　　過失立証の転換≒除去

↓　　　　　　　　　　　　　　　　　↓

「*Greenman* 対 *Yuba Power Products, Inc.*」[193]（Cal. 1962）
「不法行為法上の厳格責任」
（過失要件の除去）
↓
『リステイトメント（第二次）不法行為法』（"R2T"）§402A(1965)
↓
製造物責任の拡大と不法行為爆発（1980s）
↓
過失原則への回帰，欠陥概念整理の要請
↓
『リステイトメント（第三次）不法行為法：製造物責任』§2(1998)

に基づくものであろうとも，一つの法理に統合した。過失，厳格責任，および警告懈怠等の諸理論は，全て，「製造物責任請求」（"product liability claim"）という一つの法理に合併されるのである，と同判例の法廷意見が指摘．*See also* 補遺，第四部，第Ⅵ章「第三節『*Nadel* 対 *Burger King Corp.*』判例」の項（オハイオ州における同様な制定法を指摘）．

190) Baxter v. Ford Motor Co., 12 P. 2d 409 (Wash. 1932)（明示の保証）．
191) Escola v. Coca Cola Bottling Co. of Fresno, 150 P. 2d 436 (Cal. 1944)．
192) Henningsen v. Bloomfield Motors, Inc., 161 A.2d 69 (N. J. 1960)（黙示の保証）．
193) Greenman v. Yuba Power Products, Inc., 377 P. 2d 897 (Cal. 1962)．

A. その他の製造物責任関連諸法理：「不実表示」(misrepresentation："m-rep") や，「過失的マーケティング」(negligent marketing)，「過失的広告宣伝」，「ミスマッチ」("mismatch" cases)，「過剰販売促進」("overpromotion")，等々と呼ばれる法理も，製造物責任法には存在する。（補追，第四部内の「第Ⅴ章 不実表示と警告欠陥以外の『欠陥マーケティング』」の項にて紹介している。）

3．製造物責任法は必ずしも無過失責任ではない

嘗ての製造物責任法は，以下の諸理論を根拠として，無過失責任であると誤解されていた。しかし現在では，次項「4.『欠陥』概念の重要性と欠陥の三分類」において説明するように，大部分は過失的な欠陥基準が採用されている。ところで無過失責任を嘗て肯定していた諸理論と，それらが必ずしも製造物責任法の全てにおいて当てはまるとは限らない理由を，以下で簡潔に紹介しておく。

A. 危険責任──危険を作り出した者こそが責任を負うべしという理論。しかし，多くの製品事故の危険は，製造業者だけが作り出した訳ではなく，「先の行為者」(earlier actors) たる利用者と，「後の行為者」(later actors)[194] たる製造業者等との間の，自律的行為の接点で生じている。即ち「双方的危険」(bilateral risk) である[195]。更に多くの場合，利用者こそが事故回避義務を履行せずに危険を作り出している。従って「危険を作り出した者」＝「製造業者等」という単絡的な前提が誤っている。

B. 報償責任──利益を得ている企業が責任を負担すべし ("let the party who

---

194) See infra 第二部，第Ⅱ章「第一節 矯正的正義論」中の「第二節 平等の論理」内の「1.『平等な自由』」の項．
195) See infra 第二部，第Ⅰ章「第二節『コースの定理』」内の「7．コースの分析と『双方的危険』・『一方的危険』」の項；同第Ⅱ章中の第五節内「2."賠償の互酬原理" と George P. Fletcher」の項．

benefits from a cost bear it")[196]という理論。しかし，利用者も製品を使用することで「効用」(utility) や「便益」(benefits) を享受しているのだから，製造業者等ばかりを責めるのは「平等」や「公平」または「互酬 (reciprocal) 原理」の倫理哲学に反する[197]。

C. 危険（損失）の分散——無過失責任により製造業者等が負担する損害賠償等の損失を，製品価格に広く薄く分散して (risk (loss) spreading) 転嫁すれば良いという理論。「製造上の欠陥」においてならば通常〇〇万個に一件の割合でしか発生しない程度の蓋然性における損失なので実現可能であっても，それ以外の場合にまで拡大適用された途端に，そもそも訴訟に頼って「運用費用」(administrative costs) が掛かり過ぎる非効率な不法行為責任制度の欠点が露呈し，かつ社会に必要な「活動レベル」(activity levels) に対し「歪み効果」(distorting effects) を及ぼしてしまう。過剰抑止 (over-deterrence) の弊害が生じるのである。「コミュニタリアニズム」[198]の倫理・価値から受傷者を広く救済したいならば，社会保障制度や事故補償制度を充実させたり[199]，または利用者自らが付保した方が効率的である。

D. 最安価事故回避者（チーペスト・コスト・アヴォイダー）——最安価に事故を回避できる者 (cheapest cost

---

196) GUIDO CALABRESI, THE COSTS OF ACCIDENTS: A LEGAL AND ECONOMIC ANALYSIS 5 (1970).
197) See, e.g., infra 第二部，第Ⅱ章「第一節 矯正的正義論」中の「第二節 平等の倫理」内の「1.『平等な自由』」の項；同第Ⅱ章中の第五節内「2．"賠償の互酬原理"とGeorge P. Fletcher」の項.
198) See infra 第二部，第Ⅱ章「第三節『コミュニタリアニズム』と企業性悪説」内の「1．『分配（distribution）』あるいは『分担（sharing）』と『コミュニタリアニズム』(communitarianism) の倫理」の項．なお「過剰抑止」等については，see supra 第Ⅰ章，第一節内の「7．"EL"：エンタープライズ（事業）責任」の項.
199) See supra 第一部，第Ⅰ章「第一節 不法行為法 (torts（トーツ）) とは何か」内の「8．労働災害保険制度，ノーフォールト自動車事故賠償制度，ニュージーランド事故補償制度」の項.

avoider) にこそ責任を課すことが，効果的に「抑止」機能を発揮させつつ「賠償」の目的も達成できるとする理論。この理論を発展させ，製造業者等こそが分類上，費用便益分析をする上でより良い立場におり，かつ，その分析結果に従って行動する上でより良い立場にいる者であると決め付けることにより，個別具体的に最安価回避者を特定するための「運用費用」を抑えて，製造業者等に対し常に無過失責任を課すべきだとする主張が有名である[200]。古典的な「製造上の欠陥」[201]（manufacturing defects）類型では確かに，外れ玉を利用者側が発見して事故回避することは難しいと言える[202]。しかし，通常の製品事故では利用者こそがベスト・リスク・ミニマイザーである場合も多い[203]。更に製造業者等に対し常に無過失責任を課せば「過剰抑止」「歪み効果」を生じる。それ等の理由により，現在では製造業者等を分類的に常に無過失責任であるとする主張は，過半数（majority）の判例や多数説では支持されていない。

E. 管理(コントロール)する者こそ有責——製品事故（の原因）は製造業者等の管理（コントロール）下において生じると看做すことにより，無過失責任を正当化しようとする理論である。確かに「製造上の欠陥」については事故原因が被告の管理(コントロール)下にあるという論理もある程度肯定され得る。（もっとも，他原因を排除し切れていないのではないかという疑問は残る。）[204] しかし，「製造上の欠陥」以外の

---

200) Calabresi & Hirschoff, *Toward a Test for Strict Liability in Torts, supra* note 57. See *infra* 第二部，第Ⅰ章「第三節『チーペスト・コスト・アヴォイダー(最安価事故回避者)』論への批判」中の「1.『チーペスト・コスト・アヴォイダー』の無過失責任的解釈」の項．
201) *See infra* 本節内の次項「4.『欠陥』概念の重要性と欠陥の三分類」および「5．製造上の欠陥」の項．
202) *See* RICHARD A. POSNER, ECONOMIC ANALYSIS OF LAW 181 (4th ed. 1992).
203) *See id.* at 182. なお，チーペスト・コスト・アヴォイダー論への批判の詳細は，see *infra* 第二部，第Ⅰ章「第三節『チーペスト・コスト・アヴォイダー』論への批判」中の「2.『チーペスト・コスト・アヴォイダー』の無過失責任的解釈への批判：倫理哲学等からの示唆と，誰が危険を管理(コントロール)していたのか（原告側の非行・過誤への抑止の重要性）という問題」の項以下．
204) *See* 補追，第三部，第Ⅱ章「第三節　過失推定則」内の「4．危険の管理」およ

「設計欠陥」(design defects) や「警告懈怠」(failure to warn) が主張されるその他の多くの製品事故は，原告（π）の管理下において生じるので，この管理を無差別に製造業者等に帰すことを前提とする無過失責任肯定の論拠は必ずしも正しくない。

　F.　信頼責任──製造業者等のマーケティング等により信頼 (confidence や reliability) が醸成され，利用者の注意は弛緩させられている (vigilance has been lulled) のだから，製造業者等こそが製品事故の責任を負うべきとする理論。「製造上の欠陥」であれば，πはまさか自分の製品だけが同じ図面に基づいて大量生産された製品から逸脱した貧乏籤を引かされたとは予期していないから，利用者の信頼を裏切ったといえる。しかし，「設計欠陥」や「警告懈怠」の場合は，ケース・バイ・ケースに分析して本当に製品が信頼を裏切っているのか，または，利用者こそがベスト・リスク・ミニマイザーだったのか等の判断をしなければ，一概に常に信頼が裏切られたと断定するのは乱暴過ぎよう。

　なお，上の分析は，「π＝利用者」であるという"原則的"な製品事故の場合に当てはまる。従って，この原則が当てはまらない場合，即ち「π＝*bystanders*」という場合には，別の分析が必要になる可能性が残されているのも事実であろう[205]。

4．「欠陥」概念の重要性と欠陥の三分類

　製造物責任法の発展に伴って，最も重要な要素になったのは，「欠陥」(defects) 概念である。即ち，「過失」に代わる「欠陥」の判断基準として，多

　　　び「5．製造物責任法とレス・イプサ・ロキタ」の項．
205）　即ち，πが製品から効用や便益を受けていない innocent な受傷者だった場合は，その安全利益の要保護性が高まるのではないかとも考えられよう。bystanders と⊿の関係は「非互酬的」(nonreciprocal) であると捉えられるのかもしれない。Fletcher, *Fairness and Utility in Tort Theory, supra* note 21, at 569-70, 572.

くが依拠した「アンリーズナブルなまでに危険な欠陥状態」(defective condition unreasonably dangerous)[206]とは，果たしてどのような場合を言うのであろうか。即ち，安全な製品を提供する義務違反を構成する「欠陥」とは，一体どのような場合を指し示すのであろうか。その"中身"が問題になってきたのである。何故なら全ての活動に危険が伴うのと同様に，全ての製品にも危険が伴うからである。完全に安全な製品などというものは，現実世界においては実現し得ないのであるから，何処までの安全を有していれば欠陥ではないと言えるのかという「基準」や「限界値」こそが，正に重要な問題になるのである。

長い論争と判例上の混乱の末，現在ではやっと，欠陥を以下の三つに分類した上で，「無過失責任」が適用される場合と，「フォールト」(過誤) の原則による過失的責任の場合とに区別されることとなったのである[207]。

図表#18　欠陥の三分類

① 製造上の欠陥　　manufacturing defects　⇒　無過失責任
② 設計欠陥　　　　design defects　　　　　⇒　過失的責任
③ 警告欠陥　　　　warning defects　　　　 ⇒　過失的責任
　 (警告懈怠)　　　(falure to warn)

5．製造上の欠陥 (manufacturing defects)

「製造上の欠陥」(manufacturing defects : "mfg dft") とは，製造過程で生じる

---

206) RESTATEMENT (SECOND) OF TORTS § 402A (1965) のブラック・レター内の文言である。同ブラック・レターについては，see 補追，第四部，第Ⅱ章「第一節　欠陥基準を巡る混乱」の項．
207) 製造物責任法リステイトメントは以下のように規定している。

　§2　Categories of Product Defect
　A product is defective when, at the time of sale or distribution, it contains a manufacturing defect, is defective in design, or is defective because of inadequate instructions or warnings.

"外れ玉"（physical flaws, incorrectly assembled）の意味である[208]。大量生産においては，大量な製品の中で僅かな数の外れ玉が生じ，検査の目を逃れて消費者に届いて損害を惹き起こす。それこそが，「製造上の欠陥」である。この製造上の欠陥基準としては，無過失責任的な「標準逸脱基準」（deviation-from-the-norm test）が適用される。図面や仕様といった"標準"を製品が"逸脱"しているか否かで欠陥を判断する。それが無過失責任的であるという意味は，即ち，たとえ被告（Δ）が注意を怠っていなくても，結果として製品が図面や仕様といった標準から逸脱していれば，欠陥認定を避け得ないという意味において「無」過失なのである。製造物責任法リステイトメントは，標準逸脱基準を以下のように規定している。

§ 2　Categories of Product Defect

…

A product :

(a) contains a manufacturing defect when the product departs from its intended design even though all possible care was exercised in the preparation and marketing of the product ;

RESTATEMENT (THIRD) OF TORTS : PRODUCTS LIABILITY § 2 (a) (1998) (emphasis added).

過失的欠陥基準が適用される②「設計欠陥」と③「警告欠陥」（警告懈怠）と異なって，①「製造上の欠陥」にのみ無過失責任が適用される理由の一つとしては，倫理的に，利用者には避け得ない危険の存在という点が重要であろう。たまたま生じた外れ玉の傷・欠陥を，通常の消費者は発見できないし，従ってその危険を回避することも難しいであろう。そのような種類の危険は，利用者

RESTATEMENT (THIRD) OF TORTS : PRODUCTS LIABILITY § 2 (1998).

208)　*E.g.*, HENDERSON & TWERSKI, PRODUCTS LIABILITY, *supra* note 117, at 37.

よりも製造業者等の方が「より良き危険極小化者」(a better risk minimizer) と言える。製造上の欠陥では，危険を管理(コントロール)できるのは利用者ではなく製造業者側なのである。無過失責任を課すことで製造業者等は一種の「保険者」(an insurer) と化すけれども，保険制度としても製造上の欠陥に無過失責任を限定するならば機能し得る。何故ならば，外れ玉は利用者側に発見困難なのだから，利用者側の管理下にある行為次第で「モラル・ハザード」(moral hazard)が生じることがない。従って「逆選択」(adverse selection) の危険もない。更に，通常，外れ玉はごく稀な数量に留まるので，危険が膨大になることもなく「危険（損失）の分散」も可能だからである[209]。

　製造物責任法発展史的にも，嘗て無過失責任が適用されるべきだとされた前提となる製品事故は，主に製造上の欠陥事例であった[210]。利用者は，まさか自分の手にとった製品が外れ玉だったとは思わず受傷するので，正に消費者期待を"裏切る"ような類の事故である[211]。そこで，嘗ては，欠陥基準として

---

209) James A Henderson, Jr., *Echoes of Enterprise Liability in Products Design and Marketing Litigation*, 87 CORNELL L. REV. 958 (2002). なお best risk minimizer については，see infra 第二部，第Ⅰ章「第三節　チーペスト・コスト・アヴォイダー論への批判」内の「3. それでは誰がチーペスト・コスト・アヴォイダー（ベスト・リスク・ミニマイザー）なのか」の項．「モラル・ハザード」と「逆選択」については，see infra 第二部，第Ⅰ章「第一節　概説」内の「13. 保険制度：『モラル・ハザード』と『逆選択』」の項．

210) James A. Henderson, Jr. & Aaron D. Twerski, *What Europe, Japan, and Other Countries Can Learn from the New American Restatement of Products Liability*, 34 TEX. INT'L L. J. 1, 3-4 (1998). See also 補追，第四部，第Ⅱ章「第一節　欠陥基準を巡る混乱」の項．製造上の欠陥以外にも製品が突如，「誤作動」(malfunction) した事例や，異物が食品に混入していた事例等も，嘗ての典型的な製造責任事故であろう。現在でもこれらの場合は，立証責任を転換することにより，無過失責任に近いルール（準則）となっている．*See infra* 本節内の「7. 設計欠陥における"例外的"な無過失寄り類型」の項．

211) RESTATEMENT (THIRD) OF TORTS: PRODUCTS LIABILITY § 2 cmt. c (1998)（他の如何なる欠陥類型よりも，製造上の欠陥が消費者の期待を disappoint させている，と指摘している）．

は「消費者期待基準」(consumer expectations test) が唯一の基準として適用されると考えられていた。確かに製造上の欠陥では，消費者の期待が裏切られているという基準でも機能し得る。外形的に外れ玉であることが判明すれば，消費者の期待を裏切ったと言えるからである。その認定は，次に説明する設計欠陥の場合よりも容易なのである。

6．設計欠陥 (design defects)

「設計欠陥」(design defects) とは，原告（π）が欠陥を主張する当該製品が図面や仕様通りに製造されているために製造上の欠陥は存在しないけれども，そもそもの図面や仕様が欠陥であると主張される場合である。理論上，設計欠陥が認定されれば，同じ図面や仕様から生産された大量な製品が全て欠陥だったということになる。従って多大な経済的影響を理論的には被告（Δ）のみならず一般消費者全体に強いることにもなる[212]。それも一つの理由となって，設計欠陥の認定においては，「果てしのない」(open-ended な) 責任を課すことを避けるべきとされる。何故ならば，一方では，事故で受傷した者にとっては，常に何かしらその損害を回避・減少し得る代替設計案を思い付くことが容易である[213]。しかし他方では，それを全て満たすことは，限られた資源と消費者の購買可能な予算の中では，実現不可能である。そこで，正しい設計欠陥（warranted/legitimate）

---

212) つまり欠陥認定された図面や仕様に基づく製品が市場から撤退することにより，消費者の選択権が奪われるという費用も発生する。即ち僅か12名（連邦裁判所の場合は 6 名の場合もあり得る）の陪審員が，同型製品を選択する権利を大多数の消費者から奪う (taking) という構造にもなっている。

213) この問題を，製造物責任法の代表的研究者のHendersonは，たとえば以下のように表現している。

> It is possible to conjure up some design fix that would have avoided or lessened a plaintiff's enhanced injury. Auto manufacturers thus become liable for making cars (not for making defective cars).
>
> HENDERSON & TWERSKI, PRODUCTS LIABILITY, *supra* note 117, at 241.

の基準を作り出し，その基準に従って有責・無責を決する必要が出てくる。

A．"消費者期待基準"（consumer expectations test）の衰退と"危険効用基準"（risk-utility test）の興隆： そもそも「消費者期待」を基に妥当な結論を導き出すことは難しい。製造上の欠陥のように，図面や仕様のような客観的な指針からの逸脱という外形的に明確・明白な基準が存在しないからである。単に消費者の期待を裏切ったという曖昧な基準だけでは，果たして何処まで事故回避・防止費用を掛けるべきだったかという具体的な「行為規範」（rules for players／the norm for conduct）が示されていない。何処まで防止費用を掛ければ消費者の期待を裏切っていないと言えるための基準が示されていないからである。そもそも設計欠陥訴訟という類型が勃興したのは，それまでは製造上の欠陥を中心として消費者期待基準によるルール（準則）が採用された後のことである。従って，元々想定していなかった設計欠陥という主張に対し，古い消費者期待基準のみで欠陥を認定しようとすることに無理が生じた。そこで，判例や学説は，より機能し得る設計欠陥基準を探して，結局，いわゆる「危険効用基準」（risk-utility test）を採用するに至ったのである。即ち，設計欠陥の原則としては，判例法において消費者期待基準が独立した判断基準ではなくなってきている[214]。

B．更なる洗練化——*RAD*＝"機能的"設計欠陥基準の採用： その後，危険効用基準は更に洗練され，製造物責任法リステイトメントにおいて，

---

214) もっとも消費者期待基準を独立して採用する立場の裁判所もあるけれども，それはとても小さな少数派に過ぎない。Henderson & Twerski, *What Europe, Japan, and Other Countries Can Learn, supra* note 210, at 11. なお本文にて後掲するように，食品の異物混入事例のように"例外的"な場合には消費者期待基準を欠陥基準とする場合が残されている。また，代替設計案と既存設計との間で多様な諸要素を比較衡量して欠陥を認定する危険効用的 RAD 基準においても，比較衡量の際の"諸要素の一つ"としては，消費者期待も検討され得る。*See* RESTATEMENT (THIRD) OF TORTS：PRODUCTS LIABILITY § 2 cmt. g (1998).

「リーズナブルな代替設計案(reasonable alternative design : RAD)の不採用が製品をリーズナブルに安全ではなくしている」という基準[215]に昇華されている。「費用便益分析」(cost-benefit analysis : CBA)を行うためのリーズナブリーな代替設計案を主張・立証する義務が,原則として原告(π)に課されているのである。この欠陥基準を,製造物責任法リステイトメントは以下のように規定している。

§2 Categories of Product Defect

...

A product :

(a) ...;

(b) is defective in design when the foreseeable risks of harm posed by the product could have been reduced or avoided by the adoption of <u>a reasonable alternative design</u> by the seller or other distributor, or a predecessor in the commercial chain of distribution, <u>and</u> the omission of the alternative design renders the product <u>not reasonably safe</u> ;

　　　　　　　　　　　Restatement (Third) of Torts : Products Liability § 2 (b) (1998) (emphasis added).

---

[215] 本文中に引用した製造物責任法リステイトメント§2のブラック・レター部の文言が示すように,この基準では,原告(π)が,①単にRADを提示するだけでは要件を満たさない。それに加えてπは,②そのようなRADの不採用が製品をアンリーズナブルに危険にしたことをも立証しなければならない。即ち「dual requirement」である。何故ならば,誰でも自分の受傷した一つの危険を回避する代替案は安易に思い付くけれども,そのような代替案の不採用が果たして欠陥とまで言えるか否かを決するためには,代替案が新たに生じさせる他の種類の危険の虞や,価格や利便等の様々な諸要素への悪影響等をも,総合的に検討した上でなければ判断できないはずだからである。詳細は,see 補追,第四部内の「第Ⅱ章 設計欠陥」の項.

製造物責任法リステイトメントの編纂発布作業において，おそらくは最も偉大な成果と言える[216]，この RAD 云々の設計欠陥基準の採用のことを，共同起草者 Henderson & Twerski (ヘンダーソン・トゥワースキー) は以下のように言い表している[217]。

「全ての道は，究極的に，リーズナブルな代替設計に通ず。」
("[A]ll roads ultimately lead to reasonable alternative design")

ところでπ側にフォールト(fault)（過誤）があるような場合にまで設計欠陥を安易に認容すべきではない主な理由の一つとしては，製品事故の多くが利用者側のフォールトによって生じる点を挙げることができる。即ち，危険は利用者側の管理下にあると言える場合が多々ある[218]。そのような場合に設計欠陥が主張され，それを安易に認容すれば，事故発生への抑止機能が上手く働かない。製造業者側の努力だけで事故回避の実効が上がる，いわゆる「一方的予防」(unilateral precautions) の類型ではなく，利用者側の回避努力が大きく事故回避・防止効果を上げると考えられる「双方向的な予防」(bilateral precautions) の類型だからである[219]。このような場合に安易に被告（⊿）を敗訴させれば，倫理的にも納得のゆかない結果が生じる。何故なら注意を欠いた利用者の「愚かな」

---

216) 共同起草者自身，欠陥の基準・定義に関する§2関連の規定が最も重要であると認めている。Henderson & Twerski, *What Europe, Japan, and Other Countries Can Learn, supra* note 210, at 5.

217) James A. Henderson, Jr. & Aaron D. Twerski, *Achieving Consensus on Defective Product Design*, 83 CORNELL L. REV. 867, 894 (1998)（訳は本書の筆者）.

218) 設計欠陥や警告欠陥（警告懈怠）という欠陥類型においては，過失責任の原則に立脚した欠陥基準による判例形成が上手く機能してきた理由としては，製品事故関連リスクを消費者が管理している際には彼等に負担を課している点にあると，Henderson は指摘している。*See* James A. Henderson, Jr., *Why Negligence Dominates Tort*, 50 UCLA L. REV. 377, 384, 394, 403 (2002).

219) *See, e.g.*, POSNER, ECONOMIC ANALYSIS OF LAW, *supra* note 202, at 171, 173, 178. *See infra* 第二部，第Ⅰ章「第二節『コースの定理』」内の「7．コースの分析と『双方的危険』・『一方的危険』」の項.

作為・不作為（"foolish behavior on the part of users and consumers"）[220]により Δ が「敗訴」というレッテル・汚名を貼られるからである[221]。更には，「危険（損失）の分散」機能により，賠償責任の費用が他の製品価格に上乗せされ，多くの注意深いイノセント（罪のない）な消費者が高額化した製品価格を通じて（more careful consumers forced to pay higher prices），愚かな利用者に対して「補助金」（to subsidize）を支払わさせられるからである[222]。このように設計欠陥の場合に製造業者を「保険者」（insurer）と化すことは，上手く機能しない。いわば「被保険者」（the insured）たる利用者側の管理下（under control）にある危険は，その過誤（フォールト）次第で増大するから，「モラル・ハザード」（moral hazard）が生じ，「逆選択」（adverse selection）も生じ得るからである[223]。更に，危険な活動の費用を全て「内部化」（internalize）[224]すれば望ましい結果になるから無過失責任が好ましいという主張も機能しない。設計欠陥主張が生じる「双方向的な予防」類型においては，危険な活動は製造業者等が一方的に作り出している訳ではなく，利用者側にこそ内部化が求められる場合も多いからである[225]。そもそもあらゆる活動には危険が伴うのであり，あらゆる製品も使い方次第で事故が生じる。設計欠陥に対して無過失責任を課すことにより，製品事故の全てに対して Δ に結果責任・絶対責任を課すような事態は，消費者が必要とする必需品の生産から製造業者等を撤退させてし

---

220)　「foolish behavior」という表現は筆者が発案したのではなく，アメリカの指導的不法行為法学者によるものである。HENDERSON & TWERSKI, PRODUCTS LIABILITY, *supra* note 117, at 305.
221)　*See supra* 第一部，第Ⅰ章「第一節　不法行為法（Torts）とは何か」「3．不法行為訴訟における敗訴には『汚名』が伴う」の項．
222)　*See* authorities listed in *supra*「序論」，「本書において筆者が重視する諸価値・諸要素」中の「5．製品事故では利用者こそがしばしば『ベスト・リスク・ミニマイザー』であるという指摘の重要性と，『公正』という要素の重要性」内の脚注＃44．
223)　*See infra* 第二部，第Ⅰ章「第一節　概説」内の「13．保険制度：『モラル・ハザード』と『逆選択』」の項．
224)　*See infra* 第二部，第Ⅰ章「第一節　概説」内の「9．『市場の失敗』と『外部効果』」と「10．『内部化』と事故の抑止」の項．
225)　*See infra* 第二部．

まったり，価格を非常に高騰化させる等の問題が指摘されている[226]。そもそも訴訟を通じた受傷者の救済は，「運用費用」(administrative costs) が高額に掛かり過ぎて非効率であり，それだけ無駄が生じるのである。「分配的正義」(distributive justice) の実現は，税制，または社会保障制度の方が，効率的である[227]。

なお，RADと既存設計とを比較するという機能的欠陥基準においては，たとえば以下のように様々な要素を比較衡量する，と製造物責任法リステイトメント§2のコメントf部が指摘している。

.... A broad range of factors may be considered .... The factor includes, among others, the magnitude and probability of the foreseeable risks of harm, the instructions and warnings accompanying the product, and the nature and strength of consumer expectations regarding the product, including expectations arising from product portrayal and marketing. The relative advantages and disadvantages of the product as designed and as it alternatively could have been designed may also be considered. Thus, the likely effects of the alternative design on production costs ; the effects of the alternative design on product longevity, maintenance, repair, and esthetics ; and the range of consumer choice among products are factors that may be taken

---

226) *E.g.,* David G. Owen, *The Moral Foundations of Products Liability Law : Toward First Principles,* 68 NOTRE DAME L. REV. 427, 492 (1993) ; James A. Henderson, Jr., & Aaron D. Twerski, *Closing the American Products Liability Frontier : The Rejection of Liability without Defect,* 66 N.Y.U. L. REV 1263, 1287-88 (1991). なお訴訟や法的ルールに分配的正義を持ち込むと有用な商品が市場から減少して消費者が高額負担を強いられるような「distorting effects」（歪み効果）を産むという「法と経済学」からの指摘については，see ROBERT COOTER & THOMAS ULEN, LAW AND ECONOMICS 9 (4th ed. 2004).

227) *See infra* 第二部，第Ⅰ章「第一節　概説」内の「6.『効率的配分』対『分配的正義』」の項.

into account...; their relevance, and the relevance of other factors, will vary from case to case. Moreover, the factors interact with one another. For example, evidence of the magnitude and probability of foreseeable harm may be offset by evidence that the proposed alternative design would reduce the efficiency and the utility of the product. On the other hand, evidence that a proposed alternative design would increase production costs may be offset by evidence that product portrayal and marketing created substantial expectations of performance or safety, thus increasing the probability of foreseeable harm....

When evaluating the reasonableness of a design alternative, the overall safety of the product must be considered. It is not sufficient that the alternative design would have reduced or prevented the harm suffered by the plaintiff if it would also have introduced into the product other dangers of equal or greater magnitude.

　　　　　　　　　　　RESTATEMENT (THIRD) OF TORTS : PRODUCTS LIABILITY § 2 cmt. f (1998) (emphasis added).

7．設計欠陥における"例外的"な無過失責任寄り類型

なお製造物責任法リステイトメントは，RAD（リーズナブルな代替設計案）を原告（π）が立証しなくても，プライマ・フェイシャ・ケース責任を果たしたことになる"例外的"な場合を，以下のように用意している[228]。即ち一般的な設計欠陥基準の原則として RAD を伴う危険効用衡量的基準を採用しつつ，その"例外"として，以下のような特例的な場合をも記載することにより，製造物責任法リステイトメントはコンセンサスのある視点を採用したと共同起草

---

228) Henderson & Twerski, *Achieving Consensus on Defective Product Design, supra* note 217, at 906-07.

者は指摘している[229]。

A. いわゆる「論証的欠陥設計」（demonstratively defective designs）な場合：
製造物責任法リステイトメントの§3は，原告（π）がRADを示さなくても済む場合として，製品の「誤作動」（malfunction）により，製品が明白な設計の意図に沿った機能をしない場合に，「レス・イプサ（過失推定則）」型の欠陥推認（a *res ipsa* inference of defect）を認める。即ち製品が本来の動作をしなかったり，誤作動ゆえの事故が発生したこと自体から，「欠陥が論証されている」（demonstratively defective）ような場合ゆえに，具体的な欠陥の立証がなくても，"例外的"に立証責任を果たすと解釈するのである。詳細は，本節内の後掲「8.『誤作動の法理』」の項を参照。

B. 安全法規違反の場合：
原告（π）によるRADの立証を求めない二つ目は§4に規定され，該当する安全性に関する制定法や安全規則を，該設計が遵守し損なった場合である[230]。

C. 特定の製品群等に属する場合：
製造物責任法リステイトメントは，一定の製品分類についてはRADの立証が要求される§2(b)の一般原則とは別に，"例外的"な場合を以下の規定によって整理している。即ち，§5において構成部品（product component）[231]，§6における処方箋薬と医療器具（prescription drugs and medical devices），§7の食品（food products），および§8の中古製品（used products）である。なお食品における異物混入事例は，判例が伝統的

---

229) Id. at 920 ; Henderson & Twerski., *What Europe, Japan, and Other Countries Can Learn, supra* note 210, at 7-9.
230) Henderson & Twerski, *What Europe, Japan, and Other Countries Can Learn, supra* note 210, at 8 ; RESTATEMENT (THIRD) OF TORTS : PRODUCTS LIABILITY § 2 cmt. b (1998).
231) もっとも，構成部品を別途項目にてわざわざ規定する必要性については，共同起草者が疑問を抱いているようである。*See* HENDERSON & TWERSKI, PRODUCTS LIABILITY, *supra* note 117, at 513.

に「消費者期待基準」を課してきた類型である。後掲，本節内の「12. 特殊な製品の製造物責任」の項を参照。

D. 危険性が大き過ぎて効用を与えない場合： 製造物責任法リステイトメントの§2のコメント*e*と，コメント*b*にも言及されているのは，余りにも被害の虞が高いにも拘わらず取るに足らない社会的効用しか与えない製品設計が，たとえRADを示されなくても，欠陥であると認定され得るという"例外的"な可能性の"示唆"である。もっとも，この，効用が低過ぎるのに危険過ぎる製品についてRADを求めないという点については，「エンタープライズ責任」（EL: enterprise liability）の従兄弟[232)]である「製品分類別責任」（product category liability）に繋がるものであり，余り推奨できない部分であろう。（詳細は，§2 cmt. dおよび，補追，第四部，第Ⅱ章「第二節　危険効用基準の進化」「6.『マクロ衡量』と『製品分類別責任』」の項を参照。）

8．「誤作動の法理」(the "malfunction doctrine")[233)]

前掲「論証的欠陥設計」（demonstratively defective designs）という標題の下で説明したように，製品の「誤作動」（malfunction）により，製品が明白な設計の意図に沿った機能（manifestly intended function）[234)]をしないような"例外的"な

---

232)　共同起草者が，「enterprise liability problem that is a first-cousin to category liability」であると指摘している。*Id.* at 241.
233)　「the malfunction doctrine」（誤作動の法理）の語源については，see, *e.g.*, RESTATEMENT (THIRD) OF TORTS: PRODUCTS LIABILITY § 3 Reporters' Note to cmt. b (1998).
234)　製造物責任法リステイトメントのコメント部は，以下のように解説する。

> .... Section 3 claims are limited to situations in which a product <u>fails to perform its manifestly intended function</u>, thus supporting the conclusion that a defect of some kind is the most <u>probable explanation</u>. ....
>
> *Id.* § 3 cmt. b (requirement that the harm be of a kind that ordinarily occurs as a result of

場合には，原告（π）は「リーズナブルな代替設計案」（RAD）を示さなくても済む。製造物責任法リステイトメント§3の規定である。（下段参照）「レス・イプサ型の欠陥推認」(a *res ipsa* inference of defect) と呼ばれる[235]。即ち①「欠陥により通常生じる事故」であり，かつ，②「他原因が排除」された場合には，欠陥により損害が生じたという「推認」(inference) を許容するのである。

§3 Circumstantial Evidence Supporting Inference of Product Defect

It may be inferred that the harm sustained by the plaintiff was caused by a product defect existing at the time of sale or distribution, without proof of a specific defect, when the incident that harmed the plaintiff :

(a) was of a kind that ordinarily occurs as a result of product defect ; and
(b) was not, in the particular case, solely the result of causes other than product defect existing at the time of sale or distribution.

RESTATEMENT (THIRD) OF TORTS : PRODUCTS LIABILITY § 3 (1998) (emphasis added).

これは，通常の設計欠陥主張において RAD の主張・立証義務を原告（π）に課すことに比べて，無過失責任に近付いているけれども，肯定し得るものである。何故ならば，このような類型は，利用者側のフォールト・過誤のない，いわばイノセントなπに対して，製品から生じた危険（の原因）については製造業者等の"管理"下にあったと言える場合だからである[236]。言わば古典的

---

product defect) (emphasis added).

235) なお「defect *ipsa loquitur*」と呼ぶ指導的な不法行為法学者もいる。*See* David Owen, *Products Liability Law Restated*, 49 S.C. L. REV. 273, 282 (1998). ところで「*res ipsa*」は「*res ipsa loquitur*」（過失推定則）に因む文言である。*See* 補追，第三部，第Ⅱ章「第三節 過失推定則」の項。
236) もっとも「②他原因の排除」の要件を正しく満たさないままに状況証拠からの推認を loosely に認容するようなことになると，「製造業者等の管理」下にあったと捉

な製造物責任事例として，判例が立証責任の転換を通じ，無過失責任に近い認定を許してきたものであろう。このような事例は，製造上の欠陥同様に稀な件数であると推察される。更に，製造上の欠陥同様に，消費者の期待を「裏切って」いると明白に言える[237]。

製造物責任法理の発展史上からも，「誤作動」による製品事故は無過失責任的な取り扱いが，嘗てから契約法理において認容されてきた類型である。即ち，そのような事故は，「商品性の黙示の保証違反」(breach of implied warranty of merchantability) に該当する典型例であるとして，「契約上の厳格責任」(strict liability *in contract*) の同法理の下で，欠陥 (*i.e.*, 商品性の欠如) が認容されてきたのである[238]。

日本においても，欠陥が無ければ通常は生じない類の事故の場合には，アメリカ同様に，具体的に欠陥を特定する主張・立証を欠いても被告敗訴と認定される傾向が見受けられる[239]。たとえば，家電製品から発火した火災事故である。製造上の欠陥なのか設計欠陥なのか等の主張・立証をしなくても，即ち欠陥を特定することなく，該家電製品から出火したようなことさえ推認できれば，欠陥も責任も認定されている[240]。更にたとえば異物が混入していた食品である。この場合，製造物責任法リステイトメントはRADを要件としていないの

えられなくなるであろう。
237) 同上。
238) *See* 補追，第四部，第Ⅳ章「第三節　商品性の黙示の保証」内の「5．商品性の欠如と『誤作動』型事件」の項．
239) *See, e.g.*,「カラーテレビ出火事件」大阪地判平9・9・18（但し，製造物責任法施行前）（「通常の方法で利用している限り，…発火事故を起こさない安全性…」）；「テレビ発火事件」大阪地判平6・3・29（但し，製造物責任法施行前）（「テレビには，合理的利用の範囲内における絶対的安全性が求められる。」）；「バトミントンラケット眼球傷害事件」神戸地判昭53・8・30；大阪高判昭54・9・21；最一小判昭58・10・20（但し，製造物責任法施行前）（子供用玩具のラケットを使用中にすっぽ抜けて眼球に負傷）；「異物混入ジュース負傷事件」名古屋地判平11・6・30（ファースト・フード店で購入したジュース内に異物が入っていて喉に負傷）．
240) *Id.*

と同様に[241]，日本でもやはり製造上の欠陥なのか設計欠陥なのか等の主張・立証をしなくても欠陥・責任を認定している[242]。即ち家電という製品は火災を生じさせないのが「通常」であるし，食品も異物が混入しないのが「通常」である。そのように，該製品の明白な意図から乖離した状態の存在や事故発生自体から，いわゆる「経験則」(事実上の推定) 等を介して，「通常有すべき」安全性を欠く[243]と認定され易いと思われる。

9．警告欠陥 (warning defects)

A. 「警告」(warnings) と「指示」(instructions)：　「警告欠陥」(warning defects) または「警告懈怠」(failure to warn) とは，警告や指示が不適切であったために製品が欠陥であるとされる類型である。通常，「警告義務」という文言で一括して表現される概念には，実は，以下の二種類が包含されている[244]。

図表#19　警告義務：警告と指示
(i) 警告 (warnings)　　＝明白ではない危険を知らせる義務
(ii) 指示 (instructions) ＝危険を減少させる方法を知らせる義務

通常は(i)と(ii)の双方の義務が製造業者等に課される。しかし，危険減少方法が明らかな場合は(i)だけでも良く，逆に，危険が明らかならば(ii)だけでも十分であると解釈され得よう。

---

241) RESTATEMENT (THIRD) OF TORTS: PRODUCTS LIABILITY § 7 (1998) (消費者期待に反する内容物が含まれていたことを示すことでも欠陥立証が可能であると明記している).
242) See「異物混入ジュース負傷事件」, *supra* note 239.
243) 「通常有すべき安全性を欠いていること」とは，日本国の製造物責任法における欠陥基準である。See 補追，第四部，第Ⅱ章「第四節　欠陥基準の国際比較」内の「2．日本の欠陥基準」の項.
244) See, e.g., 拙書『アメリカ製造物責任法の新展開：無過失責任の死』111頁 n. 73 (1995年，成文堂).

製造物責任法リステイトメントは警告欠陥における欠陥基準として，設計欠陥とほぼ同じものを採用し，以下のように規定している。

§ 2 Categories of Product Defect

...

A product :

(a) . . . ;

(b) . . . ;

(c) is defective because of inadequate instructions or warnings when the foreseeable risks of harm posed by the product could have been reduced or avoided by the provision of reasonable instructions or warnings by the seller or other distributor, or a predecessor in the commercial chain of distribution, and the omission of the instructions or warnings renders the product not reasonably safe.

RESTATEMENT (THIRD) OF TORTS : PRODUCTS LIABILITY § 2 (c) (1998).

B. 「危険減少型」(risk reduction) と「インフォームド選択型」(informed choice)：　警告の"機能"を小分類すると以下の二種類になる[245]（図表#20）。

①「危険減少型機能」は，警告の原則となる機能であり，危険を減少するための「使い方」(how to use) を知らせる機能である。たとえば上部が熱くなって危険な製品について，その旨を知らせることにより，危険を減少させながら

---

245)　本文中のこの項の記述については，see OWEN, PRODUCTS LIABILITY LAW, *supra* note 43, at 564-65 ; Robert G. Knaiser, Note, *An Informed-Choice Duty to Instruct? Liriano, Burke, and the Practical Limits of Subtle Jurisprudence*, 88 CORNELL L. REV. 814, 846-47 (2003) ; HENDERSON & TWERSKI, PRODUCTS LIABILITY, *supra* note 117, at 340, 348.　*See also* RESTATEMENT (THIRD) OF TORTS : PRODUCTS LIABILITY § 2 cmt. i (1998).

図表♯20　警告機能の二分類

① 危険減少型機能　　　　　　(risk-reduction functions) "how to use"
② インフォームド選択型機能　(informed-choice functions) "whether to use"

製品を使用する情報を提供する。それは，経済的効率性（economic efficiency）に着目し，功利主義的な見地（utilitarian perspective）から，"事故費用（accident costs）を減少させる"という目的[246]に資するように生じる警告義務である。

　即ちリーズナブル（理に適った）な利用者が知り得ない危険であって，製造業者等の被告（⊿）側がリーズナブリーに知り，かつ，リーズナブリーに警告し得る危険は，それを利用者に知らしめて，危険減少を促進する警告義務があろう。最適（optimal）レベルな警告（過剰な警告であってはならない）は，「抑止」（deterrence）の視点からは，「事故回避費用」（accident avoidance costs）を過大に損失させずに「事故費用」を減少させ得るからである。更に「情報の非対称性」（an asymmetry of information）[247]を是正するという意味においても，情報を提供すべきであろう。不法行為法の倫理哲学の視点からも，真実を伝える倫理[248]等から適切なレベルの情報は提供すべきであろう。

　もっとも危険減少型の警告機能が問題となる機械等の一般の製品では，多くの場合，危険は製造業者等側のみが回避・減少できる訳ではない。むしろ多くの場合，利用者側に危険が管理（コントロール）され，利用者側の行為態様や注意等の方が事故防止において大きな役割を担っている。それは不法行為法の（法と経済学的な）「抑止」の目的から，利用者の方が「ベスト・リスク・ミニマイザー」（the best risk minimizer）とされ，かつ，不法行為法の（倫理哲学的な）「矯正的正義」（corrective justice）の目的からも，危険を管理し事故発生への主要な原因を作り出した利用者こそが責を負うべきとされる[249]。いわゆる「双方的危険」（bilateral risk）である。

---

246)　See infra 第二部，第Ⅰ章「第一節　概説」「2.『事故費用』と『防止費用』の和の減少＝『事故法』の目的」の項.
247)　See infra 第二部，第Ⅰ章「第一節　概説」内の「12.『情報の非対称性』」の項.
248)　See infra 第二部，第Ⅱ章「第二節　平等の倫理」内の「11.『真実』」の項.

②「インフォームド選択型機能」は，①に比べて例外的な場合である。②の機能は，たとえば副作用がある薬品や，万に一つの危険が接種者に生じるワクチン注射や，化学品のように，製品の特性上，「不可避的な危険」(inherently dangerous または unavoidably unsafe，即ち使う以上は避けられない危険）が伴う場合に，そのような危険を知らされた上でも使うべきか否かを利用者に「選択」(whether to use)させしめる機能である。利用者が製品を使用する選択決定をした以上は，もはや危険を減少できない。そこが「危険減少型」と異なる。危険減少型ならば，言わば「have their cake and eat it too」ということが可能であるけれども，インフォームド選択型では「eat the cake or don't eat it」という訳である[250]。つまりインフォームド選択型は「take-it-or-leave it」という"附合契約"的であり，危険を知らしめた上で選択決定をする権利を付与することに意義がある。その保護法益は，「個人の自律の促進」(promotion of individual autonomy)である。「自決権」(right of self-determination)，「自己決定権」(right to determine his own fate)，「選択権」(right to make his own choice)といった個人の権利（individual right）である。自決権・自律権を尊重し，真実を伝える等という，主に倫理哲学的な理由から，危険を知らしめる義務が肯定されるとも解釈できよう。従って，「自己責任」(personal responsibility)や「パターナリズム」(paternalism)という問題[251]も関係してくる。「インフォームド選択型」の警告義務には，医療過誤における"インフォームド"・コンセントのように，「個人の尊厳」(personal dignity, personal sovereignty)という利益が含意されているのである。

C. 警告義務の射程は何処まで及ぶか：
問題なのは，何処まで情報を提供すべきか，という「程度」問題である。それは「設計欠陥」において，何処

---

249) See infra 第二部，第Ⅱ章「第二節 平等の倫理」内の「4. 危険の管理」の項.
250) HENDERSON & TWERSKI, PRODUCTS LIABILITY, supra note 117, at 340.
251) See infra 第二部，第Ⅱ章「第四節『パターナリズム』と『自己責任』」内の「6.『自己責任』と自決権」の項.

まで安全設計が求められるか，という程度の問題と同様に難題である。特に，製品事故の大半を占める利用者が責を負うべき「双方的危険」の場合，利用者側による使用態様は，数え切れない程の多岐に亘る虞がある[252]。双方的危険の場合は，製品と利用者の相互作用が複雑になる場合もあり得，その場合には，常識的には警告しなくても良いと思われる危険を「事後」(*ex post*) に思い付くことも容易である。そのように警告義務は，「果てしなく」(open-ended) 拡張する虞がある。そして，起こるか起こらないか判らないような危険に対してまでも警告義務を課しても，余り意味はない。却って「警告汚染」(warning pollution)[253]になる。このように，「危険減少型」の警告義務は，「インフォームド選択型」と大きく異なる。後者では，危険を引き受けるか否かという限られた選択しかないので，（危険減少の方法を知らしめる必要がないから）警告も比較的容易であると捉えることも可能だからである。何れにしても，警告欠陥についての適切な基準には，更なる検討（*i.e.*, もっと具体的な「行為規範」）が必要であると思われる[254]。警告や指示の貼付・記載は，後述するように安価に可能であるから[255]，やはり後述するように「あと知恵」(hindsight) により幾らでも欠陥認定され得る虞[256]が払拭できていないからである。

D. 「留意の推定」(heeding presumption)——因果関係推認の原則： 「留

---

252) Note, *An Informed-Choice Duty to Instruct?, supra* note 245, at 847.
253) OWEN, PRODUCTS LIABILITY LAW, *supra* note 43, at 564.
254) *See, e.g.*, James A. Henderson, Jr. & Aaron D. Twerski, *Intuition and Technology in Products Design Litigation : An Essay on Proximate Causation*, 88 GEO. L. J. 659, 670 (2000)（警告懈怠請求の妥当性を判断するための工学技術的なデータが欠けていると指摘している）; Theodore S. Jankowski, *Focusing on Quality and Risk : The Central Role of Reasonable Alternatives in Evaluating Design and Warning Decisions*, 36 S. TEX. L. REV. 283, 339 (1995)（求められているデータを定量的・科学的に提案できる専門家が欠乏しているために正しい警告欠陥の認定が阻まれていると指摘している）.
255) *See infra*「G.『費用便益分析』適用の難しさ」の項.
256) *See infra*「F.『あと知恵』の危険」の項.

意の推定」(heeding presumption) とは，警告欠陥（警告懈怠）の請求においては，通常の不法行為法で求められる事実的因果関係の「立証責任」("b/p") を原告 (π) が免れて，被告 (Δ) に転換される法理を言う。警告懈怠の請求は，もし仮に警告が貼付されてさえいればπが危険や危険減少方法を認知して，事故を回避したはずであるという主張である。本来はπが，警告さえあれば回避したはずだという，事実的原因 (cause in fact) を立証しなければならない。しかし，判例の傾向では，そのような "b/p" がπに課されずに，事実的因果関係の存在が推定される。「反証を許す推定」(rebuttable presumption) である[257]。却って因果関係の「不」存在を，Δ側が反証しなければならない[258]。

この「留意の推定」法理の問題の一つは，「もし仮に警告が貼付されてさえいれば…回避したはずだ」という，「自己に都合の良い主張」(self-serving testimony) によって，陪審員の前に事件を進めることができる点である。そのような主張は事後的 (ex post) には幾らでも思い付くことができる。事故の責任を他人の所為にできるのである。従って，倫理哲学的に問題がある。二番目に問題なのは，反証する責任を課されたΔとしては，仮に警告が貼付されていたとしてもπは不注意な人物だから意味がなかったとか，πはだらしない人だから注意しないであろう等というように，π自身への個人・人格攻撃をせざるを得なくなる立場に追い込まれる。しかし，受傷して同情を得ているπを攻撃することは，陪審員への心証を害する虞が高いので，実務上の戦術としてΔは避けたいところである。即ちΔは反証さえも，実質上は躊躇される。もはや因果関係が要件になっていないという問題がある[259]。

---

257) HENDERSON & TWERSKI, PRODUCTS LIABILITY, *supra* note 117, at 381. なお「rebuttable presumption」については，see *supra* 第Ⅰ章「第三節　民事訴訟法上（含，証拠法等）の法律用語・概念に関する説明」中の「6．立証責任」内の〈C. 推論・推認，推定〉の項．

258) OWEN, PRODUCTS LIABILITY LAW, *supra* note 43, at 760.

259) *See* Denis W. Boivin, *Factual Causation in the Law of Manufacturer Failure to Warn*, 30 OTTAWA L. REV. 47, 90-91 (1998)（heeding presumption は credibility を欠くπでさえも推定が働いて勝訴し得るので，Δはπの証言以外の証拠を探し出して

因果関係がなくても警告懈怠事件が陪審に到達し，⊿に警告義務が課される評決に至ると，そもそも因果関係の怪しい言い掛かりな警告までも貼付義務が生じるという効果を生む。そもそも倫理哲学的に，πの損失を⊿に転嫁することを肯定するためには，「矯正的正義」(corrective justice) の観点から因果関係が求められるべきである。特に，常識的にはそこまでの警告義務を課すのは如何かと思われる事例でさえも⊿が有責とされる場合があることから推せば，因果関係の要件を適切に求めて「公正」(fair) な結果が導き出されるようにすることが必要かもしれない[260]。

E. 警告懈怠と「公然かつ明白な危険」(open and obvious danger)：

警告というのは，リーズナブリーには知り得ない危険や危険減少方法を知らしめることに意義がある。従って，リーズナブリーには明白な危険や，明白な危険減少方法についてまで，警告義務を課しても意味がない。そこで，明白な危険については警告義務が課されない。製造物責任法リステイトメントも，§ 2のコメントjにおいて，以下のように指摘している[261]。即ち，予見可能な製品の利用者に対して明白または一般に知られている (obvious to, or generally known by) 危険と危険回避手段 (risk-avoidance measures) については，一般に製品販売者が責任を負わない，と。そのような危険が明白な場合にはその危険の存在は既に知られているので，警告は安全への効果的な追加策にならない。むしろ，明白ではない危険に関する警告の重要性を減退させ，警告一般の効果を減少させてしまうのである。同リステイトメント§ 2の「例示12」(illustration 12) は[262]，梯子をドアの前に立て掛けた上で作業していたところ，5歳の子供が

π自身が該危険を知っていた旨の証明を強いられるばかりか，裁判所によっては製品使用による被害が生じた以上は⊿を免責すべきではないという立場さえをも採ると指摘して批判）.

260) See also OWEN, PRODUCTS LIABILITY LAW, *supra* note 43, at 762-63（因果関係を要件としなくなることは公正や矯正的正義からも大いに問題があると指摘）.
261) RESTATEMENT (THIRD) OF TORTS : PRODUCTS LIABILITY § 2 cmt. j (1998). See also OWEN, PRODUCTS LIABILITY LAW, *supra* note 43, at 629-31.

ドアを開けたために梯子から落ちた父親の受傷という例を挙げつつ，そのような危険は明らかなので，警告義務がないとしている。

もっとも，何処までが明白な危険とされて警告義務を免れるかについての限界，即ち義務の「程度」や「範囲」や「射程」の判断が難しい。前掲の§2のコメント j 曰く[263]，当該危険が明白または一般に知られているか否かについて「リーズナブルな心に相違」(reasonable minds may differ) があり得るならば，その争点は事実認定者が決する，としている。即ち通常は陪審員が決し得てしまう訳である。警告義務の範囲，射程等に関しては，判例においても混乱が見られる。(たとえば補追，第四部，第Ⅲ章「第二節 リステイトメント（第二次）不法行為法§402A『コメント i 問題』」内の「1.『American Tobacco Co. 対 Grinnell』判例」の項および「第三節 販売後の警告義務」内の「1.『Liriano 対 Hobart Corp.』判例」の項を参照。)

F. 「あと知恵」の危険 (hindsight bias): *ex ante*（事前）に見ればリーズナブリーには「期待事故費用」(expected accident costs) が低い事故でさえも，訴訟は，実際に起こりそうもない事故が発生してしまってから提起され，事実上，*ex post*（事後的）に判断されてしまいがちである。「法と行動科学（認知心理学）」の研究からも，人は，事前よりも事後になると，予見可能であったと誤判しがちであると分析されている[264]。警告懈怠型の請求でも，原告の被った特異な事故や受傷が，事前にリーズナブリーに予見可能であり，かつ警告義務もあったはずだと判断され易い問題がある。それは，責められるべきではない被告を責める点において倫理的に疑問があるばかりか，抑止し得ないことに

---

262) RESTATEMENT (THIRD) OF TORTS : PRODUCTS LIABILITY § 2 cmt. j, illus.12 (1998). なお，梯子や脚立がいき過ぎた訴訟社会や「不法行為爆発」(tort explosion) の象徴になっている点については，see *supra* 第Ⅰ章「第一節 不法行為（torts）とは何か」中の「3. 不法行為訴訟における敗訴には『汚名』が伴う」内の脚注＃24。

263) RESTATEMENT (THIRD) OF TORTS : PRODUCTS LIABILITY § 2 cmt. j (1998).

264) *See infra* 第二部，第Ⅲ章「第二節『法と行動科学（認知心理学）』上の主要概念」内の「3.『あと知恵の偏見』」の項。

まで義務を課すので「法と経済学」的にも問題であろう。

G. 「費用便益分析」適用の難しさ： 典型的な警告懈怠の請求は，もし仮に警告ラベル一つを被告（⊿）が貼ってさえいれば，原告（π）の受傷は避け得たという形を採る。そこで，警告ラベル貼付の僅かな費用と，πの受傷の費用とを安易・短絡的に比較すると，警告ラベル貼付の方が安いということになる。そして，警告義務が乱発される。しかし，πが受傷した事故が余り起こり得ない類のものだったり，警告なしでもπが常識的な注意を払えば安価に回避できるような事故についてまでも，警告義務が課されると，後述する「オーヴァー・ウォーニング」の弊害が生じる。即ち，πの利益ばかりに過大なウエート付けすることを避けて，警告過剰な弊害を避ける等の巨視的・政策的な考慮・検討が，実は，当事者間の勝敗の決定の際にも必要なのである。倫理哲学的にいえば，π以外の関係者の利益への「平等」（equal）な尊重が必要だということになる。「法と経済学」的には，総体的な「事故費用」（accident costs）の減少への配慮ということである。しかしそのような政策を欠く判断が下され易いことにおいても，警告懈怠の請求には問題が多い。しかもπとしては，設計欠陥よりも請求し易いことが，濫訴に拍車を掛ける。「警告さえあれば…」と「あと知恵」で言うのは，（しかも因果関係の立証さえ「留意の推定」により不要であるから更に）容易いからである。

H. 「オーヴァー・ウォーニング」（過剰警告）――「狼少年」効果／「警告汚染」： 以上のように，「公然かつ明白な危険」（open and obvious danger）のルールの衰退や，「留意の推定」ルールの拡張化は，警告義務の「果てしのない」（open-ended）拡大に繋がる。そして，拡大した警告義務は，「過剰警告」（オーヴァー・ウォーニング）を生む。「警告汚染」（warning pollution）である。しかし人は，多過ぎる情報を認知できない。認知能力の限界を超える（cognitive overload）のである。更に多過ぎる警告は，意味のない，または意義の低い情報を提供することになり，人々も警告をそのように捉える。すると警

告は,「狼少年」("crying wolf")[265]効果を生む。もはや重要な警告にさえも,注意を払わなくなる (increase inattentiveness) のである。すると,警告は,本当に重要な注意さえも喚起できなくなる。それは,警告が本来意図されていた消費者の注意喚起と,それによる「事故費用」(accident costs) の抑制という機能が果たせなくなるという意味である。「事故費用」が増大する[266]から,不法行為法の一つの柱である「抑止」(deterrence) の目的達成に反すると指摘されている[267]。即ち,明白な危険の場合や因果関係が曖昧な場合にまで,無闇と警告義務を拡大しない方が抑止機能を果たせるという訳である。

　同時に,不法行為法のもう一つの柱である,「矯正的正義」観からも,そもそもリーズナブリーに原告 (π) 側が回避可能な危険は,πの管理下にあったと評価すべきであり,従って被告 (⊿) 側には非難されるべき要素が極めて少ない場合が多いのかもしれない。更に因果関係が怪しい場合にまで⊿を有責とすることは,非難されるべき要素が怪しくても責任を課すことになるから,正当化され得ない場合もあろう。

I. 司法府の能力の限界と明確化の必要性: 　「オーヴァー・ウォーニング」の問題は,当事者間の紛争解決という限定的な (*i.e.*,「近視眼」的になりがちな) 機能・能力しか有さない司法府に対し,警告義務の規範構築という作業を安易に"丸投げ"していることに起因するのではないか。解決のためには,当事者"以外"の利益も視野に入れて,「巨視的・政策的」な視点から,"最適"(optimal) な警告のルールを制定する仕組みが必要ではないか。そのような仕組みは勿論,「公正」(fair) であり,「最新」(up-to-dated) であり,かつ「明確」(clear) である等の,幾つかの条件を満たすべきであろう。

---

265) 警告欠陥に対しての「狼少年」効果の語源は, see Aaron D. Twerski et al., *The Use and Abuse of Warnings in Products Liability — Design Defect Liability Comes of Age*, 61 CORNELL L. REV. 495, 513-14 (1976).

266) *See, e.g.*, OWEN, PRODUCTS LIABILITY LAW, *supra* note 43, at 630.

267) Note, *An Informed-Choice Duty to Instruct?, supra* note 245, at 847, 853-54.

10. 警告貼付は必ずしも設計欠陥責任を回避させ得ない——「明らかな危険のルール」(patent danger rule) の衰退と設計欠陥

警告さえ貼付すれば設計欠陥の責任を免れるというものではない。もし「リーズナブルな代替設計案」(RAD : reasonable alternative design) を採用しなかったために，製品をリーズナブルに安全ではなくさせた[268]と事後的に裁判で認定されれば，たとえ警告を貼付していても（更に危険が明らかでも）設計欠陥は免れないのである[269]。

そのような法になっている理由・政策は，もし「費用便益分析」の結果，安価に事故回避策としての安全設計を採用できたのであるならば，そのような回避策を採用しなかった過誤を許さない（たとえ警告を貼っていても）という点にある。この政策は，「法と経済学」的にも肯定されると Posner, J. は指摘している[270]。更に製造物責任法リステイトメントの共同起草者 Henderson &

---

268) *See* RESTATEMENT (THIRD) OF TORTS : PRODUCTS LIABILITY § 2 (b) (1998).
269) *E.g.*, OWEN, PRODUCTS LIABILITY LAW, *supra* note 43, at 627（危険の明白さは，製品の費用便益分析的な評価の一要素になったと指摘）。この点につき，製造物責任法リステイトメント§2コメント 1.も以下のように記述している。

> .... In general, when a safer design can reasonably be implemented and risks can reasonably be designed out of a product, adoption of the safer design is required over a warning that leaves a significant residuum of such risks. For example, instructions and warnings may be ineffective because users of the product ... may be insufficiently motivated to follow the instructions or heed the warnings. .... Warnings are not, ..., a substitute for the provision of a reasonably safe design.
>
> RESTATEMENT (THIRD) OF TORTS : PRODUCTS LIABILITY § 2 cmt. *l* (1998) (emphasis added). *See also id.* § 2 cmt. d（patent danger rule を拒絶し，危険の明らかさはより安全な設計にすべきだったか否かの一検討要素であると指摘）。

Twerski も，労働災害の文脈における機械の明らかな危険に関しての「誤使用」も設計欠陥を免れ得ないというルールを，以下のように説明している[271]。即ち，裁判所は近年，労働者に対しより同情的になってきている。そもそも，労働者が工場の機械を使っている内に，遅かれ早かれ"うっかり"（inattentive）するようになるものである。一瞬の不注意が，指や腕の喪失に至る。それを放置するよりも，むしろ，ある程度の"瞬間的な忘れっぽさ"（forgetfulness）や"瞬間的な不注意"（inadvertence）でも安全なように機械を設計した方が望ましい，と現代の裁判官達は捉えがちである，と。

　なお，嘗て（'70年代より前頃まで）は，明白な危険について，設計欠陥についても製造業者を免責するという法理が存在し，「明らかに危険のルール（準則）」（"patent danger" rule）と呼ばれていた[272]。しかし上述のように，設計欠陥については「明らかに危険のルール」は既に過去のものである。（警告懈怠については未だ有効であることは，前掲，本節中の「9．警告欠陥」内の「E．警告懈怠と『公然かつ明白な危険』」に記述の通りである。）

270）　即ち一見すると π 側の activity levels（or care levels）の活動に働き掛けることによる事故防止の方が効率的なように思えるのにも拘わらず Δ が有責とされる理由は，やはり Δ が安価に事故回避可能だと考えられたからであると，以下のように指摘している。

> This is the doctrine of foreseeable misuse ... A manufacturer sells a machine whose moving parts are not shielded, and a worker is injured when he sticks his hand in them. He was careless in doing so, the danger being apparent, and yet the manufacturer could have shielded the moving parts, and thus prevented the accident, at a trivial cost. In many states, he would be held liable to the worker.
> 　　　　　POSNER, ECONOMIC ANALYSIS OF LAW, *supra* note 202, at 182 (emphasis added). "at a trivial cost" という句が重要であろう。

271）　HENDERSON & TWERSKI, PRODUCTS LIABILITY, *supra* note 117, at 164.
272）　*E.g.*, OWEN, PRODUCTS LIABILITY LAW, *supra* note 43, at 622.

11.「製品分類別責任」(product category liability)──製造物責任法における「最後の開拓地」(the last frontier)

「製品分類別責任」(product category liability) とは，ある製品分類全てを欠陥扱いする責任である[273]。その射程が非常に大きく，司法府で扱うべきではないとの批判も多いけれども，訴訟でそのような主張が表れてきているために，近年着目されている新しい分野である。たとえば，煙草(タバコ)訴訟のように，煙草という製品分類全てが欠陥の扱いを受ける場合である。新しい例としては，ホット・ドリンク火傷訴訟や，ファースト・フード肥満訴訟等が挙げられる。もっとも薬品や化学物質のような素材の欠陥問題は，古くから製品分類全体の責任を問う要素があったので目新しい訳ではない[274]。しかし筆者が本書において特に取り上げたい「製品分類別責任」とは，機械製品や食品のような製品分類の属性を欠陥扱いしようとする試みである。それは化学製品や製薬よりも，もっと有体的であり，かつ，その製品の属性に伴う「不可避な危険」(inherent/unavoidable danger) は，通常の消費者の常識上，ある程度明らかな類のものである。それにも拘わらず，欠陥主張される顕著な傾向において，"新しい"訴訟傾向なのである[275]。そのような場合にまで欠陥認定を司法府が行ってしま

---

273) 本文中のこの項の記述については，see *generally* David Owen, *Inherent Product Hazards*, 93 KY. L. J. 377 (2004)；OWEN, PRODUCTS LIABILITY LAW, *supra* note 43, at 642-74；HENDERSON & TWERSKI, PRODUCTS LIABILITY, *supra* note 117, at 218-43；Henderson & Twerski, *Closing the American Products Liability Frontier*, *supra* note 226.

274) たとえば薬害やアスベストのように，製品属性に伴う不可避的な副作用が，消費者には明らかでなかったような事例である。

275) たとえばホット・コーヒーはその製品特性上，熱いから美味しいのであり，かつ，通常の注意を有する消費者は熱いことを認知して零さないように扱いを注意するけれども，しかし，新しい「製品分類別責任」では，熱いこと自体を欠陥だと主張する。更にファースト・フード肥満訴訟では，食べ過ぎれば肥満になるというある種の危険が伴う素材や調理方法で提供されていることは自明なはずなのに，そのようなファースト・フード食品という製品分類が欠陥だと主張する。

図表#21 製造上の欠陥から，設計欠陥・警告懈怠，そして製品分類別責任へ
旧時代型製造物責任：①「製造上の欠陥」が中心だった"無過失責任"時代。
現代型製造物責任　：②「設計および警告欠陥」が主流になってきた"過失責任
　　　　　　　　　　　（フォールト）"的概念に基づく欠陥基準の時代。
最新型製造物責任　：③ある「製品分類」全ての欠陥性が問われる時代。

うことの是非が，アメリカの製造物責任法学上問題になってきているので，筆者は着目している。この新しい「製品分類別責任」は，その動向が未だに安定化していないために，製造物責任法学における「最後の開拓地」（the "last frontier"）とも呼ばれているのである[276]。

　そもそも製造物責任法は，私見では以下の三段階を踏んで未だに発展をしている。即ち，①ある一個の固体の欠陥が問題となる段階，次に②ある一定の図面・仕様に基づいて生産された商品ブランド全体の欠陥が問題になる段階，そして最近の新しい潮流として，③ある製品分類全体の欠陥扱いを試みるようになってくる段階，である。①の段階では，「製造上の欠陥」（manufacturing defects）が問題になる。たとえば大量生産された小型四輪駆動車50万台の内の300台分についてだけ，図面・仕様の指示に反して，車高を非常に高く設定した状態で組み立て（assemble）られて利用者に渡ったため，一定速度でハンドルを切った場合に横転して事故を生じさせる危険がある場合である。この①段階では，50万台の内の当該300台分の製造上の欠陥だけが問題になっている。製造上の手違いなので，図面・仕様には欠陥がないから，当該300台以外の49万9,700台分の同型車種には欠陥がない。

　ところが次の②段階では，「設計欠陥」（design defects）や「警告懈怠」（failure to warn）が問題になる。たとえば図面・仕様自身に欠陥があったために，○○ブランド全ての小型四輪駆動車の車高設定が高過ぎる虞がある。すると，その同じ図面・仕様に基づいて大量生産された○○ブランド50万台分全てが，

---

276) Owen, *Inherent Product Hazards, supra* note 273 ; Henderson & Twerski, *Closing the American Products Liability Frontier, supra* note 226.

理論的には設計欠陥ということになる。警告懈怠でも同様に，もし横転する危険性を知らせる警告がなかったこと（懈怠）が欠陥であると認定されれば，そのように警告なしの"仕様"に基づいて大量生産された○○ブランドの50万台分全てが，理論的には欠陥ということになる。

そして昨今のトレンドである③の段階では，そもそも"小型四輪駆動車"(compact 4WD vehicles) という「製品分類」全てにおいて，車高が高いために走行中に横転し易いから「設計欠陥」だったり，そのような警告を欠くために警告懈怠だと認定されるか否かが問題になる。もし欠陥が認定されれば，その射程・範囲は，一つの製造業者による"○○ブランド"の製品が欠陥だということだけに止まらない。そのオフロード走行という属性上，車高が高くならざるを得ない"小型四輪駆動車"という「製品分類」全てにまで欠陥が及ぶことになる。なお「その属性上，車高が高くならざるを得ない…」という修飾句が表しているように製品分類別責任は，その製品特性として「不可避的」または「生来的」な危険を伴う製品を非難することになるので，「不可避的な不安全」(unavoidably unsafe) や「生来的危険」(inherent hazards, inherently dangerous) という従来の欠陥概念とも共通する。即ち製品分類を定義している「特性」自体を攻撃し，かつその製品をその製品たらしめている「属性」そのものを欠陥扱いする試みなのである。つまりその製品分類自体の市場における存在自体を，立法府・行政府による民主主義的な手続を経た法規制によって規制するのではなく，司法府を介して抹殺しようという試みでもある。それは民主主義的な法規制を成功させる程の民意のコンセンサスを形成できない場合に，非民主的な手段で規制を実現させる試みであると捉えることも可能な現象である。このアメリカにおける興味深い現象は，アメリカ史の中の「禁酒法」(Prohibition) 時代の「アルコール飲料」という製品分類や，現代の「煙草」や「銃」といった製品分類を思い描けば理解し易い。即ち前者（アルコール飲料）は立法により禁止され，後者は未だにその製品分類を民主主義的な立法では完全に禁止できていない。そこで，後者を，司法・裁判を通じて欠陥扱いしようと試みられている。後者に新たに加わる製品分類の例としては，ホット・ドリンクやファース

ト・フード等が続々と列を成して並んでいるのである。なお前者（*i.e.*, アルコール飲料）の製品分類の立法による禁止でさえも，後にその失敗が改められたことは，説明するまでもない事実である。

　日本では残念ながら未だに「製造物責任法＝無過失責任」であるという，古いステレオタイプに惑わされている言説も散見される。しかし本書は，最新の動向分析を行っている。（その詳細については，補追，第四部，第Ⅱ章「第二節　危険効用基準の進化」の項にて紹介している。）

12. 特殊な製品の製造物責任

　製造物責任法リステイトメントは前述した通り[277]，機械製品等の多様な有体物に対し一般的に共通する製造物責任法（liability rules applicable to products generally）を§2にて一般原則として規定した後に，処方薬・医療器具や，中古品や[278]，構成部品や[279]食品等を"特殊な製品"（rules applicable to special products）群に分類して別のルールを定めている。

　A. 処方薬・医療器具：　たとえば処方薬・医療器具については，欠陥を三分類することにおいては一般原則と同じであるけれども，たとえば設計欠陥については，RAD（リーズナブルな代替設計案）を採用しないことがリーズナブルに安全ではない，という「dual requirement」のルールは採用されておらず，単に，当該製薬自体の中で危険と効用を比較する「危険効用基準」（risk-utility test）を採用している[280]。警告懈怠についても reasonable instruc-

---

277)　*See supra* 本節内の「7. 設計欠陥における"例外的"な無過失責任寄り類型」内の「C. 特定の製品群等に属する場合」の項.
278)　*See* RESTATEMENT (THIRD) OF TORTS : PRODUCTS LIABILITY §§ 6-8 (1998).
279)　*See id.* § 5.
280)　ブラック・レター部とコメント部は，以下のように規定している。後者からは特にその政策が窺えよう。

　　　§ 6　Liability of Commercial Seller or Distributor for Harm Caused by Defective

tions/warnings を採用しなかったことが製品をリーズナブルに安全ではなくしているというルールが採用されていない[281]。

B. 食品： 食品については，原則として一般原則（§2）が適用され

Prescription Drugs and Medical Devices
....
(c) A prescription drug or medical device is not reasonably safe due to defective design if the reasonable risks of harm posed by the drug or medical device are *sufficiently great* in relation to its foreseeable therapeutic benefits that reasonable health-care providers, knowing of such foreseeable risks and therapeutic benefits, would not prescribe the drug or medical device for any class of parties.
Comment :
a. ....
b. *Rationale.* ....
　The traditional refusal by courts to impose tort liability for defective designs of prescription drugs and medical devices is based on the fact that a prescription drug or medical device entails a unique set of risks and benefits.　What may be harmful to one patient may be beneficial to another.　Under Subsection (c) a drug is defectively designed only when it provides no net benefit to any class of patients. Courts have also recognized that the regulatory system governing prescription drugs is a legitimate mechanism for setting the standards for drug design.　In part, this deference reflects concerns over the possible negative effects of judicially imposed liability in the cost and availability of valuable medical technology. ....

RESTATEMENT (THIRD) OF TORTS : PRODUCTS LIABILITY § 6 (c) & cmt. b (1998) (emphasis added).

281) ブラック・レター部は，以下のように規定している。

　§ 6　Liability. ...
　(a)　....
　(b)　A prescription drug or medical device is not reasonably safe due to inadequate instructions or warnings if reasonable instructions or warnings regarding foreseeable risks of harm are not provided to :

る。しかし食品特有な事例として，従来から，食品中に「自然」(natural) ではない「異物」(foreign objects) が混入していた場合には，欠陥であるとされてきた判例が見受けられる[282]。もっともこのような異物混入基準では，たとえばフィッシュ・チャウダーに魚の骨が混入していた場合や，チキン・エンチラダ[283]に鳥の骨が入っていたような場合には，明白に「自然」ではない「異物」混入の事例と言えるか否かの判断が難しい限界的な事例となる。そこで製造物責任法リステイトメントは，「消費者の期待」に反していれば欠陥と捉えるという過半数の判例（majority）が採用するルールを採用している[284]。即ち，骨

---

(1) prescribing and other health-care providers who are in a position to reduce the risks of harm in accordance with the instructions or warnings ; or

(2) the patient when the manufacturer knows or has reason to know that health-care providers will not be in a position to reduce the risks of harm in accordance with the instructions or warnings.

(c) ....

RESTATEMENT (THIRD) OF TORTS : PRODUCTS LIABILITY § 6 (b) (1998) (emphasis added). なお「learned intermediary」に警告・指示をすれば十分なのか，または，エンド・ユーザーにまで警告・指示を行う義務があるのかという争点については，see also id. § 6 cmt. e.

[282] See id. § 7 cmt. b.
[283] 「chicken enchiladas」（チキン・エンチラダ）とは，鶏肉をトルティーヤで包んだメキシコ料理である。
[284] ブラック・レター部とコメント部は，以下のように規定している。

§ 7 Liability of Commercial Seller or Distributor for Harm Caused by Defective Food Products. . . .

.... Under § 2 (a), a harm-causing ingredient of the food product constitutes a defect if a reasonable consumer would not expect the food product to contain that ingredient.
Comment :
....
b. *The special problem under § 2 (a)*. .... [F]ood products in many instances

が入っていても異物とまでは言えないけれども，利用者側では回避不可能な混入であり消費者の期待を裏切ったとリーズナブル（理に適った）に言えることが確立しているので，一般原則では消費者期待基準を唯一の欠陥基準とすることを廃止したことの"例外"として，食品異物混入型事例では消費者期待基準を特別に認容するという訳である。

13. 抗弁（その1）：製造物責任における利用者側の非行・過誤

ホット・ドリンク火傷訴訟に代表されるように，原告(π)側の「非行・不正」(misconduct) や「過誤」(fault) があるにも拘わらず，製造業者等の被告（$\varDelta$）に敗訴のレッテル・汚名が貼られる事例が散見される点こそが，製造物責任法に対して抱かれる大きな疑問点の一つである。

> do not have specific product designs that may be used as a basis for determining whether the offering product ingredient constitutes a departure from design, and is thus a manufacturing defect. Food recipes vary over time, from facility to facility, and from locale to locale.
> .... Although a one-inch chicken bone may in some sense be "natural" to chicken enchilada, the bone may still be unexpected by the reasonable consumer, who will not be able to avoid injury, thus rendering the product not reasonably safe. The majority view is that, in this circumstance of uncertainty, the issue of whether a food product containing a dangerous but arguably natural component is defective under § 2 (a) is to be determined by reference to reasonable consumer expectations within the relevant context of consumption. A consumer expectations test in this context relies upon culturally defined, widely shared standards that food products ought to meet. Although consumer expectations are not adequate to supply a standard for defect in other context, assessments of what consumers have a right to expect in various commercial food preparations are sufficiently well-formed that judges and triers of fact can sensibly resolve whether liability should be imposed using this standard.
>
> RESTATEMENT (THIRD) OF TORTS : PRODUCTS LIABILITY § 7 & cmt. b (1998) (emphasis added).

A. 「公然かつ明白な危険」(open and obvious danger) と「明らかな危険」(patent danger rule) の小括： 「公然かつ明白な危険」(open and obvious danger) とは，製品の危険が明らかな場合のことを言い，欠陥の不存在を肯定する一要素である。特に免責するルールのことを「明らかな危険のルール（準則）」(patent danger rule) と言う場合もあるようである[285]。もっとも近年では，危険が明らかであるからという理由で必ずしも欠陥不存在の認定に至るとは限らない。即ち前述した通り"設計"欠陥においては，たとえ「明らかな危険」であっても，仮に費用便益分析によって安価に事故防止設計が可能であれば，設計欠陥が認定され得る[286]。しかし警告欠陥では，明らかな危険について更に警告を貼る意味がない。何故なら製品自体が危険を既に知らせているので，警告には意味がないと解釈されるからである。

しかし難しいのは，一定の「種類」(kind) の危険が明らかだとしても，その「程度」(extent, degree) までは明らかではない場合には警告義務があるのか否かという点である。たとえば，ホット・ドリンクは熱いし零せば火傷になることは明らかだとしても，僅かな時間それに晒されることで大火傷に至る程に熱過ぎることは自明ではなかったという主張においては，果たして危険の「程度」を知らせる義務が存在するのかという争点が生じるのである[287]。そもそも危

---

285) See OWEN, PRODUCTS LIABILITY LAW, *supra* note 43, at 622.
286) たとえば製造物責任法リステイトメント§2のコメント *1.* は以下のように記述している。

> The fact that a risk is obvious or generally known often serves the same function as a warning. *See* Comment *j.* However, <u>obviousness of risk does not necessarily obviate a duty to provide a safer design. Just as warnings may be ignored, so may obvious or generally known risks be ignored, leaving a residuum of risk great enough to require adopting a safer design.</u> *See* Comment *d.*
>
> RESTATEMENT (THIRD) OF TORTS : PRODUCTS LIABILITY § 2 cmt. *l* (1998) (emphasis added).

287) *See* 補追，第四部「第Ⅵ章 ホット・ドリンク火傷訴訟」の項.

険が明らかか否かという争点は，認知のトピックスにも繋がり，人には認知上の限界が存在することが「法と行動科学（認知心理学）」[288]という学際研究からも指摘され始めている中では，未解決の部分も多く今後の学説・判例の発展が期待されるところである。

B.　「誤使用」(misuse)：　　「誤使用」(misuse) は，製造物責任法における原告 ($π$) 側の非行・不正または過誤に関する抗弁の一種である。しかしその抗弁の性格が，被告 ($Δ$) の「注意義務」(duty) や「欠陥」(defects) を否定するものなのか，「法的原因・近因」(legal cause, proximate causation) を否定するものなのか，または「積極的抗弁」(affirmative defense) なのかについては，混乱が見られる[289]。あらゆる誤使用が $Δ$ の免責事由となる訳ではなく，リーズナブリーに予見不可能な誤使用が $Δ$ の責任を免除し得る[290]。しかし，免責される場合がリーズナブリーに予見不可能と言える程に異常な誤使用の場合に限定されていることは，「公正」(fairness) や「抑止」(deterrence) の観点から適切か否かについて疑問が残るのではあるまいか。もっとも「リーズナブリーに予見不可能」というルールの適用を広く解釈するか，逆に狭く解釈するか次第により，結果は異なってくると思われる。それにしても恣意的な判断に委ねられる故に安定性を欠く，という欠点は払拭できない。

14. 抗弁（その 2）：「state-of-the art」（技術水準の抗弁）

製造物責任法における抗弁として，しばしば見掛ける文言は，「state-of-the art」（技術水準の抗弁）である。この文言は多くの混乱の元凶でもある。その理由の一つは，それが多義的なことにある[291]。

---

288)　*See infra* 第二部「第Ⅲ章『法と行動科学（認知心理学）』からの新たな示唆」の項.

289)　OWEN, PRODUCTS LIABILITY LAW, *supra* note 43, at 846. 誤使用の抗弁を制定法化した州の大多数では，積極的抗弁と位置付けている。*Id.* at 846-47.

290)　*Id.* at 842, 844 & n. 5. なお同書は予見可能な誤使用の場合は，単なる減額対象になると示唆している。*Id.*　doctrine of foreseeable misuse のイシューである。

A. 多義的な「state-of-the art」（技術水準の抗弁）： 「state-of-the art」（技術水準の抗弁）に関する記述を review すると，それが多義的に，即ち同じ文言に対して複数の異なる意味が様々な論者によって使用されていることが判る[292]。異なる意味を付するので，当然，その要件や効果も，論者によって多様になる。混乱の原因たる所以である。筆者の理解するところでは，「state-of-the art」には主に，図表＃22に示した多様な意味が与えられていると理解すれば，混乱状況が判り易い。

図表＃22 「state-of-the art」の多様な意味

- development risk ：開発危険
- cutting-edge scientific technology ：[経済的]実現可能性とは無関係な最先端の科学技術
- feasible / reasonably available (practicable) technology ：実現可能な最良の科学技術
- industry custom ：業界水準

まず，大陸法系においてしばしば用いられる文言である「development risk」（開発危険）[293]とは，当時の知見では知り得なかった危険である。それは即ち「予見可能性」(foreseeability) の問題になり，予見不可能な危険に対してまでも被告（⊿）企業に責任を課すべきかという争点となる。たとえば化学製品や製薬のように，副作用等が当時は発見できなかった種類の危険であり，そのような危険に対しては⊿を免責するか否かのトピックを「開発危険の抗弁」(development-risk defense) と言う。この概念が「技術水準」(state-of-the art) と同じ文

---

291) 以下，本文中の本項の記述については，see, *e.g.*, HENDERSON & TWERSKI, PRODUCTS LIABILITY, *supra* note 117, at 185-201 ; OWEN, PRODUCTS LIABILITY LAW, *supra* note 43, at 675-707.

292) *See, e.g.*, HENDERSON & TWERSKI, PRODUCTS LIABILITY, *supra* note 117, at 185, 194 ; OWEN, PRODUCTS LIABILITY LAW, *supra* note 43, at 675, 677-81.

293) OWEN, PRODUCTS LIABILITY LAW, *supra* note 43, at 704（EC 理事会指令第 7 条(e)における定義として「the state of scientific and technical knowledge at the time...was not such as to enable the existence of defect to be discovered...」を紹介している）．

脈で用いられる理由は，「知見の"水準"」という概念が「技術"水準"」という概念に近似するためであると思われる。なお，開発危険が関係するのは主に化学製品や製薬であって，機械類等の欠陥とはほぼ無関係である[294]。後者では通常，副作用のような予見不可能な危険の例を想定し難いからである[295]。

次に「cutting-edge scientific technology」（[経済的] 実現可能性とは無関係な最先端の科学技術）とは，正に，最先端の科学技術であり，商業的または経済的な実現可能性を度外視した概念である。経済的実現可能性を無視すれば，ある意味，何でも製品安全策として採用可能であったと言えるけれども，それは現実的（practicable）ではない議論になる。資源は有限であり，消費者の予算にも限りがあるからである。

B. 論者の立場次第で異なる「state-of-the art」の解釈： 以上の多義的な諸概念は，論者の立場次第で，異なる解釈が付与される。即ち，まず「development-risk defense」（開発危険の抗弁）を見ると，被告（⊿）を有責にしたいと望む論者はその抗弁を認容しない。当時，たとえ知り得なかった知見であっても，そのような抗弁を認めずに，とにかく⊿は有責であるとする。その根拠として挙げられる説明としては，たとえば，「製造物責任法は無過失責任である」という［教条主義に固執する？］ために，それは製品自体の欠陥が対象なはずであるから，⊿の過誤（フォールト）云々は無関係であるとか[296]，⊿

---

294) HENDERSON & TWERSKI, PRODUCTS LIABILITY, *supra* note 117, at 186.
295) もっとも「"リーズナブリーに"予見可能」と言えるか否かという定義になれば，「リーズナブリーに」の句に法的な評価を含ませれば，常識に反するようなπ側の誤使用や非行，過誤等はリーズナブリーに予見可能の範囲"外"であると評価すべき場合もあるのではないかと筆者には思われるけれども，そのような私見がアメリカ法の判例等で受け入れられているとは限らない。
296) そのような極端な判例として非常に悪名高いものが，当時，知り得なかった危険に対してまでも警告義務が存在すると判示したニュージャージー州最高裁のBeshada v. Johns-Manville Products Corp., 447 A. 2d 539 (N. J. 1982) である。以下のように述べている。「But in strict liability cases, . . . culpability is irrelevant. . . . Strict liability focuses upon the product, not the fault of the manufacturer.」 *Id.* at 546

業界が知見を高める投資額を抑えている故に知見が一定レベルに止まっていること自体が責められるべきである[297]，等がある。もっともこのような極論は，現在では支持を失っている[298]。判例の大勢は，製造業者を「保険者」(insurer) と化してしまうそのような無過失責任の適用に躊躇い[299]，Δが管理(コントロール)し切れないような危険に対してまで責任を課すことを躊躇し[300]，開発危険の抗弁を認容する傾向にある[301]。開発危険の抗弁さえも認めない程にΔに酷なルールが採用されていない理由としては，製造物責任保険の破綻になるとか，「過剰抑止」(over-deterrence) となって必要な製品を市場から撤退させるとか，「果てしない」(open-ended) 責任を課すので，遵守不可能な規範となり（即ち幾ら予見可能性を広げるリサーチに企業Δが費用を掛けても，未だ投資が足りないと永遠に責めら

(emphasis added).

297) 従って無過失責任を課せば，業界はもっと安全研究リサーチに投資額を増やす誘因 (incentives) を与えられ，抑止効果が上がるとしている。*Id.* at 548. この理論は，正に，Guido Calabresi & Jon T. Hirschoff, *Toward a Test for Strict Liability in Torts*, 81 YALE L. J. 1055 (1972) にも表されていた。'70〜80年代にはそのような論理が実際に信奉され，かつ流行っていたのであろう。このような無過失責任論者の理論は，そもそも知り得ないことを如何に警告しろというのか，という大問題が残るばかりか，更に悪いことに，幾らまで安全リサーチに投資すれば良いのかという基準になっていない。「果てしのない」(open-ended) 責任を課すために，「注意レベル」(care levels) を越えて「活動レベル」(activity levels) への"過剰"抑止になるので，該活動自体から参加者がいなくなるように奨励する。（もっとも本件製品に限ってはそれも許されるという極めて特殊な事情があったと解するならば参加者をなくす効果も肯定し得るかもしれないけれども，この果てしなき責任ルールを社会にとって不可欠・有用な他の製品に対してまでも広く規範化して適用することには問題があろう。）実際，次の脚注で紹介するようにこの「*Beshada*」判例は，同じニュージャージー州最高裁の全員一致判決によって，僅か2年後に，覆されている。

298) *See, e.g.*, Feldman v. Lederle Laboratories, 479 A.2d 374 (N. J. 1984)（「*Beshada*」を覆し state-of-the art defense を認容）.

299) OWEN, PRODUCTS LIABILITY LAW, *supra* note 43, at 679.

300) *Id.* at 675.

301) *See, e.g.*, HENDERSON & TWERSKI, PRODUCTS LIABILITY, *supra* note 117, at 185.

れ続ける「シジフォスの神話」状態に至る?!)，従って倫理哲学的に「公正」(fair) ではない，等を挙げることができよう。

そもそも入手不可能 (inaccessible) な，「遠い満州の科学雑誌」(in a remote Manchurian scientific journal) に掲載されていたような知見までも知らなければならない[302]という馬鹿げた無過失責任論者の指摘は説得力を欠く。そもそも遵守できないような規範は，その定義上当然に遵守できないからである。そのように遵守できない規範を遵守せよと命じることは，明らかに「不公正」(unfair) である。当時，現実的に有用ではない知見についてまでも，事後に利用可能な知見と化したからといって，その事後 (hindsight) の基準で⊿を有責とすることは，「法律不遡及の原則」(ex post facto law) の精神にも反するから，不公正なのである[303]。

次に「cutting-edge scientific technology」（[経済的] 実現可能性とは無関係な最先端の科学技術）を検討すると，これも無過失責任論者からは，商業的／経済的な実現可能性を度外視してまでも，それを採用しなかった製品は欠陥であると結論付けられ易いことになろう。何故ならば，かかる論者の立場は，そもそも⊿が有責であるという「結論先に在りき」な思考だからである。しかしこのような極論も，やはり支持されるべきではない。理由は，前述のように，消費者の予算には限りがあるからである。

更に「feasible / reasonably available technology」（実現可能な最良の科学技術）を検討すると，このような解釈こそが支持を受け，主流的であると思われる。即ち state-of-the art とは，開発危険の抗弁を認めないとか，商業的／経済的な実現可能性を度外視した最先端技術を採用しない製品が欠陥である等という極論ではないと解釈する。しかもこの立場は，次段落にて説明する，「業界水準」(industry custom) を遵守さえすれば［常に］それで欠陥ではないという程に免責的過ぎるような極論でもない。つまり，両極の間に位置する，中庸な立場で

---

302) OWEN, PRODUCTS LIABILITY LAW, *supra* note 43, at 704.
303) *See* HENDERSON & TWERSKI, PRODUCTS LIABILITY, *supra* note 117, at 201.

ある[304]。これが支持される理由を一言で表せば，それがより説得的だからということであろう。即ち「過剰抑止」にならずに抑止機能が働き，かつ，倫理哲学的にも公正であると捉えられ得るからである。このような立場の基準の定義を理解するには，Owen による以下の記述が有用であろう。

> An appropriate state of the art definition protects manufacturers who strive to stay abreast of (and perhaps advance) the developing science and technology of safety in their fields, and who implement such developments when practicable to do so, ...
>
> DAVID G. OWEN, PRODUCTS LIABILITY LAW 680 (2005) (emphasis added).

最後に「industry custom」(業界水準) と state-of-the art とを近似させる解釈を検討すれば，これは受け入れ難い場合がある。理由は，「業界慣行」(custom of the industry) が法規範 (rule) を満たしているとは限らないという，有名な Learned Hand 判事による「T. J. Hooper」判例[305]に代表される，伝統的な過失責任における判例法の立場と同様であろう。(そのような「慣行」(custom) の意味に関しては，補追，第三部，第Ⅱ章「第一節 過失基準」内の「8. 業界慣行と過失責任の関係」の項を参照されたい。)

C. 製造物責任法リステイトメントの採用する state-of-the art の解釈：

同リステイトメントは，「state-of-the art」の意味を，設計欠陥基準との関係として，§2のコメント d において解説している[306]。即ち，まず「state-of-the art」という文言が多義的であるとする。それは，「cutting-edge scientific

---

304) OWEN, PRODUCTS LIABILITY LAW, *supra* note 43, at 678-90.
305) The T. J. Hooper, 60 F. 2d 737 (2d Cir. 1932).
306) 本文中のこの項目の記述については，see RESTATEMENT (THIRD) OF TORTS : PRODUCTS LIABILITY § 2 cmt. d (1998).

knowledge」であるとか,「industry custom」を遵守した設計であるとか,「safest and most advanced technology developed and in commercial use」であると多様に解釈されてきた。そのように解釈が多義的なことは不幸であるけれども,とにかく当リステイトメントでは,設計欠陥の基準はRAD (reasonable alternative design) の不採用が該設計をリーズナブルに安全ではなくしているか否かであって, state-of-the art が即,欠陥の存在・不存在の基準ではない (not necessarily dispositive), とする。もっとも欠陥を問われている該設計が「safest in use at the time of sale」であったという証拠は,RAD不採用がリーズナブルに安全でなくしているか否かという基準を検討する際に関係し得るから[307],証拠採用は可能である (admissible：証拠能力がある,許容できる)[308]としている。即ち,被告 (⊿) がそのような証拠を示せば,πが主張するRADの不採用がリーズナブルに安全ではなくしているという主張が説得力を欠くという意味で,関係してくるのである。しかしそのような⊿の証拠は「dispositive」ではないから,たとえπの主張するRADが業界によって採用されていなかったとしても,RADが「practicable」である旨をπの専門家証人 (expert witness) が証言すれば,事実認定者 (fact finder) は欠陥認定をし得ることになる。以上の製造物責任法リステイトメントの立場は,説得的であろう。何故ならばそれは,多義的な文言が惹き起こしていた混乱から脱け出して,RADの原理・原則に忠実に一貫性を有する規範を示しているからである。この解釈ならば,「行為規範」(rules for players / the norm for conduct) としてもより説得的である。

---

307) *See also* OWEN, PRODUCTS LIABILITY LAW, *supra* note 43, at 683（判例において消費者期待基準が衰退し,危険効用基準が主流になり,具体的には"実現可能な"代替設計案 (*feasible* alternative design) との比較が中心になってきたので, state-of-the art が証拠として admissible に扱われてきたと指摘).

308) 「admissible」については, see *supra* 第一部,第Ⅰ章「第三節 民事訴訟法上 (含,証拠法等) の法律用語・概念に関する説明」内の「3．証拠と証人と『証拠法』」の項.

第十一節　名誉毀損（defamation：libel（ライバル）and slander（スランダー））

1．概　要

「名誉毀損」（defamation（ディファメイション））は，「評判」（reputation）を害する「虚偽な声明」（false statement）の「公表」（publication）により生じた被害への救済を与える不法行為法である[309]。書面による公表または放送を通じたコミュニケーションによる公表の場合を「libel（ライバル）」（"lbl"）と言い，口頭による公表は「slander（スランダー）」（"sld"）と言う[310]。

「虚偽」であることと，「評判」に関することが，非常に重要な要素である。真実であれば defamation に該当せず，その場合にはプライバシー侵害の一類型である「私的事柄の暴露」（public disclosure of private facts）の方が請求原因になり得る[311]。名誉毀損においては評判を落とす場合が対象である点について，リステイトメント第二次不法行為法（"R2T"）のブラック・レター部が次のように規定している。「コミュニティーにおける原告（π）の評価を下げるか，または，第三者がπと社交し，あるいは，取引することを抑制させるような評判への被害」である[312]，と。

A．名誉毀損のプライマ・フェイシャ・ケース（一応の立証）：　以下が要件になっている[313]。

① Δが公表した，
② 資料がπを十分特定し，

---

309) *E.g.*, FARNSWORTH & GRADY, TORTS, *supra* note 12, at 607 ; SHAPO, PRINCIPLES OF TORT LAW, *supra* note 5, at 366 ; BLACK'S LAW DICTIONARY 448 (8th ed. 2004).
310) libel と slander の相違については，see, *e.g.*, RESTATEMENT (SECOND) OF TORTS § 568 (1965).
311) SHAPO, PRINCIPLES OF TORT LAW, *supra* note 5, at 366.
312) RESTATEMENT (SECOND) OF TORTS § 559 (1965)（訳は本書の筆者）．
313) SHAPO, PRINCIPLES OF TORT LAW, *supra* note 5, at 367.

③　πの評判を害し，
④　事実であると意図された虚偽，または，事実の存在を示唆する意見に関するものであって，
⑤　特権（privilege）なしに為されたこと。

2．「サイバー・トーツ」と名誉毀損

近年ではインターネットの利用拡大に伴い，匿名によるネット上のいわゆる「書き込み」(posting) 行為によって名誉毀損紛争が多発し，そのような書き込みが為された「電子掲示板」(BBS：bulletin board system) や，いわゆる"プロバイダー"(ISP：Internet service provider) 等の企業被告が「仲介者責任」(intermediate liability) を問われる事件が出てきた。そこでアメリカの不法行為法学においては「サイバー・トーツ」(cyber-torts：サイバー不法行為法）上のトピックスの一つとして，名誉毀損と仲介者責任の事例が扱われる。（補追，第五部参照。）なお「サイバー・トーツ」とは，「サイバースペース」における不法行為の意味であり，「サイバースペース」とはネットワーク上のコミュニケーション世界（主にインターネット上のコミュニケーション世界）の意味である[314]。「産業経済」(industrial economy) から「情報経済」(information economy) へと社会が変化してきたことに付帯して[315]　ネットワーク上のコミュニケーション世界に関する法律諸問題を包括的に扱う「サイバー法」(cyber law, cyberspace law) という分野がアメリカでは発達し[316]，その下位分類の大きな部分を「サイバー・トーツ」が占めている。サイバー法の発展はその当初において，BBS 等における名誉毀損事例が圧倒的多数を占めていたため[317]，現在でもサイバー・ト

---

314) *E.g.*, I. Trotter Hardy, *The Proper Legal Regime for "Cyberspace,"* 55 U. Pitt. L. Rev. 993, 994 (1994).
315) 拙書『サイバー法と電子商取引』2頁（1999年，NTT 出版）。
316) *E.g.*, 拙稿「サイバー法は可能か？」*in* 林紘一郎 他 編『IT 2001 なにが問題か』80頁（2000年，岩波書店）；Patricia L. Bellia, Paul Schiff Berman & David G. Post, Cyberlaw：Problems of Policy and Jurisprudence in the Information Age (2d ed. 2003).

ーツが非常に重要な地位を占めるに至っているのである。

3．憲法（言論の自由）上の名誉毀損請求への制限

特に「公人」(public figures)[318]による名誉毀損訴訟においては，判例法により，請求権が制限されている[319]。即ち「actual malice」（現実の害意）を「clear and convincing evidence」（明白かつ確信を抱くに足る証明）によって立証しなければならないとされているのである[320]。そのリーディング・ケースは，有名な「*New York Times Co.*(ニューヨークタイムズ社) 対 *Sullivan*(サリヴァン)」判例である[321]。

4．「SLAPP(スラップ)」(Strategic Litigation Against Public Participation)

「SLAPP(スラップ)」とは，「Strategic Litigation Against Public Participation」（公共参加に対抗する戦略的訴訟）の略語であり，企業やディヴェロッパー（土地開発業者）や代議士が，公的関心事や高額な事業等に対して抵抗・反対する者達を黙らせるために提起する訴訟のことである[322]。たとえば土地開発を中止するように求める活動家達（被告：Δ）を「標的」(targets)として，彼等に対しディヴェロッパー（原告：π）が「訴え提起者」(filer)として訴えを提起し，名誉毀損等を主張するような訴訟がSLAPPである[323]。たとえπには勝ち目のない訴え

---

317) *See* Hardy, *The Proper Legal Regime for "Cyberspace," supra* note 314, at 999（サイバースペースにおける代表的な法的紛争事例として defamation を挙げている）．
318) 「public figures」（公人）とは，名声あるいは悪名を得た人物，または公的論争に自発的に参加した人物の意味である。BLACK'S LAW DICTIONARY 1265 (8th ed. 2004).
319) FARNSWORTH & GRADY, TORTS, *supra* note 12, at 609.
320) *See infra* note 321.「clear and convincing evidence」については，see *supra* 第Ⅰ章，第三節「6．立証責任」内の〈B．クリア・アンド・コンヴィンシング・エヴィデンス／明白かつ確信を抱くに足る証明〉の項．
321) New York Times Co. v. Sullivan, 376 U. S. 254 (1964). *See* 補遺，第五部，第Ⅰ章「第一節 名誉毀損の請求に対する憲法上の制限」の項．
322) BLACK'S LAW DICTIONARY 1442 (8th ed. 2004).
323) 本文中の以下の記述については，*e.g.*, Lauren McBrayer, A Note and Brief, *The DirecTV case : Applying Anti-SLAPP Laws to Copyright Protection Cease-and-Desist*

(meritless litigation) であっても，反対論を押さえつけられれば十分なので，少なくとも"標的"の資源を消尽させて経済的に疲弊させれば目的を達したことになるような訴訟である。つまり legitimate legal claim の請求と言うよりは，反対派を脅し，かつ，思い止まらせるのが目的である。通常は訴え提起者の方が訴訟の資源も経験も豊富であり，標的はこれらにおいて劣るので不利である。このような訴訟は，標的による言論の自由や政府への請願権等といった連邦憲法修正条項上の人権に対する侵害の虞がある。そこで，SLAPP が1970年代から80年代に掛けて流行った反作用として，ワシントン州が「反 SLAPP 法」(Anti-SLAPP statute) を1989年に成立させたのを皮切りに，多くの州がこれに倣った立法を行っている。その内容の多くは民事訴訟手続に関するもので，SLAPP に対しては迅速なヒアリング（審理）の開催や，請求棄却申立手段の整備を行い，更には請求棄却申立において勝訴した「標的」に対し弁護士費用を「訴え提起者」が支払う等となっている。

日本においてもディヴェロッパーによる周辺住民への迷惑を顧みない建築行為に対し，住民が反対運動を行うと，ディヴェロッパーが名誉毀損の訴えを提起する例があるようなので[324]，先進国アメリカにおける「反 SLAPP 法」等から学ぶことが多いであろう。

第十二節　プライバシー権侵害（invasion of privacy）

1．概　要

前述した名誉毀損と共通基盤を有し，言わば従兄弟の関係にある[325]と指摘

Letters, 20 BERKELEY TECH. L. J. 603, 608-12 (2005).
324) *See, e.g.*, 静岡地判昭49・9・27損害賠償事件（立て看板やビラ撒き等の高層マンション建築反対住民運動に対する名誉毀損損害賠償請求に対し，πの社会的評価を落とす程ではなく，かつ仮に落としたとしても大衆行動として社会的に許容されるべきだとして請求棄却）．
325) TWERSKI & HENDERSON, TORTS, *supra* note 7, at 791.

される不法行為法類型が,「プライバシー権侵害」(invasion of privacy) である。両者の相違は,一方の名誉毀損の保護法益が「評判」(reputation) にあり,他方のプライバシーでは人のプライベートな生活に関し,「放っておいてもらう権利」を保護しようとする (Privacy seeks to protect the right to be left alone with regard to one's private life. [emphasis added]) 点にある[326]。従って,一方の名誉毀損では,恥や侮辱からの評判の保護が問題になり,「真実が絶対的な抗弁」(an absolute defense) となる[327]。他方のプライバシー権侵害では,真実が抗弁とならないのである[328]。

更に両者の違いは[329],一方の評判を保護法益とする名誉毀損では「他人の目に映る自身」(our standing in the eyes of others) の保護にあるのに対し,他方のプライバシー権では「内心の自身」(inner selves) の保護であるという指摘もある。つまり前者の名誉毀損では,現代以前の「出生による生得的地位」(pre-modern world of ascribed status) に由来しているのに対し,後者のプライバシー権は現代的な概念である「個人の尊厳」(individual dignity) に由来するとされる。即ちプライバシー権は,「どのように,何処まで,他人に自身を開示するのかを自身が決定する領域」(the space in which we can choose how, and how much of ourselves, to reveal to others) を,保護法益としているのである。

2.「right to be let alone」(放っておいてもらう権利)

「プライバシー権」(right of privacy) は「right to be let alone」(放っておいてもらう権利) とも言われるが,その文言は,Thomas Cooley 判事が造り出した

---

326) *Id.* at 791-92.
327) *Id.* at 792.
328) *Id. See also* SHAPO, PRINCIPLES OF TORT LAW, *supra* note 5, at 395. 民事不法行為法上のプライバシー権の起源となった後述する Warren & Brandeis の論文も,プライバシー権の保護法益は「事実それ自体」(fact itself) であると主張している。Warren & Brandeis, *The Right to Privacy, infra* note 332, at 201.
329) 本文中の以下の記述は,see KEETON ET AL., TORTS AND ACCIDENT LAW, *supra* note 26, at 222.

(coined) と言われる[330]。即ち1888年に Thomas Cooley 判事は，不法な侵害から自身を守る権利に関して，「right of personal immunity」が「right to be let alone」であると示したのである[331]。

3．Warren & Brandeis
       ウォーレン   ブランダイス

プライバシー権侵害の不法行為は，Samuel D. Warren & Louis D. Brandeis
          サミュエル   ウォーレン   ルイス   ブランダイス
が『HARVARD LAW REVIEW』誌に掲載した論文[332]が起源となった「学説法」と

---

330) See PROSSER, WADE AND SCHWARTZ'S TORTS, *supra* note 14, at 939.
331) THOMAS COOLEY, THE LAW OF TORTS 29 (2d ed., Chicago, Callaghan & Co., 1888) *cited in* Sandra T. M. Chong, Comment, *Data Privacy: The Use of Prisoners for Processing Personal Information*, 32 U. C. DAVIS L. REV. 201, 206-09 (1998).
332) Samuel D. Warren & Louis D. Brandeis, *The Right to Privacy*, 4 HARV. L. REV. 193 (1890). *See also* RESTATEMENT (SECOND) OF TORTS § 652 cmt. a (1976). 背景には，いわゆるイェロー・ジャーナリズムの問題が存在していた。即ち，社交界における有名人の私生活を，商業的利益（trade）のために「gossip」として暴き立てる新聞や雑誌への非難がその要諦であった。*See, e.g.*, KEETON ET AL., TORTS AND ACCIDENT LAW, *supra* note 26, at 222 ; William L. Prosser, *Privacy*, 48 CAL. L. REV. 383, 383-84 (1960) *reprinted in* TWERSKI & HENDERSON, TORTS, *supra* note 7, at 791. 若く富裕な Warren は製糸業を継ぐべく法律実務を離れていたけれども，上院議員の娘である Warren 夫人の開催する社交パーティーに関わる私事がボストンのイェロー・ジャーナリズムに取り上げられて悩まされ，遂に Warren はハーヴァード・ロースクールの同期生で最近までパートナーであった Brandeis と共にあの有名な論文をロー・レヴューにて発表することになったのである。Prosser, *Privacy, id.* 確かに Warren 達の前掲論文自体は次のように記述している。

> [P]hotographs and newspaper enterprise have invaded the sacred precincts of private and domestic life ; .... [T]he law must afford some remedy for the unauthorized circulation of portraits of private persons. [ ]
> ....
> The press is overstepping in every direction the obvious bounds of propriety and of decency. Gossip ... has become a trade, ...
>
>   Warren & Brandeis, *The Right to Privacy, id.*
>   at 195-96.

して有名である。Warren & Brandeis は論文において，様々な法理に基づく過去の判例（主に英国王室のプライバシー判例と著作／公表権判例）を review した後に，それらの訴訟上の救済は実は以下の"広い権利"(the more general right of the individual to be let alone) に基づくものであったと整理したのである。即ち，前掲 Cooley 判事を引用しつつ，その権利は，放っておいてもらう私的な個人の権利 (right of a private individual to be let alone) と，根本的に私的な事柄が権限なき公表から保護される権利 (protected from unauthorized publicity in essentially private affairs) である，と[333]。そのようにプライバシーを別個に認識し得る法的権利として主張したのは，Warren & Brandeis 論文が最初であったとされている[334]。そこから僅か100年超しか経っていないので，不法行為法の中では比較的若い部類に属し（この点も古くからある名誉毀損との相違点である），かつ，そのプライバシーの概念の把握も多様なために，難しいトピックでもある[335]。実際，Warren & Brandeis 論文の後，判例の混乱が続いたのである。

4．プライバシー権は"財産権"か，"精神被害"か，または"個人の尊厳"か

　Warren & Brandeis はプライバシー権を「dignity wrong」（個人の尊厳上の不法，非行，悪）として位置付けようとしたけれども，それが判例によって確立するまでには裁判において混乱が生じた。即ち，「財産権」(property) 侵害という位置付けと，「精神的被害」(emotional injuries) という位置付けとの両極に挟まれているからであった[336]。つまり，私的な生活を商業的に無断使用

---

333) Warren & Brandeis, *The Right to Privacy, supra* note 332, at 195, 198-200, 213. 本文中の Warren & Brandeis 論文のサマリーについては，see *also* PROSSER, WADE AND SCHWARTZ'S TORTS, *supra* note 14, at 939.

334) WEAVER ET AL., TORTS, *supra* note 51, at 864.

335) *Id.* at 861-62.

336) 本文中の本項の記述については，see KEETON ET AL., TORTS AND ACCIDENT LAW, *supra* note 26, at 223. なお Warren 達の前掲論文は，契約／信託法理よりも射程の広い財産法の方が望ましいと指摘しつつも，それは財産法とは別の，人格に基づく

（commercial appropriation）されたという訴訟では，財産侵害的であり，精神的な被害を受けたという訴訟では，「精神的苦痛の故意による賦課」(intentional infliction of emotional distress) 的でもある。そのためプライバシー侵害の不法行為が独立した地位を獲得するまでには，20世紀の中頃まで掛かったと指摘されている。

5．Prosser による第二次リステイトメントの編纂とプライバシー侵害の四類型

「プライバシー侵害」判例の混乱が続いた後[337]，それを収拾したのは，William D. Prosser の論文であった[338]。そこで彼はプライバシー侵害を以下の四類型に纏めた上で，更に自身が起草した第二次リステイトメント[339]（"R2T"）にこれを掲載し，それが後の判例に多数引用されて，今日に至っている[340]。この諸類型からも，財産法的な性格（以下④）と[341]，精神的被害の性格（①②

「プライバシー権」であって，名誉毀損のように不法行為法理として判例法（コモン・ロー）上認められるべきだと次のように主張している。

> [T]he rights, so protected, ... are not rights arising from contract or from special trust, but are rights against the world ; and, ... , the principle ... is in reality not the principle of private property, ... The principle ... is the right to privacy, ... [T]he elements demanding redress exist, since already the value of mental suffering, caused by an act wrongful in itself, is recognized as a basis for compensation.
> 　　　　　　　　　　　　Warren & Brandeis, *The Right to Privacy*,
> 　　　　　　　　　　　　　*supra* note 332, at 213 (emphasis added).

337) Farnsworth & Grady, Torts, *supra* note 12, at 688.
338) Prosser, *Privacy*, *supra* note 332.
339) Restatement (Second) of Torts §§ 652A-652L (1976)（§ 652A において四類型に分類することが規定されている）.
340) *See, e.g.*, Farnsworth & Grady, Torts, *supra* note 12, at 688 ; Twerski & Henderson, Torts, *supra* note 7, at 792.
341) *See* 補追，第五部，第Ⅱ章「第一節　プライバシー権侵害の四類」内の「4．氏名・肖像の無断盗用」の項．

③) との,ハイブリッドな特徴が窺えるのではあるまいか。

① 私生活への介入(intrusion upon the plaintiff's seclusion or solicitude, or into his private affairs)

② 私的事柄の曝露(public disclosure of embarrassing private facts about the plaintiff)

③ 公衆への誤解(publicity which places the plaintiff in a false light in the public eyes)

④ 氏名・肖像の無断使用(appropriation, for the defendant's advantage, of the plaintiff's name or likeness)

(以上の四類型の更なる説明等は,補追,第五部,第Ⅱ章「第一節 プライバシー権侵害の四類型」の項を参照。)

過半数(majority)の州ではProsserの四類型を受け入れているけれども,アカデミックな学説レベルではProsserの四類型だけではもはや適切にプライバシー保護が図れないとしてこれを否定すべきという指摘もあり,そもそもプライバシーを捉えるに当たって以下の三つの主要な流れがあると指摘されている[342]。

(ア) 個人情報の自己管理権としてのプライバシー(privacy as the control over personal information)

(イ) 個人の自治・自決権としてのプライバシー(privacy as a function of individual decision making and self-determination in a democracy)

(ウ) 基本的な人間の尊厳としてのプライバシー(privacy as fundamental human dignity)

第十三節 サイバー不法行為法(cyber-torts)

前述したように,コンピューター通信からインターネットの利用拡大に至る

---

342) Chong, Comment, *Data Privacy, supra* note 331, at 209-210.

「情報産業」(information industry) の発達は，「サイバースペース」(cyberspace) と呼称されるネットワーク上のコミュニケーション世界を出現させ，その「サイバースペース」における紛争が社会問題となるにまで至った。そこで法律学の最先進国アメリカでは，この新たな"場"(place) における法律・社会問題を扱う法律学として，「サイバースペース法」(cyberspace law) や「サイバー法」(cyberlaw) と呼ばれる領域が出現し，かつ，発展し続けているところである[343]。そのようなサイバー法の内，不法行為法に関わる部分が「サイバー・トーツ」(cyber-torts) と呼ばれる「サイバー不法行為法」である。

サイバー法における喫緊な争訟問題として，当初，圧倒的多数を占めていたトピックが，サイバー不法行為の一つでもある名誉毀損である。何故ならば，電子掲示板 (BBS: bulletin board system) への"匿名"の書き込みが可能なために，無責任な書き込み行為が流行ったからである。そのように BBS に書き込まれた名誉毀損な声明 (defamational statement) は，瞬時に不特定多数の"読者"に「公表」(publish) されることとなり，名誉毀損の損害が発生・拡大するという特徴ゆえに，「現実世界」(real world) におけるそれまでの名誉毀損とは異なる法的ルールの整備が求められるに至った訳である[344]。被害の面からそのような特殊性を帯びているだけではなく，そこでは同時に，「言論の自由」(freedom of speech) や「知る権利」(right to know) という憲法上の権利を実質的に担保・拡大させる媒体 (media) としてのインターネットや電子掲示板の効用を奪ったり，または「萎縮」(chilling effects) させてはならない，という要素も衡量しなければならないので，「現実世界」とは異なるサイバー法からの検討が要請された訳である[345]。

名誉毀損以外にも，サイバー法が扱う主要な争訟問題としては，いわゆる「迷惑メール」や「スパム」(spam) がある。それは，多くの者の望んでいない

---

343) *E.g.*, 拙稿「サイバー法は可能か？」, *supra* note 316, at 80-89.
344) *E.g.*, Hardy, *The Proper Legal Regime for "Cyberspace," supra* note 314, at 999.
345) *See* 補追，第五部，第Ⅲ章「第三節　名誉毀損と電子掲示板や ISP の仲介者責任」の項.

種類の広告宣伝等を勝手に大量に送信してくる電子メールであり，サイバー法においては「非招請商業電子メール」(unsolicited commercial e-mail) とか「非招請大量電子メール」(unsolicited bulk e-mail) とも呼ばれる[346]。かかる行為を行う者は「スパマー」(spammer) と呼ばれ，スパマーによるスパム行為は，「故意による不法行為」の一種である「トレスパス」(trespass to chattels) を構成するという判例が確立し[347]，かつ，規制のための制定法[348]も立法されるに至っている。即ちスパムまたは迷惑メールは，サイバー不法行為の一つとして分類されるのである。

　サイバー法上の重要なトピックスの一つには更に，著作権 (copyrights) 侵害に代表される知的財産権 (IP: intellectual property) 侵害もある。インターネットという媒体の特徴は，①劣化の極めて少ない複製物を瞬時に作成でき，かつ，②その複製物を瞬時に公表あるいは送信できてしまう点にある。著作権者の利益から見れば，それは現実世界における被害を超える問題となっている[349]。反対にそのようなコンテンツを享受する利用者の利益からは，自由に許諾なく使用できる利益が，著作権利者側の行為により狭まることは，いわゆる「公有」(public domain)[350]の権利を奪われることであると捉えられる[351]。そこで，両

---

346) *E.g.*, 拙稿「社会問題化した紛争の代替的解決手段：『政策法務』的アプローチの実践例」*in* 小島武司 編『ADRの実際と理論II』68, 70-71頁（2005年，中央大学出版部）（日本比較法研究所研究叢書＃68）；拙稿「迷惑メール問題と米国における分析」『日本データ通信』127号，53, 53頁（2002年9月）．

347) *E.g.*, CompuServe, Inc. v. Cyber Promotions, Inc., 962 F. Supp. 1015 (S. D. Ohio, 1997). *See* 補追，第五部，第Ⅲ章「第二節　サイバー・トレスパスと迷惑メール」の項．

348) 「the Controlling the Assault of Non-Solicited Pornography and Marketing Act of 2003」(CAN - SPAM Act) 15 U. S. C. A. §§ 7701-7713 (Supp. 2004).

349) *See* 拙書『サイバー法と電子商取引』, *supra* note 315, at 51（いわゆる maximalists の懸念としてネット上では著作権侵害の被害が甚大になる虞を指摘）．

350) 「public domain」（公有）とは，知的財産権により保護されないために，対価なしで誰でも使用できる発明または創作物の意味である。BLACK'S LAW DICTIONARY 1265 (8th ed. 2004).

351) *See generally* 拙書『サイバー法と電子商取引』, *supra* note 315.

者の利害を新たな状況において再検討し，在るべきルールを求めるというサイバー法からの研究が必要になる[352]。

　以上例示列挙したトピックスは全て，「権利侵害」(infringement)という共通項において不法行為的な問題である。しかもサイバースペースという新たな領域における不法行為法の適用が試されているので，いわば「不法行為法学のフロンティア」でもある。(これら最先端の問題は，補追，第五部，第Ⅲ章を参照。)

---

352) *See* 補追，第五部，第Ⅲ章「第五節　サイバー知的財産権侵害」の項．

第二部　不法行為法の学際的原理
（jurisprudence of torts）

自己奉仕的偏見（self-serving bias）……「人々は，自ら見たいと望むものを見るのである。」
"[People] see what they want to see."

> Donald Langevoort, *Organized Illusions: A Behavioral Theory of Why Corporations Mislead Stock Market Investors (and Cause Other Social Harms)*, in BEHAVIORAL LAW AND ECONOMICS 144, 151 (Cass R. Sunstein ed. 2000)（訳は本書の筆者）.

「我々が恐れなければならない唯一のものは，恐れそのものである……。」
"[T]he only thing we have to fear is fear itself...."
フランクリン D. ルーズベルト

> Dan M. Kahan, Paul Solvic, Donald Braman & John Gastil, Book Review, LAWS OF FEAR: BEYOND THE PRECAUTIONARY PRINCIPLE by Cass R. Sunstein, *Fear of Democracy: A Cultural Evaluation of Sunstein on Risk*, 119 HARV. L. REV. 1071, 1071 (2006)（訳は本書の筆者）.

　第二部においては，アメリカ不法行為法に係る法の原理を検討する。不法行為法の学術的な根拠，または「law ands」（ロー・アンズ）と呼ばれる学際的な法の原理についての話題である。加えて，上記引用文が例示するような，人の「危険意識」（risk perception）に関する研究にまでも検討を広げてみる。

不法行為「法と経済学」と倫理哲学の歴史

まずは以下にて，不法行為法の原理や倫理哲学的な著作・論文等に登場する主な出来事や人物を，完全網羅的ではないけれども参考までに，時系列的に整理したので掲げておく[1]。

図表#23　不法行為法の原理に関連する出来事・人物年表

約2,500年前	Aristotle（アリストテレス）の『NICHOMACHEAN ETHICS』（ニコマコス倫理学）による「corrective justice」（矯正的正義論）。
啓蒙主義時代	Thomas Aquinas（トーマス・アキナス）等の啓蒙思想。
18世紀後半	Immanuel Kant（イマニュエル・カント）による「ethic of equal freedom」（平等な自由の倫理）。
1881年	Oliver Wendell Holmes, Jr.（オリバー・ウエンデル・ホームズ，ジュニア）による『THE COMMON LAW』の客観化された過失責任主義。
1960・70年代～	Ronald H. Coase（ロナルド H. コース），Guido Calabresi（グイド・カラブレイジ），Richard A. Posner（リチャード A. ポズナー）等による経済効率性の諸理論。「結果主義者」（consequentialist）的な経済分析を通じた不法行為法の把握。
1970年代～	倫理的な観点から不法行為を捉えるべきと主張する学者達，George Fletcher, Richard Epstein, Jules Coleman, Ernest Weinrib et al. が業績を順次発表。
1971年	John Rawls（ジョン・ロールズ）著『A THEORY OF JUSTICE』。（もっともその思想は既に'50年代に示されている。John Rawls, *Justice as Fairness*, 67 PHILOSOPHICAL REV. 164 (1958)）。
1986年	Ronald Dworkin（ロナルド・ドゥウォーキン）著『LAW'S EMPIRE』。

---

1)　Source : written on the basis of David G. Owen, *Forward : Why Philosophy Matters to Tort Law, in* PHILOSOPHICAL FOUNDATIONS OF TORT LAW 1, 1-6 (David G. Owen ed. 1995).

ところで，現代アメリカ不法行為法の原理は，主に以下の二つの根拠の何れか，またはその双方に基づくと言われている[2]。

図表＃24　「抑止」と「矯正的正義」

① 主に「法と経済学」(law and economics) 的な根拠としての「抑止」(deterrence)；
および／または，
② 主に「倫理哲学」(moral foundations) 的な根拠としての「矯正的正義」(corrective justice) の実現。

---

2) *E.g.*, Gary T. Schwartz, *Mixed Theories of Tort Law : Affirming Both Deterrence and Corrective Justice*, 75 TEXAS L. REV. 1801, 1801 (1997).

第Ⅰ章 「法と経済学」的な「抑止」等（"law and economics" and deterrence）

第一節　概　説

1．序　論

「法と経済学」(law and economics) とは，主に「ミクロ経済学」(microeconomic theory) の手法を用いて[1]，在るべき法やルールを探る学際分野である。（もっともミクロ経済学そのものではなく，あくまでも別の discipline である。）[2]「厚生経済学」(welfare economics) 的な考量も関係してくる[3]。法と経済学の代表的業績の多くが不法行為法（特に製造物責任法）に関する判例や分析を多く含んでいることから[4]，不法行為法を理解するためには法と経済学的な思考が不可欠であることが窺えよう。その法と経済学的な研究における主導的な立場の論者や支持者の多くは，不法行為法の目的を，「抑止」(deterrence) にあると捉える[5]。

---

1) *E.g.*, ROBERT COOTER & THOMAS ULEN, LAW AND ECONOMICS 13 (4th ed. 2004).
2) *See, e.g.*, RICHARD A. POSNER, ECONOMIC ANALYSIS OF LAW xix (4th ed. 1992)（経済学の書ではなく法から経済を眺めたものであり，かつ，通常のミクロ経済学の本よりも広範囲をカバーしていると指摘）．
3) *E.g.*, COOTER & ULEN, LAW AND ECONOMICS, *supra* note 1, at 14, 43.
4) たとえば POLINSKY の『AN INTRODUCTION TO LAW AND ECONOMICS』においては，その冒頭において経済学ジョークを紹介した後に，製造物責任法判例発展史上有名な，Traynor, J. による *Escola v. Coca Cola Bottling, Co. of Fresno*, 150 P. 2d 436 (Cal. 1944) 判例の同意意見を掲載し，法と経済学の序論としている。A. MITCHELL POLINSKY, AN INTRODUCTION TO LAW AND ECONOMICS 2-3 (1989). なお「*Escola*」判例の Traynor, J. による同意意見は，see 補追，第四部，第Ⅰ章「第二節『*Escola* 対 *Coca Cola Bottling, Co. of Fresno*』判例（Traynor, J. の同意意見）」の項。

即ち，行為者が，義務違反を犯せば，将来，それによって損害が生じた場合には責任が生じると（その行為者以外の者も）理解することにより，義務違反な行為を避けようとする「誘因」(incentives) が生まれるから，結果的に事故も減り，「抑止」効果があると理解する[6]。このような不法行為法の目的の捉え方は，将来に向かってその意義を理解するために，「$ex\ ante$」（事前的）な視点であると言われる[7]。このような考え方は，更に，法を抑止効果への誘因となる道具 (instrumentality) として捉えるので「道具主義」(instrumentalism) の一種であるとも解される[8]。

なお，法と経済学が影響を受けているミクロ経済学は，「稀少」(scarcity) な資源の中で欲求充足を図ろうとする資源配分を問題にする[9]。更に，欲求充足を目指すので，消費者の場合は「効用」(utility) と呼ばれる満足や幸福の「極大化」(maximization) を目指して合理的に行動し，企業は利潤の極大化を目指して合理的に行動するという前提に立つ[10]。消費者や企業という経済主体は，主体的「均衡」(equilibrium) と呼ばれる，極大化が達成されている状態を目指

---

5) *E.g.,* Gary T. Schwartz, *Mixed Theories of Tort Law : Affirming Both Deterrence and Corrective Justice*, 75 TEX. L. REV. 1801, 1803 (1997)（抑止を強調する法と経済学者として1970年代前半に登場した Guido Calabresi と Richard A. Posner を挙げている）.

6) *See, e.g.,* John C. P. Goldberg, *Twentieth-Century Tort Theory*, 91 GEO. L. J. 513, 545 (2003)；COOTER & ULEN, LAW AND ECONOMICS, *supra* note 1, at 8.

7) *E.g.,* POSNER, ECONOMIC ANALYSIS OF LAW, *supra* note 2, at 8（[r]ational people は過去を悔いるのではなく，むしろ将来の期待に基づいて決定を下すのであって，過ぎ去ったこと (bygones) は過ぎ去ったこととして，"前向きに"捉えるのであると指摘）.

8) *See, e.g., id.* at 206-11；James A. Henderson, Jr. & Aaron D. Twerski, *What Europe, Japan, and Other Countries Can Learn from the New American Restatement of Products Liability*, 34 TEX. INT'L L. J. 1, 16 (1998).

9) *See* 森本好則『ミクロ経済学』200頁（1992年，有斐閣ブックス）.

10) 本文中の当段落内の記述は，*id.* at 8. *See also* COOTER & ULEN, LAW AND ECONOMICS, *supra* note 1, at 15. なお，極大化を目指して rational に行動することを前提にする「rational choice theory」が，近年，認知心理学／行動経済学の立場から批判されてきているというトレンドについては，see *infra* 第Ⅲ章「第一節 序論」の項.

して行動するのである。未達成な状態は「不均衡」（unequilibrium）と言う。なお，消費者の需要と生産者の供給が均衡した状態は，「市場の均衡」と言う。こちらも，不均衡な状態から均衡を目指して変化すると捉えられる。なお「市場」（market）とは，財や役務が交換される場の意味である[11]。ミクロ経済は資源配分や所得分配を扱うが，法と経済学では，パイの切り分け方よりも，むしろ社会全体のパイを大きくすることの方に留意しがちであるとも言われる[12]。

　法と経済学は，ミクロ経済学と同様に[13]，欲求を最大限充足させるために，稀少な資源の「無駄・浪費」（waste）のない配分，即ち「効率的配分」（efficient allocation）を重視する[14]。従って，社会全体の損失を「極小化」（minimize）することが正しく，「効率的」（efficient）であることを重んじる。法と経済学の代表的論者の一人（Guido Calabresi カラブレイジ）によれば，不法行為による「事故費用」（accident costs）と「事故防止費用」（prevention costs）の和（sum）を極小化することが「善」（the good）であるから，そのように導かれるルールを採用すべきということになる[15]。更に，「最安価事故回避者」（cheapest cost avoider）に費用負担させることが望ましいとも指摘されている[16]。この概念は，これから紹介する様々な不法行為法上の法理や概念を議論する際に，重要な指針となる。

---

11)　森本, *supra* note 9, at 13.
12)　*See* POLINSKY, AN INTRODUCTION TO LAW AND ECONOMICS, *supra* note 4, at 7-10 (1989). なお，法曹の因習的な思考が当事者間の利害調整という「狭い」近視眼的な思考に閉ざされがちで，「法と経済学」的な巨視的・政策的視点を欠きがちなのは，法曹が［職業的に］「パイの切り分け」に固執するからなのかもしれない。拙稿「"法と文学"と法職倫理（第4回）」『際商』Vol. 29, No. 7, 882, 885頁（2001年7月）（「エンジニアはパイを大きくし，弁護士はただその切り分けを助けるのみ。」）．
13)　*See* 森本, *supra* note 9, at 200.
14)　*See, e.g.*, Goldberg, *Twentieth-Century Tort Theory, supra* note 6, at 545.
15)　*See infra*「2．事故費用と防止費用の和の減少＝事故法の目的」の項．
16)　*See infra*「5．チーペスト・コスト・アヴォイダー」の項．

2．「事故費用」と「防止費用」の和の減少＝「事故法」の目的

　Guido Calabresi は事故法の主目的が，「事故費用」と「事故回避（防止）費用」の和を減少させることにある (to reduce the sum of the costs of accidents and the costs of avoiding accidents) と提起した[17]。そして，これら費用減少のための副次的目的としては，以下の三つを挙げている[18]。一つは，「事故費用の一次的減少」("primary" reduction of accident costs) として，危険を生じる活動の規制・禁止や，事故費用を「内部化」[19]させることによる抑制である[20]。即ち，事故の甚大さ (severity) と発生数 (number) の減少のための，事故発生前の「抑止」である。二つ目の副次的目的は，「事故費用の二次的減少」(secondary accident cost reduction) として，ヒガイシャに生じた費用を他者へ"転嫁" (shifting of accident losses) することにより軽減することである。方法としては，「危険（損失）の分散」(risk/loss spreading) と「ディープ・ポケット方法」(deep pocket methods) の二つを挙げている[21]。「二次的」と呼称するのは，抑止を逃れた望ましくない事故発生に対する次善の策だからである。三つ目の副次的目的は，「運用費用」(costs of administration) の軽減である。以上三つの副

---

17) GUIDO CALABRESI, THE COSTS OF ACCIDENTS : A LEGAL AND ECONOMIC ANALYSIS 26 (1970). 他の法と経済学者も，この指摘は支持しているようである。See, e.g., COOTER & ULEN, LAW AND ECONOMICS, supra note 1, at 320-22（social cost of accidents の減少という不法行為法の目的を，グラフを用いつつ Calabresi の前掲書を出典表示しながら説明）.
18) CALABRESI, THE COSTS OF ACCIDENTS , supra note 17, at 26-31.
19) 「内部化」(internalization) については，see infra 本節の「10.『内部化』と事故の『抑止』」の項.
20) 前者の直接的な行為規制による抑止のことを Calabresi は「specific deterrrence」や「collective approach」と呼んでいる。人々が集団的・政治的な決定として一定の行為を規制するからである。後者の内部化による抑止のことは，「general deterrent」や「market deterrent」と呼ぶ。市場価格に危険に係る費用を上乗せして抑止効果を狙うからである。Id. at 68-69.
21) See infra「3.『危険（損失）の分散』と『ディープ・ポケット』」の項.

次的目的は，相互に相容れない点がある。しかし事故法の主目的は，事故費用と事故回避費用の和の極小化に，正義の方法で到達することにある，と指摘している[22]。

3．「危険(損失)の分散」と「ディープ・ポケット」

不法行為法の在るべきルールを検討する上で避け得ない概念に，「危険（損失）の分散」(risk (loss) spreading) がある。特に製造物責任法において，嘗て，無過失責任を肯定する根拠の一つとして盛んに取り上げられたものである。Calabresi によれば[23]，無過失責任によって危険分散を説く論者達がその根拠にする概念は，事故の損失が広く分散されれば［一人にとっての］負担が最も少なくて済むという概念である。多くの者が広く浅く費用負担した方が，一人に多額な損失が集中するよりも痛みが少ないという考え方である。

更に Calabresi は，危険の分散の概念の一種として，「ディープ・ポケット」(deep pocket) の概念を挙げている[24]。即ち費用負担をしても社会的・経済的な "dislocation"（混乱）が最も少ない人々に費用負担をさせるべきであり，それは通常は「富む者」(the wealth) であると考えられていると指摘する。もっとも危険の分散が必ずしも累進的に負担されなければならない訳ではない。更に，富む者から金銭を徴収する方が貧者から徴収するよりも痛みが少ないという「限界効用漸減」[25] (diminishing marginal utility) の理論は経済学的には必ずしも支持されていないにも拘わらず，現実にはそのような徴収が様々な分野で行われていると指摘している[26]。

---

22) CALABRESI, THE COSTS OF ACCIDENTS , *supra* note 17, at 31.
23) *Id.* at 39.
24) *Id.* at 40-41.
25) 人は富めば富むだけ，たとえば1ドルを得た場合の幸福感（happiness）が減っていくという意味である。POSNER, ECONOMIC ANALYSIS OF LAW, *supra* note 2, at 12.
26) CALABLESI, THE COSTS OF ACCIDENTS, *supra* note 17, at 41. 限界効用漸減の理論は税制（*i.e.*, 累進課税）の根拠とされているものの，不法行為訴訟に採用することに対しては法と経済学者が一致して反対しているという指摘については，see *infra* 本

4．危険の分散とディープ・ポケット理論への批判

特に製造物責任の無過失責任化を肯定させる根拠の一つとして，「危険の分散」理論は一時，持て囃された。しかしその後，これに対する批判や疑問が沢山現れることとなり，現在では不法行為法学における指導的な論者達も危険の分散等を理由とする製造物責任法の無過失責任論には批判的である[27]。たとえば製造物責任法リステイトメントの共同起草者であるHenderson(ヘンダーソン)は，製造業者等を一種の「保険者」(insurer) とする思想が機能しないと指摘している[28]。判例も，大勢がそのような立場を採っていると考えられる[29]。

更に「ディープ・ポケット」の概念についても，それは不法行為法の倫理的根拠に反するという有力な指摘がある。即ち George P. Fletcher は，「互酬」(reciprocal) 原理」に関する有名な論文『Fairness and Utility in Tort Theory』『HARVARD LAW REVIEW』誌85巻537，547頁，脚注40（1972年）において次のようにして指摘している。つまりディープ・ポケットは，後掲の「分配的正義」(distributive justice) であって，不法行為法が拠って立つべき「矯正的正義」(corrective justice) ではない。何故ならばディープ・ポケットは被告（Δ）の「行為」(conduct) に基づいておらず，Δの「富と地位」(wealth and status) に依拠しているからである。このように不法行為法制度を用いて事故費用を「再分配」(redistribute) することは，「矯正的正義」に反する。矯正的正義は「Δが誰であるか」(who he is) に基づいて責任を課すのではなく，「Δが何を行ったのか」(what the defendant has done) に依拠して課されるべきだからである。

節内「6.『効率的配分』対『分配的正義』」の項.
27) DAVID G. OWEN, PRODUCTS LIABILITY LAW 228 & n. 34 (2005).
28) James A. Henderson, Jr., *Echoes of Enterprise Liability in Products Design and Marketing Litigation*, 87 CORNELL L. REV. 958 (2002). *See also infra* 本章内の「第三節『チーペスト・コスト・アヴォイダー』論への批判」の項.
29) *See, e.g.,* 補追，第四部，第Ⅵ章「第四節『*McMahon* 対 *Bunn-O-Matic Corp.*』判例」の項.

5．「チーペスト・コスト・アヴォイダー」
   （最安価）（事　故）（回避者）

　Calabresiの主張として有名な概念の一つに，「チーペスト・コスト・アヴォイダー」（cheapest cost avoider）がある。曰く，Ronald H. Coaseが指摘するように[30]「市場取引費用」（market transaction costs）が"無"であるならば，誰に「事故費用」（accident costs）を負わせようとも，「賄賂」（bribe）を贈ることを通じて[31]「社会的費用」（social costs）が最も少なくなる防止費用が選択されることになる。即ち，ハイポ（hypo.：hypothetical，仮想事例）として，自動車が惹き起こす「事故費用」が年間100ドルだと仮定し，もしその自動車が年間50ドルの費用の掛かるスポンジ製バンパーを採用すれば事故費用が年間10ドルにまで抑えられると仮定する。すると，たとえ法が歩行者に事故費用を負担するルール（即ち自動車製造業者は無責）を採用しても，歩行者は自動車製造業者に50ドルの"賄賂"を贈ってスポンジ製バンパーを採用してもらう。何故ならば，50ドルの賄賂を贈った上で10ドルの事故費用を負った方が（計60ドル），何もせずに100ドルの事故費用を負担するよりも安価に済むからである。

　しかし「市場取引費用」が「無」（zero）ではない現実世界においては，「最安価事故回避者」に「事故費用」を負担させなければ，効率的な抑止が機能しない。即ち，上のハイポに更なる条件として[32]，歩行者に降り掛かった事故費用を他者に転嫁するための「運用費用」（administrative costs）に5ドル掛かると仮定する。そして歩行者が他者に「賄賂」を贈るための「取引費用」が65ドルとする。そして，全く無関係な第三者のテレビ製造業者が賄賂を贈るためには取引費用が30ドル掛かるとする。もし自動車製造業者が有責とすれば，100ドルの事故費用プラス5ドルの運用費用の計105ドルを負担することになる。

---

30)　See infra 本章「第二節『コースの定理』」の項.

31)　Coaseが「bargain」（取引）という語句を用いて表現していたことを，Calabresiは「bribe」（賄賂，買収）という語句で表現している。CALABRESI, THE COSTS OF ACCIDENTS, supra note 17, at 136.

32)　Id. at 136-38.

しかし自動車製造業者にとってはスポンジ・バンパーを採用して50ドルを負担し，かつ10ドルの事故費用と5ドルの運用費用の合計65ドルを負担した方が安価なので，スポンジ・バンパーが採用されることとなる。ところが仮に歩行者が事故費用を負担する（自動車製造業者は無責）とすれば，自動車製造業者に賄賂を贈るためには，50ドルの賄賂と，65ドルの取引費用と，10ドルの事故費用を負担しなければならないので，（運用費用は歩行者が他者に事故費用を転嫁しないので発生しない）合計額が125ドルに達してしまう。それならば賄賂を贈らずに我慢して100ドルの事故費用をそのまま負担した方が安上がりなので，スポンジ製バンパーは採用されない。しかしこれでは，100ドルの事故費用と，65ドルの自動車製造業者がスポンジ製バンパーを採用した場合との差額分だけ社会に不必要な余分の費用を生じさせることになってしまう。更に仮にテレビ製造業者に責任を課す場合，テレビ製造業者の負担は100ドルの事故費用プラス5ドルの運用費用となる。そこでテレビ製造業者が自動車製造業者に賄賂を贈ってスポンジ製バンパーを装着してもらう場合のテレビ製造業者の負担は，50ドルの賄賂に，30ドルの取引費用に，10ドルの事故費用と，5ドルの運用費用となり，合計95ドルである。これは賄賂を贈らない場合の負担105ドルよりも安価なので，テレビ製造業者は賄賂を贈ることにし，スポンジ製バンパーが採用される。これは，歩行者が事故費用を負担する場合の100ドルの費用よりも安価ではあるけれども，最も安価な選択肢ではない。何故ならば，自動車製造業者が有責となる場合の65ドルの費用よりもテレビ製造業者が有責となる95ドルの方が高額になり，30ドル分だけ社会に不必要な費用を生じさせたからである。即ちこのハイポでは，自動車製造業者が最安価事故回避者であり，そこに責任を課せば，スポンジ製バンパー採用という価値のある変化（to make worthwhile changes）を生じさせるばかりか，取引費用の発生をも抑えることができるという訳である。

　ところで以下は私見であるが，上のようなハイポは，製造業者こそが最安価事故回避者であるという固定観念を生む（実際に生んだ？）虞があるのではないか[33]。もしハイポを変えて，歩行者が事故を回避する費用が僅か25ドルだと

仮定してみればどうであろうか。(事故を安価に回避できるのはカガイシャとは限らないからである。)即ち，たとえばそれまでは車道を横断していた歩行者が，きちんと歩道橋を渡れば年間事故費用を10ドルに抑えられるけれども，歩道橋を歩かなければならないための時間等の損失費用が年間25ドルに達すると算出できたと仮定するのである。または，スポンジ製バンパーの費用が95ドル掛かると仮定した場合はどうであろうか。(カガイシャの事故回避費用が安価とは限らないからである。)何れの場合も，"最安価事故回避者は歩行者"となる。即ち前者においては歩道橋を渡れば*事故回避費用の25ドル＋事故費用の10ドル＝計35ドル*の費用しか発生しない。(運用費用は歩行者が他者に事故費用を転嫁しないので発生しない。)この35ドルは，何も回避策を講じない場合の事故費用100ドルよりも安価であるばかりか，自動車製造業者を有責としてスポンジ製バンパーを採用させた場合の合計65ドルよりも安価である。また，スポンジ製バンパーの費用が95ドル掛かると仮定した場合の方も，自動車製造業者を有責としてスポンジ製バンパーを採用させれば，*95ドル（スポンジ製バンパー）＋10ドルの事故費用＋5ドルの運用費用＝合計110ドル*に達するので，これならばスポンジ製バンパーを採用せずに歩行者が100ドルの費用を負担したままの方が安価となる。現実世界の不法行為の事故においては，いわゆるヒガイシャ側の過誤も事故原因であるという「双方的危険」(bilateral risk)の指摘[34]等を考慮に入れるならば，筆者のハイポの方が現実的ではあるまいか。なお，後述する「コースの定理」におけるハイポの一つにあるように[35]，煤煙を排出する工場に税を課して内部化する政策が実は社会への費用を増加させて非効率となり，むしろ

---

33) もっとも Calabresi はこの著書『THE COSTS OF ACCIDENTS』においてはそのように断定してはいないようである。しかし本文中の次の段落にて紹介するように，1972年に公表した後の Hirschoff との共著論文においては，製造業者等への無過失責任の賦課が望ましいと断定している。
34) POSNER, ECONOMIC ANALYSIS OF LAW, *supra* note 2, at 180. *See infra* 本章「第二節『コースの定理』」内の「7．コースの分析と『双方的危険』・『一方的危険』」の項．
35) *See infra* 本章「第二節『コースの定理』」内の「5．『コースの定理』と内部化への懐疑」の項．

周辺住民が引っ越し等をした方が安価である事例を思い起こすべきかもしれない。

Calabresi は，『THE COSTS OF ACCIDENTS』を出版した 2 年後に Hirschoff と共同執筆した論文において[36]，たとえ利用者の方がチーペスト・コスト・アヴォイダーな場合があったとしても，それは稀であるという前提の下，そのような稀な事例の発見のために運用費用を費やすべきではないと主張している。従って，製造業者等を常にチーペスト・コスト・アヴォイダーであると決め付けた上で無過失責任を製造業者等に課した方が，製造業者等に対して安全施策を開発させるインセンティヴになる負担を賦課するから，事故費用と事故回避費用との和を減少できるだけではなく，更にヒガイシャへの賠償が常に与えられるので「分配的正義」(distributive justice) や危険分散の目的も促進されると主張している[37]。即ち彼等は，製造業者等に無過失責任を課すという結論に向かう立場から，訴訟を通じた被害者救済も肯定する方向でハイポを示し，議論を進めていると窺われる。しかし近年の主流的判例や学説の大勢は，製造業者等に常に無過失責任を課す言説を支持しているようには思われない。

6．「効率的配分」(efficient allocation) 対「分配的正義」(distributive justice)

法と経済学や不法行為法の検討においては，「効率的配分」(efficient allocation) だけでなく「分配的正義」(distributive justice) が議論される場合もある。もっとも指導的な法と経済学者は，"分配" よりも "効率" を重視する[38]。そして法と経済学者は，その拠って立つ立場を超えて，皆，等しく，私法上の権利を

---

36) Guido Calabresi & Jon T. Hirschoff, *Toward a Test for Strict Liability in Torts*, 81 YALE L. J. 1055 (1972).

37) *See infra* 本章「第三節『チーペスト・コスト・アヴォイダー』論への批判」内の「1．『チーペスト・コスト・アヴォイダー』の無過失責任的解釈」の項．なお「分配的正義」については，see *infra* 本文中の次項 6．

38) *E.g.*, COOTER & ULEN, LAW AND ECONOMICS, *supra* note 1, at 8-10.

通じた「分配的正義」の追及は誤っている（むしろ税制を用いるべきである）という点において合意していると言う[39]。

ところで「分配的正義」とは，社会の富を平等に分配すべきだとする正義観である[40]。倫理哲学の項にて後述するように[41]，ギリシャの哲人アリストテレスが「矯正的正義」(corrective justice) と共に唱えたとされる正義観である。分配的正義は，当事者間の相互作用とは無縁に社会全体の富を如何に分配すべきか，という問題である[42]。社会全体の富の分配における国家の役割が問題となる[43]。分配的正義では社会の各構成員が自己のヒューマニティ実現のために社会の資源にアクセスするという「積極的自由」(positive freedom) を規定し，各構成員に対して必要な資源への比較的平等なシェアを付与することで「善」(the good) を実現する。分配的正義の決定のためには，社会全体の資源の量と各構成員の序列に関する知識が不可欠になるから，「行政府」とそこに権原を委譲した「立法府」にこそ適するけれども，矯正的正義の方は個人間の相互作用と彼らの［身体］財産侵害のみが関心事であるから「司法府」にも適すると分析されている[44]。

以上のように，「分配的正義」を実現するのに適した国家権力は立法府であり，司法府には不適切であると指摘されている[45]。繰り返しになるがその理

---

39) *Id.* at 9. *See also* POLINSKY, AN INTRODUCTION TO LAW AND ECONOMICS, *supra* note 4, at 124-27 ; Christine Jolls, *Behavioral Economic Analysis of Redistributive Rules, in* BEHAVIORAL LAW AND ECONOMICS 288, 288(Cass R. Sunstein ed. 2000)（分配的考慮は専ら税制と社会保障によるべきであると法と経済学者の多くが考えていると指摘）.
40) *E.g.*, Jules L. Coleman, *The Practice of Corrective Justice, in* PHILOSOPHICAL FOUNDATIONS OF TORT LAW 53, 71 (David G. Owen ed. 1995).
41) *See infra* 第II章「第一節　矯正的正義論」中の「1．序論」内の脚注＃5．
42) *E.g.*, Richard W. Wright, *Right Justice and Tort Law, in* PHILOSOPHICAL FOUNDATIONS OF TORT LAW 159, 167-68 (David G. Owen ed. 1995).
43) *Id.*
44) *Id.* at 180-81.
45) 本文中の当段落の記述については，see *id.* at 159, 167-68. *See also generally* 林田清明『《法と経済学》の法理論』97-102頁（1996年，北海道大学図書刊行会）．

由は，分配（distribution）においては，国民全体の資源を集計し，かつ，国民各層の所得等も適確に把握した上で，民主主義的コンセンサスに従って決定しなければならないから，司法府の権能を超えており，立法府にこそ相応しいからである。確かに司法府は個別的・私人間の紛争解決を念頭に置いており，その資源と能力は限られているばかりか，そこの官(判事)は必ずしも民主的に選ばれていないので，彼らに分配の決定を委ねることには，主権者として抵抗があろう。分配が司法府に不適切なもう一つの理由は，司法府は訴訟という「運用費用」の高価な手続に頼るので，非効率だからである。

　分配的正義に従った分配に望ましい制度は，訴訟ではなく税制であるという指摘は，法と経済学においてしばしば見受けられるものである[46]。たとえば，有名なメタファーとして[47]，砂漠の中にアイスクリームが入っている穴と，もう一つ離れた所に空の穴があり，これを分配するためにアイスクリームをシャベルで掬って炎天下の中を空の穴に運ぶというものがある。分配的正義を達成しようとする志は買うけれども，運ぶ途中でアイスクリームは溶けて無くなってしまうのである。訴訟に頼って分配的正義を実現しようとすると，このメタファーのように，社会の富が途中でなくなって非効率である。特にアメリカでは成功報酬で事件を受任する原告側弁護士達（plaintiffs' bar）が通常は 3 〜 4 割の報酬を賠償金から"奪う"ので，正に炎天下のアイスクリームという訳である。従って税制の方が，効率的であるばかりか，所得税等による累進課税は富める者と貧者を正確に分類して前者から多く徴収することを通じて公平性を

---

46)　*E.g.*, POLINSKY, AN INTRODUCTION TO LAW AND ECONOMICS, *supra* note 4, at 7-10. *See also* COOTER & ULEN, LAW AND ECONOMICS, *supra* note 1, at 8-9. なお Calabresi & Hirschoff も，課税は立法府の役割であり司法府のものでないという指摘があると示している。Calabresi & Hirschoff, *Toward a Test for Strict Liability in Torts, supra* note 36, at 1081 & n. 85（もっとも同論文中の脚注 n. 90において Calabresi 達は，司法府以外の政府機関の方が分配的正義の実践をより良く行えるという指摘を認容しつつも，裁判における検討要素から分配要素を排除しなくても良いはずだと主張している）．

47)　*See* COOTER & ULEN, LAW AND ECONOMICS, *supra* note 1, at 8.

より担保できる[48]。更に，訴訟に頼って分配的正義を促進しようとして，たとえば消費者を有利に扱うべく林檎の生産者に酷な法のルールを用いたりすると，林檎生産へ投資する者が投資を引き上げることになり，生産者が減って価格が上昇し，高額な林檎の価格を消費者が背負う結果になるような，「distorting effects」(歪み効果) が生じる[49]。消費者エゴの弊害がブーメランのように消費者自身に戻ってくるこの現象は，私見では言わば「因果応報」(Karma; retributut션) という倫理的概念によっても説得力を有している。更に前掲「4．危険の分散とディープ・ポケット理論への批判」の項にて紹介したように，「分配的正義」は「矯正的正義」という不法行為法の倫理的根拠と相容れない旨の指摘にも説得力がある。そのように分配的正義が不法行為訴訟に不適切であるという思想を理解する上で非常に参考になる判例は，R. Posner, J. が担当して厳格 (無過失) 責任の不適用を検討している「*Indiana Harbor Belt R. R. 対 American Cyanamid Co.*」判例[50]である。

7．「パレート最適」(Pareto efficiency) と「完全競争市場」(perfectly competitive market)

法と経済学は，「個人の選好」の満足 (satisfaction of individual preference) にも関心を寄せる。たとえば望ましい資源配分の目標として，他の誰一人にも不利益を課すことなく少なくとも一人は有利になり，それを超えると最早，誰かに不利益を課さずには誰にも利益を与えられなくなるような状態を想定し，そのような状態のことを，「配分的効率」(allocative efficiency) とか「パレート最適」(Pareto efficiency) と言う[51]。20世紀の初めにその概念を発案したイタリアの政

---

48) *Id.* at 9.
49) *Id.*
50) Indiana Harbor Belt R.R. Co. v. American Cyanamid Co., 916 F. 2d 1174 (7th Cir. 1990). *See* 補追，第三部，第Ⅲ章「第一節『*Rylands 対 Fletcher*』判例，他」内の「3.『*Indiana Harbor Belt R.R. 対 American Cyanamid Co.*』判例」の項．
51) 本項における記述は，see COOTER & ULEN, LAW AND ECONOMICS, *supra* note 1, at 16-17 & n. 1.

治科学・経済学者，Vilfredo Pareto に因む概念である。言い換えれば，誰も「悪化」(worse off) させずに，誰かを「良化」(better off) させるのである。

完全競争の下では，経済主体による極大化行動が，生産と消費とを必然的な均衡に到達させる。「一般均衡」(general equilibrium) と呼ばれる状態である。一般均衡は，財の生産において効率的であると同時に，財の消費者への配分においても効率的である。それはパレート最適な状態である。このように完全市場が生じさせるパレート最適は，理想的な目標でもあるので「社会的に最適」(socially optimal) であるとも表わされる[52]。「完全競争市場」(perfectly competitive market) である。法と経済学も，そのような完全競争を理想とする。

8．「カルドア＝ヒックス効率」(Kaldor-Hicks efficiency：可能性・潜在的パレート最適)

「パレート最適」は最も望ましい状態であるけれども，それを実現する提案は極めて困難である。何故ならパレート最適は，他の誰一人にも不利益を課すこと (worse off) なく云々という前提だったので，誰か一人でも worse off するような場合は，たとえ全体として利益が向上するような政策案であっても，worse off するその一人が「否」と言えば，その政策は実施できないからである。言い換えれば，たった一人の反対が政策を止めてしまい得るので，少数者が全体の利益に対しての「拒否権」(veto power) という絶大な権力を握ることになる。

そこで，パレート最適の条件の内，「他の誰にも不利益を課すこと (worse off) なく」という部分を緩和して，不利益を被る者が出てきても，利益を付与される者の利益が前者の不利益を凌駕するならば，余剰が生まれているので，その社会的選択を善しとするのが，「カルドア＝ヒックス効率」(Kaldor-Hicks efficiency) である[53]。それは，「可能性・潜在的パレート最適」(potential Pareto

---

52) *See id.* at 43-44.
53) 本文の本項内の記述については，see *id.* at 48.

improvement) とも呼ばれている。このような「カルドア＝ヒックス効率」は，要するに「費用便益分析」(cost-benefit analysis : CBA) である。即ち費用便益分析においては，政策案の便益が費用を凌駕すれば，gainer（利得者）が looser（損失者）を補償すれば良いという理由により採用される。社会全体として余剰利益が生じる政策を，少数者の拒否権により差し止められず採用することが可能になる。

　本書が紹介するように，不法行為法においても，費用便益分析は中心的な基準となっている。製造物責任法もその例外ではない。更に法と経済学者の多くは「カルドア＝ヒックス効率」を目指した法的ルール（法規範）を採用すべきと主張していると言われている[54]。なお，倫理哲学の立場からは，looser をより尊重すべきであるとの視点から，反論もある。その代表例は，後掲 John Rawls による「格差原理」(the difference principle) であろう[55]。

9．「市場の失敗」(market failure) と「外部効果」(external effect)

　市場メカニズムによる資源の最適配分を妨げる状態を「市場の失敗」(market failure) と言う。その原因として法と経済学において挙げられるものは，「独占」(monopoly)，「外部性」(externalities)，「公共財」(public goods)，および「情報の非対称性」(information asymmetries) の四種である[56]。本書が扱う不法行為法に特に関係するのは「外部性」と「情報の非対称性」である。

　そもそも「外部性」(externalities) または「外部効果」(external effect) とは，市場を経由しない直接的な依存関係である[57]。市場システムの「外部」で生じることに由来する語句である。市場内での取引交換関係は全て自発的なもの

---

54)　Jolls, *Behavioral Economic Analysis of Redistributive Rules, supra* note 39, at 288.
55)　*See infra* 第二章「第五節　ロールズ，フレッチャー，そしてドゥウォーキン」内の「1. John Rawls と "正義"」の項。
56)　本文の本項内の記述については，see COOTER & ULEN, LAW AND ECONOMICS, *supra* note 1, at 44-48.
57)　森本，*supra* note 9, at 213.

なので,「外部性」は意思に反して課される[58]。「外部効果」は利益を及ぼす場合 (i.e., external benefit) もあるけれども[59],不法行為法で問題になるのは不利益を及ぼす「外部不経済」(external diseconomy) と呼ばれる場合 (i.e., external costs) である。これを単に「外部性」(externalities) と呼ぶ場合が多い。即ち市場メカニズムにおける取引交換を経ずに,市場の外部において,同意なく課される費用が外部不経済である。たとえば公害がその代表例である。川上の工場が廃液を流し,川下の住人がそれによる損失費用の負担を強いられるような場合が,外部不経済となる。その損失費用を負担していない工場の生産する製品価格は,市場の外部にあるその「外部費用」(external costs) を反映してい

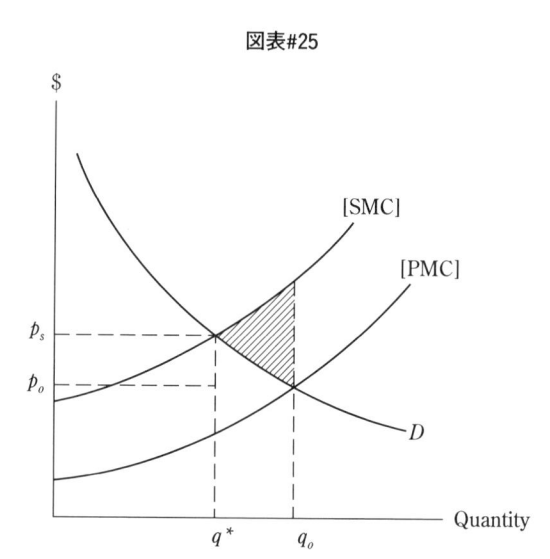

図表#25

Source : RICHAD A. POSNER, ECONOMIC ANALYSIS OF LAW 177, fig. 6.2 (4th ed. 1992).

---

58) COOTER & ULEN, LAW AND ECONOMICS, *supra* note 1, at 110.
59) たとえば鉄道会社が駅を作ると周辺の土地が値上がりして地主が得をするような場合である。*See, e.g.*, 奥野正寛『ミクロ経済学入門』30-31頁 (1990年, 日本経済新聞社)。

ない。即ち，経済主体の「私的限界費用」(private marginal costs) は，社会的な真の費用（「社会的限界費用」：social marginal costs）よりも不当に安いため，不当に多くが生産・供給され，かつ消費され需要が生じている[60]。従って，最適配分な状態になっていないのである。

10. 「内部化」(internalization) と事故の抑止

外部化による市場の失敗を治癒するためには，外部費用をその発生者に負担させれば良い。たとえば課税等を通じた費用の賦課である。これを「内部化する」(internalize) と言う[61]。不法行為法においては，この内部化の検討が重要である。何故ならば事故費用を外部費用と捉えれば，発生者に事故費用を内部化させることにより，事故を生じさせる原因となる行為の生産を抑えて，抑止の効果が上がると考えられ得るからである。もっとも事故費用を全て被告（⊿）に課せば，前掲「distorting effects」（歪み効果）のような様々な弊害が出てくる。そこでどの程度まで⊿に課すのが最適であるかという点を探ることが必要になり，かつ，困難でもある[62]。

11. 「共有地の悲劇」(The Tragedy of the Commons)

内部化の法的意味については，稀少資源の枯渇防止という文脈において，しばしばアメリカの法律論文で引用される有名な逸話として，「共有地の悲劇」(The Tragedy of the Commons) というものがあるので紹介しておこう。その出典は，人口爆発による地球資源の枯渇問題を論じた，権威の高い科学雑誌『SCIENCE』に掲載された生物学者の論文である[63]。

---

60) COOTER & ULEN, LAW AND ECONOMICS, *supra* note 1, at 45 ; POSNER, ECONOMIC ANALYSIS OF LAW, *supra* note 2, at 177 ; 森本, *supra* note 9, at 213.
61) COOTER & ULEN, LAW AND ECONOMICS, *supra* note 1, at 46 ; 森本, *supra* note 9, at 213.
62) *See* Goldbcrg, *Twentieth-Century Tort Theory, supra* note 6, at 545.
63) Garrett Hardin, *The Tragedy of the Commons*, 162 SCIENCE 1243 (1968). *See also* 拙稿「迷惑メール問題と米国における分析」『日本データ通信』127号，53, 58-61頁

「共有地の悲劇」とは，誰でもが自由に放牧できる牧草地が「共有地」(the commons) であるというハイポ (hypo.: hypothetical, 仮想事例) である。そのような牧草地の周りにいる牧夫達としては，そこで飼う家畜をあと一匹増やすべきか否かを検討したとき，ラショナルな人（rational being）である牧夫としては当然に，増やすという結論に達する[64]。何故ならば，増やすことによりその牧夫が被る損失は牧草が少し減るという程度の微々たるものであることに比べて，得られる便益は一匹分の家畜の売却益を将来得られるという大きなものだからである。そして，他の牧夫も同じ結論に達する。すると，家畜が共有地に溢れ，共有地は枯野と化し，結局は全ての牧夫にとっての"悲劇"が訪れるという訳である。つまり，アダム・スミスの『諸国民の富』(ADAM SMITH, THE WEALTH OF NATIONS (1776)) が説いたような，各人が利益追求活動を追行すれば社会全体が富むということにはならない，と Hardin は説く[65]。更に，環境汚染問題も共有地の悲劇と同様で，ゴミを各人が浄化する費用よりも，ポイ捨てする費用の方が，個人にとっては安価だからと放置してゴミが溢れれば，「自らの巣を汚す」という"悲劇"が訪れると指摘する[66]。

　そして Hardin は，悲劇を抑止する対策を「悲劇」論文内において例示している[67]。一つは，私有財産制である。共有地ではなく私有地になれば，枯渇しないように運用するからである。二つ目は，課税またはその他の経済的な賦課である。利用者が只で利用できるのではなく利用に対して経済的負担を課されれば，枯渇を抑止できるからである。三つ目は，強行法規による禁止または規制である。禁止・規制されれば枯渇しないような管理が可能である。

　以上の Hardin の「共有地の悲劇」を法と経済学から分析すれば，資源枯渇という損失を牧夫が自らのものとして負担せずに，牧夫以外の子孫等に同意な

（2002年9月）．
- [64] Hardin, *The Tragedy of the Commons, supra* note 63, at 1244.
- [65] *Id.*
- [66] *Id.* at 1245.
- [67] *Id.* at 1247-48.

く課しているという「外部性」(externalities) または「外部費用」(external costs) の問題であろう。消費が自らの痛みとならない牧夫は，非効率に資源を無駄使いしてしまう。そこで Hardin が例示した対策は，法と経済学の言う「内部化」(internalization) であろう。即ち，市場取引の外部にあるその外部費用を牧夫達に負担・反映させることにより，社会的な真の費用（社会的限界費用：social marginal costs）を考慮させ，これにより最適配分な状況に移行させようということであろう。

「共有地の悲劇」は私有財産制を肯定する点において，ロースクールの科目では主に「財産法」(property) の分野で論じられることが多い。もっとも不法行為法においても，「共有地の悲劇」の発展形である，「反共有地の悲劇」(The Tragedy of the Anticommons) という問題は，財産権"侵害"(≒不法行為) とサイバー法の点から論じられる場合がある[68]。

12.「情報の非対称性」(an asymmetry of information)

製品に欠陥（瑕疵）があることを知らない消費者は不要に高額な対価を支払ったり，逆に不適切なまでに買い控えたりすることになり，市場のメカニズムが適切に機能せずに「市場の失敗」(market failure) が生じる[69]。これは情報が買主と売主の間でアンバランスであるための現象，即ち「情報の非対称性」

---

68) 即ちオープン・ソースや公有を重んじるサイバースペースの文化や倫理，あるいは社会規範ゆえに，「over-propertization」による弊害が指摘されることがある。See PATRICIA L. BELLIA, PAUL SCHIFF BERMAN & DAVID G. POST, CYBERLAW : PROBLEMS OF POLICY AND JURISPRUDENCE IN THE INFORMATION AGE 33 (2d ed. 2003). See also Michael A. Heller, *The Tragedy of the Anticommons : Property in the Transition from Marx to Markets*, 111 HARV. L. REV. 684 (1998) （社会主義政権崩壊後のロシア経済の混乱や阪神淡路大震災後の復興の遅れ等を例示しつつ，細分化され過ぎた私有財産の問題を指摘）; POSNER, ECONOMIC ANALYSIS OF LAW, *supra* note 2, at 66 （複数の所有権に跨った油田の共同目的利用の例を挙げている）. See 補追，第五部，第Ⅲ章「第二節サイバー・トレスパスと迷惑メール」内の「4．非招請大量（非商業的）電子メール（UBE）送信禁止判例」内の＜A.「Intel Corp. 対 Hamidi」判例＞の項．

69) *See, e.g.*, COOTER & ULEN, LAW AND ECONOMICS, *supra* note 1, at 47.

(an asymmetry of information) である。具体的には多くの場合，売主側に情報が偏在しているために生じる現象なので，強行法規によって情報開示を義務付け，または契約を取り消し得るとすること等で，治癒することとなる。情報の非対称性は，そのように「契約法」(contracts) の分野における法と経済学的分析で問題になる[70]だけではない。不法行為法においても，たとえば製造物責任法の分野では，製品の危険性を原告の立場にいる人が知っているべきか否かという争点において，問題となり得るのである[71]。なお後述するように，情報の非対称性に対する治癒策としての情報開示義務に関連し，「真実」という要素は倫理哲学的考察でも重要である[72]。

　たとえば無過失責任を正当化する論拠としても，情報の非対称性は重要な要素であると思われる。たとえば，費用便益分析を行い，その分析結果に基づいて行動する上において最適な立場にいる「最安価事故回避者」(cheapest cost avoider) は製造業者等であり，彼らにこそ事故費用を転嫁する無過失責任が正しいとする言説が存在する。その論拠は，そもそも費用便益分析をするための情報が利用者側にではなく常に製造業者側にこそ存在するという前提である。この前提は，言い方を換えれば，いわゆる「情報の非対称性」の問題と理解することができる。すると責任を回避するためには，情報の非対称性の問題が解消されるような状況が必要ということになる。もっと言えば，製造業者等に対しては，リーズナブル（理に適った）な利用者では知り得ない情報を提供する義務が肯定化されてくるということになる。しかしここで困難が生じるのは，何処まで開示すれば義務を果たしたことになるのかという「程度」の問題である。人は，情報

---

70) たとえば「契約自由の原則」や「私的自治の原則」の修正的な各種強行規定，たとえば詐欺により取り消したり，売主に重要事項の説明義務を課したりといったものは，しばしば法と経済学的には情報の非対称性という観点から正当化され得る。

71) たとえばCalabresiは，「危険の分散」の理論に基づき，付保にふさわしいのは個人消費者ではなく企業被告・製造業者等の方であるという主張の根拠の一つとして，後者の方が前者よりもデータを有していることを挙げている。CALABRESI, THE COSTS OF ACCIDENTS, *supra* note 17, at 56.

72) *See infra* 第Ⅱ章「第二節　平等の倫理」内の「11.『真実』」の項.

を開示されてもそれを留意しない。契約書を提示されても読まないし，警告が貼付されていても見ないのである。

13. 保険制度：「モラル・ハザード」(moral hazard) と「逆選択」(adverse selection)

　不法行為法に関する法と経済学的な分析においては，保険制度に関する問題も関係してくる。たとえば製造物責任法は，嘗て，製造業者等の企業被告（⊿）に無過失責任を課すことで「保険者」(insurer) とし，⊿は保険料を製品価格に上乗せ・転嫁 (shift) して「損失を分散」すれば良いと唱えられたことがあった[73]。そのような言説が，理論通りに機能しない理由を理解するためには，保険の仕組みを理解することが必要になる。本書では，保険の仕組みが上手く機能しなくなる問題として「逆選択」(adverse selection) と「モラル・ハザード」(moral hazard) を説明しておこう[74]。

　まず「逆選択」は，ハイ・リスクな被保険者 (high-risk insureds) がそのハイ・リスクに見合った保険料を徴収されず，ロー・リスクな被保険者に比較して安い保険料である場合に生じる。その場合，ロー・リスクな被保険者は，保険料が比較的に課金され過ぎなので，その保険機構から逃げ出してしまう。すると保険者は，残った被保険者に対する保険料を引き上げざるを得なくなる。すると更にロー・リスクな被保険者が逃げ出す。すると保険者は更に保険料を上げる，という悪循環を繰り返す状況となる。結局はハイ・リスクな者ばかりが被保険者になってしまうという訳である。

　次に「モラル・ハザード」とは，保険契約約款によって禁じられていない限り，付保されている損失が発生するように危険を増加させる行為に，保険契約

---

73)　*See supra* 本節内の「3.『危険（損失）の分散』と『ディープ・ポケット』」の項。*See also infra*「第三節『チーペスト・コスト・アヴォイダー』論への批判」，「1.『チーペスト・コスト・アヴォイダー』の無過失責任的解釈」の項．

74)　本文中の次段落以降の記述については，see, *e.g.*, Henderson, *Echoes of Enterprise Liability, supra* note 28, at 964-65 ; COOTER & ULEN, LAW AND ECONOMICS, *supra* note 1, at 35 4-55.

の発効後，被保険者が関与する傾向のことをいう。たとえば火災保険付保の後，家屋の市場価格よりも保険金の方が高ければ，被保険者は放火しようとするように「誘因」(incentives) が働く。更にたとえば自動車窃盗に対する損害保険に付保された被保険者は，付保されていない者よりも，保険金が支払われると安心することで自動車窃盗に遭わないような注意を怠りがちになってしまう（たとえば高額な物品を外部から目に付く助手席上に放置したままにして，わざわざトランクにしまう手間を掛けなくなる）という訳である。モラル・ハザードは，逆選択と同じように，付保に見合った保険料よりも不当に低い額しかハイ・リスクな被保険者が負担しないという問題を許容してしまう。更に逆選択と同様に，ロー・リスクな被保険者が逃げ出してしまうことに繋がり，残存したハイ・リスクな被保険者達は保険の存立を危うくさせるのである。モラル・ハザードを防止するためには，損失増加に繋がる危険を被保険者が過度に増やす契約後の故意または無謀な行為に対して，保険金支払いを回避するように注意深く保険約款を起案するしかない。

　Calabresi も，保険が機能するためには，「リスク傾向な者」(risk-prones) を区別しなければ，結局はリスク傾向な者達ばかりが残存するという問題を指摘しつつも，同時に，そのような者を保険から切り捨てると救われないという問題も指摘する[75]。もっとも「抑止」の目的のためには区別が必要と言っている点は重要である[76]。

　このような分析は，不法行為訴訟制度においてリスクの高い者を何処まで救済の対象にすべきかを検討する際に，筆者の強い興味を惹く。たとえばホット・ドリンクを零し，かつ，拭き取らないという過誤のある原告（π）への賠償の是非である。一方では，注意を欠くような「愚かな行動」(foolish behavior)[77]を採るπは「ハイ・リスク被保険者」または「リスクの高い者」として

---

75)　CALABRESI, THE COSTS OF ACCIDENTS, *supra* note 17, at 61-62.
76)　*Id.* at 61.
77)　「foolish behavior」という表現は筆者が発案したのではなく，アメリカの指導的不法行為法学者によるものである。JAMES A. HENDERSON, JR. & AARON D. TWERSKI,

救済の対象「外」であると考えられる。しかし他方では，受傷者の救済，即ち一人に降り掛かった多額な損失による dislocation（混乱）の軽減化を不法行為法の目的とするならば，愚かな π を救済対象から排除することは目的達成を妨げる。視点を法と経済学から転じて倫理（公正・正義）の面から考えると，愚か者にまで賠償を支払うことは，ロー・リスクな大多数の消費者が愚か者へ「補助金」（subsidy）の支払いを強要されるので肯定し難い。しかし「慈悲」（mercy）という倫理観[78]から考えれば，愚者である受傷者にも慈愛の心をもって救済の手を差し伸べるべきだということになろう。しかし現実世界で問題になるのは，資源には限りがあるし，逆選択やモラル・ハザードが生じるという冷徹な現実である。

　ところで，モラル・ハザードの概念は，保険の文脈以外で用いられる場合がある。たとえば安全性向上のための規制強化が，却ってモラル・ハザードを生んで，危険減少の効果が上がらないという指摘である。そのような有名な例として Viscusi が紹介するのは[79]，シートベルトである。シートベルトは衝突時の安全性を向上させるけれども，そのために安心した運転者は速度を上げるという反応を示したので，全体としては安全性向上の効果に悪影響が出たというのである。凍結した危険な道路の方が運転者は速度を落として却って安全になるのと同じで，シートベルトがない方が安全運転への誘因になるという訳であ

PRODUCTS LIABILITY : CASES AND PROCESS 305 (5th ed. 2004).
78)　「慈悲」と法との関係については，「法と文学」（law and literature）という学際的研究の視点から，たとえばシェークスピアの『ベニスの商人』が，キリスト教的な慈悲とユダヤ教的な報復との対立構造であると解釈し，法は慈悲のような倫理を考慮に入れるべきだと主張する論者もいる。Michael Jay Willson, *A View of Justice in Shakespeare's The Merchant of Venice and Measure for Measure*, 70 NOTRE DAME L. REV. 695, 713-14 (1995). 法と経済学者である R. Posner も，ポーシャが法の柔軟性を代表していると指摘しつつ，法というものは「結果如何に拘わらず徹底的に執行されなければならないような柔軟性を欠くルールから構成されているだけではない」と分析している。*See* RICHARD A. POSNER, LAW AND LITERATURE 119-21 (revised and enlarged ed. 1998).
79)　*See* W. KIP VISCUSI, RATIONAL RISK POLICY 70-75 (1998).

る。同様な「モラル・ハザード効果」として Viscusi が挙げるのは，薬品の安全キャップである。小さな子供が親の目の届かないところで薬を誤って飲んでしまう死亡事故が最も多いことへの対応として，政府は，押し下げなければ開かない安全キャップを様々な危険な薬物の容器に採用するよう規制し，「child-proof cap」と呼ばれた。しかしこれが却って親の注意を弛緩させたため，未だ安全キャップが採用されていない容器の内容物を誤って子供が服用する事故が多発したという。もっともここで誤解してはいけないのは，Viscusi が指摘するのは安全規制を採用するなということでは決してなく，採用に伴う人の行動への副作用に注意すべきだという点である。具体的には，政府は注意喚起を怠るべきではないと指摘している。

14．保険制度と「危険回避」（risk aversion）と「危険愛好」（risk-seeking, risk-preferring）

「危険回避」（risk aversion）とは，確実なポジションから始めて，確率的には fair な勝率がある賭けをやりたがらないことと定義される[80]。反対に「危険愛好」（risk-seeking, risk preferring）とは，確実な物事を拒絶して，より低い確率または同率の期待を好むことを意味する[81]。

後述する「法と行動科学（認知心理学）」が主に紹介する心理学的な実証実験の結果，多くの場合，人は，蓋然性の低い領域においては危険愛好的になるとされている[82]。従って損害保険制度が成立する。何故ならば保険制度は，発

---

80) Chris Guthrie, *Prospect Theory, Risk Preference, and the Law*, 97 Nw. U. L. Rev. 1115, 1117 n. 16 (2003). なお本文中のトピック（危険選好）に関しては，see also Cooter & Ulen, Law and Economics, *supra* note 1, at 50-53. 更に，「危険中立」（risk neutral）については，see *infra* 本章中の「第四節　ハンド・フォーミュラ」内の「6.『危険中立的』と『危険回避的』選好な『ハンド・フォーミュラ』の問題点」の項．

81) Guthrie, *Prospect Theory, Risk Preference, and the Law, supra* note 80, at 1117 n. 16 (Kahneman & Tversky の論文を出典表示しながら説明している)．

82) *See infra* 第III章「第一節　序説」中の「3.『予測理論』」内の＜C.「nonlinearity

生"蓋然性が低い"事故に対して，保険料を支払ってまで保険金を得たいと望む加入者がいるからこそ成立する。即ち，蓋然性の低い損失に対して「自己愛好」(self-preference) 的であるからこそ，蓋然性よりも高い保険料を負担する加入者の存在があるのである。ところで，ギャンブルが成立するのも，損失の場合と同じく，「低」蓋然性の領域では利得も危険愛好的になるからであると指摘されている。即ちギャンブルも，賞金獲得の実際の蓋然性は低い。しかし人は危険愛好的になるからギャンブルをするのである。

第二節 「コースの定理」(Coase Theorem)

1．「コースの定理」(Coase Theorem) と「互酬的性格」(reciprocal nature)

法と経済学の始祖とも言うべき研究者は，Ronald H. Coase である。その秀逸した指摘は，当事者の間の"カガイシャ"こそが責められるべきだという，嘗ての因襲的法律学の思考である「ローカルな分配的正義」(localized distributive justice)[83]的な衡量に囚われない点にあろう。

牧場から隣地の農場に勝手に迷い込んだ牛がその農場の作物を食べてしまった損害に対し，牧場主と農場主とのどちらが勝訴すべきか。そのようなハイポ (hypo.: hypothetical，仮想事例)[84]に対して，因襲的法律学的思考からは，感覚的に，農場主が勝訴すべきと結論付けるところである。何故ならば，牧場主は"カガイシャ"であり，農場主は"ヒガイシャ"だからである。歴史的には，過失責任が確立する以前の，因果関係さえ認定されれば責任を負うべしという

---

value（非線形選好）/ weight function（決定荷重）」＞の項．

83) 「localized distributive justice」という文言の出典は，Stephen Perry, *Responsibility for Outcomes, Risk, and the Law of Torts, in* PHILOSOPHY AND THE LAW OF TORTS 72, 117 (Gerald J. Postema ed. 2001)（もっとも本文において筆者が使用するような意味では用いられていない）．

84) このハイポについていは，see Ronald H. Coase, *The Problem of Social Cost*, 3 J. L. & ECON. 1, 1 (1960).

傾向が強かった旧厳格（無過失）責任的な思考[85]から推せば，牧場主が敗訴すべきと判断されがちである。牧場主が損害の原因を作った（ように表面的には見える）からである。その後の法理でも，「土地への不法侵害」(trespass to land)は，過失の有無に拘わらず有責になるから[86]，やはり牧場主が敗訴すべきとなろう。

しかし，Coase は言う[87]。牛が迷い込むことが止むを得ないと仮定すれば，牛の増産は農作物の減少に支えられていると捉えられる。従って，肉か，または作物か，という選択の問題になり，どちらが望ましいかは，何を失うことで何を得られるかを知らなければ勝敗が判らない。要は，全体を見て，かつ，限界を見なければならない (has to be looked at in total and at margin) のである。たとえば，工場排水が魚を死なせると仮定しても，死ぬ魚の価値と工場生産の価値を知らなければ勝敗が判明しないのだ，と指摘している。

カガイシャが責を負うべきとは限らないという，この Coase の分析が鮮明に現れているのは，英国の隣人訴訟において，後で家を建て替えた被告（Δ）の造った高い壁によって，原告（π）の煙突の煙がπ自身の家に煙ってしまうようになった「ニューサンス」(nuisance：生活妨害) の判例である[88]。同判例

---

85) *See, e.g.*, RICHARD A. EPSTEIN, CHARLES O. GREGORY & HARRY KALVEN, JR., CASES AND MATERIALS ON TORTS 55-63, 74-77 (1984)（過失責任を確立させたとされている「*Brown 対 Kendall*」判例に至る以前の有名な「*The Thorns Case*」や「*Weaver 対 Ward*」判例を紹介している）．古の不法行為法責任が厳格責任的であった点についての詳細は，see 第一部，第Ⅰ章「第二節 アメリカ不法行為法の主要概念」中の「5．prima facie case（プライマ・フェイシャ・ケース）」内の脚注105．*See also* 補追，第三部，第Ⅱ章「第一節 過失基準」「1．歴史："古の厳格責任"から，19世紀中頃の過失責任主義の出現へ」の項．

86)「trespass to land」が「absolute liability」（絶対責任）的である点については，see 補追，第三部，第Ⅰ章「第五節 Trespass to Land（土地への不法侵入）」内の「1．trespass to land のプライマ・フェイシャ・ケース」の項．

87) Coase, *The Problem of Social Cost, supra* note 84, at 1.

88) *Id.* at 11-13. *Bryant v. Lefever*, 4 C.P.D. 172 (1878-1879) を引用紹介しながら議論している。

では，π勝訴の下級審判決を退けた控訴審の法廷意見が以下のように指摘している。即ち，煙るようになった原因はΔにあるのではなく，π自身が火を焚くから煙るのである，と。そして，πの煙突がΔの壁に近付き過ぎているから煙がπの家に逆流するのだ，とまで続けている。生活の平穏を侵している煙はΔが排出している訳ではない。π自身が排出しているのである。Δは違法な建築をしている訳ではない。πが煙をきちんと排出させる方策を講じていないのである，と。このような分析は，即ち「後の行為者」(later actor)[89] (=Δ) がカガイシャとして責められるべきとは限らずに，被害というものは「先の行為者」(earlier actor) (=π) と後の行為者との双方の「a problem of a reciprocal nature」(互酬的性格) であることを端的に示していると言えよう[90]。即ち煙の害は，両

---

89) 「後の行為者」と「先の行為者」という概念については，see infra 第Ⅱ章「第二節 平等の倫理」内の「1.『平等な自由』」の項．即ち倫理哲学的な根拠から，事故発生において倫理的に非難することが不適切な「加害者」(injurers) と「被害者」(victims) とを平等 (equals) に尊重した上で製造物責任の在り方を示す説得力のあるアメリカの法律論文において，前者を「後の行為者」(later actors) と呼び後者を「先の行為者」(earlier actors) と呼んでいる。いわゆる被害者も単に受動的 (passive) に事故に遭う訳ではなく，その事故に至った行動を採るという選択を行っている点において「行為者」なのである。See David G. Owen, *The Moral Foundations of Products Liability Law : Toward First Principles*, 68 NOTRE DAME L. REV. 427, 452-53 & nn. 91-92 (1993). *See also* Richard C. Ausness, *When Warning Also Won't Do : A Reply to Professor Philips*, 26 N. KY. L. REV. 627, 640 (1999) (製造業者等よりも消費者の方が安価に事故防止可能な場合もあり，その場合には消費者に危険を負担させた方が良いと指摘)；POSNER, ECONOMIC ANALYSIS OF LAW, *supra* note 2, at 177 (受傷者側が安価に事故回避可能な場合には彼らに損失負担させるルールの方が彼らの損失回避 activity levels に働き掛けて効果的であると分析).

90) このような法と経済学による不法行為法の捉え方として，たとえば Goldberg による以下のような説明は，本文中で筆者が主張したいことを読者が理解する一助になると思われる。即ち，まずは自転車と自動車が衝突した事故を想定してみる。自動車の運転という「行為」には，その言葉自体に「responsibility」(責任) という意味が含意されてしまいがちなので，事後的に forward-looking な分析を行うことが難しい。即ち自動車と自転車が衝突して後者のみが損害を被った場合，自動車が損害を「生じさせた」(caused injuries) と表現されるけれども，そのように

者に責任がある。火を起こしたことにはπに責任があり，壁を作ったことにはΔに責任がある。即ち両者がその活動を継続することから生じた費用なのである，とCoaseは続けている。

2．「コースの定理」と取引（bargain）を通じた資源の効率的リアレンジメント

　もう一つのCoaseの有名な指摘（この指摘の方が日本の法律文献において紹介されて有名であろうと思われるもの）は，いわゆる「[市場] 取引費用」(market transaction costs)[91]が仮に"無"(zero)であったならば，原告（π），被告（Δ）のどちらが勝訴しても，「取引」(bargain)を通じて生産の価値の高い結果に到達するという定理である。たとえば，菓子屋（被告：Δ）の機械の振動が隣接する診療所（原告：π）の診察業務を継続できなくしていると仮定する[92]。そして，πが勝訴して診療所に機械を止める権利を付与するというアレンジメントを裁判所が選択したとする。それでも，機械が動くことで被る診療所の損失

　　"cause"という言葉を使うことは既に「事後的」(ex post)な偏見が含まれてしまってforward-lookingな抑止の分析の妨げになってしまうのである。運転者こそがこの種の事故の原因であると表現すれば，「積極的原因者」(active causer)たる運転者にこそ責任があると暗示し，かつ「消極的被害者」(passive victim)たる自転車には責任がないと暗示しているからである。しかしながら［経済学的］抑止論からすれば，両者共に平等に事故の原因であると捉えなければならない。何故ならば双方共に何らかの行為をし（自動車運転と自転車操作），従って双方共に将来的な抑止の対象者だからである。経済学者は誰が事故を生じさせたと問うのではなく，⑴この種の事故の損害を防止又は減少させるために効率的な抑止を誰が採れたであろうかと問い，かつ，⑵そのような抑止策を採るように奨励するためには誰に責任が課されるべきかと問うのである。See Goldberg, *Twentieth-Century Tort Theory*, *supra* note 6, at 548-49.

91）「取引費用」という訳語でしばしば紹介されるこの概念について，Coase自身は"the costs of the market transactions"という文言を用いている。Coase, *The Problem of Social Cost*, *supra* note 84, at 15, 17.

92）*Id.* at 8-10 & n. 7（*Sturges v. Bridgman*, 11 Ch. D. 852 (1879) を題材として議論している）．

よりも多い金額を，もし菓子屋が診療所に支払うと申し出てくれば，診療所は喜んで機械を止める権利（right）を「放棄」（waive）するであろう。即ち取引により権利者がリアレンジされたのである。このようなリアレンジが生じるのは，機械を動かすことで菓子屋が得られる収入が，機械を動かすことで被る診療所の損失よりも上回る場合である。それでは，逆に，裁判所が⊿を勝訴させて，菓子屋に機械を動かす権利を付与するアレンジを選択したと仮定してみよう。もし機械を動かすことにより診療所が被る損失の方が，機械を動かして菓子屋が得られる収入よりも多ければ，診療所は菓子屋に金銭を支払うように申し出て機械を動かす権利を放棄させる「取引」（bargain）の余地がある。即ち裁判所の采配がリアレンジされ得るのだが，これが生じるのは診療所の収入が菓子屋の収入よりも上回る場合である。つまり，πと⊿のどちらを勝訴させようとも，取引を通じて"効率的な資源配分"に至る，とCoaseは分析したのである。

以上の，どちらが勝訴しても差異がないという結論は，法曹読者を驚かすのに十分余りある指摘である。当事者間という狭いローカルな関係内での勝敗のみの検討に囚われることなく，社会全体にとっての効率性という巨視的な価値観を指導原理として，法律的な在るべきルール（規範）を考える。そして，事故というものは，どちらか一方の責により生じたはずであるという因襲的法思考から脱却し，事故は両当事者が生ぜしめたとの前提から考えたからである[93]。

3．「コースの定理」と「市場取引費用」（market transaction costs）

Coaseは，資源の効率的配分となるリアレンジメントが成立する条件として，もし「市場取引費用が掛からなければ」（[w]ith costless market transactions）という前提を置いている。Coase曰く，「市場取引費用」（市場取引に掛かる費用）とは，①取引相手を探し出す費用や，②取引を希望していることや条件を伝える

---

93) この指摘は，see Perry, *Responsibility for Outcomes, supra* note 83, at 86.

費用，③交換に到達するまでの交渉費用，④契約書作成費用，または⑤履行を確認する費用等であるとしている[94]。即ち診療所と菓子屋との市場取引がスムーズに，費用が掛からずに行われればという前提条件が付いていたのである。「(市場) 取引費用」が無であるならば，という前提は，多分に経済学者的・非現実的な仮定[95]ではある。しかし Coase は同時に，取引費用が高額になる場合の解決策を，以下のように示唆している。

一つは，政府による直接規制の可能性である。特に取引の関係者が多過ぎる場合には，市場取引に依存するよりも政府の直接規制の方が効率的で望ましい場合もあり得ると示唆している[96]。確かに，その後の法と経済学の書物も，取引相手の数が増えれば，たとえば多国間条約交渉に代表されるように，取引費用は上昇すると指摘している[97]。

裁判の結果に拘わらず当事者間の取引によって効率的な結果に至ることが高額な取引費用により妨げられる場合のもう一つの対策は，裁判所が経済学的に効率的な結果に沿った判決を，明確なルールとして不確実性を払拭するように下すことである[98]。そのような判決は，判決後の市場取引も不要にして無駄を省くことに資するという訳である。Coase のこの指摘も，後の研究者によって，特にルール（規範，権利）の明確化が取引費用の抑制に資すると支持されるに至っている。権利が不明確であると，合意に至り難いからである[99]。

なお，あと二つ，法と経済学の分野で近年指摘されている，取引費用が上昇

---

94) Coase, *The Problem of Social Cost, supra* note 84, at 15.
95) 経済学が非現実的前提条件に基づくという批判については，*see, e.g.*, POLINSKY, AN INTRODUCTION TO LAW AND ECONOMICS, *supra* note 4, at 1（離れ小島に漂流して缶詰を空けたくて物理学者と化学者と経済学者が思案する中で，経済学者がオチとして言い出したのは，「もし缶切りがここにあったと仮定すると…」という経済学ジョークを紹介しつつ，経済学者による非現実的な仮定を前提に置く思考の特徴を指摘している）．
96) Coase, *The Problem of Social Cost, supra* note 84, at 17-18.
97) *See* COOTER & ULEN, LAW AND ECONOMICS, *supra* note 1, at 93.
98) Coase, *The Problem of Social Cost, supra* note 84, at 19.
99) *See* COOTER & ULEN, LAW AND ECONOMICS, *supra* note 1, at 93.

する原因を紹介しておこう。一つは「敵意」(hostility) である[100]。敵意があると，効率的な合意が妨げられる。もう一つは，「over-reaching」（やり過ぎ）である[101]。これは，法曹倫理的にも党派的行動を強く奨励されているアメリカの弁護士にありがちな態度であるが[102]，いわば最後の一兵までも徹底抗戦するというやり口であり[103]，無駄な費用の消耗を招くものである。

---

100) *Id.*
101) *Id.*
102) アメリカの司法制度は「adversary system」(当事者対抗主義) を採っている故に，弁護士は依頼人のための「zealous advocate」(熱心な擁護者) たることが，法曹倫理的にも求められている。See, e.g., 拙稿「『法と文学』と法職倫理（第3回）」『際商』Vol. 29, No. 6, 714, 714-19（2001年6月）。そのため $\pi \cdot \Delta$ の両当事者達を代理する双方の弁護士達は，妥協をせずに徹底的に互いにいがみ合い，いわゆる「Rambo tactics」とか「Rambo style」と呼ばれる映画「ランボー」に因んだような破壊的戦術を採り，延いては「礼儀さえ欠く」(incivility) 有様になっていると批判されている。See, e.g., Kara Anne Nagorney, Note, *A Noble Profession? A Discussion of Civility among Lawyers*, 12 GEO. J. LEGAL ETHICS 815, 819, 817-23 & n. 39 (1999). そのような over-reaching なアメリカ弁護士の様子を揶揄する lawyer joke を一つだけ以下で紹介しておこう。

　　問：　弁護士とテロリストの違いは何？
　　答：　テロリストならば交渉に応じます。
　　　　　　　　拙稿「『法と文学』と法職倫理（第4回）」『際商』Vol. 29, No. 7, 882, 883（2001年7月）。

103) 徹底抗戦により相手方を消耗させてまでも勝とうとする弁護士のやり口で悪名高い例は，煙草訴訟における被告（Δ）企業側弁護士が採ったといわれる「hardball tactics」である。原告（π）側弁護士に高額な訴訟負担を強いて勝つことを目指したと言われるその戦術は，パットン将軍（Gen. George Patton）の言葉を捉ったと言われている。曰く，Δ煙草企業の金を使い尽くして勝つのではなく，相手（π）側の金を全て費やさせしめて勝つのである，と。DAVID G. OWEN, PRODUCTS LIABILITY LAW, *supra* note 27, at 654 n. 69.

4．「コースの定理」と被告の行為の効用の尊重

　市場取引費用が裁判後の当事者間の取引を阻害するから裁判所が経済効率性を判決に反映させるべきだという主張に続けて，Coase は，アメリカの「ニューサンス」(nuisance) の法が既に，そのような考慮をしているとして，指導的な不法行為法学者 Prosser の分析を紹介している[104]。即ち，人は，リーズナブルな範囲内で，隣人に煤煙や騒音や不快さを課しながら工場を運用することができる。原告は，［被告（Δ）の行為が生む］「一般的な善」(the general good) のために，アンリーズナブルではない不快さを受忍することを求められ得る，という分析である。Coase は言う。これは司法が経済的な意味を考慮に入れる証左であるばかりか，問題の「互酬的性格」(reciprocal nature) を認識している証でもある。救済の手を差し伸べる前に，まず被害が実質的なものでなければならないというルールは，被害を打ち消す程の［社会的］利得が［Δの行為には］存在することを認識しているのである，と。

　このように「危険効用基準」(risk-utility test) を示唆するような Coase の指摘も，筆者には興味深い。即ち後述するように，過失責任の判例法においても，古くは Terry の論文や第一次リステイトメントの時代（1915-34年）の昔から，Δの責任を判断するための要素として，Δの行為の社会的な効用が，アメリカでは考慮されてきた[105]。つまり不法行為法においては伝統的に，カガイシャ対ヒガイシャという当事者の間のみの利害の調整という狭い視野だけの近視眼的な検討に止まることなく，行動の社会への影響という巨視的な要素も検討された上で，有責か否かという判定を行ってきている。ニューサンス法に関するCoase の指摘は，過失責任の判例法における，伝統的な法と経済学的分析の萌芽を思い起こさせてくれるのである。

　Prosser を引用した後，Coase は「コースの定理」の論文の中で，様々な判

---

104) Coase, *The Problem of Social Cost, supra* note 84, at 19-20 & n. 16 (W. L. PROSSER, THE LAW OF TORTS 398-99, 412 (2d ed. 1955) を引用している).
105) *See infra*「第五節 危険効用基準」内の「1．ハンド・フォーミュラの歴史」の項.

例を挙げつつ，裁判所が「リーズナブル」とか「通常の使用」(ordinary use)という文言を使って，問題の経済的な側面をおそらくは大部分無意識的かつ不確実に，認識してきたのだと指摘する[106]。そして以下のように強調する。「Nothing could be more "anti-social" than to oppose any action which cause any harm to anyone.」と[107]。

5．「コースの定理」と内部化への懐疑

更に，Coase は，被害を発生する行為に対し課税等を通じて内部化する姿勢が常に正しいとする厚生経済学のアプローチの誤りを，以下のハイポ（hypo.: hypothetical, 仮想事例）で例示する[108]。

工場の煤煙が周囲に年間100ドルの損失を生じさせていて，政府は煤煙を出す限りは年間100ドルの課税をするという決定をしたところ，煤煙防止装置が年間90ドルで工場に利用できれば，工場はその90ドルの防止装置を採用するであろう。しかしこれが最適な選択とは限らない。もし煤煙で損失を被る周囲の住民が40ドルで引っ越ししたり防止策を取ったりできる場合は，住人側が防止策等を採った場合の方が［工場が90ドルの防止策を採るよりも］50ドル分の生産価値の利得に至るからである，と。即ち，高い防止費用の生産者側にだけ課税する策は，防止費用として不当に高額な損失に繋がるからである。

続けて Coase は言う[109]。損失の治癒策が何でも望ましいという態度を改めなければならない。治癒策が生む総生産を比べた上で，治癒策が生む新たな状況が元々の状況よりも「良化」するか「悪化」するかを検討するのである，と。

---

106) Coase, *The Problem of Social Cost, supra* note 84, at 22.
107) *Id*. at 35.
108) *Id*. at 40-41.
109) *Id*. at 42-44.

6. 「コースの定理」のハイポ(hypo)と人身損害 (personal injury)

　コースの定理は法曹にインパクトを与える思想であるけれども，その論文を読んで気が付くのは，彼が多数例示して見せたハイポ（hypo.: hypothetical, 仮想事例）や判例が，ニューサンスを中心とする財産侵害という点である。しかし本書が主に関心を抱く事故法（accident law）の分野が焦点を当てるのは，人身損害（personal injuries）事件と言われる，身体や生命が損害を被った場合である。即ち保護法益が，財産か，生命・身体（life and limb）であるのかという差が存在する。後者は前者と異なって，金銭的価値に換えることが難しい（incommensurable：比較できない）。これは私見であるが，その差異こそがコースの定理の事故法への当てはめにおける論争原因の一つに繋がるのかもしれない。

7. コースの分析と「双方的危険」(bilateral risk)・「一方的危険」(unilateral risk)

　R. Posner(ポズナー)は，自動車と歩行者が衝突する場合のように，殆どの不法行為では二つの行動の衝突から事件が生じると指摘した上で，衝突を回避する上ではカガイシャが常にヒガイシャよりもより良い立場にいるとは断定できないと分析している[110]。確かに，自動車が注意義務を守って車道を走っているときに，歩行者が不注意にも車道を歩くような場合の事故は，ヒガイシャにこそ非がある。そのような場合は，厳格（無過失）責任によってカガイシャに損失負担させるよりも，カガイシャを無責（no liability）としてヒガイシャに損失負担させることにより望ましくない行動への抑止機能を果たさせた方が望ましい。（倫理哲学的にも非のある者にこそ損失を負担させておくべきであろう。）つまり，危険をカガイシャが一方的に惹き起こす「一方的な危険」（unilateral risk）ではなく，双方的に惹き起こされる「双方的危険」（bilateral risk）の場合（即ち多くの不法

---

110) POSNER, ECONOMIC ANALYSIS OF LAW, *supra* note 2, at 180.

行為において）は，厳格（無過失）責任よりも過失責任が望ましいとして，Posner は以下のようなハイポ(仮想事例)（hypo.: hypothetical, 仮想事例）を挙げている[111]。

即ち，鉄道会社の被告（⊿）の機関車が撒き散らす火花によって隣接農家の原告（π）の作物が消失する「期待事故費用」（expected accident costs）[112]を150ドルと仮定する。そして，⊿が，その作物損害を防止するための事故回避・予防費用（accident avoidance costs, precautions）は150ドルよりも高額になると仮定する。すると⊿は，防止費用を掛けるよりも損害賠償を支払う方が安いということになる。ところが，πが作物を耐火性のある作物に変更することで損害を回避する費用が僅か100ドルであると仮定する。しかし厳格（無過失）責任体制であれば，πは安価な損害回避策を採ろうとしない。何故ならば，⊿が150ドルの損害を支払ってくれるからである。しかし過失責任体制であったならば，⊿は［$B<PL$ にはならず $B>PL$ 故に］過失責任を負わないので，賠償を得られないπは自主的に耐火性のある作物に変更するであろう。何故ならば，100ドル掛けて変更することで150ドルの損失を回避できることにより，50ドルの「期待利得」（expected gain）が生じるからである。

このような「双方的危険」の考え方は，製造物責任訴訟においても重要ではなかろうか。製品事故は多くは利用者側のフォールト・過誤により生じているという指摘を考えるときや，更に，実際の判例においてもπ側のフォールトが大きいと思われる事例でさえもπに多額な賠償が付与されて多くの者の納得に反する結論が示される場合には，「双方的危険」の概念が重要に思われる。たとえば，ホット・コーヒーを零し，かつ，直ぐに拭き取らずに放置するという

---

111) *Id.* at 177.
112) 「expected accident costs」（期待事故費用）とは，事故発生の蓋然性・確率を，1件当たりの事故費用・損失額に，乗じたものである。*Id.* at 163. いわゆる「ハンド・フォーミュラ」（$B<P\times L$, B: Burden for precautions ; P: Probability ; L: gravity of the Loss）における右辺（Probability×Loss）である。ハンド・フォーミュラについては，see *infra* 本章内の「第四節 ハンド・フォーミュラ」の項。

利用者側のフォールトが大きいために生じた大火傷でさえも π に多額な賠償評決が下ることは，抑止（法と経済学）に反するばかりか，非がある行為者が"勝訴"することから「公正」さ（倫理哲学）にも反すると感じられるのではなかろうか。

　ところで，厳格（無過失）責任が妥当な「一方的危険」の場合として R. Posner は，判例法上も伝統的に厳格（無過失）責任が適用されてきた，野生動物を住居地域で飼う場合や，爆発物を住居地域で用いる場合を挙げている[113]。そのように，そもそも当該活動自体が高い危険性を不可避的に伴う場合には，幾ら注意を払っても危険を抑止できない。カガイシャが該活動をすればヒガイシャ側としても危険を回避できない。たとえば虎をペットとして隣人が飼うような場合がその例である。そこで，危険を抑止するためには，該活動（即ち「活動レベル」(activity levels)）自体を抑制する方が望ましい。つまり虎を飼うという活動自体を抑制するのである。そこで，たとえ注意義務を払っていても，厳格（無過失）責任を課すことにより，該活動への抑止効果を促進すべきということになる。

8．「注意レベル」(care levels) と「活動レベル」(activity levels) における抑止効果

　上で言及した厳格（無過失）責任の適用が検討される「活動レベル」(activity levels) の惹き起こす危険と，更には伝統的な過失責任法理が有効な「注意レベル」(care levels) の惹き起こす危険に関する検討が，法と経済学による不法行為法の分析においてはしばしば指摘される[114]。即ち，双方的危険の場合，過失責任の方が厳格（無過失）責任よりも事故回避策を採る誘因が働き，効率性から望ましいとされる[115]。後者（厳格責任）では，たとえ被害者が不注意で

---

113)　POSNER, ECONOMIC ANALYSIS OF LAW, *supra* note 2, at 178.
114)　*E.g.*, COOTER & ULEN, LAW AND ECONOMICS, *supra* note 1, at 332-33 ; POSNER, ECONOMIC ANALYSIS OF LAW, *supra* note 2, at 175-82.
115)　COOTER & ULEN, LAW AND ECONOMICS, *supra* note 1, at 333.

も損害賠償を得てしまうので，被害者の注意が奨励（encourage）されないからである。過失責任が有効なのは，そのような注意レベルにおける抑止の話である。ところが先の Posner による厳格（無過失）責任の例が示すように，街中で虎を飼うという「活動」は，虎という野生動物それ自体が危険であるために，近隣住人や飼い主が如何に「注意」を払っていても，危険が生じてしまう。つまり「注意レベル」における予防だけでは不十分であり，街中で飼うという活動自体も抑止することが望ましいという具合に，法と経済学者は活動レベルにも検討を巡らす訳である。

　たとえば Cooter & Ulen も，以下のようなハイポ（hypo.: hypothetical，仮想事例）で両者の関係を説明している[116]。たとえば自動車を運転するという「活動」は，如何に「注意」義務を果たして運転したとしても，走行距離が長くなればなる程に歩行者を事故に巻き込む危険が増えると仮定する。すると，幾ら「注意レベル」で望ましい注意を払うように過失責任が奨励しようとも，活動レベルが惹き起こす危険を引き下げることには貢献しない。運転者は注意義務さえ払っていれば，過失責任の下では，それ以上の責任を負わないから，走行距離が増えたという活動レベルの惹き起こす危険に対しては無頓着になる（即ち走行距離を少なくしようという誘因は働かない）からである，と。

　予防策を採っても発生してしまう事故に伴う費用，即ち「残余事故費用」（residual accident costs）[117]は，どのような責任体制を採ろうとも，無になる訳ではない。それを誰かが負担しなければならない。その負担者を Cooter 達は「残余負担者」（*residual bearer*）と呼び，以下のように分析している[118]。即ち，過失責任体制においては被害者が「残余負担者」となり，厳格責任においては

---

116) *Id.* at 332.
117) 「residual accident costs」（残余事故費用）とは，事故防止策を採った後に発生した事故により生じた損失という意味である。*See supra* 第一部，第Ⅰ章「第一節　不法行為法（Torts）とは何か」中の「3．不法行為訴訟における敗訴には『汚名』が伴う」内の脚注#32.
118) Cooter & Ulen, Law and Economics, *supra* note 1, at 332-33.

加害者が「残余負担者」となる。どちらにせよ，残余負担者は活動レベルを効率的になるような誘因を有することになる，と。即ち残余負担者は，たとえ自らが注意レベルの義務を果たしても生じる残余事故費用を負担するように強いられる者であるから，双方的危険の下では，その負担させられる残余事故費用を引き下げるためには，自らの活動自体を抑えるように，奨励されるからである。

　この理論は，たとえば自動車と自転車の衝突事故というハイポを用いれば分かり易いかもしれない。過失責任の下では，自動車運転者 (driver) が注意義務を果たしていれば，残余事故費用を自転車操作者 (bicycle operator) が負担する残余負担者となる。そこで自転車操作者 (や同じ立場の他者達) としては，今後，残余事故費用の負担を回避するように行動しようと判断し，自転車の走行そのものを減らそうという「活動レベル」への抑止が働く。これに比べて厳格責任の下では，たとえ「注意レベル」で義務を果たした自動車運転者であっても，残余事故費用は運転者^{driver}が負担する，残余負担者となる。そこで運転者と同様な立場の者達は，将来，残余事故費用の負担を回避するように行動しようと判断し，運転という行為自体を差し控えるように誘因される。運転という活動レベルへの抑止が働くのである。

　それでは，過失責任と厳格責任とのどちらが望ましいのであろうか。解は単純ではない。しかし以下のように，抽象的な指摘が為されている。即ち，事故発生に最も影響を与える活動レベルの行為者にこそ残余事故費用を課すことが，効率性から要請される，と[119]。この指摘は抽象的で判り難い。そこで，より具体的な分析については，是非，『*Indiana Harbor Belt R.R. 対 American Cyanamid Co.*』判例（916 F. 2d 1174 (7th Cir. 1990)）（補遺，第三部，第Ⅲ章「第一節

---

119) 効率的な活動レベルと，効率的な注意レベルとの，双方を，一つの責任体系で達成するのは困難であると COOTER & ULEN は指摘している。それは，一石二鳥が困難なことと同じであり，「two stones are usually needed to hit two birds」であると指摘している。即ち，責任体制に加えて，たとえば保険料を高くして運転という活動を抑止するような施策も必要だという訳である。*Id.* at 333.

『Rylands 対 Fletcher 判例，他』内の「3.『Indiana Harbor Belt R.R. 対 American Cyanamid Co.』判例」の項においてケース・ブリーフを紹介している）を参照されたい。R. Posner が判事として，活動レベルの抑止と注意レベルの抑止を比較しながら，厳格責任と過失責任の間の最適な分岐点に関し，その法と経済学的な思想を法廷意見において開陳しているので，参考になる。たとえば自動車運行という活動は事故費用を生んでいるけれども，何故，厳格責任が課されないのかに関しても分析をしているのである。

　ところで私見では，以下のようなことが考えられ得ると思う。巷でしばしば決め付けられ易いように，「カガイシャ」というレッテルを貼られる「後の行為者」に対して安易に厳格（無過失）責任を課せば，活動レベルを抑制する機能が働き，その種の活動が市場から減じたり，なくなったりする。しかしその活動が社会にとって不可欠な，一般には有用な活動であったならば，社会全体や消費者全体にとっての大きな損失に至る。分かり易い例として，たとえば小児科医や産婦人科医という医師の活動を考えてみよう。医療過誤訴訟の多発により，医師の中でもこれらの専門分野で開業するという「活動」が，忌避されがちになる[120]。いき過ぎた訴訟（や無過失責任に近い酷な責任）は，「活動レベル」までをも抑制してしまう。すると，小児科医や産婦人科医が社会から減少して，消費者がいざそのような役務を必要な際に，非常に困る事態に陥る訳である。「distorting effects」（歪み効果）または「over-deterrence」（過剰抑止）である。何でも他人の所為にするような，天に唾を吐きかける行為をしても，その責は結局，自分達に堕ちてくる「因果応報」（Karma ; retribution）となる。

　つまり厳格（無過失）責任は，「後の行為者」の"注意"懈怠を責めるのではなく，"活動"自体を責めてしまう。そのような活動をやるなというメッセージを送っているのである。その活動が街中で虎を飼うような活動ならば，やるなというメッセージは公正である。しかし，小児科医や産婦人科医という役務

---

120)　See, e.g., 「若手医師，脳外科離れ：激務，訴訟リスク不安　産科・婦人科同様」『朝日新聞』2006年5月16日（朝刊）第一面（訴訟の危険や生命への責任が大きいことも産科，小児科，および脳外科の志願者減少の原因であると指摘）.

を提供するなというメッセージは，どう見ても，誤りである。即ち厳格（無過失）責任の適用に当たっては，正しく標的をピン・ポイントすることが重要なのではあるまいか。カガイシャは全て悪であるとばかりに，無闇矢鱈と無過失責任という爆弾の無差別爆撃を許せば，「誤爆」による弊害が取り返しのつかない効果を生む。「The Killing Field」が出現してしまうのである。そのような「歪み効果」(distorting effects) を生じさせないような配慮が，「最適」な不法行為責任体制の選択という政策立案・決定には，必要なはずである。

第三節　チーペスト・コスト・アヴォイダー論への批判

1．「チーペスト・コスト・アヴォイダー」の無過失責任的解釈

製造物責任法に関する文脈においては，「チーペスト・コスト・アヴォイダー」(cheapest cost avoider) の法理が製造業者に無過失責任を課すことを肯定する言説としてかつては目に付いた。たとえば Calabresi は Hirschoff との共同執筆論文において[121]，次のように主張する。まず「チーペスト・コスト・アヴォイダー」（最安価事故回避者）とは，製品事故における当事者達の間で，「事故費用」と「事故回避・防止費用」との費用便益分析による決定を下す上で最適な立場におり，かつ，その決定に従って行動する上で最適な立場にいる者である[122]。そして，製造業者等こそが一般的には利用者側よりも，そのような立場にあると主張する。たとえば製造業者等は事故発生蓋然性の情報を知っているし，より安全な代替案（e.g., たとえば更に研究費を費やして未知の危険を既知にする）を提示できる立場にいるからである[123]。もっとも利用者側がチーペスト・コスト・アヴォイダーである場合も想像されるけれども，それは「稀である」と断定する。そして，そのような稀な場合を切り分けて分界するための「運用費用」(administrative costs) が大き過ぎるから，それを掛けない

---

121)　Calabresi & Hirschoff, *Toward a Test for Strict Liability in Torts, supra* note 36.
122)　*Id.* at 1060.
123)　*Id.* at 1062.

方が望ましいと主張して[124]，製造業者等という「分類」(category) に属する者達が常に無過失責任を負った方が，望ましいと言う[125]。何故ならば，事故費用と事故回避・防止費用の和を減少させて効率性の目的が促進されるだけではなく，被害者が原則として「残余事故費用」(residual accident costs) も含めて賠償を得られるから，「分配」(distribution) や「危険分散」(risk spreading) の目的も促進されるからであると言うのである[126]。

2．「チーペスト・コスト・アヴォイダー」の無過失責任的解釈への批判：倫理哲学等からの示唆と，誰が危険を管理(コントロール)していたのか（原告側の非行・過誤への抑止の重要性）という問題

しかし，利用者側がチーペスト・コスト・アヴォイダーである場合は「稀」であるから常に製造業者等に無過失責任を負わせろという主張は，やはり乱暴に過ぎたのではなかろうか。いわゆる「殺し過ぎ」(overkill)[127]である。費用便益分析が安価にできるのは常に製造業者等であるという決め付けや，代替案を提示できるのも製造業者等であるという決め付けも，如何なものであろうか。実際，製造物責任に広く無過失責任を肯定する言説は，現状では，主流的な判例や学説でも支持されていない[128]。Calabresi & Hirschoff の論文が発表された '70年代当時は，確かに華やかに無過失責任論やエンタープライズ責任 (enterprise liability：EL) 論が主張され，かつ，持て囃されたように思われる。しかしその壮大な理論も，それから30年以上の間に膨大な訴訟・判例蓄積という実践・実証を経た後，結局は不法行為法や製造物責任法がその言説通りにはなっていない。

---

124)　*Id.* at 1068, 1075 & nn. 47, 74.
125)　*Id.* at 1074.
126)　*Id.* at 1084-85.
127)　「overkill」という文言の意味については，see *supra* 第一部，第Ⅰ章「第一節　不法行為法（Torts(トーツ)）とは何か」の中の「7. "EL"：エンタープライズ責任」内の脚注 #57.
128)　*See, e.g.*, RESTATEMENT (THIRD) OF TORTS：PRODUCTS LIABILITY § 2 (1998).

256　第二部　不法行為法の学際的原理

　そこで以下では，Calabresi & Hirschoff の主張の誤謬を分析してみよう。まずA. として，製造業者等こそが費用便益分析による決定を下す上で最適な立場にいるという主張を検討する。次に B. として，費用便益分析の結果に従って行動する上で製造業者等こそが最適な立場にいるか否かについて検討する。第三に C. として，利用者こそが最安価事故回避者であることが「稀」であるという主張を検討する。第四に D. として，製造業者等に対して常に事故費用を転嫁すればより安全な代替案を提案するインセンティヴが生じて望ましいという主張を検討する。第五に E. として，「分配」(distribution) や危険分散の目的も促進されるので望ましいという主張も検討する。第六に F. として以上の問題を総括し，第七に G. として倫理哲学的視座からの批判も紹介する。

　　A.　費用便益分析による決定を下す上で最適な立場にいるのは製造業者か：
確かに，事故件数等の数値的データは，製造業者の方が利用者側よりも入手し易いであろう。しかし，費用便益分析に必要な情報は，定量的な数値ばかりではない。日常生活で重要な情報はむしろ，リーズナブル・パーソンとして危険を把握するという注意である。たとえば熱いホット・コーヒーを零して大火傷になる事故を考えてみよう[129]。現実的に必要な情報は，ホット・コーヒーを零して大火傷に至るような数値情報ではない。利用者がその情報を知って判明するのは，実はそのような事故が非常に低い確率でしか発生しないという真実であろう。そのような事故において，費用便益分析に必要な情報はむしろ，熱いホット・コーヒーが火傷を起こすという常識的な情報である。更に，熱いホット・コーヒーを拭わないままに肌に付けたまま放置していれば火傷の程度も酷くなるという，常識的な情報である。そのような常識的な情報を有していれば（リーズナブルな利用者は既に有していると解されるべきであろうが），零さないように注意すべきであるとか，零したら直ぐに肌身から拭い去るべきだという費

---

[129]　本文中の以下の分析の詳細は，see 補追，第四部，第Ⅵ章「第四節『*McMahon 対 Bunn-O-Matic Corp.* 判例』」の項.

用便益分析は可能なのである。

B. 費用便益分析の結果に従って行動する上で製造業者こそが最適な立場にいるか： 熱いホット・コーヒーを零して大火傷になる事故を回避する上で最適な立場にあるのは製造業者であろうか。いやむしろ，零さないようにリーズナブル_{理に適って}に注意すれば回避できるし，零しても直ぐに拭き取るなり濡れた衣類を脱ぐなりというリーズナブルな対応をすれば回避できる利用者側こそが最適な回避者ではないか。Calabresi & Hirschoffは，安全な代替案を提案できるのは製造業者等であって利用者側ではないから，前者こそが最安価事故回避者だと断定している。しかし熱いホット・コーヒーの大火傷を回避する代替案は，本当に利用者から容易に提案できないであろうか。そもそも零さないように注意し，万が一零したら直ぐに拭き去ったり脱いだりするという代替案は安価ではないのか…。このような分析は，以下のC.やD.の諸要素にも関係し，かつ，普通は誰が製品の危険を管理しているのかという視点を忘れなければ，それはむしろ利用者側である場合が少なくないであろうし，それ故に事故回避行動をする上で最適な立場にいるのは製造業者等よりも利用者であることが少なくないということも判るはずであろう。

C. ユーザーこそが最安価事故回避者であることが稀であるのか： そもそも不法行為法的な事故においては多くの場合，原告（π）側の過誤・フォールトも存在していると指摘されているのと同様に[130]，製品事故においても以下のような指摘があることを，読者は忘れてはいけない。

　　消費製品に関連する<u>全ての受傷事故の内，三分の二を超える部分</u>は製品の設計や機能とは無関係である。それらは製品の<u>誤使用または濫用</u>に関する

---

130)　*See* POSNER, ECONOMIC ANALYSIS OF LAW, *supra* note 2, at 180 ; Ausness, *When Warning Also Won't Do, supra* note 89, at 640.

ものなのである。

　　　　　　　　　　　　製品安全委員会の元委員長 Fist 氏の発言
　　　　　　　　　　　　より[131]（原文は英語，訳は本書の筆者，強
　　　　　　　　　　　　調付加）。

　以上の指摘に加えて，ホット・コーヒーによる火傷事故からも推察できるように，そもそも事故というものは多くの場合，「双方的危険」(bilateral risk) によって生じる。従って，利用者側が最安価事故回避者であることが「稀」であると断定することは，説得性に欠ける。更に Owen が指摘するように，π 側に過誤・フォールトがある場合にまで賠償責任を被告（Δ）に課すことは，製造業者の株主や，危険分散理論によって上乗せ価格を負担させられることにより愚かな π への「補助金」支払を強要される π 以外の注意深い大多数の消費者への，「平等」な権利 (equal right) にも反して「不公正」(unfair) なのである[132]。π 以外の人々の正当な利益への「平等」な尊重という倫理的要素を思い起こすべきということである。

D. 製造業者等に対して常に事故費用を転嫁すればより安全な代替案を提案するインセンティヴが生じて望ましいか： 確かにある程度までならば，事故費用の転嫁という「内部化」(internalization) がより安全性を向上させる誘因（インセンティヴ）になると思われる。（ハンド・フォーミュラ（ハンド判事の公式）はそのように最適レベルの内部化を目指す一つの試みである。）しかし，いくら代替案を出して改善されても，賠償責任が止まることを知らない open-ended な無過失責任体制の下では，製品

---

131) Mary Fist, *An Interview with John Byington*, 14 TRIAL MAGAZINE 25, 25 (Feb. 1978) cited in DAVID G. OWEN, PRODUCTS LIABILITY LAW, *supra* note 27, at 792. *See also* James A. Henderson, Jr. & Aaron D. Twerski, *A Proposed Revision of Section 402A of the Restatement (Second) of Torts*, 77 CORNELL. L. REV. 151, 1517 (1992) ("For many inherent product risks, there, users are the best risk minimizers." であると指摘している).

132) *See* OWEN, PRODUCTS LIABILITY LAW, *supra* note 27, at 792 & n. 2.

供給者はその内に疲弊し，代替案を出すのではなくむしろ製品の生産自体を止めて撤退してしまう虞がある[133]。いわゆる「過剰抑止」(over-deterrence) による「歪み効果」(distorting effects) である[134]。たとえば自動車のように毎年多大な交通事故を生む，不可避的に危険な製品は，事故費用を全て内部化すれば価格が高騰化するであろう[135]。それはそれで（危険を生じさせる自動車運転という活動が抑止されるので）望ましいという政策判断もあり得る。しかし，現実には人々は，安全のためには自動車の価格が超高価になっても厭わずに購入するとは言われていない[136]。更に，貧者から自動車の効用を奪う政策が本当に正しいか否かは，市民に選ばれていない司法府の裁判官が勝手に決めるべきこと

---

133) *See* Owen, *The Moral Foundations of Products Liability Law, supra* note 89, at 492（薬品の価格が高騰化するか，または販売を一切止めてしまう虞を指摘）．

134) 即ち，たとえば，行為者が市場から逃げ出してしまったり，逆に，禁酒法 (Prohibition) 時代に闇市場 (black market) が流行ったように，責任を免れつつ需要を満たそうとする無責任な泡沫企業が蔓延して粗悪品が蔓延したりする。*See, e.g.*, James A. Henderson, Jr. & Aaron D. Twerski, *Closing the American Products Liability Frontier: The Rejection of Liability without Defect*, 66 N.Y.U. L. REV 1263, 1287-88 (1991).

135) *See* Owen, *The Moral Foundations of Products Liability Law, supra* note 89, at 496 & n. 304（製品に伴う excessive risk のみを内部化するのではなく，all accidents costs を内部化させれば，自動車のように，不可避的に危険が伴うけれども消費者に不可欠な製品の価格が二倍になると指摘している。年間の自動車事故費用を一台当たりの自動車価格に転嫁・上乗せした場合には，これまでの平均的な価格とほぼ同額分が上乗せになるからである。そうすると，特に貧者にとっては，不可欠な輸送手段を奪われるという brutally unfair な結果に至ると批判している）．

136) たとえば Viscuci は，連邦最高裁判所 Breyer 判事（元ハーヴァード大学教授）の業績を示しながら，概ね以下のように指摘している。一人の命を救うために$10 billion の安全費用を掛けることが合理的であろうか。答えは「否」である。Breyer によればそのような出費は，現在の自動車を5%だけ更に安全にするために，一台当たり $48,077 もの追加出費を［消費者に］負担させることに相当する。大衆は僅かしか安全が向上しないにも拘わらず価格が相当高額に跳ね上がってしまう自動車を買いには走らないという事実から推して，大衆は安全性向上に対して限界を設けていることが示されている，と。W. Kip Viscusi, *Corporate Risk Analysis: A Reckless Act?*, 52 STAN. L. REV. 547, 561 (2000).

ではあるまい。むしろ民主主義的に市民に選ばれた代表者達が検討する"立法府"において，集団的な意思として決すべき問題ではないか。

つまり，多くの場合は安価に事故回避ができる利用者側にこそ，事故費用を負担させしめて，それにより事故回避行動を取るインセンティヴを生じさせた方が，安価な事故回避費用により事故発生を抑止する効果があろう。

E. 無過失責任は「分配」(distribution) や危険分散 (risk spreading) の目的も促進されるので望ましいか：

「分配的正義」(distributive justice) や「危険（損失）分散」(risk (loss) spreading) の理論には，それなりに理解できるものがある。しかし，度々指摘してきたように[137]，訴訟を通じた分配は非効率である[138]。むしろ税制により，司法府以外の国家機関が実行した方が効率的である。しかも立法府を通じた民主主義的な決定に委ねた方が，市民の選んでいない判事が恣意的に決めてしまう司法府による判断よりも，納得性も高くなる。更に，分配的正義は本来，社会の全ての資源を原資として，製品事故ヒガイシャ以外にも多数かつ多様に存在する，社会的救済が必要な多くのヒガイシャ，たとえば疫病，地震，火事，洪水等々の災難も含めたヒガイシャに対し，平等に，即ち効率的に，実施することこそが公正である。しかるに，非効率な無過失責任訴訟制度を用いて製品事故ヒガイシャのみを優遇することは，不公正 (unfair) であろう[139]。

---

137) *See supra* 本章中の「第一節　概説」内の「6.『効率的配分』対『分配的正義』」の項.

138) 不法行為責任を拡大して，製造業者や役務提供業者等に無過失責任を課し，損失負担を転嫁した上で損失分散を図ることが正しいという理論は，「不法行為責任爆発」(tort liability explosion)・「保険危機」(the insurance crisis) を招き，保険費用を高騰させ，商品価格が上昇することにより，却って低所得者層に一番皺寄せがいくという批判もある。*See* George L. Priest, *The Current Insurance Crisis and Modern Tort Law*, 96 YALE L. J. 1521, 1525, 1585-86 (1987).

139) *See* Owen, *The Moral Foundations of Products Liability Law, supra* note 89, at 495.

F. 総括（"抑止"と"分配"の双方にとって必ずしも望ましい手段ではない）：
以上から明らかなように，Calabresi & Hirschoff の主張するような包括的な無過失責任は，まず，抑止，または，事故費用と事故回避費用との和を極小化する手段として，必ずしも適切ではない。チーペスト・コスト・アヴォイダー（最安価事故回避者）が「分類（category）」としての製造業者等であるとは限らないばかりか，むしろ，利用者側である節があるからである。更に，全ての事故の内部化，即ち製品の欠陥が責を負うべきではない事故費用も含めて，言い換えれば多くの場合の製品事故がそうであると指摘されているような利用者側の過誤・フォールトによる製品事故の事故費用も全て含めて，製造業者側が分類として常に無過失責任を負ような制度も，効果的な抑止にはならない。無過失責任は，製造業者等による安全策の効果が上がらない多くの事故費用までも製造業者等に負担させるから，その過剰に転嫁された費用は安全性向上の努力によって抑えられず，価格に上乗せされて必需品の価格高騰化も招き，または利益を上げられず必需品の市場からの撤退を生じさせるだろうからである。次に，分配の機能としても，必ずしも適切ではない。訴訟を経て運用費用（administrative costs）が高額なので，非効率だからである。更には，製品事故のヒガイシャだけを，その他の様々な天災や事故のヒガイシャよりも優遇することになるから，不平等になり，不公正だからである。

このように，「公正」（fairness）と「抑止」（deterrence）の双方において問題がある点を，指導的な不法行為法学者も以下のように指摘している。

　　……厳格責任が広範囲なエンタープライズ責任へと拡張したならば，少なくとも<u>公正さと抑止の目的（fairness and deterrence objectives）への関心を反映した形での企業の間における合理的かつ一貫性を有した責任の賦課が不可能になる</u>。

　　　　　　　　　James A. Henderson, Jr., *Why Negligence Dominates Tort*, 50 UCLA L. REV. 377, 397 (2002)（訳は本書の筆者）（強調付加）．

G. 倫理哲学的問題： Calabresi & Hirschoff の主張するような無過失責任は，上で触れたように倫理哲学的にも問題が指摘されている[140]。まず，「明らかに良い製品」(apparently good products) に対してまで，全ての製造業者等に「分類」として無過失責任を課すということは，「モノつくり」を通じて社会の善 (the goods) たる行為に資する者に責任を課すから不公正である。そもそも無過失責任は，危険よりも効用の高い製品に不可避的に伴う危険についてまでも，責任を課す。即ち倫理的非難に値しない (not morally to blame) 製造業者等（およびその所有者の株主と費用転嫁される製品購入者たる消費者）にも責任を課すから，そもそも製品に不可避的に伴う危険は双方の行為によって生じるという「平等」の倫理に反する。または Fletcher 等が主張する「互酬性」(reciprocity) の倫理に反する。後に紹介する Owen の分析が示しているように[141]，納得のゆく理由なしに製造業者等（および株主と消費者）から「自律」(autonomy) の自由を奪うことになるのである。そもそも無過失責任は，分配概念を重視する余りに，常に製造業者等を有責とする方向にだけ向いているから，分配以外の多様な倫理的諸価値への尊重を欠く。従って，健全な倫理的論拠に反する。多様な倫理的諸価値とは，自由，平等，効用，効率，および真実等であり，それらのコンビネーションが作り出す倫理的指針こそが，「粗野な分配の概念」(crude notions of burden sharing) よりも優れているのである，と Owen は指摘している[142]。非常に説得力のある主張であろう。

3．それでは誰がチーペスト・コスト・アヴォイダー（ベスト・リスク・ミニマイザー）なのか

以上説明してきたように，「チーペスト・コスト・アヴォイダー」(cheapest

---

140) *Id.* at 492-94.
141) *See infra* 第Ⅱ章「第二節 平等の倫理」内の「5.『平等』と製造物責任」の項．なお「互酬性」については，see *infra* 第Ⅱ章，第五節内の「2."賠償の互酬性原理"とGeorge P. Fletcher」の項．
142) *See* Owen, *The Moral Foundations of Products Liability Law, supra* note 89, at 493.

cost avoider) にこそ費用負担させるのが望ましいという概念は理解できても，「誰が」チーペスト・コスト・アヴォイダーであるのかについては議論の余地が多い[143]。製品事故におけるチーペスト・コスト・アヴォイダーが製造業者等でなければ，それは誰であろうか。そもそも「チーペスト・コスト・アヴォイダー」という文言は，製造業者等が無過失責任を負うという概念と混同される虞があるので，以降は「ベスト・リスク・ミニマイザー」(best risk mimizer) という文言を用いて検討してみよう。一つの基準は，その危険を「管理」(control) している者にこそベスト・リスク・ミニマイザーとして費用負担させることが望ましいという考え方である[144]。たとえば契約法の「法と経済学」的な分析においても，契約上規定されていなかった損失負担を売主と買主のどちらに分配すべきかを検討する際に，危険をより適切に評価して付保すること等を通じた危険の回避をより適切にできる当事者にこそ負担を課すべきであると分析されている[145]。何故ならば，安価に回避行動できる当事者に負担を課し誘因を与えた方が，「社会的費用」(social costs) を安価に導くからである。

更に倫理哲学的にも，管理している者こそが事故を回避可能であり責任 (responsibility) を課されるのに相応しいという説得力のある指摘が後掲するように存在する[146]。即ち，法と経済学的分析でも，倫理哲学的分析においても，共通して，管理する者に帰責させるべしという主張が当てはまるのである。

そこで問題になるのは，製造業者等と利用者側とのどちらが危険をより大き

---

143) *See* POSNER, ECONOMIC ANALYSIS OF LAW, *supra* note 2, at 180.

144) *See, e.g.*, James A. Henderson, Jr., *Why Negligence Dominates Tort*, 50 UCLA L. REV. 377, 404-05 (2002)（無過失責任よりも過失責任が望ましい理由として次のように述べている。「過失は［無過失責任よりも］更に広範囲なスケールで本格的に機能する。その理由は，過失が「不法行為者に支払わせる」("let the wrongdoer pay") という，本能的に訴えてくる倫理に依拠するものだからであり，かつ，……損失をコントロールする行為者にこそ残余事故損失へ付保する責任を課すからなのだ」）（訳は本書の筆者）（強調付加）.

145) *See, e.g.*, COOTER & ULEN, LAW AND ECONOMICS, *supra* note 1, at 6-7.

146) Perry, *Responsibility for Outcomes, supra* note 83. *See infra* 第Ⅱ章中の「第二節 平等の倫理」内の「4．危険の管理」の項.

く管理するベスト・リスク・ミニマイザーであるのかである。三分の二の製品事故は利用者側の過誤によるものであれば，多くの場合は利用者側であるのかもしれない。しかしだからといって，利用者側を「分類」として，常に有責とすることには，抵抗があろう。むしろ，製造業者等側こそがベスト・リスク・ミニマイザーである場合を，「運用費用」(administrative costs) を掛けて，発見し，かつその場合には責任を課して，安全性向上への効果的な誘因を作り出すという法制度の方が，説得力があろう。運用費用を掛ける意義は，抑止機能を最適に果たすための必要経費である。それ以上の残余事故費用に対する「分配」の目的を果たす機能が必要な場合には，訴訟を通じた非効率な不法行為法制度を用いるよりも，別途，社会保障的，セーフティ・ネットの事故補償的制度を用いる方が，目的をより良く達成できるであろう[147]。

　事実，アメリカでは製造物責任法における文脈でも，製品事故発生に対して被告（△）と原告（π）との間のどちらが危険を管理していたのかが，責任の分岐点になってきている。即ち現代の製造物責任法においては，一方の「製造上の欠陥」(manufacturing defects) が無過失責任を製造業者等に課しているのに対して，他方の「設計欠陥」は過失的責任のみを課して，「残余事故費用」(residual accident costs) を利用者側に課すルール（法規範）になっている。その理由の一つとして，危険を「管理」(manage) する者にこそ損失負担させるべきだとされているのである。たとえば『リステイトメント（第三次）不法行為法：製造物責任』の共同起草者の Henderson & Twerski は，以下のように指摘する。

　　Products are not defective merely because their designs are dangerous. Users of such products must bear a substantial portion of the responsibility for managing generic product risks.　Imposing the unyielding liability rule

---

147)　*See supra* 第一部，第一章中の「第一節 不法行為法（Torts）とは何か」内の「8. 労働災害保険制度，ノーフォールト自動車事故賠償制度，ニュージーランド事故補償制度」の項。

established for manufacturing defects on design risks <u>would cause more careful product users to subsidize less careful users</u>, a result that would be both inefficient and unfair. For many inherent product risks, therefore, <u>users are the best risk minimizers.</u>

> James A. Henderson, Jr. & Aaron D. Twerski, *A Proposed Revision of Section 402A of the Restatement (Second) of Torts*, 77 CORNELL L. REV. 1512, 1517 (1992) (emphasis added).

　設計で除去でき得ない危険については，π側による適正な使用に委ねられる。即ちその種の危険は，⊿ではなくπ側の管理(コントロール)に服するからこそ，残余事故費用をπが負うべきなのである。
　ところで何故，嘗ては，製造業者等こそが常にチーペスト・コスト・アヴォイダーであるとするステレオタイプな言説が，支持を受けたのであうか。原因の一つは，嘗ての製造物責任事故の主流が，現代ではいわゆる「製造上の欠陥」(manufacturing defects) と言われるプリミティヴな(原始的)分類に止まっていたことにも，何らかの関係があるのかもしれない。製造上の欠陥類型では，確かに製造業者等の方が利用者側よりもチーペスト・コスト・アヴォイダーであるという特殊な事情がある。何故ならば何万個の生産量の中で１個しか発生しないような製造上の欠陥は，リーズナブルな(理に適った)利用者には容易に発見できないばかりか，そもそも自分がその害を被るなどとは予想していない危険だからである[148]。製造上の欠陥同様に，製造業者等こそがチーペスト・コスト・アヴォイダーであると分類できるような，一部の「古い」製造物責任訴訟類型においては現在でも，無過失責任的な責任基準が肯定されると理論整理されているものがある。たとえば，食品に「異物」(foreign objects) が混入したような場合や，製品の「誤作

---

148) 製造上の欠陥については，see *supra* 第一部，第Ⅱ章「第十節　製造物責任」内の「5．製造上の欠陥」の項．

動」(malfunction) の場合等々は[149]，リーズナブルな利用者側には過誤・フォールトがなく，事故回避も難しい。だからこそ，このような事故に限っては未だに「消費者期待基準」(consumer expectations test) を唯一の欠陥基準として採用したり，欠陥や因果関係の存在を多重に「推認」(infer) したりして，無過失責任に近付いたようなルール（準則）が当てはめられる。即ち製造業者等こそがチーペスト・コスト・アヴォイダーであるという，嘗ての想定に当てはまるような類の事故なのである。

しかしその後，製造物責任法の扱う欠陥の主流が，「製造上の欠陥」から「設計欠陥」等に大きくシフトしたため[150]，チーペスト・コスト・アヴォイダーが必ずしも製造業者等であるとは限らずに，むしろ利用者側こそがベスト・リスク・ミニマイザーであり，かつ，後者の注意を喚起する誘因が必要な状況になってきていると分析できる。

第四節　ハンド・フォーミュラ（Hand Formula）

1. "最適"な防止費用と「ハンド判事の公式」

事故費用を抑制するために不釣り合いな程の事故回避・防止費用を掛けてしまうことは，社会の富を無駄に費やし非効率である。そのような関心からすれば，何処まで防止費用を掛けることが「最適」(optimal) なのかという「限界」(marginal) 値を探ることが重要になってくるのは至極当然である。不法行為法において「抑止」にその目的を置く「法と経済学」的な分析からは，"最適な"防止費用を掛けさせる誘因となるようなルールこそが望ましいということにな

---

149) See supra 第一部，第Ⅱ章「第十節　製造物責任」内の「8.『誤作動の法理』」の項および「12. 特殊な製品の製造物責任」内の「B. 食品」の項.

150) See, e.g., Henderson & Twerski, What Europe, Japan, and Other Countries Can Learn from the New American Restatement of Products Liability, supra note 8, at 3-4 （製造上の欠陥をモデルとしたリステイトメント第二次不法行為法§402Aの消費者期待基準による欠陥類型を，裁判所が設計欠陥に当てはめようとして混乱が生じ，その解決として製造物責任法リステイトメントが編纂されたと指摘）.

る。即ち，過失責任の基準においては，被告（⊿）が最適な防止費用に達しない費用しか事故防止のために掛けていなかったならば，過失責任を肯定し，最適な防止費用を掛けるための誘因とするのである。

　そのような分析にちょうど当てはまる判例が，アメリカでは実に1947年の昔に下されていたという事実が，主導的な「法と経済学者」によって着目された。R. Posner による「ハンド判事の公式」（Hand Formula）の分析[151]である。同判例の紹介は，補追上の「*United States* 対 *Carroll Towing Co.*」判例[152]のケース・ブリーフに譲るとして[153]，取り敢えず以下では，「ハンド・フォーミュラ」を紹介した拙稿の記述を掲載しておこう。

(1) $B < P \times L$：危険と，危険防止・回避に関する法律学上の合理性基準

　　そもそも「合理」（reasonableness）と「不合理」（unreasonableness）との境目あるいは基準は，製造物責任法学的［　］にはどのようなものであろうか。製造物責任法とは，従来の法律学における民事系の中の不法行為法（torts）と呼ばれる分野の中の小分類である。そこで主に依拠され，あるいは用いられる基準は，過失責任（negligence）の基準を巡る論議の中でも「危険を計量する」（calculus of risk）という概念として影響力も大きい「ハンド・フォーミュラ」（Hand Formula）と呼ばれる公式である。それは高名な裁判官の名前 Learned Hand, J. に由来する名称であり，彼が，これもまた有名な判例「合衆国対キャロールトーイング社」事件[154]において最も

---

151) *See infra* 本節内の次項「2．ハンド・フォーミュラのR. Posner による解釈」の項。
152) 当判例の出典表示は see *infra* note 154.
153) *See* 補追，第三部，第Ⅱ章「第一節　過失基準」中の「7．危険の計量」内の「D．『*United States* 対 *Carroll Towing Co.*』判例」の項。
154) United States v. Carroll Towing Co., 159 F. 2d 169, 173 (2d Cir. 1947) (Hand, J.). 戦時の真っ最中で港内を艀が引っ切り無しに往来しているような混雑した状況において，係留されていた艀が船頭の不在中に流されて沈没した事件において，船頭が21時間のあいだ該艀を不在にしていたことが所有者の過失に該当するか否かが争われ

知られる法廷意見の中で，過失責任の有無を以下のように表したことから有名になった公式[155]である。

$$B < P \times L$$

「B」とは「Burden」を表し，事故を防止・回避するために被告（$\varDelta$）が負担するコストである。

「P」とは「Probability」を表し，事故が発生する蓋然性・確率である。

「L」とは「[magnitude of] Loss」あるいは「[gravity of] injuries」を表し，もし該事故が発生した場合の損失である。

　たとえば，事故の危険（$i.e.$, 期待事故費用）は，右辺の「$P \times L$」，即ち事故が発生する蓋然性・確率に対して発生時の損失を乗じた結果によって表される。即ち危険とは，事故が起きた場合の損失そのものではなく，そのような損失が発生する確率が大きく影響を与える。このように「$P \times L$」によって算出された右辺の危険に対して，もし$\varDelta$がそのような危険の期待費用よりも少ない危険防止・回避費用「B」しか費やしていなかったとすれば，即ち左辺が右辺よりも少ない場合には，$\varDelta$に過失があったものと認定し，賠償責任を課すと考えるのである。

　かかる「ハンド・フォーミュラ」が合理性の基準を表すとすれば，仮に右辺の掛け算によって算出される危険よりも，左辺で表される事故防止・回避コストに限界値を超えて多過ぎる資源を費やしていたならば，それは非効率ということになり不合理と考えられる。繰り返しになるがここで重要なのは，左辺の最適な防止コストを算出するためには，右辺において事

　　て，$B < PL$の概念を法廷意見の中でHand判事が述べている。

155)　このHand Formulaが法の経済的分析（法と経済学）を示すものだと解釈するポズナー判事の論文は，Richard A. Posner, *A Theory of Negligence*, 1 J. LEGAL STUD. 29 (1972). Hand Formulaは法と経済学的な解釈に止まらず様々な視点から解釈可能である点については，see, *e.g.*, Stephen G. Gilles, *On Determining Negligence : Hand Formula Balancing, The Reasonable Person Standard, and the Jury*, 54 VAND. L. REV. 813, 818-20 (2001).

故により発生する損失「L」だけを検討していたのでは適正ではなく，そのような損失「L」がどれだけの頻度あるいは確率で発生するのかという蓋然性「P」の概念を考慮に入れた上で，事故防止・回避費用と，危険性が回避される便益（benefits）とを衡量（balancing）しなければならない点である．

> 拙稿「ロボットP L：ロボットの"安心・安全"と製造物責任」『総合政策研究（中央大学）』第13号171, 174頁（2006年3月）（オリジナル版を一部削除・修正）．

2．ハンド・フォーミュラのR. Posnerによる解釈

そもそも[156]「ハンド・フォーミュラ」（ハンド判事の公式）を，事故費用と事故防止費用の和を極小化すると解釈したことで最も有名なのは，R. Posnerの論文である．即ちPosnerは嘗てロー・ジャーナル論文において「ハンド・フォーミュラ」を「法と経済学」的に解説し，以下のように指摘している．

> Hand［判事］は，おそらく無意識に，過失責任の経済学的意味を示した．事故が発生した場合の事故費用と発生する蓋然性を乗じることで，当該事故を防ぐために必要な費用を掛けることから得られる経済的利益の測定式を導き出したのだ．…．もし安全対策費用または活動の削減費用のどちらか低い額が，この費用を掛けて得られる事故回避の利益よりも高くついてしまうならば，事故費用を諦めた方が，経済的には，社会が良化（better off）する．…．低い事故費用を避けるために高い事故防止費用を発生させれば，［社会］全体としての経済的価値または福祉が増進されるというよりも，むしろ縮小されてしまう．

---

156) もっとも現在では，法と経済学のテキストには必ずと言って良い程に言及される解釈であろう．*See, e.g.*, COOTER & ULEN, LAW AND ECONOMICS, *supra* note 1, at 334；林田『《法と経済学》の法理論』, *supra* note 45, at 30-31.

270　第二部　不法行為法の学際的原理

> Richard A. Posner, *A Theory of Negligence*, 1 J. LEGAL STUD. 29, 32-33 (1972)（訳は本書の筆者）.

　Posner は更にその著書において,「最適な注意レベル」(optimal level of care)の概念を, グラフを用いて以下のように示しているので, 紹介しておこう[157]。なお, 最適な注意レベルとは,「社会的事故費用」(social accident costs : *PL*) と,「事故防止費用」(accident prevention costs) との和が,「極小化」(minimize) するレベルの意味である。

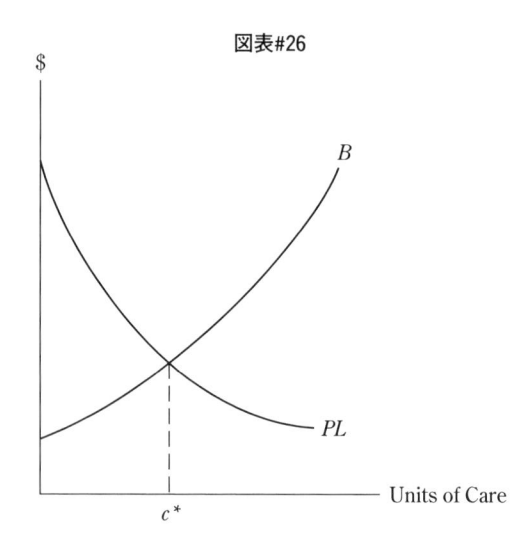

図表#26

（縦軸：$, 横軸：Units of Care, 曲線 B と PL の交点の下に c^*）

Source : RICHARD A. POSNER, ECONOMIC ANALYSIS OF LAW 165, fig. 6.1 (4th ed. 1992).

---

157)　同様な概念図は, COOTER & ULEN でも紹介されている。COOTER & ULEN, LAW AND ECONOMICS, *supra* note 1, at 321, fig. 8.3.

即ち[158]，一方の，「PL」で表される「期待事故費用」（expected accident costs）を示す曲線は，防止的な注意が払われる程度の増加に応じて限界的に減少する変化を示し，他方の，「B」で表される曲線は限界的な注意費用であり，注意単位を購入すればする程に防止費用が増加していく様子を示している。両曲線の接点「c^*」は「当然に払うべき注意」（due care），即ち最適な注意レベルを示す。c^*の左側はBが$P×L$よりも少ないので，加害者に過失責任があることを示す。c^*の右側は期待事故費用を減少させる便益よりも高額な注意費用を負担しており，そこでは加害者が過失責任を課されない。経済学的には不可避的な事故（残余事故費用 residual accident costs）ということになる。なお，上の説明に続けてPosner は同書において，このような費用便益分析的な衡量を判例で示したのはハンド判事が初めてではなく，過失責任の概念が出現した頃の更に古い判例にも見い出すことができると指摘[159]している。

3．広く支持されるハンド・フォーミュラ

なお，「ハンド・フォーミュラ」（ハンド判事の公式）は，法の経済学的分析によってのみ肯定される衡量ではなく，後述するように倫理哲学的にも支持する有力な主張が見受けられるので[160]，ルール（法規範／法準則）として説得力の高いものである。実際，「ハンド・フォーミュラ」の基となった，いわゆる「危険効用基準」（risk-utility balancing test）と言われる過失認定の主要な基準や

---

158) POSNER, ECONOMIC ANALYSIS OF LAW, *supra* note 2, at 165-66 & n. 2.
159) *Id.* at 166-67.
160) *See infra* 第Ⅱ章「第二節　平等の倫理」「6.『平等』の倫理と『ハンド・フォーミュラ』とリステイトメント」の項. *See also* Gilles, *On Determining Negligence, supra* note 155, at 818-20（ハンド・フォーミュラには複数の解釈が存在すると指摘しつつ，Gilles 自身はハンド・フォーミュラを，他人の利益をも尊重した「福祉の極大化」— wealth maximization —を目指したものと解釈すべきであると主張する）; Kenneth W. Simons, *The Hand Formula in the Draft Restatement (Third) of Torts: Encompassing Fairness as Efficiency Value*, 54 VAND. L. REV. 901, 907, 913 (2001)（経済的功利主義分析以外にも，非功利主義的見解も含む多種多様な規範的諸アプローチとハンド・フォーミュラが一致すると指摘）.

「費用便益分析」(cost-benefit analysis: CBA) 的な衡量(balancing)の方法は，昔からリステイトメント（第一次不法行為法）や[161]，近年では製造物責任法における「設計欠陥」(design defects) や「警告懈怠」(failure to warn) の認定基準としても[162]，非常に多くの裁判所によって採用され，かつ支持されている有名なものである[163]。従って，不法行為法学を理解するための，非常に重要で，かつ，核心的な概念であると言っても過言ではあるまい。

もっとも，あらゆる理論に対しては何がしかの批判が存在するのと同様に，「ハンド・フォーミュラ」に対しても批判は存在する[164]。後掲する[165]倫理哲学的分析からの反論としては特に，この公式や費用便益分析が，生命・身体への「安全利益」(security interest) と「(活動の) 自由利益」(liberty interest) とを同価値に置くことに対し説得力のある批判的論調が見られる。しかしそれでも，不法行為法学の主流的な立場からは「ハンド・フォーミュラ」が大きく支持さ

---

161) *See infra* 本章内の「第五節　危険効用基準」の項.

162) *See, e.g.*, RESTATEMENT (THIRD) OF TORTS : PRODUCTS LIABILITY § 2 cmt. a (1998) ; JAMES A. HENDERSON, JR. & AARON D. TWERSKI, PRODUCTS LIABILITY : CASES AND PROCESS 4-5, 169 (5th ed. 2004).

163) *E.g.*, COOTER & ULEN, LAW AND ECONOMICS, *supra* note 1, at 335 ; RUSSELL L. WEAVER, JOHN H. BAUMAN, JOHN T. CROSS, ANDREW R. KLEIN, EDWARD C. MARTIN & PAUL J. ZWIER, II, TORTS : CASES, PROBLEMS, AND EXERCISES 124 (2005) ; ROBERT. KEETON, LEWIS D. SARGENTICH & GREGORY C. KEATING, TORTS AND ACCIDENT LAW : CASES AND MATERIALS 14 (4th ed. 2004).

164) たとえば法と経済学の中でも，前掲の Calabresi & Hirschoff は，製造物責任法の文脈において，効率を押し進めるハンド・フォーミュラよりも，ヒガイシャへの分配の要素を組み入れた「reverse Hand Formula」や厳格（無過失）責任の方が望ましいと主張する。Calabresi & Hirschoff, *Toward a Test for Strict Liability in Torts*, *supra* note 36, at 1083.「reverse Hand Formula」とは，ハンド・フォーミュラを逆転させたものである。即ちハンド・フォーミュラにおいては加害者が期待事故費用以上の回避費用を負担していれば免責されるから，残余事故費用は被害者負担となるのが原則であった。しかし reverse Leaned Hand test では，残余事故費用が加害者負担となるのである。*Id*. at 1058-59.

165) *See infra* 第Ⅱ章「第二節　平等の倫理」内の「9．『不均衡基準』："安全利益"対"活動（の自由）利益"」の項.

れている[166]。その一つの例である以下は,最新の『リステイトメント(第三次)不法行為法:物理的(身体的)危害への責任』(最終提案第一号, 2005年)のブラック・レター部の文言である。

§ 3 Negligence
A person acts negligently if the person does not exercise reasonable care under all the circumstances. Primary factors to consider in ascertaining whether the person's conduct lacks reasonable care are the foreseeable likelihood that the person's conduct will result in harm, the foreseeable severity of any harm that may ensue, and the burden of precautions to eliminate or reduce the risk of harm.

RESTATEMENT (THIRD) OF TORTS : LIABILITY FOR PHYSICAL HARM § 3 (Proposed Final Draft No. 1, 2005) (emphasis added).

---

166) See, e.g., Kim A. Kamin & Jeffrey J. Rachlinski, Ex Post ≠ Ex Ante : Determining Liability in Hindsight, 19 LAW & HUM. BEHAV. 89, 90 (1995) (ハンド・フォーミュラが "attracted widespread support" であり, "most often cited in legal discussions of the problem" であると指摘しつつ, DAN B. DOBBS, ROBERT E. KEETON & DAVID G. OWEN, PROSSER AND KEETON ON TORTS § 32, at 173 (5th ed. 1984) を挙げながら, "it remains the fundamental description of reasonable care in tort law treatises" であるとしている); Edward J. McCaffery, Daniel J. Kahneman & Matthew Spitzer, Framing the Jury : Cognitive Perspective on Pain and Suffering Awards, in BEHAVIORAL LAW AND ECONOMICS 259, 260 (Cass R. Sunstein ed. 2000). なお, リステイトメント第二次不法行為法("R2T") § 291 のブラック・レター部も, 以下のように規定している。「Where an act is one which a reasonable man would recognize as involving a risk of harm to another, the risk is unreasonable and the act is negligent if the risk is of such magnitude as to outweigh what the law regards as the utility of the act or if the particular manner in which it is done.」(emphasis added). RESTATEMENT (SECOND) OF TORTS § 291 (1965).

4．何故ハンド・フォーミュラは支持されるべきなのか

A．行為規範として： 不法行為法学で主流となる程の支持を得ている「ハンド・フォーミュラ」（ハンド判事の公式）は，何故支持を得るべきなのであろうか。私見では，それが，「行為規範」（rules for players／the norm for conduct）[167]としての説得力を有しているからではないかと思っている。即ち，たとえば，過失責任の基準は前述の通り，判例法と学説により，「リーズナブル・パーソン・スタンダード」とされてきたけれども，それでは何がリーズナブル・パーソン・スタンダードなのかという問いに対する答えは曖昧かつ事例毎に異なるので[168]，これを将来に向けた行動の規範とする際に困難が露呈する。特に，企業等が何らかの行為をする前に，何処まで事故防止費用を掛けるべきかを決定しなければならない局面では，その決定が「事後」（ex post）に不法行為訴訟になった場合に敗訴するか否かを，「事前」（ex ante）に予見した上で決定を下したいと思うであろう。資源は稀少であり，予算も有限だからである。しかし，この問いに対しリーズナブル・パーソン・スタンダードは，何ら具体的な規範を示してくれない。ただその状況下においてリーズナブリーに行為せよと抽象的に述べるだけだからである[169]。ところがハンド・フォーミュ

[167) なおハンド・フォーミュラはリーズナブル・パーソン・スタンダードの原型である「オーディナリー・パーソン」（通常人）（ordinary person）の基準と異なって行為規範となっていると指摘するものとしては，see, *e.g.*, Perry, *Responsibility for Outcomes*, supra note 83, at 105 & n. 53（予見可能性とは何かに関する文脈において，ordinary person の基準よりも，*Learned Hand Test = reasonable persons* の基準の方が，action-guiding norms であると分析している）。

168) たとえば補追にて紹介するように，踏み切りの前で自動車運転者が reasonable person として列車の往来の有無を何処まで確認する注意義務を負うかにつき，O. W. Holmes, Jr., J. と B. N. Cardozo, J. の見解が相違するような代表例がある。*See* 補追，第三部，第Ⅱ章「第一節　過失基準」「9．裁判官が判断すべき過失」内の判例。

169) *See supra* 第一部，第Ⅱ章「第二節　過失責任」内の「6．単純ではない過失基準」の項。

ラは，リーズナブリーな行為とは，費用便益分析を行った上での合理的な判断の意であると示してくれる。即ち，抽象的なリーズナブル・パーソン・スタンダードを，より具体化して行動指針を示してくれているのである。

B. 設計規範として： このようにハンド・フォーミュラは，不法行為法・事故法の中核的責任基準たる過失責任の規範として有用なばかりではない。それは，古くは全てが無過失責任と誤解されていた製造物責任の中の，やはり中核的な分類である「設計欠陥」(design defects) においても，欠陥基準としてハンド・フォーミュラの費用便益分析（cost-benefit analysis: CBA）による衡量が採用されることとなり，「行為規範」としてのハンド・フォーミュラが製造物責任の法律上の「責任規範」(liability rule) としても広く支持されてきているのである。即ち設計欠陥においても，古くは「消費者期待基準」(consumer-expectations test) と呼ばれる，抽象的な欠陥基準を唯一のルールとして採用しようと試みられた時代が嘗て存在した[170]。しかし，消費者の期待に反すれば欠陥であるという消費者期待基準は，余りにも抽象的過ぎるため，行為規範としての具体的指針を示さない。限られた予算内で資源配分を決定しなければならないという[171]，極めて「政策決定的・立法的」(legislative) かつ「ポリセントリック」(polycentric) な[172]，製品の企画・開発・設計という段階において，何処まで事故防止費用に予算を配分すべきかが，判らないのである。

---

170) 本文の段落内の記述については，see, *e.g.*, Henderson & Twerski, *What Europe, Japan, and Other Countries Can Learn from the New American Restatement of Products Liability, supra* note 8, at 3-4.
171) 私見であるが，「限られた予算内で資源配分を決定しなければならない」という設計の特徴には，法と経済学の分析と親和性が存在すると思われる。何故なら法と経済学は，ミクロ経済学的な分析を用い，そのミクロ経済学は，稀少な資源を競い合う諸利益 (competing interests) 間で如何に配分すべきかという学問であると指摘されているからである。*See* COOTER & ULEN, LAW AND ECONOMICS, *supra* note 1, at 14.
172) *See* 補追，第四部，第Ⅱ章内の「第三節　政策決定的な製品設計」の項。

従って究極的には，事後的に，事故防止費用への予算配分が足りなかった，即ち企画・開発・設計段階における製造業者等による政策決定に過誤があったと主張されている設計欠陥型の訴訟[173]においては，裁判所としても，抽象的な消費者期待基準の当てはめに苦労してきたのである。消費者の期待に反するという基準だけでは，限られた予算で利便性向上や安価な製品価格の維持等の多中心的な政策決定を下さなければならない場面において事故防止という点に幾らまで予算を配分するのかを，導き出せないからである。そして，より説得力のある欠陥基準を求める判例や学説の紆余曲折の末に，消費者の期待とは，即ちハンド・フォーミュラ的な費用便益分析を行うことである，と多くの関係者によって解釈され，かつそれが大多数の裁判所によって適用されるに至っている訳である[174]。

C. 遵守可能ゆえに倫理的でもある： 私見では，倫理的な視点からも，そもそも曖昧である故に遵守できないルール（法規範）を遵守せよと命じても，甚だしく説得性を欠き，不公正でもある。加えて，法と経済学の視点からは一般的に，「市場の失敗」（market failure）を避けて「市場取引費用」（market transaction costs）を減少させるためには，ルールが明確であるべきだと分析されている[175]。このように，倫理的分析と法と経済学的分析の双方から，明確な基準としてのハンド・フォーミュラは支持されるべき秀逸さを有していると言えよう。

なお，有力な不法行為法学者による指摘には，陪審員による被告への偏見や原告への同情を排除できる点において，ハンド・フォーミュラを用いた「説示」（jury instructions）が好ましいというものがある[176]。興味深い指摘なので，以

---

173) なお，このように政策的な過誤（フォールト）が設計欠陥の中心であるからこそ，それは過失責任的なのである。
174) *See, e.g.*, RESTATEMENT (THIRD) OF TORTS : PRODUCTS LIABILITY § 2 (a) (1998).
175) *See supra* 本章「第二節『コースの定理』」内の「3.『コースの定理』と『市場取引費用』」の項.

下で紹介しておこう[177]。

　ハンド・フォーミュラの重要な利点は，リーズナブルネス（理に適っていること）に関連性を有する唯一の要素は追加的な注意の費用と便益（costs and benefits of additional care）として特定できるものだけである，という明確なメッセージをこの公式が送ったことにある。これにより，<u>⊿が利潤を生む諸活動に従事しているとか，πの状態に対する同情のような諸考慮を排除している点で重要</u>である。更になお重要なのは，ハンド・フォーミュラは明らかに行為者がリーズナブルで予見可能な危険を責任なしに創出可能であることを明確に認識しているために，陪審員が抱くかもしれない<u>厳格［無過失］責任への直感を禁じたことにある</u>。…これは効率性（efficiency）の点からも，rule-of-law（法の支配，実質的な法原則）の点からも，好ましい…。

Gilles, The Invisible Hand Formula, supra note 177, 1044
（訳は本書の筆者）（斜体はオリジナル）（下線付加）.

5．陪審員には理解され難いハンド・フォーミュラ

　主流派とでも言うべき判例および学説では，上述のようにハンド・フォーミュラが多くの支持を集めている。しかし，陪審員には[178]，理解されないとい

176）　ハンド・フォーミュラまたは危険効用基準／費用便益分析は，リステイトメントにも反映されて裁判所にとっての法規範として有力ではあるけれども，陪審員への説示の内容としては，依然として当該状況下における「リーズナブル・パーソン」として払うべき注意を払ったか否かという抽象的な基準が用いられていて，これが不法行為法学者間の論争上の争点になっている。*See, e.g.*, John C. P. Goldberg, *Introduction : the Restatement (Third) of Torts : General Principles and the John W. Wade Conference*, 54 VAND. L. REV. 639, 643-44 (2001).

177）　Stephen G. Gilles, *The Invisible Hand Formula*, 80 VA. L. REV. 1015, 1044 (1994).

178）　法曹予備軍(？)としての「ロースクールの多くの学生も，不法行為法の勉強において費用便益分析に初めて遭遇したときには，懐疑的乃至敵対的な反応（the skeptical-to-hostile reactions）を抱くものである」と指摘されている。Gilles, *On Determining Negligence, supra* note 155, at 859（訳は本書の筆者）。なお不法行為法

う興味深い指摘が存在する。更に，ハンド・フォーミュラと同様な危険効用分析についても，陪審員はそれを正しく評価できないとして，後述するリステイトメント（第一次）の起草者 Bohlen が危惧を抱いていたという興味深い指摘がある[179]。即ち Bohlen は，効用を危険と秤に掛ける役割を陪審員に託すことができないと主張している。陪審員は原告の被害と被告（⊿）の富裕さとに衝き動かされてしまい，「事実上の無過失責任の規範」（a de facto norm of strict liability）をしばしば採用してしまうであろうと訴えたというのである。たとえ陪審員がリーズナブル・パーソン・スタンダードを適用したとしても，⊿の行為の効用に対しては小さなウエートしか置かないであろう，と Bohlen は示唆したと指摘されている。

A. 反感を買う事例： たとえば，いわゆる「フォード・ピント事件」[180] は一般には，利益優先の企業が消費者の人命を軽視したために高額な評決(ミリオン・ダラー・ヴァーディクト)に至った事件として悪名高い。しかし，そのような高額評決が下された背景として，実は，ハンド・フォーミュラ的な費用便益分析を受け付けない陪審の問題があったという興味深い指摘がある[181]。同事件では，自動車の安全性を高めるための一台当たりの設計変更の僅かな費用を惜しむ決定を企業が下したために，原告（π）の少年が悲惨な全身火傷に至ったことが厳しく非難された結果，そのような企業の行為への懲罰として，高額評決が下されている。企業被告（⊿）の設計欠陥訴訟の弁護経験のある弁護士達へのヒアリングによれば，そのような設計変更に掛かる具体的な費用を陪審の前で云々することを，⊿側弁護士は通常避けたがる。代替設計案を採用するにはお金が掛かり過ぎる等と

　　　は一年生の必修科目であるから，学生は未だ法律家と看做されるよりは，むしろ素人に近い存在ではある。
179) *Id.* at 837.
180) Grimshaw v. Ford Motor Co., 119 Cal. App. 3d 757, 174 Cal. Rptr. 348 (Cal. App. 1981). *See* 補追，第三部，第Ⅵ章「第一節　懲罰賠償」内の「１.『フォード・ピント事件』」の項.
181) Gary T. Schwartz, *The Myth of the Ford Pinto Case*, 43 RUTGERS L. REV. 1013 (1991).

言えば，却って陪審員の反感を買って有責の評決を受ける虞があるばかりか，更に懲罰賠償までも認定されかねないからだと言うのである[182]。

更に「フォード・ピント事件」の後においても，同様な評決が GM 社に対し，人身損害事件としては史上最高額の評決額と共に下って注目を集めている[183]。

このように陪審は費用便益分析を受け入れないと捉えられていることを示す例は，他にも見掛けることがある。たとえば前述した，持ち帰り用ホット・コーヒー(ドライヴ・スルー)を零した老婦人が，世界的なファースト・フード・チェーン企業から高額な懲罰賠償を含む評決を勝ち得たという事件である[184]。この事件では，企業Δが火傷のクレームを年間70件も受けていながらホット・コーヒーを温(ぬる)くしなかった(?!)こと等の企業姿勢が，陪審員の不興を買っている[185]。特に，Δ程の巨大なファースト・フード・チェーン企業における年間数十億個（ドライヴ・スルーだけでも5億個）[186]のコーヒーの売り上げ数からすれば，僅か70件のクレームは微々たる数であるというΔ側証人の証言が，陪審員の怒りを買ったようである[187]。このような場面は，一見すると悪徳企業が消費者の安全を等閑にして利益優先な非人間的行為をしているという，法廷映画や小説的な（π側弁護士による？）ストーリーにピタリと当てはまる[188]。しかし，冷静かつ客

---

182) *Id.* at 1038-39.
183) Andrew Pollack, *$ 4.9 Billion Jury Verdict in G.M. Fuel Tank Case*, THE NEW YORK TIMES, page 8, Column 5, July 10, 1999 ; Frank Swonoda & Caroline E. Mayer, *A $ 4.9 Billion Message : Jury Hits GM with Historic Crash Verdict*, THE WASHINGTON POST, July 10, 1999, at page A01.
184) 詳細は，see 補追，第四部「第Ⅵ章　ホット・ドリンク火傷訴訟」内の「第一節『*Liebeck 対 McDonald's*』事件」」の項．
185) *E.g.*, Michael McCann, William Haltom & Anne Bloom, *Java Jive : Genealogy of a Juridical Icon*, 56 U. MIAMI L. REV. 113, 129-30 (2001). *See also* RALPH NADER & WESLEY J. SMITH, NO CONTEST : CORPORATE LAWYERS AND THE PERVERSION OF JUSTICE IN AMERICA 267, 269-71 (1996).
186) NADER & SMITH, *supra* note 185, at 270.
187) *Id.* at 267, 269-71 ; McCann et al., *Java Jive, supra* note 185, at 129-30.

観的に，費用便益分析を当てはめてみれば，数値の議論を敵視し感情的に企業△を"カガイシャ"として有責な評決を下す態度は，「結論先に在りき」的な思考停止に至っているのではないかとの疑念を抱かせると，次項で紹介するように分析することが可能かもしれない。

B. 反感を買う理由： 陪審員は何故，費用便益分析や危険効用衡量を毛嫌いするような判断を下すのであろうか。理由の一つとして考え得るのは，前述の[189]「危険（損失）の分散」や「ディープ・ポケット」な思想が影響を与えているのではないかという点である。これを言い換えれば，後掲[190]にて紹介するような「コミュニタリアニズム」や「分配」の倫理観が影響しているのではなかろうか。即ち，目の前の当事者間の紛争事例において，"弱者救済"をしたいという人の自然な性行[191]に左右されるために，冷徹な計算に基づく資源配分効率性の原理は受け入れ難くなっているのかもしれない。言い方を換えれば，「利他主義」(altruism) 的な倫理観の一種が関係していると考えられる。なお，Gilles も，大衆がハンド・フォーミュラによる費用便益分析に従わない問題について，以下のように指摘している。

> ［大衆の］反感は…製造物責任において［高く］，何故ならば，製造物責任ではディープ・ポケットな企業被告が関与しがちで，かつ，防止費用も製品一個当たりにすれば低廉だからである。

---

188) 大衆文化（小説，映画，等）が扱う民事法廷・訴訟案件には，"正義の原告側個人開業弁護士（solo practitioner）"対"悪徳大企業"というステレオタイプな構図が多いようである。 *See infra* 第Ⅱ章「第三節『コミュニタリアニズム』と企業性悪説」内の「2．企業性悪説的な見方と大衆文化」の項．

189) *See supra* 本章中の「第一節　概説」内の「3．『危険（損失）の分散』と『ディープ・ポケット』」の項．

190) *See infra* 第Ⅱ章内の「第三節『コミュニタリアニズム』と企業性悪説」の項．

191) *See, e.g.*, Goldberg *Introduction : the Restatement (Third) of Torts : General Principles, supra* note 176, at 651．

Stephen G. Gilles, *On Determining Negligence: Hand Formula Balancing, The Reasonable Person Standard, and the Jury*, 54 VAND. L. REV. 813, 859 (2001)(訳は本書の筆者).

　更には，後述する[192]「法と行動科学（認知心理学）」において指摘される「代表性ヒューリスティック」(representative heuristics) の影響もあるのではないか，と筆者は疑っている。即ち，base rate 等と呼ばれる統計データを軽視して，目の前の"真に迫った"(vivid) 出来事に基づいて誤った判断を下してしまうという人の認知上の傾向が，蓋然性を無視・軽視しがちな「蓋然性無視」(probability neglect) の判断・評価に些かなりとも繋がっているのではなかろうか。同じ「法と行動科学（認知心理学）」的分析として指摘される「自己奉仕的偏見」(self-serving bias) の一種である「自信過剰」(over-confidence) という認知上の現象も[193]，「事実認定者」(fact finders：通常は陪審員) 達による偏向した判断の理由を説明できるかもしれない。たとえば陪審員はたとえ"事実"が高額評決を支持していないような場合にさえも，自らの判断に対して自信過剰になるからこそ，極端な高額評決に至る虞が指摘されている[194]。従って蓋然性の判断や，延いては不法行為法上の善悪（有責・無責）の判断さえも，「I, THE JURY」(俺が掟だ!?)[195]という自信過剰によって左右されているのかもしれない。

　また，統計データ上の蓋然性を考える際と，目の前の具体的な事案を検討する際とでは，人の判断が異なるのは当然であるという Viscusi の指摘があ

---

192)　*See infra* 第Ⅲ章「第二節『法と行動科学（認知心理学）』上の主要概念」内の「1.『入手容易性ヒューリスティック』」の項.

193)　*See infra* 第Ⅲ章「第二節『法と行動科学（認知心理学）』上の主要概念」内の「1.『自己奉仕的偏見』や『自己中心主義』等」の項.

194)　Chris Guthrie, Jeffrey J. Rachlinski & Andrew J. Wistrich, *Inside the Judicial Mind*, 86 CORNELL L. REV. 777, 828 (2001).

195)　*See supra* 第一部，第Ⅱ章「第六節　救済 (remedies)／『コモン・ロー』対『衡平法』」「3.『メッセージを送る』」の項.

り[196]，この指摘を類推して，個別具体的な不法行為事件においても陪審は蓋然性等の数値を無視するのではないかと推察される。Viscuciによれば，たとえば一人の少女が井戸に落ち，または一人の炭鉱夫が地下に閉じ込められた場合を想定してみる。その救出には1,000万ドルもの費用が掛かると仮定する。とにかく一名の「生命価値」(value of life) の一般的な評価を遥かに超える費用が掛かると仮定するのである。それでも我々は，少女や炭鉱夫を放置するという選択肢を取ることは耐えられない。同様に，我々は何百万ドルもの費用が掛かることになっても，浜に打ち上げられた鯨を救おうとする。その理由は，このような場合は「統計上の命」(statistical lives) と取り組んでいるのではなく，「特定化された命」(identified lives) を扱っているからなのである。更に，特定化された命の場合は，救済費用を掛ければ命が確実に救われる［か，またはその蓋然性が非常に高い］。この高い蓋然性が，統計上の命の場合とは決定的に異なるのである。即ち，事前に，統計上，幾らだけ事故防止費用を掛ければどれだけの人が助かるのかという"一般予防"的な検討をする際には，実際に費用を掛けても一人の命の喪失蓋然性を下げる効果は顕著に現れないのである。このViscusiの指摘は，「事前」に事故防止費用を一般的，統計的に幾らまで掛ければ最適かという文脈に適した指摘であって，本項にて扱う「事後的」に不法行為賠償責任の有無を陪審が如何に判断するのが正しいのか云々を検討している訳ではない。しかしこの指摘を類推解釈して，陪審員が具体的ヒガイシャを目の前にして，企業⊿が，あと少しだけ事故防止費用を掛けてさえいれば，悲惨な結果を避け得たのだとπ側弁護士に説かれた場合の反応を推察してみると，やはりその程度の防止費用を掛けなかった企業⊿こそが非難に値すると判断されそうである。

「フォード・ピント事件」において陪審が目の前の事象に囚われて判断を行ったという問題は，指導的な不法行為法学者が指摘している。即ちG. Schwartzは，同事件において家族や医師等の証言により，Grimshaw少年がト

---

196) VISCUSI, RATIONAL RISK POLICY, *supra* note 79, at 61.

ライアルの前に68回もの手術を受けて，patchwork quilt のように badly な傷だらけの顔を含んだ disformalities を今後一生，引き摺ることになるとナラティヴに語られている点を取り上げて，次のように述べている[197]。普通の人々から構成される如何なる陪審員であっても，Grimshaw 少年の被害が違法な結果ではなく社会的に適切な⊿企業の選択の結果だなどと，評議室（jury room）から出てきて言えると想像することは，全く不可能である，と。

しかし，感情に囚われる思考の問題点は，当該πにとっては僅かな費用で変更でき得たという些細な製品部分の費用上昇も，残余の製品部分全てに亘って無数に，かつ，果てしなく生じ得る，事故防止費用をあと少し掛けてくれさえいれば云々というクレームが全て肯定されることになる点にある。即ちそのようなクレームを肯定すれば，防止費用の総和（aggregation）が天文学的な数値にまで「ロケットが天を衝くように」高騰化してしまう。「特定化された命」の問題として，それを事後的に裁判において，一般的な文脈における蓋然性等を無視し製造業者等の⊿企業への責任を肯定化すれば，それは果てしなく防止費用を掛けなければならないという行為規範に繋がる「判例」と化し，その結果，「統計上の命」の救済策としてはアンリーズナブルな結果になってしまうという問題があるのではないか。

6．「危険中立的」（risk neutral）と「危険回避的」（risk averse）選好な「ハンド・フォーミュラ」の問題点

「危険中立的」（risk neutral）および「危険回避的」（risk averse）という概念も，不法行為法の経済学的な分析には必要となる。まず[198]「危険中立的」な人とは，危険な状況の期待値（expected value of a risky situation）のみを危惧する。即ち，

---

197) G. Schwartz, *The Myth of the Ford Pinto Case, supra* note 181, at 1043.
198) 本文中の以下の記述については see POLINSKY, AN INTRODUCTION TO LAW AND ECONOMICS, *supra* note 4, at 29, 53. なお「危険回避」と「危険愛好」については，see *supra* 本章「第一節　概説」内の「14. 保険制度と『危険回避』と『危険愛好』」の項．

損失または利得の程度（the magnitude of a potential loss or gain）に対してそのような損失・利得が発生する蓋然性（the probability of the loss or gain occurring）を乗じたもののみを評価する。たとえば，1万ドルが当たる確率が50％である場合の期待利得（$10,000×50％）は5,000ドルである。危険中立的な人ならば，この期待利得値が変わらなければ，たとえば2万ドルの利得の勝率が25％であろうとも，または，5,000ドルが当たる確率が100％である場合でも，どちらでも同じであると評価する。しかしこれに対し「危険回避的」な人は，危険な状況の期待値のみを危惧するのではなく，加えて，当該危険の有する絶対的な甚大さ（the absolute magnitude of the risk）をも危惧する。従って，たとえば5,000ドルが当たる確率が100％である場合と，1万ドルが当たる確率が50％である場合とを比較した場合に，危険回避的な人は後者を嫌って前者を選択してしまうのである。

ところで「ハンド・フォーミュラ」を法と経済学的に分析した「費用便益分析」（CBA：cost-benefit analysis）は，「$B < PL$」の右辺が事故費用の期待値，即ち蓋然性を基準として防止費用の限界値を導き出している。即ち，この公式は，人が危険中立的であることを前提にしている[199]。しかし人は，不法行為，中でもその中核的分野である「事故法」（accident law）と言われる生命・身体侵害の危険に対し，本当に危険中立的であろうか。いやむしろ，その危険が甚大なもの故に各種保険制度が成り立っていることから推して考えればむしろ，人は危険回避的ではないか[200]。だとするならば，法と経済学者が主張する「費用便益分析」は必ずしも正しいとは限らないという疑念が生じる。これに対しR. Posner（ポズナー）は，危険回避的な人も付保によって危険中立的になり得ることを，「費用便益分析」を肯定する理由として挙げている[201]。

なお，上のような指摘から人が，危険回避的であると前提すれば，危険中立

---

199) POSNER, ECONOMIC ANALYSIS OF LAW, *supra* note 2, at 165.
200) Mark Geistfeld, *Economics, Moral Philosophy, and the Positive Analysis of Tort Law*, in PHILOSOPHY AND THE LAW OF TORTS 250, 274 n. 37 (Gerald J. Postema ed. 2001).
201) POSNER, ECONOMIC ANALYSIS OF LAW, *supra* note 2, at 165.

的な前提の場合よりも，更に多額な防止費用を掛けるべきであるという主張に繋がろう。そのような主張は，「安全利益」(security interest) と「(活動の) 自由利益」(liberty interest) とを均等 (equal weight) に評価すべきではなく，むしろ前者を後者よりも高く評価すべきだという，「不均衡基準」(disproportionate negligence standard) を採用すべきであるという，後掲する倫理哲学的な立場からの分析[202]にも通じるのである。

第五節　危険効用基準 (risk-utility standard)

1．ハンド・フォーミュラの歴史

以下の年表が示すように，「ハンド・フォーミュラ」が出現する前に，アメリカでは危険を計量するという思想が1915年もの昔に論文を通じて既に登場している。更にその後，1934年のリステイトメント［第一次］不法行為法において，既に「危険効用」基準 (risk-utility test) と呼ばれる基準が採択されているのである。その起草者 Bohlen は，ハンド判事とも親交があり，従って第一次リステイトメントの草稿が後のハンド判事による諸判例や「ハンド・フォーミュラ」にも影響を与えたと言われている[203]。

---

202)　*See infra* 第Ⅱ章「第二節　平等の倫理」内の「9．『不均衡基準』："安全利益" 対 "活動 (の自由) 利益"」の項における Geistfeld, *Economics, Moral Philosophy, and the Positive Analysis of Tort Law, supra* note 200 の指摘。

203)　*See* Michael D. Green, *Negligence = Economic Efficiency : Doubts*, 75 TEX. L. REV. 1605, 1629 (1997).

図表#27 ハンド・フォーミュラ関連事象略歴

1871年	「*Eckert 対 Long Island R. R.*」[204]判決。
1915年	Henry Terry による「*Negligence*」論文[205]発表。——"calculus of risk" 概念の登場。
1919年	Benjamin Nathan Cardozo 判事による「*Adams 対 Bullock*」[206]判決。
1934年	Francis H. Bohlen による『リステイトメント［第一次］不法行為法』起草／ALI での採択。——リステイトメントによる「危険効用基準」の採用。
1938年	Learned Hand 判事による「*Gunnarson 対 Robert Jacob, Inc.*」[207]判決。
1940年	Learned Hand 判事による「*Conway 対 O'Brien*」[208]判決。
1947年	Learned Hand 判事による前掲「*United States 対 Carroll Towing Co.*」[209]判決。——ハンド・フォーミュラの完成。
1965年	William L. Prosser による『リステイトメント（第二次）不法行為法』("R2T") 起草／ALI における採択。——第一次リステイトメントの踏襲。
1972年	Richard A. Posner による前掲「*A Theory of Negligence*」論文[210]発表。——ハンド・フォーミュラが「富の極大化」（wealth maximization），「結果主義」（consequentialism）思想を示すという解釈の出現。
1973年	John Wade による「*On the Nature of Strict Tort Liability for Products*」論文[211]発表。——設計欠陥基準に関する「危険効用基準」（risk-utility test），いわゆる「ウエイド法務研究科長の七要素」（Dean Wade's 7 Factors）[212]の出現。
1998年	James A. Henderson, Jr. & Aaron D. Twerski が起草した『リステイトメント（第三次）不法行為法：製造物責任』が ALI において採択。——設計欠陥と指示警告欠陥基準として，危険効用基準を更に機能化させて「ミクロ衡量」（Micro balancing）を明確化し，RAD（reasonable alternative design）を用いつつも，その不採用が原告以外のステークホルダー達にとってもアンリーズナブル（理不尽）と言えるか否かをも欠陥判断として検討することを要求する「dual requirement」を採用[213]。
1999年	Gary T. Schwartz が『リステイトメント（第三次）不法行為法：一般原則』（検討草稿：Discussion Draft）を起草。ハンド・フォーミュラに酷似した費用便益分析が採用された[214]。

---

204) Eckert v. Long Island R. R., 43 N.Y. 502 (1871). 同判例のケース・ブリーフは，see 補遺，第三部，第Ⅱ章「第一節　過失基準」中の「7．危険の計量」内の「A.『*Eckert 対 Long Island R.R.*』判例」の項．

205) Henry T. Terry, *Negligence*, 29 Harv. L. Rev. 40 (1915). *See* 補遺，第三部，第Ⅱ

2．リステイトメントの示す「危険効用基準」

　以上のように，「*Eckert*」判例と，これを分析した Terry 論文は，「危険効用基準」を表した Bohlen 起草の第一次リステイトメントに影響を与えたと言われる[215]。以下に，第一次リステイトメントにおける過失認定基準のブラック・レター部を表すが[216]，その§291 の文言が示すように，これは「危険」

　　　章「第一節　過失基準」中の「7．危険の計量」内の「B. Henry Terry『*Negligence*』論文と calculus of risk」の項．
206)　Adams v. Bullock, 227 N.Y. 208 (1919)．同判例のケース・ブリーフは，see 補追，第三部，第Ⅱ章「第一節　過失基準」中の「7．危険の計量」内の「C.『*Adams 対 Bullock*』判例」の項．
207)　Gunnarson v. Robert Jacob, Inc., 94 F. 2d 170, 172 (2d Cir. 1938).
208)　Conway v. O'Brien, 111 F. 2d 611, 612 (2d Cir. 1940).
209)　United States v. Carroll Towing Co., 159 F. 2d 169, 173 (2d Cir. 1947)．*See also supra* note 154．
210)　Richard A. Posner, *A Theory of Negligence*, 1 J. LEGAL STUD. 29 (1972).
211)　John W. Wade, *On the Nature of Strict Tort Liability for Products*, 44 MISS. L. J. 825, 837-38 (1973).
212)　*See* 補追，第四部，第Ⅱ章「第二節　危険効用基準の進化」内の「1．ウエイドの七要素」の項．
213)　*See supra* 第一部，第Ⅱ章「第十節　製造物責任」中の「6．設計欠陥」内の「B. 更なる洗練化―RAD＝"機能的"設計欠陥基準の採用」の項．*See also* 補追，第四部，第Ⅱ章「第二節　危険効用基準の進化」の項．
214)　同リステイトメント物理的（身体的）危害への責任（最終提案第一号，2005年）に引き継がれている．*See supra* 本章中の「第四節　ハンド・フォーミュラ」内の「3．広く支持されるハンド・フォーミュラ」の項．
215)　*See* Gilles, *On Determining Negligence, supra* note 155, at 826.
216)　最新の第三次リステイトメント（最終提案第一号）の採用する過失基準のブラック・レターは，see *supra* 本章「第四節　ハンド・フォーミュラ」内の「3．広く支持されるハンド・フォーミュラ」の項（第一次・第二次リステイトメントよりも更にハンド・フォーミュラに酷似している）．第二次リステイトメントの過失基準のブラック・レターは第一次リステイトメントに似ており，以下の通り．

　　　§291. Unreasonableness ; How Determined ; Magnitude of Risk and Utility of

と「効用」とを衡量する基準となっている。

> § 291. Unreasonableness ; How Determined ; Magnitude of Risk and Utility of the Conduct
> (1) Where an act is one which a reasonable man would recognize as involving a risk of harm to another, the risk is unreasonable and the act is negligent if the risk is of such magnitude as to outweigh what the law regards as the utility of the act or of the particular manner in which it is done.
> (2) ....
>
> RESTATEMENT [FIRST] OF TORTS § 291 (1934).

更に第一次リステイトメントには[217]，以下（§§ 292-293）で示すように「活動レベル」(activity levels) における「評価要素」(evaluative factors) または「判断要素」(judgment factors) が，比較衡量のための検討諸要素として含まれているとGillesは指摘している[218]。その点が，「ハンド・フォーミュラ」と異なる。即ちハンド・フォーミュラ ($B < PL$) には，活動レベルの評価・判断要素が入っていない。もっとも前掲の年表が示すように，時代的には第一次リステイトメントの方が古いので，ハンド・フォーミュラはリステイトメントから評価・判断要素を取り除くことにより単純化して[219]，危険効用や費用便益分析の概

> Conduct
> Where an act is one which a reasonable man would recognize as involving a risk of harm to another, the risk is unreasonable and <u>the act is negligent if the risk</u> is of such magnitude as to <u>outweigh</u> what the law regards as <u>the utility</u> of the act or of the particular manner in which it is done.
>
> RESTATEMENT (SECOND) OF TORTS § 291 (1965)(emphasis added).

217) ここでも第二次リステイトメントの過失基準のブラック・レターは，第一次リステイトメントに似ている。See RESTATEMENT (SECOND) OF TORTS §§ 292-293 (1965).
218) See Gilles, *On Determining Negligence, supra* note 155.
219) *Id.* at 843.

念を理解し易くしたものと捉えることができる。

§ 292. Factors Considered In Determining The <u>Utility</u> Of The Actor's Conduct

In determining what the law regards as the utility of the actor's conduct for the purpose of determining whether the actor is negligent, the following factors are important :

(a) <u>the social value</u> which the law attaches to the interest which is to be advanced or protected by the conduct,

(b) the extent of the chance that this interest will be advanced or protected by the particular course of conduct, and

(c) the extent of the chance that such interest can be adequately advanced or protected by another and less dangerous course of conduct.

§ 293. Factors Considered In Determining the Magnitude Of The <u>Risk</u>

In determining the magnitude of the risk for the purpose of determining whether the actor is negligent, the following factors are important :

(a) <u>the social value</u> which the law attaches to the interests which are imperiled ;

(b) the extent of the chance that the actor's conduct will cause an invasion of any interest of the other or of one of a class of which the other is a member ;

(c) the extent of the harm likely to be caused to the interests imperiled ; and

(d) the number of persons whose interests are likely to be invaded if the risk takes effect in harm.

Restatement [First] of Torts §§ 292-293
(1934) (emphasis added).

A.　過失の判断において社会的価値を考慮する第一次＆第二次リステイトメ

ント： 「ハンド・フォーミュラ」は，後に指摘するように，過失の判断に関わる「変数」と，それらの「トレードオフな関係」を簡潔に明らかにした点において優れている。しかし，ハンド・フォーミュラよりも詳細なリステイトメントは，"行為の社会的な価値"をも考慮に入れなければ過失責任を課せないことを明らかにした点において，やはり優れていると言えよう[220)]。たとえば危険を伴う活動も，その社会的価値を検討要素に入れなければ有責と判断すべきではない立場を，第一次リステイトメントは以下のように示している。

<u>製造業には付き物の，従業員と外部者への危険性…はアンリーズナブル(理不尽)だとは扱われない</u>。その理由は製造業を営む者にとって利益が上がるからではなく，<u>社会全体（the whole community）が製造業から利便を得ていると信じられているからである</u>。

R<small>ESTATEMENT</small> [F<small>IRST</small>] <small>OF</small> T<small>ORTS</small> § 292 cmt. a
(1934)（訳は本書の筆者）（強調付加）．

---

220) 即ちハンド・フォーミュラとこれに酷似した第三次リステイトメント（案）は，「行為の社会的な価値」を要素に入れていない点が第一次および第二次リステイトメントよりも不十分であると Gilles は主張したいようである。*See, e.g.*, Goldberg, *Introduction : the Restatement (Third) of Torts : General Principles, supra* note 176, at 643. しかしハンド・フォーミュラは検討要素を簡潔化したことによって分かり易く使い易いという利点が，第一次（および第二次）リステイトメントよりも優れているのは，本文や脚注にて前掲した第一次（および第二次）リステイトメントのブラック・レターの判かり難さから自明であろう。ブラック・レターとしてはハンド・フォーミュラ的に簡潔化した上で，その解釈・適用において（たとえばコメント部等を活用して）行為の社会的な価値等を考慮するように付記する方が，すっきりするのかもしれない。ところで，「ハンド・フォーミュラ」は「変数」と「トレードオフ」な関係を簡潔に明らかにした点において優れているという指摘については，see *infra* 第Ⅱ章，「第二節 平等の倫理」内の「9.『不均衡基準』："安全利益"対"活動（の自由）利益"」の項．「行為の社会的価値」も考慮に入れるべきであるという指摘については，see *infra* 同第Ⅱ章，第二節内の「10. ハンド・フォーミュラと被告の活動の価値評価：『危険効用基準』」の項．

第Ⅱ章 「倫理哲学」的な「矯正的正義」の実現等 (moral philosophy and "corrective justice")

第一節　矯正的正義論 (corrective justice)

1．序　論

　法と経済学的な視点は，不法行為法を代表とする様々なアメリカ法を理解するためには不可欠な程に影響力を与えている。しかしそのような立場に対して，異を唱える論者も多い[1]。即ち不法行為法においては，経済学的に正当化される目的を追行すべきではなく，倫理哲学的な目的こそが目指されるべきであるという立場があり，これも支持を得ている。つまり「正義」(justice) の達成または不正義の防止こそが究極の目的だと主張するのである[2]。または「公正」(fairness) が目的であると主張する[3]。

　倫理哲学としては様々な主張があるけれども，中でも，しばしば多くの論者によって引き合いに出されるのが，ギリシャの哲人アリストテレスと，ドイツの哲学者イマニュエル・カントである[4]。特に前者が主張した，「矯正的正義」(corrective justice) の実現こそが，不法行為法の目的であるという主張を多く見受ける。「矯正的正義」とは，他人を侵害して自らが利するような行為につい

---

1) Gary T. Schwartz, *Mixed Theories of Tort Law: Affirming Both Deterrence and Corrective Justice*, 75 TEX. L. REV. 1801, 1802 (1997).
2) *Id.*
3) たとえば以下でも「just」や「fair」という文言を用いている。GUIDO CALABRESI, THE COSTS OF ACCIDENTS: A LEGAL AND ECONOMIC ANALYSIS 25 (1970).
4) *See generally* PHILOSOPHICAL FOUNDATIONS OF TORT LAW (David G. Owen ed. 1995); PHILOSOPHY AND THE LAW OF TORTS 1 (Gerald J. Postema ed. 2001).

ては，受傷者を元通りの立場に戻るように加害者に賠償責任を負わせることこそが正義であるという思想である[5]。その思想の重点は，行為の結果に対して償わせることにあるから，「*ex post*」（事後的）であると言われる。「矯正的正義」観は，受傷者が「vindicate」することにこそ意味があるとも言われる[6]。この単語の意味は訳し難いけれども，敢えて意訳すれば，裁判を通じて原告（π）が勝訴し被告（Δ）を敗訴させるということ自体をも含意しているようである。

---

5) *See, e.g.*, Jules L. Coleman, *The Practice of Corrective Justice, in* PHILOSOPHICAL FOUNDATIONS OF TORT LAW 53, 71 (David G. Owen ed. 1995). *See also* MARSHALL S. SHAPO, PRINCIPLES OF TORT LAW 410-11 (2003). これに対しアリストテレスがもう一つの正義観として述べた「分配的正義」(distributive justice) の方は，前述したように，社会の富を平等に分配すべきだとする正義観である。Coleman, *The Practice of Corrective Justice, id.* at 71. 一方の「矯正的正義」は"当事者間の相互作用"に関するものであるけれども，他方の「分配的正義」は当事者間の相互作用とは無縁に"社会全体の富"を如何に分配すべきか，という問題である。Richard W. Wright, *Right, Justice and Tort Law, in* PHILOSOPHICAL FOUNDATIONS OF TORT LAW 159, 167-68 (David G. Owen ed. 1995). 即ち一方の「矯正的正義」では，"私人間の取引において何が正義か"を問題にし，私人間の相互作用に関して平等な自由に適するように行動させることを検討するけれども，他方の「分配的正義」では，"社会全体の富の分配における国家の役割"が問題となる。*Id.* 「分配的正義」では社会の各構成員が自己のヒューマニティ実現のために社会の資源にアクセスするという「積極的自由」(positive freedom) を規定し，各構成員に対して必要な資源への比較的"平等なシェア"を付与することで「善」(the good) を実現する。*Id.* 他方，「矯正的正義」は，各人が自らの身体や財産を侵されないという「受動的自由」(negative freedom) を規定し，相関関係的な当事者間の"絶対的な平等"(absolute equality) に反するような身体・財産への侵害から個人を守ることによって「善」を実現する。*Id.* 「矯正的正義」と「分配的正義」に共通する基準は，各人の「平等な自由」(equal freedom) なのである。*Id.* ところで「分配的正義」の決定のためには，社会全体の資源の量と各構成員の序列に関する知識が不可欠になるから行政府とそこに権原を委譲した立法府にこそ適するけれども，「矯正的正義」の方は個人間の相互作用と彼らの［身体］財産侵害のみが関心事であるから司法府にも適する，と分析されている。*Id.* at 180-81.

6) *See, e.g.*, ROBERT E. KEETON, LEWIS D. SARGENTICH & GREGORY C. KEATING, TORTS AND ACCIDENT LAW : CASES AND MATERIALS 1 (4th ed. 2004) (不法行為法の説明として，被害者へ償いを与えることが不法行為法であると指摘).

即ち，⊿に"敗訴"という汚名・レッテルを貼ることにも意義が見い出されるようなのである。更に，矯正的正義においては，「*ex ante*」（将来的）に"全ての人々に対して"の抑止効果を求める法と経済的な思考とは逆に，前述の通り"当事者間において"⊿からπに賠償させるという事後的な行為にこそ正義観を見るので，"賠償させる行為自体"にも価値が置かれる[7]。（もっとも法と経済学においても，賠償させる行為を通じての抑止効果を期待するという意味合いにおいて賠償が重視されると言える。）なお，イマニュエル・カントがしばしば引き合いに出されるのは，その「平等な自由」（equal freedom）という倫理観である。（その詳細は次節「1．『平等な自由』」に譲る。）以上のカントとアリストテレスの両者の哲学に基づく矯正的正義的な「カンティアン・アリストテリアン理論」（Kantian-Aristotelian theory）は，法と経済学／抑止が依って立つ「総和的な社会福祉の極大化」（the maximization of aggregate social welfare）にではなく，むしろ，「平等な個人の自由」の規範（equal individual freedom）に基づいているのである[8]。たとえばカントの要求として有名な，「他人を単なる手段として扱うのではなく目的として扱うべき」（treating others as ends rather than merely as means）という倫理観は，後掲のドゥウォーキン（Ronald Dworkin）[9]等の倫理に通じるものがあり，総和的な社会福祉の極大化のための個人の犠牲を許容しないという見解の根拠にもなる[10]。（もっとも矯正的正義と抑止の共通点・調和点を見い出すより説得的な見解[11]もある。）

---

7) *See supra* note 5.
8) Richard W. Wright, *The Standards of Care in Negligence Law, in* PHILOSOPHICAL FOUNDATIONS OF TORT LAW 249, 256 (David G. Owen ed. 1995).
9) See *infra* 本章「第五節 ロールズ，フレッチャー，そしてドゥウォーキン」の項．
10) *See id.*
11) G. Schwartz, *Affirming Both Deterrence and Corrective Justice, supra* note 1. 更に社会全体の福祉を強調する19世紀以降の過失責任主義＝リーズナブルネス＝危険効用／費用便益分析的な主流の不法行為概念と，「安全利益」に対する「個人の自律」（individual autonomy）という倫理との調和を目指す思想として，「互酬（reciprocal）原理」で有名なFletcherの主張も説得的である。George P. Fletcher, *Fairness and*

2．「帰結主義」(consequentialism) と「義務論主義」(deontology)

法と経済学で主に重視される「抑止」(deterrence) の目的と，倫理哲学で主に重視される「矯正的正義」(corrective justice) の目的との相違を理解する上で，関連する概念として，「帰結主義」(consequentialism) と「義務論主義」(deontology) がある。一方の「帰結主義」とは，行為または慣行の「正」(rightness) または「善」(goodness) を，単にその行為または慣行の"結果"の集積によって決定する立場である[12]。即ち「帰結主義」は，人間の福祉にとって最善の可能な結果を生じさせることを求める。他方の「義務論主義」は，他人の権利侵害をしないこと，または，悪を行わないことを求める。従ってイノセントな人を責めたり罰したりした方が帰結主義的には良い結果が生じるとしても，義務論主義はイノセントな人を責めたり罰することに対して類型的に異議を唱えるけれども，帰結主義は「実証主義的」(empirical) な結果こそが決定的であるとする。更にたとえば，ある人が複数の者に故意に被害を与えることを防止するためにイノセントな人に故意に害を加えることにつき，多くの義務論主義は異議を唱えるけれども，帰結主義は容認し得る。非帰結主義は行為の結果によってのみ善悪を決めることを否定するけれども，行為の正しさを決定する際に結果を一要素とすることまでは否定しない。帰結主義には功利主義やその経済学的分派が含まれる。義務論主義には不法行為法における矯正的正義や「公正」(fairness) の諸理論が含まれ，刑事法における「応報主義的諸理論」(retributive theories) が含まれる[13]。

Utility in Tort Theory, 85 HARV. L. REV. 537 (1972).
12) Kenneth W. Simons, *The Hand Formula in the Draft Restatement (Third) of Torts: Encompassing Fairness as Efficiency Value*, 54 VAND. L. REV. 901, 909-910 & nn. 29-30 (2001).
13) *Id.*

第二節　平等の倫理

1．「平等な自由」（equal freedom）

　倫理哲学的に不法行為法を説く論者にも様々な立場がある。しかし，中でも説得力があると思われる論者は，不法行為法学の中でも指導的な立場にある，Owen である。そこで，彼が説明する立場[14]を，筆者が嘗て日本に紹介した論稿[15]から以下のように紹介しておこう。まずは，イマニュエル・カントの「平等な自由」（equal freedom）に関連する倫理哲学である。

> **自由（フリーダム：freedom）**
> …オーエン教授は，まずあのドイツの哲人カントを引き合いに出し，「自由」（フリーダム：freedom）こそが人にとっての倫理的価値の根源であると説く。つまり，人は人生における自らの目標と人生設計を自由に選択し，かつその目的達成のための手段を所有するという自由意思を持っており，人の有する選択の幅（オートノミー（自治：autonomy））が増せば自由も増えるという関係にある。…。
>
> **平等（イクオリティー：equality）**
> …人が共同体社会を形成する以上，人生の目的を追求する者同士の衝突がしばしば生じる。したがってそれぞれの人の「自由」の間に境界を引かなければならない。…そのような線引きの基準として，最も役立ちかつ根源的な基準になるのは「平等」である，…。…行為／活動することが人間の目的追求や，財産，満足といったものを維持したり向上させていくために不可欠である…。

---

14) David G. Owen, *The Moral Foundations of Products Liability Law : Toward First Principles*, 68 NOTRE DAME L. REV. 427 (1993).
15) 拙稿「アメリカ不法行為法第三次リステイトメント製造物責任における"機能的"設計欠陥基準(中)」『損害保険企画』No. 664, 2, 2-3頁（1997年12月25日）。

…

…行為者が被害を予期せずに「事故」的に被害者に害を被らせた場合は，「平等」の観点から行為利益よりも安全利益を優越させることは公平に反することになるし[16]，「自由」の観点からは行為者の自由と機会を奪うことになってしまう。

厳格［無過失］責任かフォールト（過失責任）か？

…全ての行為には他人への害を被らせる虞が伴うし，あらゆる行為は本来的かつ不可避的に他人の利益への危険を作り出しているのだから，行為者が不確実な世界において選択した行為が適切なものである限り，…かかる

---

16) ［本書用追加注］「行為利益」(action interest) とは，人が目的を達成するために必要なものであり，たとえばパンを買いに行くために自動車を運転しなければならないという行為の利益である。「安全利益」(security interest) とは，現在の財産や満足状況が奪われることから防衛するという受動的な利益のことである。Owen, *The Moral Foundations of Products Liability Law, supra* note 14, at 442-43. なお本文で紹介した Owen の主張に対しては，行為利益よりも生命・身体への安全利益を高く尊重すべきであるという批判も存在する。後掲，本節内の「9．『不均衡基準』："安全利益"対"活動（の自由）利益"」の項にて紹介する Gregory C. Keating, *Reasonableness and Rationality in Negligence Theory*, 48 STAN. L. REV. 311 (1996) による批判である。もっとも Owen は生命・身体利益 (bodily integrity interest) を財産利益 (property and economic interests) よりも軽視している訳ではなく，非難に値する行為の結果としての前者への侵害に対しては common law も厳しい態度を採ってきたと指摘・認識している。たとえば故意による権利侵害 (truly intentional taking) のような場合がこれに該当する。しかし「事故」(accidents) の場合のように，非難に値する度合いが低い場合には，「平等」の倫理が重視されるべきだと指摘するのである。Owen, *The Moral Foundations of Products Liability Law, supra* note 14, at 4 69-70. ところで筆者も Keating が示唆する安全（生命・身体）利益を行為（経済的）利益よりも高く評価すべきであるという点については同感である。しかし，それならばどの「程度」まで尊重の度合いを高めるべきかというある程度の定量的な基準が曖昧であるのが残念である。何故ならば，資源が有限であることが不可避的な前提であるこの現実世界においては，安全利益に対して配分できる予算にも限度があるので，一番重要な現実問題はどの程度まで安全利益に対して予防費用を割くべきかという基準を示すことにある，と筆者は思うからである。*See infra* 本節内の「9．『不均衡基準』："安全利益"対"活動（の自由）利益"」の項。

行為者へ無過失責任を課すべきであるという主張は倫理的に説得力を欠く。

更に因果関係の点から「事故」を分析するならば，行為者の行為だけが事故を惹き起こした訳ではなく，受動的な事故の被害者自身も自らが被った損害の原因であったと考えることができる。何故なら，たとえ被害者がもし事故の際に全く静止していたとしても，<u>事故発生の前には被害者が意図的に様々な選択をして，その結果［静止していようという］事故の発生に不可欠な条件選択に至った</u>と言える。即ち，通常は単に「行為者」(actor) と「被害者」(victim) と呼ばれる当事者達は，正確に言えば，「後の行為者」(later actor) と，「先の行為者」(earlier actor) なのであり，「自由」と「平等」という二大倫理要素からみて，事故的な被害に対して「後の行為者」に無過失責任を課すという賠償責任原則を正当化する根拠はない。

拙稿「"機能的"設計欠陥基準（中）」，supra note 15, at 3-4頁（強調付加，一部修正。脚注も本書用に付加).

以上の引用から，「平等な自由」(equal freedom) の概念が理解できるであろう。特に，「産業化社会」(industrialized society) における事故では，いわゆる"カガイシャ"たる企業被告のみが常に責められるべきではなく，「事故」(accidents) というのは両者の行為の結果なのであるという指摘は重要である。(これは，法と経済学における「コースの定理」においても指摘されていた点である。)[17] 同様の指摘は多数の論者が指摘している中[18]，たとえばカリフォルニア大学バークレー校のGordleyは以下のように著している。

---

17) *See supra* 第Ⅰ章内の「第二節『コースの定理』」の項.
18) この点は，たとえば G. Schwartz も指摘している。*See, e.g.*, G. Schwartz, *Affirming Both Deterrence and Corrective Justice, supra* note 1, at 1818.

事故が生じる場合は何時でも，両当事者共に，そこからの便益を期待する活動を追行していたのである。従って事故の危険はこれら双方の諸活動ゆえのものなのである。同様に私達は，原告が自らの便益のためにその危険を作出した，と言うこともできる。

> James Gordley, *Tort Law in the Aristotelian Tradition, in* PHILOSOPHICAL FOUNDATIONS OF TORT LAW 131, 153 (David G. Owen ed. 1995)（訳は本書の筆者）.

イェール大学の Coleman も，多くの事故においては原告にも非があると以下のよう指摘している。

> …典型的な不法行為は，被害者も加害者も双方が被害に対し結果責任がある…

> Jules L. Coleman, *The Practice of Corrective Justice, in* PHILOSOPHICAL FOUNDATIONS OF TORT LAW 53 (David G. Owen ed. 1995)（訳は本書の筆者）.

ペンシルヴァニア大学の Perry も，以下のように述べている。

> 現代社会は，致死的な危険と望ましい結果とを引き換えにする諸活動に依存している。…。人々の相互作用から生じる被害は，典型的には双方の行為によって惹き起こされる。そして，その被害の責任は，それら複数の行為の内の後に生じたものが先に生じていないという事実によって決定されるのではない。倫理的な意味においては，全ての自律的な人々は，常に，活動する存在であると看做されなければならないのだ。…。多くの危険は一方の人が他方に課したものと看做されるのではなく，むしろ，共同して作出されたと看做される。…。そのような状況下では，双方共に，発生したことに対する結果責任がある。賠償する義務を根拠付けるためには，そ

れ以上の何かが必要である…。

> Stephen Perry, *Responsibility for Outcomes, Risk, and the Law of Torts, in* PHILOSOPHY AND THE LAW OF TORTS 72, 76, 86, 110 (Gerald J. Postema ed. 2001)（訳は本書の筆者）.

2.「受容された相互作用」(an accepted interaction)

多くの事故が「双方的危険」(bilateral risk) であるから"カガイシャ"に責を転嫁でき得ないとするならば，如何なる場合に被告（⊿）は有責とされるべきか。Perry はこの点について，「受容された相互作用」(an accepted interaction) という概念を用いて以下のように説明する[19]。たとえば自動車運行は，双方的危険な活動である。義務を守って自動車が車道を走り，かつ，歩行者も歩道を歩く限りは事故が発生せず，従ってその危険は社会的に「受容できる相互作用」の範囲内の危険である。この「受容できる相互作用」において各当事者は，自らが注意レベルをかなりの程度コントロール（管理）している。たとえば歩行者は車道を歩くことで危険を引き上げることができてしまうし，自動車も無謀に走行すれば同様である。しかも各人は他者に対する危険を，少ない費用負担で減少させることができる。そこで過失責任の法理は，「受容される（相互作用）パターンの制限内」(within the confines of an accepted patterns of interaction) においては，「ハンド・フォーミュラ」に沿った「費用便益分析」(cost-benefit analysis : CBA) として倫理的考察からも理解することができるというのである。後掲 George P. Fletcher による「互酬 (reciprocal) 原理」にも通じる説得力のある分析であろう。

---

19) Stephen Perry, *Responsibility for Outcomes, Risk, and the Law of Torts, in* PHILOSOPHY AND THE LAW OF TORTS 72 (Gerald J. Postema ed. 2001).

3．「一方的危険」と厳格(無過失)責任

　Perry は続けて，「受容された相互作用」の概念を用いながら，厳格（無過失）責任が適用される「一方的危険」(unilateral risk) は，受容された相互作用パターンの範囲の外で生じるものであると説明する[20]。それは，不法行為法の倫理哲学的分析の古典として有名な，George P. Fletcher による「互酬原理」(reciprocal principle theory)[21]に似たものである，と Perry 自身認めている分析である。即ち，「異常なまでに危険な諸活動」(abnormally dangerous activities) のように厳格責任が課されるルールは[22]，被告（⊿）が他者へ一方的に危険を課していると看做される (regarded as having imposed the risk on another person)。この危険は一方当事者のみが知り，または管理（コントロール）する立場にある。そこではコントロールを有する者が危険を作り出していると言うことが可能なので，当該活動に関与し被害を惹き起こしたことだけによって責任を課すことが可能である。それは，具体的に払われた注意の視点ではなく，むしろ活動全体の視点から，一方的に課された危険という規範概念を意味深く語ることができるのである。

　ところで G. Schwartz も，「平等」の倫理から，イノセントな bystander に一方的に危険を課す諸活動に伴う厳格（無過失）責任が肯定されると指摘する[23]。即ち「異常なまでに危険な諸活動」は，「一方的危険」(unilaterally imposed risk)

---

20) *Id.* at 75, 114-15.
21) George P. Fletcher, *Fairness and Utility in Tort Theory, supra* note, 11. 確かに Fletcher は「非互酬的危険」(nonreciprocal risks) という文言を用いて同様な思想を表している。*See infra* 本章中の「第五節ロールズ，フレッチャー，そしてドゥウォーキン」内の「2."賠償の互酬原理" と George P. Fletcher」の項。
22) *See supra* 第一部，第Ⅱ章「第三節 厳格(無過失)責任」の項。*See also* 補追，第三部「第Ⅲ章 厳格(無過失)責任」の項。
23) G. Schwartz, *Affirming Both Deterrence and Corrective Justice, supra* note 1, at 1821. なお Fletcher（前掲脚注＃11）も，「非互酬的危険」という文言を用いて bystander の「安全利益」への配慮の必要性を説いている。

として，被害者ではなく活動従事者のみが一方的にコントロールしている。従って，⊿が一方的に従事する危険な活動により非のない原告が受傷したことに対して厳格責任を課すルールは，矯正的正義観と一致すると言う。しかもこの責任のルールは，「最適危険回避者」(the best risk avoider) たる⊿による危険な活動レベルへの従事を引き下げることにより，「抑止」の目的に適う。従って，抑止と矯正的正義の両目的に合うという訳である。

4．危険の管理（コントロール）

　危険を管理（コントロール）する者にこそ責任を負わせるべきであるという概念は，法と経済学的な抑止論のみならず[24]，倫理哲学的な正義論においても支持されている。たとえばPerryは，危険な結果発生の蓋然性が低過ぎず，その結果へのコントロールを被告（⊿）が及ぼしている場合に，⊿はその危険のauthorであると看做すことが適切になり，結果に対して責任を帰すことができると主張する[25]。

　製造物責任法における文脈でも，法と経済学的な抑止論から正当化される理由と同様に，製品事故発生に対して⊿と原告（π）との間のどちらが危険を管理（コントロール）していたかが問題になってきている。前述の通り，「製造上の欠陥」では[26]，無過失責任が製造業者等に課されている。その理由の一つとして，『リステイトメント（第三次）不法行為法：製造物責任』は，以下のように記載している。

　　［製造上の欠陥においては］製造業者が，品質管理に対し意識的に選択した一定レベルの投資をしている。従って，予見可能な数の欠陥製品が市場

---

24) *See supra* 第Ⅰ章「第三節『チーペスト・コスト・アヴォイダー』論への批判」内の「3．それでは誰がチーペスト・コスト・アヴォイダー（ベスト・リスク・ミニマイザー）なのか」の項．
25) Perry, *Responsibility for Outcomes, supra* note 19, at 82.
26) *See supra* 第一部，第Ⅱ章「第十節 製造物責任」内の「5．製造上の欠陥」の項．

に流入することを知っていることを意味しており，それは，製造業者の活動から生じる被害の量に関して故意（deliberation）の要素が伴うことになる。

Restatement (Third) of Torts : Products Liability § 2 cmt. a (1998)（訳は本書の筆者）．

　即ち「製造上の欠陥」は，品質保証への投資額を通じて製造業者側が意識的に欠陥の流出を管理(コントロール)していることが，無過失責任を正当化する根拠の一つなのである。これに対し，利用者側は，何万個に一個といった「隠れた(latent)」製造上の欠陥に対してはほぼ無防備である。逆に表現すれば，製造上の欠陥は，π側ではなく製造業者等の方にこそ危険を管理する能力が偏在しているからこそ，無過失責任なのである。更に何万個に一個という欠陥に当たらずに済んだ多くの消費者達が，怪我をせずに安価な製品の便益を只乗りで享受することは「不公正」（unfair）となる。従って，無過失責任による「危険（損失）の分散」を介した価格への上乗せを通じて，消費者が皆で被害者の損失を広く負担することが正当化されるのである。

5．「平等」と製造物責任

　「製造上の欠陥」において無過失責任が採用される理由は，「平等」の倫理からも説明できる。Owen が紹介するその倫理を，筆者が以前，日本に紹介した論稿から引用しておこう。

　　…製造上の欠陥事故では，大多数の消費者が被害者と同じ価格で同じ型式の製品を購入してその効用を享受しながら，運の悪い被害者だけが害を被っている。即ち，大多数の消費者に売られた均等な品質を有するように見える製品と同じ対価を被害者は支払いながら，大多数の消費者に比べ不公平な危険を受けていてアンフェアだから，この不公平による損失は補償さ

れて大多数の消費者が分担しなければならない。

拙稿「"機能的"設計欠陥基準（中）」，
supra note 15, at 7頁（強調付加，一部修正）．

　更に Owen は，"設計欠陥"においては「平等」の倫理から原告（π）の「安全利益」（security interest）のみを尊重すべきではなく，π 以外の大多数の消費者達や企業の株主達の諸利益へも平等な敬意を払うべきであると主張する。その指摘の中でも，特に，π の安全利益と，π 以外の大多数の消費者達が抱く「低価格」や「利便」や「安全」への利益が一致するとは限らないという以下で紹介する主張には，学ぶべき点が多いであろう[27]。

　異なるグループの利益を衡量する（balancing）作業は，[『不法行為法（第三次）リステイトメント：製造物責任』の起草者の一人である]ヘンダーソン教授の言う「ポリセントリック」（"polycentric"）といった，「法律制定的」（"legislative"）な調整活動の困難さを伴う。そこでは，(1)投資に対する正当な回収の権利を有する製造業者の株主と，(2)製品安全のための正当な対策への権利を有する被害者となり得る者（原告：π 等）と，(3)(a)製品の正当な効用と，(b)適切であるけれどもいき過ぎではない製品安全のレベルと，(c)適正な価格での製品の利用可能性とに対する権利を有する大多数の消費者ユーザー（大消費者）との，「自由」と利益に対して公平な配慮と尊重を払って，製造業者の経営陣はパターナリスティックに行動しなければならない。（[図表#28]…は，ここでの「制定的」な調整者としての製造業者の特殊な役割を，[本書の]筆者が纏たものである。）

　倫理的な理論からみれば，製造業者は前述のように被害者になり得る者（π 等）と，大多数の消費者全体（大消費者）と，更には製造業者の所有者

27）　即ち，しばしば巷では短絡的に，「消費者に優しい」対「企業寄り」という dichotomy な対立構造によって製造物責任の在り方を主張する論者を見掛けるけれども，その対立構造の前提が正しいとは限らないのである。

図表 #28

調整者	利害関係者	利害関係者の諸利益（*2）
製造業者（の経営陣）（*1）	株主	収益（投資のリターン）
	被害者となり得る者（π等）	安全利益(マキシマムな安全性)
	大多数の消費者／ユーザー（大消費者）	・効用 ・オプティマルな安全性 ・低価格

(*1) なお，設計欠陥の判断の任務は，一次的には設計を行う製造業者の経営陣が担うから彼等が他の三つの「利害関係者」の利害を調整する一次的「調整者」になるけれども，そのような過程を経て採用された設計の適否は二次的には裁判による認否を受けるので，裁判所が二次的「調整者」であると言えよう。

(*2) 利害関係者の諸利益，特に「被害者となり得る者（π等）」の利益と「大多数の消費者／ユーザー（大消費者）」の利益とが一致しないことが，この表を見れば明らかになろう。なお，「被害者となり得る者」のグループ内の利益も実は一枚岩ではなく，求める安全利益の内容が「π」と「π以外の被害者となり得る者」との間で異なることを考えれば，「調整者」はその点においても「π」の要求ばかりを入れる訳にはいかず，「π以外の被害者となり得る者」にとっての安全利益をも考慮しなければならないことになろう。

（株主）とを公平に尊重しなければならない。しかし同時にこのことは，もし製造業者がこれらの異なる利益を平等に尊重した上で製品安全への決定をした場合には，倫理的な義務を果たしたことになるから，結果的な損害に対して責任を要求することがフェアではなくなる。そのようにした上での製品事故による被害は，科学，工学技術，および社会における必然的な危険の限界として不可避的な被害である。…即ち，「平等」の原則は，製品の価格を理不尽に上昇させることなく，または製品の効用を理不尽に減じることなく，製造業者の経営陣が製品の安全性をできるだけ向上させるように要求している。

拙稿「"機能的"設計欠陥基準（中）」，*supra* note 15, at 6-7頁（強調付加，一部修正）．

更に，「平等」の倫理は，設計欠陥の検討においてπの求める「安全利益」

（security interest）のみを尊重することを許さず，「価格」や「効用」等をも平等に尊重した設計は欠陥ではないとされる。従って，「最高（maximum）」の安全が必要なのではなく，「最適（optimal）」な安全こそが求められる旨も，以下のように説明できる。

> …「平等」の原則は，被害者となり得る者と他のグループの者たちとを公平に配慮するよう要求している。だから，大多数の消費者が欲する製品の効用と株主の欲する利益のバランスをとって<u>「最適」（optimal：オプティマル）な安全性のレベルに達すれば，「平等」の原則は製造業者が製品をそれ以上安全にすることを拒否するように要求するのである。即ち製造業者の設計に求められるのは，「マキシマム」（maximum；最高）な安全性ではなく，「オプティマル」…な安全性である。</u>製品設計にリーズナブリーに伴う危険性——即ち製品の効用を減じるかまたは理不尽に価格を増やさずには除去あるいは十分に引き下げることのできない危険性，または製造業者には知り得ない危険性——については，その結果としての損害の賠償を製造業者に求めることはフェアではない。そのような<u>「マキシマム」な安全性を求めることは，投資に対するフェアなリターンを期待する株主の利益と，効用性を失わずに価格も高過ぎない製品に対する大多数の消費者の利益とに，公平な配慮を払わないことになる。</u>
>
> 拙稿「"機能的"設計欠陥基準（中）」，*supra* note 15, at 7-8頁（強調付加，一部修正）．

6．「平等」の倫理と「ハンド・フォーミュラ」とリステイトメント

「ハンド判事の公式」（ハンド・フォーミュラ）が倫理哲学的にも支持される理由として，それが「平等」の倫理に適うという指摘もある[28]。たとえば G.

---

28) G. Schwartz, *Affirming Both Deterrence and Corrective Justice, supra* note 1, at

Schwartz は以下のように分析する。ハンド・フォーミュラは, 事故費用よりも防止費用の方が低額ならば, そのような防止費用を負担する義務を被告（⊿）に課す。その義務に反して防止費用負担を⊿が怠れば, 他人の利益よりも自己の利益に高いウエートを置いたことになり, 倫理的に不適切と解される。従ってハンド・フォーミュラは, 倫理哲学的にも支持できるという訳である。更にこのようなハンド・フォーミュラは,「自己愛好」(self-preference) を避けて, 自己の利益も他者の利益も中立的に考慮しなければならないとする第二次リステイトメント（§ 283 のコメント e）[29]の立場にも一致している。従って, 過失責任もハンド・フォーミュラによって示される限りは,「矯正的正義」(corrective justice) と「抑止」(deterrence) との双方の目的を促進すると分析されているのである。即ち, 法と経済学者が主に支持していると思われている「ハンド・フォーミュラ」に代表される抑止目的は, 倫理哲学においても「事故防止的正義」("protective justice") という概念の下で支持できるという訳である。

　Gills も, 第一次リステイトメント起草者 Bohlen の意図を解明しながら, ⊿の行為へも平等な尊重が必要であるとして, 以下のように指摘している[30]。即ちリーズナブル・パーソン・スタンダードによる判断は,"他人の利益への

　　1819-20, 1832.
29) 以下のように規定されている。

　　　e. *Weighing interests.* The judgment which is necessary to decide whether the risk so realized is unreasonable, ... requires not only that the actor give to the respective interests concerned the value which the law attaches to them, but also that he give an impartial consideration to the harm likely to be done the interests of the other as compared with the advantages likely to accrue to his own interests, free from the natural tendency of the actor, as a party concerned, to prefer his own interests to those of others.
　　　　　　　　　　　　　RESTATEMENT (SECOND) OF TORTS § 283 cmt.
　　　　　　　　　　　　　e (1965) (emphasis added).
30) *See* Stephen G. Gilles, *On Determining Negligence : Hand Formula Balancing, The Reasonable Person Standard, and the Jury*, 54 VAND. L. REV. 813, 832, 855 (2001).

平等な尊重"も求めている。リーズナブル・パースンは,「他人の安全をリーズナブリーに考慮し,かつ,自らの利益ばかりに依拠しない。」[31] Bohlen は,「中立性」(impartiality) と「他人への配慮」(consideration for others) という倫理的規範 (ethical norms) を過失基準が表すべきだと信じていたのである,と。

更に Perry も,ハンド・フォーミュラが「平等」倫理に合致すると指摘する[32]。即ち,前述した「受容された相互作用」(an accepted interaction) パターンの制限内な活動においては,各人が,自らの利益に対してのみならず,"他者の利益に対しても同じように"ハンド・フォーミュラの基準を課して行動せねばならないとすれば,<u>同様な状況下の他者も自分に対して同じ危険減少的予防策を採る</u> (take the risk-reducing precaution) であろうと期待できると指摘する。つまりこれは,危険が避け得ない「産業化社会」(industrialized society) における,平等な倫理観に則した注意義務の考え方であろう。(この倫理的分析は,ホット・ドリンク火傷訴訟を再考する上でも非常に有用である。)

7. 他者の利益の「平等」な尊重と"リーズナブルネス{reasonableness}"対 "ラショナリティー{rationality}"

他者の利益を自己利益同様に平等に尊重するという倫理観は,不法行為法における倫理哲学的分析として重要である。この倫理観の重要性を,たとえば Keating は,「リーズナブルネス」(reasonableness) という文言と「ラショナリティー」(rationality) という文言の相違として,John Rawls の指摘であるとしつつ説明する[33]。即ち「ラショナル」に行動することとは,人が利己利益や欲求等 (own interests, aims and aspirations) を追求する際に知的に情報を得た上

---

31) 前掲 Gilles は,本文中で示した文言を RESTATEMENT (SCOND) OF TORTS §283 cmt. d (1965) から引用している(訳は本書の筆者).

32) Perry, *Responsibility for Outcomes, supra* note 19.

33) Gregory C. Keating, *A Social Contract Conception of the Tort Law of Accidents, in* PHILOSOPHY AND THE LAW OF TORTS 22, 25–26 (Gerald J. Postema ed. 2001). なお,John Rawls については,see *infra* 本章「第五節 ロールズ,フレッチャー,そしてドゥウォーキン」内の「1. John Rawls と"正義"」の項.

で行動することを言う。しかし「リーズナブル」に行動するとは，他人の利益を適正に尊重（due regards for the interests of others）した上で行動することである。「ラショナリティー」は個人の選択を統治するけれども，「リーズナブルネス」の方は多様で比較不可能な諸目的を有する平等な人々から成るコミュニティーの構成員として行う選択を統治する。「リーズナブル」な注意義務を課す過失責任法は，「ラショナリティー」よりも「リーズナブルネス」を重視していると言う。

8．「効用」（utility）

以下では，「法と経済学」的な分析を巡る論議で主に重要になってくる「効用」という倫理観を，続けて Owen の説明を日本に紹介した拙稿の中から示しておこう。

> **効用（ユーティリティー：utility）**
> …功利／効用の倫理の下では，社会の全ての構成員の福祉の総和が最大限になるような活動やルールを評価する。あらゆる行為／活動は，何らかの被害と共に効用を生むから，被害を差し引いた後のネットで一番多く社会への純「効用」を生み出すことが功利主義者の目的になる。…。
>
> 功利主義…の理論では，行為の結果としてリーズナブリーに予期される社会的な損失よりも予期される社会的効用の方が上回れば，その行為は正当化され，逆に効用よりも損害が上回るとリーズナブリーに予期されれば不適切な行為となる。この思想の最も有名な形式は，過失を判定するための「ハンド判事の公式」（ハンド・フォーミュラ：Hand Formula：$B < PL$）である。
>
> <div style="text-align: right;">拙稿「"機能的"設計欠陥基準（中）」，<i>supra</i> note 15, at 3-4頁（強調付加，一部修正）．</div>

このように，「ハンド・フォーミュラ」は，法の経済学的分析論者からだけではなく，更に，倫理哲学的分析を行う指導的な不法行為法学者達の多くからも支持を得ている。

9．「不均衡基準」："安全利益"対"活動（の自由）利益"

ところで不法行為法においては，生命・身体を侵されないという個人の「安全利益」（security interest）と，経済産業活動等に不可欠な「（活動の）自由利益」（liberty interest）との間の衝突に対する調整こそが，歴史的に核心的な課題であったと言える[34]。後者（活動の自由利益）にも，特にそこに「効用」が伴う場合には，「平等な自由」の倫理要素を当てはめれば，前者（安全利益）同様に尊重し，かつ，認容すべきこととなろう。前述したようにOwenはそのような立場を採る[35]。

これに対し，両者に同価値なウエート付けをする評価方法に対しては倫理哲学的分析を行う他の不法行為法学者の中から有力な反論が出ている[36]。即ち，安全利益は，生命・身体に関わることである故に，金銭的損害賠償によって完全に元通りに回復できるものではない。従って「安全利益」に対して不均等に高いウエート付けをすべきであるという主張である。確かに，生命・身体への利益にはより高い価値付けをすべきとの主張には，前述したように[37]人が「危険回避的」（risk averse）選好であることから推しても，説得力がある。このような説の代表的論者であるKeatingは，これを「不均衡基準」（disproportionate

---

34) Mark Geistfeld, *Economics, Moral Philosophy, and the Positive Analysis of Tort Law*, in PHILOSOPHY AND THE LAW OF TORTS 250, 265 (Gerald J. Postema ed. 2001). *See also* G. Schwartz, *Affirming Both Deterrence and Corrective Justice, supra* note 1, at 1832 ; Keating, *A Social Contract Conception, supra* note 33, at 22-23.
35) *See supra* 本節内の「1．平等な自由」の項等.
36) *See, e.g.*, Keating, *Reasonableness and Rationality in Negligence Theory, supra* note 16.
37) *See supra* 第Ⅰ章「第四節　ハンド・フォーミュラ」内の「6．『危険中立的』と『危険回避的』選好な『ハンド・フォーミュラ』の問題点」の項.

test）と呼んで以下のような公式を採用するように提唱している[38]。

$$CP > PM \text{ではなく，むしろ } CP \gg PM$$

「*CP*」は「costs of prevention」を意味し，「*PM*」は文脈から推して「probability x magnitude」（即ち期待事故費用）を意味している。「>」(larger than) ではなく「>>」(much larger than) とすべきであるということの意味は，単に期待事故費用の限界値を少しでも超えれば免責されるという公式では不十分であり，限界値を相当程度超える程の防止費用を掛けねばならないという意である[39]。

これは，前述の「ハンド・フォーミュラ」を，R. Posner が法と経済学的に分析した内容が，限界値を少しでも超えれば被告（⊿）が免責されるとしていることから，その前提として⊿の「(活動の) 自由利益」と，原告（π）の「安全利益」とを同価値に置いていることへの批判である。

このような「不均衡基準」に関し，Geistfeld は興味深い指摘をしている[40]。即ち，「不均衡基準」は「安全利益」(security interest) に高い価値を置くから，「危険回避的」な人の性向にも合致していると言う。更に彼は，陪審員が評決においてしばしば安全は金銭よりも重要であるという態度を採り，単なる財産的損害の事件と異なって生命・身体の侵害事件では不均衡な過失基準を採用して費用対効果を超えたルール (the more cost-effective rule) を下していると指摘している。

確かに既に言及した[41]，いわゆる「フォード・ピント事件」(Ford Pinto case)

---

38) Keating, *Reasonableness and Rationality in Negligence Theory, supra* note 16, at 352-53.
39) *Id.*
40) Geistfeld, *Positive Analysis of Tort Law, supra* note 34, at 264.
41) *See supra* 第Ⅰ章「第四節　ハンド・フォーミュラ」内の「5．陪審員には理解され難いハンド・フォーミュラ」の項.

やホット・ドリンク火傷訴訟である「*Liebeck 対 McDonald's*」事件においても陪審員は，企業⊿が費用便益分析をするような態度に対し，猛然と反感を抱き，高額な懲罰賠償の評決に至ったと推察される節がある。そうであるならば陪審員は，生命・身体の「安全利益」に対する「（活動の）自由利益」への均等な価値付けを前提とする費用便益分析を受け入れないと言えそうである。更には，陪審員も，危険回避的な性向を有していると推察される。

　しかし筆者が拘るのは，果たして上のような陪審員の態度が，"稀少（scarcity）な資源"を効率的に安全利益にも配分しなければならないという，政策的かつ巨視的観点からも肯定されるべきか否かは，また別問題である点にこそある[42]。

　それにしても「不均衡基準」は，実際の陪審員の行動を説明する点において説得的である。しかしそれでも筆者が納得できない点は，「不均衡基準」が，現実的かつ具体的な行動規範たり得ないのではないかという懸念にある。即ち「安全利益」に対してより高いウエート付けをすべきだという点には同意できても，それでは次の問題として，何処まで高いウエート付けをすれば十分であるのかという「程度」が不明である。「$CP \gg PM$」という公式が強調したい倫理的な価値は理解できても，果たして何処まで防止費用を掛ければ⊿が免責されるのかは何も示してくれない。これでは，基準として曖昧である。「裁判・責任規範」（rule of liability）として曖昧なことは勿論のこと，「行為規範」（rules for players／the norm for conduct）としては更に不十分である。曖昧な基準は，市場取引費用が増して，抑止効果が高くない。何処まで遵守すれば責任を回避できるのかが不明であるから，倫理哲学的にも正当化され得ない。そこで「不均衡基準」の理解の仕方としては，それが具体的に限界値を示してくれるものではなく，むしろ，考え方または方向性として，安全利益には限界値を十分に超えた配慮が必要であるという点にこそ存在すると理解すれば良いのではなかろうか。加えて，「ハンド・フォーミュラ」が示してくれた様々な利点や意義は，

---

42)　*See supra* 本節「1．平等な自由」内の脚注#16および本文中の後段内の記述．

「不均衡基準」が出てきたからといって失われることはないのではなかろうか。たとえば Keating 自身,「ハンド・フォーミュラ」は以下の二点において意義があると指摘しているので[43]、やはりそれらの点は未だに尊重するに値すると筆者は考えるのである。

① 注意義務を決する際に関連性のある変数（B と PL）を特定したこと、および、

② その変数がトレードオフな関係にあることを明らかにしたこと。

10. ハンド・フォーミュラと被告の活動の価値評価：「危険効用基準」

「ハンド・フォーミュラ」には被告（Δ）の活動の価値を評価する要素が含まれておらず、その意味では「効用」が要素としては表されていない、という指摘については、上述した通りである[44]。この点に関連して Wright は、Δ の得る「純粋に私的な利益」（solely private benefit）が他人の被る期待事故費用を凌駕すれば責任を負わなくて良いことになりかねず、受け入れられないと指摘する[45]。そのような態度は、他人を利己的な目的の手段として用いることになるから、他人の平等な自由や尊厳への尊重を怠るという訳である。（前掲イマニュエル・カントの主張を思い起こさせる指摘であろう。）判例上も、便益が危険を上回る場合に責任を否定するのは、問題となる Δ の行為が「純粋に私的な利益」ではなく、原告（π）も参画した活動や、広く社会の構成員にとっての便益になる場合であると言う[46]。（後掲 Fletcher の「互酬原理」を想起させる指摘であろう。）

確かに、「$B < PL$」は、右辺の期待事故費用と、左辺の防止費用とを衡量す

---

43) Keating, *Reasonableness and Rationality, supra* note 16, at 328.
44) *See supra* 第Ⅰ章「第五節　危険効用基準」中の「2．リステイトメントの示す『危険効用基準』」内の text accompanying notes 218-20.
45) Richard W. Wright, *Hand, Posner, and the Myth of the "Hand Formula,"* 4 THEORETICAL INQUIRIES L. 145, 211 (2003).
46) *See id.* at 206, 212, 228.

るのみであるから，事故の危険を伴う⊿の活動の「有用性」や「効用」が検討要素に入っていない。そもそも⊿の活動に危険が伴っても，リーズナブルな注意レベルを超える「残余事故費用」(residual accident costs) に対して責任を負わなくて良い根拠の一つとしては，活動の自由のみではなく，活動が社会に与える「効用」という倫理哲学的要素も重要であろう。⊿自身の利益だけではなく，社会に与える有用性や効用が伴う⊿の行為・活動の場合こそが，「互酬的危険」(reciprocal risk) として責任を減免させる考慮要素になるべきだと思われるからである。製造物責任法の文脈でも，πが製品利用者ではなくイノセントなbystanderの場合には「非互酬的危険」(nonreciprocal risk) として，π自身が利用者でかつ過誤・フォールトがある場合に比べて，⊿敗訴の方向に秤が傾くべきではないだろうか。

確かに「ハンド・フォーミュラ」には，そのような活動の価値が考慮要素の一つとして挙げられていない。しかしそれは，比較衡量という概念を極度に簡素化させたためである[47]。前述したように[48]，そもそも「ハンド・フォーミュラ」のように「危険の計量」という思想は同公式が判例で現れる以前から存在し，リステイトメントでは⊿の行為の評価も検討要素に入れられているのである。

11.「真実」

「真実」という要素は，前述の通り[49]法と経済学的に重要であった。「情報の非対称性」(an asymmetry of information) が「市場の失敗」(market failure) に至るからである。更に倫理哲学上も重要であるとOwenが指摘していることは，既に筆者が日本に（以下）紹介した通りである。

---

47) *See supra* 第Ⅰ章「第五節 危険効用基準」中の「2.リステイトメントの示す『危険効用基準』」内の text accompanying note 219.
48) *See supra* 第Ⅰ章「第五節 危険効用基準」の項.
49) *See supra* 第Ⅰ章「第一節 概説」内の「12.『情報の非対称性』」の項.

真実（トゥルース：truth）

「真実」というもう一つの倫理的な要素に照らせば，もし行為者が被害の発生を予見していたならば，その真実を被害者に事前に明かすべきであったと言えよう。しかし，行為者が被害を予期せずに「事故」的に被害者に害を生じさせた場合は，「平等」の観点から行為利益よりも安全利益を優越させることは公平に反することになるし，「自由」の観点からは行為者の自由と機会を奪うことになってしまう。

…。

「真実」と期待

…製造業者に責任を課すことが正当化される「不法な」（wrongful）行為の例としては，危険性を知りながら安全であるがごとくの虚偽的販売活動を行うような場合が挙げられ，それは「真実」に反して消費者の期待を裏切るという倫理的観点から，不法な行為であると判断されよう。即ち人は，かなりの部分を他人の言動に依拠して，自らの選択と行為がどのような結果を生み出すのかという予測をした上で選択を行う。つまり他人の言動が「真実」であるのか否かという問題は，オートノミーと深く結び付いている。「自由」の倫理は真実性によってもっと豊かなものになるという関係にある。そして，製品事故の倫理を考える際にも大きな要素となる。

拙稿「"機能的"設計欠陥基準（中）」，supra note 15, at 3-4頁（強調付加，一部修正）．

従って不法行為法上の被告の責任や事故防止義務を検討する際には，「倫理哲学」と「法と経済学」の双方の根拠から，適切な情報開示や情報提供が求められることとなる。

更に，後述する「法と行動科学（認知心理学）」的な立場からも，人の認知的な限界を理解した上で，適切な行動へ導く情報が要求されることとなろう。たとえば，上で紹介した「期待を裏切るという倫理的観点」の指摘は，行動科学

（認知心理学）的な分析においても Sunstein が[50]，人は信頼を裏切られたと感じる場合の方が倫理的に許せないと思いがちだと分析している。加えて Viscusi も[51]，「自発的」（voluntary）に引き受けた危険は高額な報酬（危険な職業の場合）や，低額な価格（危険な製品の場合）によってある意味，既に補償を受けているけれども，「非自発的」な危険はそのような対価を得ていないと指摘する。Viscusi に限らず後述するように[52]，「非自発的」な危険に対して人は過大に危険を評価すると広く言われている。即ち，「自発的」か「非自発的」かの分岐点が重要であり，その際に配慮しなければならない要素は「真実」を開示しているか否かという点にあるのではなかろうか。

　もっとも，難しい問題は，何処まで情報を開示する義務があるのかという，「程度」の問題である。これは，判例や学説における混乱が大きい争点の一つである。

　ところで「真実」の倫理は，不法行為法における文脈では，医療過誤訴訟における「インフォームド・コンセント」や，製造物責任法における「警告懈怠」，またはその他の「危険の引受」等の抗弁にも関係してこよう。

第三節　「コミュニタリアニズム」（communitarianism）と企業性悪説

1．「分配」（distribution）あるいは「分担」（sharing）と「コミュニタリアニズム」（communitarianism）の倫理

　前述したように，陪審員は，費用便益分析を受け入れず，ときに"カガイシャ"たる企業に酷な評決を下して原告（π）への"弱者救済"（賠償金付与）を

---

50) Cass R. Sunstein, *Moral Heuristics and Moral Framing*, 88 MINN. L. REV. 1556, 1573-75 & nn. 70-81 (2004).
51) *See* W. KIP VISCUSI, RATIONAL RISK POLICY 61 (1998).
52) *See also infra* 第Ⅳ章「第二節　大衆の抱く危険意識の誤謬」内の「6．"制御不能"あるいは"非自発的"な危険」の項．

実現させようと行動しているように見受けられる場合がある。その行動の根源となる倫理観を理解するために有用と思われる Owen の指摘を，再び拙稿から紹介しておこう。

> **社会による損失の「分担」（シェアリング：sharing）**
> …もう一つのアプローチとして近年発展してきた理論としては，コミュニタリアニズム（communitarianism）がある，とオーエン教授は分析する。コミュニタリアニズムでは，人間の条件が社会の構成員自身によってよりも，むしろ構成員同士の相互関係によって性格付けられると考える。この思想では，オートノミーの考え方は人間の社会性を認識し損なったものであるとして不毛かつ非現実的であるとみる。即ち，人間の豊かさとは，相互依存の相互の援助によってのみ育成すると考えるのである。従って，人間の価値は…孤独にではなく，[負担の]分担（"[burden] sharing"）の中にあるとする。社会はできる限りその構成員の被害を和らげるべきであり，<u>経済的な損失を被害者一人が孤独に背負い込むままに放置されるよりは，むしろ皆が少しずつ[富を被害者へ]分け与えた方が好ましい</u>，と考えるのである。…。
> …社会共同体を代表する陪審員によって裁判が行われるアメリカでは，<u>陪審が裁判する際に負担の「分担」という観点をも考慮するため，負担の「分担」というプロセスが促進されている</u>，という指摘もオーエン教授は表している。
>
> 拙稿「"機能的"設計欠陥基準（中）」，*supra* note 15, at 4頁（強調付加，一部修正）．

この分析は，たとえば製造物責任法を古くは全て無過失責任であると捉えて，その理論的根拠として「危険（損失）の分散」（risk (loss) spreading）理論[53]等が支持されていた頃の思想的潮流を理解することに資するのではあるまいか。し

かし，製造物責任法も現在では，度々紹介してきたように，無過失責任一辺倒のルールではなくなってきており，そもそもの無過失責任を肯定した理論的土台への支持も薄くなってきているようである。もっとも陪審員の間では，依然としてこの価値観が生きているように感じられる評決を見受けることができる。そこにこそ，π側の弁護士達（plaintiff's bar）が，勝訴・賠償（と高額成功報酬）を求めて陪審員に事件を持ち込もうとする理由も存在するのかもしれない。

2．企業性悪説的な見方と大衆文化（popular culture）

企業被告に対して酷な評決が下される場合が散見される理由として，コミュニタリアニズム以外に原因を求めるならば，そもそも企業を悪と看做して畏怖するアメリカ大衆の歴史的風潮にも理由があるのかもしれない。ロースクールにおいて「corporations」と呼ばれる「会社法」の講座で用いる教科書・ケースブックにおいても，アメリカでは昔から企業の巨大化と影響力の強大化を恐れたという話が紹介されている[54]。曰く，「株式会社」には「法人」という人格が付与されているとはいえ，実際には魂が欠けている。企業は貪欲に経済的利益を追求して悪影響を及ぼす。従って制限を加えるべきである，等々という訳である。伝統的に政府の巨大化を嫌った「ジェファソニアン」（the Jeffersonians）[55]と呼ばれる人々が，特にそのような懸念を示したという。この

---

53) See supra 第Ⅰ章「第一節 概説」内の「3.『危険（損失）の分散』と『ディープ・ポケット』」の項；同「第三節 チーペスト・コスト・アヴォイダー論への批判」内の「1.『チーペスト・コスト・アヴォイダー』の無過失責任的解釈」の項等．See also ドゥウォーキン，『法の帝国』infra note 127, at 428-30 n. 20（事故法においては人生設計の自由な追行という個人主義的な社会観・道徳的信念が優勢であるけれども，もう一つの原理として，相互依存・協力と強い連帯性と利他主義を奨励する社会観・道徳的信念も存在すると指摘）．

54) E.g., JESSE H. CHOPER, JOHN C. COFFEE, JR. & C. ROBERT MORRIS, JR., CASES AND MATERIALS ON CORPORATIONS 9 (3d ed. 1989)（「フェデラリスト」派の人達に対抗して，産業化や企業への資本の集中化などを「ジェファソニアン」が嫌ったという歴史を紹介している）．

55) 独立宣言の起草で活躍した第三代大統領トーマス・ジェファソン（Thomas

ような伝統的文化が，企業を悪と看做す評決を支持しているのかもしれない。

筆者の上の推察は，指導的な不法行為法学者も指摘しているところである。即ち，G. Schwartz は「フォード・ピント事件」を分析する論文において[56]，以下のように指摘している。人々は，企業に対しては本当に不審を抱くのである。この種の不審は「populist」と言い表すことができるものである。しかしこの不審は，アメリカの歴史古くに起源を置き，19世紀前半にまで遡ることができるもので，当時から公衆の中には「魂の無い企業」("soulless corporation")という考えが存在していたのである，と。

このような現象は，「法と大衆文化」(law and popular culture) という学際的な研究の視点からも窺い知ることができる。たとえば Friedman は，法と大衆文化の視点から，「ウオーレン・コート」(the Warren Court) の影響を受けた現代のフィクション (*i.e.*, 映画や文芸) が巨大組織に対しての疑念を抱かせると指摘している[57]。更に R. Posner も，「法と文学」(law and literature) に関するその著書において，以下のように指摘している。

> 法律に関する大衆文芸には，大衆の抱く法への理解を映し出す「鏡」というよりは，むしろ大衆のイメージを形成する「教師」という役割がある。
>
> RICHARD A. POSNER, LAW AND LITERATURE 29 (revised and enlarged ed. 1998)（訳は本書の筆者）．

確かに私見でも，映画や小説の世界では，「企業＝悪者」という設定が多く

Jefferson）に因む言葉。中央政府の強化を警戒し，自営農民層を重視。逆に強い政府・企業の振興を主張した「フェデラリスト」と対立。なおジェファソン自身も法曹（ヴァージニア州）であった。
56) Gary T. Schwartz, *The Myth of the Ford Pinto Case*, 43 RUTGERS L. REV. 1013, 1044 (1991).
57) Lawrence M. Friedman, *Law, Lawyers, and Popular Culture*, 98 YALE L. J. 1579, 1591-92 (1989).

見受けられるように感じる。いわゆる「法廷もの」文芸を見れば，その傾向は歴然としているのではないか。たとえば，「legal thriller」というジャンルの旗手の一人として[58]，アメリカ大衆から圧倒的な支持を受けている小説家のJohn Grisham は，元々は「人身損害」(personal injury)（不法行為法）や刑事事件等を扱う「個人開業」(solo practitioner) の訴訟弁護士（trial lawyer）であったが，その作品においては，企業や政府等の巨大組織が「悪」として描かれ，その悪が敗れる結末に大衆が拍手喝采を送るのである[59]。映画においても，いわゆる「法廷もの」においては，やはり，巨大な企業悪に対して弱者である原告／ヒガイシャ側が立ち向かうという「勧善懲悪もの」が目立つ。たとえばラッセル・クロウとアル・パチーノが出演した「インサイダー」(The Insider) や[60]，ジュリア・ロバーツ主演の「エリン・ブロコビッチ」(Erin Brockovich)[61]，ジーン・ハックマン出演の「訴訟」(The Class Action)[62]，ジョン・トラボルタ主演の「シビル・アクション」

---

58) *See* Terry K. Diggs, *Through a Glass Darkly : John Grisham and Scott Turow lay down the law for millions of Americans . . . Just what is it they're trying to tell?*, 82 A.B.A. J., Oct. 1996, at 72.

59) たとえば『THE RUNAWAY JURY』(1996)（白石朗 訳『陪審評決』新潮社）では煙草会社が非難の対象となっている。もっとも同作品が「ニューオーリンズ・トライアル」(The Runaway Jury (2003) 20世紀フォックス。ジーン・ハックマン，ダスティン・ホフマン，ジョン・キューザック出演）として映画化された際には，銃メーカーが非難の対象になるというように更に今日的な話題へと修正されていた。『THE RAINMAKER』(1995)（白石朗 訳『原告側弁護人』新潮社）でも，保険会社による保険金の不払いが非難の対象になっていた。

60) The Insider (1999). タッチストーン・ピクチャーズ。ラッセル・クロウ，アル・パチーノ，クリストファー・プラマー出演。煙草訴訟と内部告発（公益通報）を題材にした映画。煙草会社の悪事が対象になっていて，実話に基づく。実話の方は，see, *e.g.*, Marie Brenner, *The Man Who Knew Too Much*, VANITY FAIR, May 1996.

61) Erin Brockovich (2000). ユニバーサル・ストゥディオ。スティーヴン・ソダーバーグ監督，ジュリア・ロバーツ主演。企業による環境汚染に対する不法行為訴訟の映画。パラリーガル（paralegal）の女性が情報収集に尽力して企業の悪を暴き，高額和解を成立させる。実話に基づく。環境訴訟強化のプロパガンダとして同映画が有用であると指摘する論文は，see Steven Penny, *Mass Torts, Mass Culture : Canadian Mass Tort Law and Hollywood Narrative Film*, 30 QUEEN L.J. 205 (2004).

(A Civil Action) 等々と[63]，枚挙に暇の無い程である。(「エリン・ブロコビッチ」に至ってはジュリア・ロバーツがアカデミー主演女優賞まで獲得している。) その構図は，旧約聖書の中の逸話である「ダビデとゴリアテ」(David against Goliath)[64] のメタファーをもって表され[65]，企業悪を倒すヒーロー／ヒロインに大衆の支持が集まるのである。

実際にアメリカの大衆は，その多くが企業に対して良いイメージを抱いていないという統計結果も存在する。即ち82％もの人々が企業は欲深さに衝き動かされていると回答するものや，企業が欲深であると思う人が三分の一に達する等という例がある[66]。大衆から見れば，大きな財力と影響力を有する企業は，利益優先の存在で個人や消費者や市民を犠牲にするというストーリーの方が分かり易く"受ける"のかもしれない[67]。

---

62) The Class Action (1991). 20世紀フォックス。ジーン・ハックマン主演。「フォード・ピント事件」を題材にしつつ，π側弁護士の親と企業Δ側巨大法律事務所 (law firm) の弁護士の娘との対立と法曹倫理を盛り込んだ映画。

63) A Civil Action (1996). タッチストーン・ピクチャーズ。ジョン・トラボルタ主演，ロバート・デュバル共演。企業による環境汚染への訴訟追行の映画。もっとも最近のトレンドを入れて，π側弁護士の美談というものではない。ちなみに筆者の母校の卒業生弁護士の実話に基づく。See, e.g., Penny, *Mass Tort, Mass Culture*, supra note 61 (映画「エリン・ブロコビッチ」と比較して大衆に与える影響を評価している)。

64) 大男のペリシテ人ゴリアテに対してダビデは，石を投げて額に命中させ，ゴリアテの倒れたところに走り寄って首を刎ねたという物語。1 Samuel 17. ミケランジェロにより彫刻「ダビデ像」にもなっている。もしかしたら，小さな正義が巨大な悪に打ち克つというこのユダヤ／キリスト教の文化も，アメリカ人が巨大企業に対抗して勝訴する小さな法律事務所の物語を支持する背景になっているのかもしれない。

65) 映画「エリン・ブロコビッチ」においては，小規模法律事務所が巨大企業に挑む姿をダビデとゴリアテの比喩で表す台詞にさえもなっている。

66) Victor Futter, *An Answer to the Public Perception of Corporations: A Corporate Ombudsperson?* 46 BUS. LAW. 29 (1990).

67) そんなステレオタイプが背景にあるためなのか，以下のような lawyer joke も非常に有名である。

3．不法行為訴訟の基準として批判されるコミュニタリアニズム／シェアリングの倫理観

しかしここで思い起こして欲しいのは，既に紹介したように，法と経済学的な立場の指導的論者からは，分配的正義が，司法府の管轄する訴訟に頼る不法行為法には不適切であると批判されていることである。同様に倫理哲学的分析の立場からも，たとえば「被告の行為」ではなく「被告の富・地位」を根拠に責任を課す分配的正義は，矯正的正義に反するとして，批判されている。Owen もコミュニタリアニズム／分担の倫理観が不法行為法には不適切であるとして，批判している。以下，拙稿からその批判を紹介しておこう。

　　［経済的な損失を被害者一人が孤独に背負い込むままに放置されるよりは，むしろ皆が少しずつ［富を被害者へ］分け与えた方が好ましいという］考え方は，事故の責任を倫理や経済的観点から分析するというよりも，むしろ社会の構成員に降り掛かった予期せぬ災難を社会全体で面倒みようという別次元の倫理の話になってくる。従ってここでの話は，社会保険や個人保険制度の根拠としては有用だけれども，事故による損失への責任基準を有効に示すことができないから，［不法行為法裁判制度において示されるべき］ルールや事件を裁判する際の指針を殆ど与えてくれない，とオーエ

　　企業側が非常に不利な事件であったけれども，見事に勝訴した評決結果を，弁護士がファックスで企業の法務部に送ってきた。そこには以下のように書いてあった。
　　「正義が下されました」（"Justice has been done."）と。
　　即断を信条とすることで有名な法務部長は，次のような返事を弁護士宛にファックスで送った。
　　「直ぐに控訴しろ!!」（"Appeal immediately!!"）
　　　　　　　　　拙稿「『法と文学』と法職倫理（第 6 回）」
　　　　　　　　　『際商』Vol. 29, No. 9, 1138, 1140頁（2001年 9 月）。

ン教授は分析する。

> 拙稿「"機能的"設計欠陥基準（中）」, *supra* note 15, at 4頁（強調付加，一部修正）．

第四節　「パターナリズム」（paternalism）と「自己責任」（personal responsibility）

1．「選択の自由」（freedom of choice）と「リバタリアニズム」対「パターナリズム」

不法行為法の解釈にも影響を与えている対立的な概念としては，「リバタリアニズム」（libertarianism）と「パターナリズム」（paternalism）があるので，簡潔に触れておく。前者の「リバタリアニズム」は，「反パターナリズム」（anti-paternalism）とも捉えられる。後者の「パターナリズム」は，「反・反パターナリズム」（anti-anti-paternalism）[68]とも言える。

まず「リバタリアニズム」（libertarianism）は，「選択の自由」（freedom of choice）を尊重する。その理由は主に，選択決定は自分自身が下す方が「秀逸な仕事」（an excellent job）をするし，少なくとも第三者が選択を決定するよりも自身が決定する方が「より良い仕事」（a better job）をするという根拠にある[69]。または，たとえ自身の選択が誤っていたとしても，自身の選択は自身に決定する権利があるという「自律」（autonomy）に根拠がある[70]。「自決権」（self determination）の尊重である。

---

68) Cass R. Sunstein, *Introduction, in* BEHAVIORAL LAW AND ECONOMICS 1, 3 (Cass R. Sunstein ed. 2000).

69) Cass R. Sunstein, *Libertarian Paternalism Is Not an Oxymoron*, 70 U. CHI. L. REV. 1159, 1160, 1167 (2003).

70) *Id.* at 1167 & n. 22（もっとも人の選好や選択は，しばしば様々な所与の設定に左右される事実が，autonomy の尊重の基礎を危うくすると指摘している）．

対する「パターナリズム」(paternalism) は，そもそも「拘束を受けない (unfettered) 自由な選択」という概念に対し懐疑的である[71]。それ故に，政府等の第三者による保護的な介入に肯定的となる。従ってパターナリズムは，リバタリアニズムと対比される概念である。

たとえば，ファースト・フードは食べ過ぎると肥満になるから"欠陥"か否か，という問いに対する回答も，両者の価値観の何れに依拠するか次第によって，相違が出てき得る。一方のリバタリアニズム的には，ファースト・フードでどれだけ食べるのかは，本人の選択に委ねるべきだと解釈されよう。他方のパターナリズム的には，本人の選択に任せると肥満に陥るので，立法・行政府により規制するなり，司法府が外食産業に対して有責 (liable) 判断を下して抑止をはかるべきであると解釈されよう。同様にホット・ドリンク火傷訴訟や，煙草訴訟等のような，「製品分類別責任」(product category liability)[72]に属する最近の製造物責任訴訟の傾向には，パターナリズムとリバタリアニズムの思想的対立が背景に存在する。警告懈怠という欠陥類型や，「危険の引受」(assumption of risk) または「明白な危険」(patent danger)[73]等といった抗弁上の諸概念も，パターナリズムとリバタリアニズムが関係してこよう。更には医療過誤，特にインフォームド・コンセントの義務の根拠にも，これらの倫理哲学観が関係してくる。

もっとも，両極端な立場は支持され難いようである。即ち，完全なリバタリアニズムの立場を採って政府による保護的な介入を一切拒絶するとか，逆に，完全なパターナリズムの立場に依拠して，個人の選択を一切認めない（たとえば政府が国民の全ての食事メニューを決定してしまう）という解釈は，支持され難

---

71) *Id.* at 1160.
72) *See supra* 第一部，第Ⅱ章「第十節 製造物責任」内の「11.『製品分類別責任』──製造物責任法における『最後の開拓地』」の項.
73) *See supra* 第・部，第Ⅱ章「第五節 抗弁」内の「4.『危険の引受』」；同章中の「第十節 製造物責任」内の「13. 抗弁：(その1)：製造物責任における利用者側の非行・過誤」の項.

いと思われるのである。従って，個々具体的な不法行為訴訟における実際の解釈は，「程度」(degree) の問題に帰結することになる。即ち，個人の選択における自治を尊重しながらも，ある程度の政府による介入を認めるのである。問題は，ここでも，どの「程度」まで介入を認めるべきかということになる。

2．アメリカ法律学上は忌み嫌われてきた「パターナリズム」

不法行為法の様々なトピックスや争点における意見の相違に影響を与える社会規範として，アメリカではパターナリズムをそもそも嫌ってきた傾向が見られることを，理解しておく必要があろう。たとえば Geistfeld は以下のように指摘している。

> 消費者が，たとえ小型車よりも安全で高額な車両を購入できたとしても，小型車を選択する。その選択が十分インフォームドされた上でのものならば，個人は自らの安全性と経済的な利益とを適切にトレードオフする決定をすることができる。このような選択を，安全性の原則ゆえに拒絶することは，パターナリスティックであるとして広く嫌われ，危険の引受のような重要な法的慣行と相反することになる。同意というものは個人の自律・自治（オートノミー）を促進するもの故に，同意された危険に対して安全性の原則が routinely に適用されることを擁護することは難しいことなのである。
>
> Mark Geistfeld, Reconciling Cost-Benefit Analysis with the Principle that Safety Matters More than Money, 76 N.Y.U. L. Rev. 114, 123 (2001) (emphasis added)（訳は本書の筆者）[74].

---

74) 続けて Geistfeld は，以下のように記述している。哲学者の間でも，十分にインフォームドされた同意は危険へ晒されることを正当化し得るという合意が広く存在している。個人が直面する危険については，その個人から同意があることこそが最も望ましい状態であることにつき，経済学的な理論家も倫理哲学的な理論家も一致

確かにアメリカでは,「選択の自由」や「反パターナリズム」(リバタリアニズム)への支持が強いようである。たとえば肥満を奨励するようなファースト・フード等の食品関連のマーケティングを政府が規制すべきであるという提案に対し,アメリカでは大衆の支持が得られないと指摘されている。その理由は,食習慣が完全に自発的で個人の自我の感覚・self-identity と密接に結び付いていると思われているから,食習慣への規制に対しては反パターナリスティックな嫌悪感が示されるというのである[75]。従って,より良い食事のために不健康なスナック菓子に課税しようという提案に対しては33%しか支持を得られないけれども,オートバイへのヘルメット着用義務化には81%もの支持が得られたと指摘されている[76]。

A. 「選択の自由」(freedom of choice) の崇拝と大衆文化 (popular culture):
ところで,アメリカ社会における「選択の自由」崇拝は,自動

している,と。Mark Geistfeld, *Reconciling Cost-Benefit Analysis with the Principle that Safety Matters More than Money*, 76 N.Y.U. L. REV. 114, 123, 186 & n. 27 (2001).

75) Note, *The Elephant in the Room : Evolution, Behavioralism, and Counteradvertising in the Coming War against Obesity*, 116 HARV. L. REV. 1161, 1174-76 (2003). たとえばファースト・フード肥満訴訟についても,ギャロップ社による2003年7月21日の調査結果によれば,89%の回答者が,ファースト・フード産業は食事関連問題に対して法的な責任は無い,と回答していると指摘されている。See Lee J. Munger, Note & Comment: *Is Ronald McDonald the Next Joe Camel? Regulating Fast Food Advertisements Targeting Children in Light of the American Overweight and Obesity Epidemic*, 3 CONN. PUB. INT. L. J. 456, 461 n. 24 (2004). *See also infra* authority listed in note 95.

76) *See* Note, *The Elephant in the Room, supra* note 75, at 1174-76. もっともこのノート論文の論者は,人の食習慣に対する好みが認知科学的に「真の嗜好」("true" preferences) を示しているとは限らず,従って不健康な活動が self-identity/a free will の表れではないという立場を採れば,政府規制も肯定化できると主張。*Id.* その上で,政府による啓発的ソフト・パターナリズムを肯定し,たとえば政府による「対抗宣伝」(counter-advertising) も許容されるべきだと主張している。*Id.* at 1176-84.

車の普及に伴う大衆意識が原因であるとする興味深い指摘がある[77]。即ち自動車は，物理的な行動の自由（モビリティー）を実現化させただけではなく，意識の上でも個人が集団や因習から抜け出す原動力になったという。つまり19世紀までの個人は，神を畏れて勤勉な働き者としての富の極大者が理想像であったところ，モビリティーの実現化により人々は多様な嗜好や価値観を抱くように変容した。更にモビリティーは，階層間の移動の自由もあると"信じる"ようになり（実際に自由が存在するか否かは別として），「選択の自由」(freedom of choice) という信仰を抱くようになったというのである。

3．「法と行動科学（認知心理学）」が揺るがせる「反パターナリズム」

以上のようにアメリカの法律学の背景に存在する「反パターナリズム」も，近年は，揺らいできているという指摘がある。つまり，認知心理学 (cognitive psychology) または行動経済学 (behavioral economics) 等の知見，即ち後述する[78]「法と行動科学（認知心理学）」上の知見は，パターナリスティックな法規制を肯定化する方向に機能すると指摘されているのである[79]。伝統的な法の経済学的分析では，人が自身の最高の利益を理解し，かつそれを追求するという前提に基づいて，パターナリズムに反対する立場を採ってきた。しかし認知心理学等の研究成果によって，人は自身の利益に最善な行動を採るとは限らないことが判明してきた。つまり，他者（政府）に選択決定を委ねるよりも，自

---

77)　本文中の当段落の記述は，see Friedman, *Law, Lawyers, and Popular Culture*, *supra* note 57, at 1585-87.

78)　*See infra* 第Ⅲ章「第四節　法と行動科学（認知心理学）を使ったエンタープライズ責任（EL）の解釈の対立」の項.

79)　本文中の当段落内の記述については，see Colin Camerer, Samuel Issacharoff, George Lowenstein, Ted O'Donoghue & Mathew Rabin, *Regulation for Conservatives : Behavioral Economics and the Case for "Asymmetric Paternalism,"* 151 UNIV. PENN. L. REV. 1211, 1211-13, 1217-18 (2003) ; Christine Jolls, Cass R Sunstein & Richard Thaler, *A Behavioral Approach to Law and Economics, in* BEHAVIORAL LAW AND ECONOMICS 13, 13 (Cass R. Sunstein ed. 2000).

身で決定する方が自己の利益を最善に促進するとは限らない。そのために，反パターナリズムの根底が揺らいできたのである。

もっとも反パターナリズム的なアメリカでも，法は，嘗てから，いわゆる弱者を保護する法制度を採用してきた歴史もある。民事法，特に契約法 (contracts) においては，行為能力を欠く者 (incapable of contracting for themselves) として，嘗ては「idiots, minors or married women」が挙げられていたのもパターナリズムに基づく弱者保護的な政策に基づくとされていた。勿論今日では「idiots」や「women」という文言が不適切とされるであろうけれども[80]，しかし今でも未成年者等の一定の分類に属する者達には，能力制限の法理・実定法を通じて，契約の自由を制限したり不法行為法上の保護法益を認定するパターナリスティックな (強行) 法規制が存在している[81]。保護の対象となった者

---

[80] 近年の，雇用差別禁止法やジェンダー法学の立場は，ステレオタイプな差別の原因としてのパターナリズムを避難・排斥する政策を背景にしているので，パターナリズムの是非を巡る議論は単純ではない。即ち，女性には工場労働における夜勤を禁止するという法規制や企業の社内規則等は，女性労働者を保護するというパターナリスティックな政策に基づくものであっても，雇用差別禁止法違反になり得る。女性労働者から自決権を奪うことが，政策的に非難されるのである。そのような雇用差別禁止法，特に性別による雇用差別の分野において，いわゆる「ヴィクトリア朝的ロマンチック・パターナリズム」(Victorian romantic paternalism) として非難・排斥される有名な判例 (同意意見) としては，Bradwell v. State, 83 U.S. 130, 141 (1872) (Bradley, J., concurring) がある。同事件は，行為能力を制限されていた当時の法制度を背景として，女性には弁護士資格を付与しない州の立場が連邦最高裁判所によって合憲であるとされた。その同意意見は，女性は家庭という神聖な職場における職務に励むことこそが望ましいと指摘をしており，ジェンダー法学／雇用差別禁止法の論者等から非難されている。*See, e.g.*, Ann Bartow, *Some Dumb Girl Syndrome : Challenging and Subverting Destructive Stereotypes of Female Attorneys*, 11 WM. & MARY J. OF WOMEN & L. 221, 236-38 (2005).

[81] たとえば「ミスマッチ」(mismatch) 訴訟あるいは「過失的マーケティング」(negligent marketing) の法理 (see 補遺，第四部，第Ⅴ章「第三節 警告欠陥以外の『欠陥マーケティング』」の項) は，製品に伴う危険を大人のように管理できない子供に対する製品の販売行為に対し責任を追及するのであるが，その背景には，子供は保護すべきであるというパターナリズムが存在しているとも捉えられよう。

達は，反パターナリズムの前提である，人は自己の利益のために最良の判断を下すという条件を満たさない等の要保護性が歴史的に認定されたからこそ，言わば例外的にパターナリスティックな法規範が創造されてきたのであろう[82]。「法と行動科学（認知心理学）」の研究成果は，そのような要保護対象となる人々の範囲を，殆ど全ての人々にまで広げる効果があるという[83]。即ち，特定の人に限られることなく，人は誰でも，「合理的選択」(rational choice) をするとは限らないことが判明したので，そのような選択判断の不利益から人々を保護する法規制が正当化される訳である。例としては，消費者保護系の諸制度，たとえばクーリング・オフ (cooling-off period) 法制や，投資勧誘への様々な法規制等が挙げられる。なお，これらの法規制は，従来の「法と経済学」からも，「情報の非対称性」(an asymmetry of information) による「市場の失敗」(market failure) への是正措置という理由から肯定されてきた概念なので，それが「法と行動科学（認知心理学）」的にも支持されるということになろう。

　Rachlinski も以下のように指摘している[84]。即ち，個人の自治や自律または自由といった概念や市場経済に委ねることが肯定化される従来の「法と経済学」や法律学に対し，これに批判的な「法と行動科学（認知心理学）」的な立場からは，政府規制が肯定される傾向にある。個人の判断が自身の利益に適うとは限らないことが明らかになったので，自由で合理的と思われていた個人による選択に対し，パターナリスティックな政府規制を課して保護すべきという主張に

　　See Richard C. Ausness, *Tort Liability for the Sale of Non-defective Products : An Analysis and Critique of the Concept of Negligence Marketing*, 53 S.C. L. REV. 907, 962 (2002).
82)　もっともそのようなパターナリズムが，要保護対象者を対等に扱わない差別に通じる場合には，問題となろう。*See supra* note 80.
83)　Camerer et al. 達はこの概念を，"In a sense, behavioral economics extends the paternalistically protected category of 'idiots' to include most people." と表現している。Camerer et al., *Regulation for Conservatives, supra* note 79, at 1218.
84)　本文中の当段落と次段落内の記述については，see Jeffrey J. Rachlinski, *The Uncertain Psychological Case for a Paternalism*, 97 NW. U. L. REV. 1165, 1165, 1176-77, 1191-92, 1195 (2003).

第Ⅱ章 「倫理哲学」的な「矯正的正義」の実現等　329

なってきたのである，と。

　更に Rachlinski は[85]，「情報の非対称性」を是正するための情報開示だけでは不十分だという主張も表れてきたと指摘している[86]。即ち，従来までは，「個人の自律」（individual autonomy）を維持するための主な手段として，個人が重要な判断を下す前に情報を付与されることだけが求められてきた。情報が欠けていれば，個人は自らの嗜好を促進できる判断を正しく下せないから，情報提供が必要であるとされてきたのである。しかも情報開示の義務付け程度ならば，政府が完全に選択権を個人から奪ってしまう程の介入よりも"穏やか"（次項の「ソフト・パターナリズム」）であり，かつ，情報さえ個人に付与すれば正しい選択に繋がるので，情報開示の義務化で十分であると従来は考えられたのである。しかし，個人は認知能力上，自身の利益に適う判断を下すとは限らないとなると，個人は正しい情報を提供されても［それを正しく認知できずに］悪い選択をしてしまうことになる。そこで単なる情報開示や警告表示だけでは不十分だという主張に繋がってきている訳である。（この指摘はたとえば，明白な危険に対しても設計欠陥の認定が必ずしも妨げられる訳ではないという，前掲第一部，第Ⅱ章中の「第十節　製造物責任」内の「10. 警告貼付は必ずしも設計欠陥責任を回避させ得ない」の項にて紹介した判例法のルールにも整合しているように思われる。）

　即ち人は，危険や安全を正しく認識・判断できないので，個人の選択に対して政府機関による介入が正当化される。個人による嗜好がシステマティックな計算違いと誤りを表しているならば，嗜好の総和（aggregation）は望ましくない諸結果を生み出していることになる。それならば政府の規制的介入が，個人の誤った選択に取って代わって社会福祉（social welfare）を向上することになるというのである。つまり，「法と行動科学（認知心理学）」は，個人の誤った選

---

85)　*Id.*
86)　更に Cooter & Ulen も同様な指摘をしている。*See* ROBERT COOTER & THOMAS ULEN, LAW AND ECONOMICS 352 n. 3 (4th ed. 2004)（情報提供をすれば良いという政策も，人は情報を軽視または無視するということを考慮に入れて再考しなければならなくなると指摘）。

択が生み出す歪みを防止しようとして，パターナリスティックな政府介入を支持するのである。

4．「ソフト・パターナリズム」対「ハード・パターナリズム」

もっとも問題なのは，どの「程度」まで政府や法の介入を認めるべきかという点にある。これに関し，基本的考え方を説明する説得力のある最近の法律論文において，Pope は以下のように指摘する[87]。教育やアドヴァイス，または合理的な説得といった情報提供型のパターナリズム (*i.e.*,「ソフト・パターナリズム(soft paternalism)」) は，個人の自由を制限しないので問題にならない。しかし，たとえばシートベルト着用義務やヘルメット着用義務等は，政府による強行規制としての「ハード・パターナリズム(hard paternalism)」になり，自由を制限するので慎重さが求められる。更にソフト・パターナリズムは，たとえば人が情報を知らされずに判断し，または人が適切に理解しないで判断する場合のように，個人の「"真"の判断」("real" decision) ではない場合にも，政府が介入する。即ちこのような場合の政府による介入は，個人の「実質的に自発的ではない利己行為」(self-regarding conduct ... not substantially voluntary) への介入なので，個人の自律性を奪うことにはならない。むしろ自律性を保護し促進するものと解され得るので，そのような介入は比較的に容認され易い。しかしハード・パターナリズムの方は，基本的に利己的行為を制限する場合である。従って，個人の自由を尊重する立場から謙抑的であるべきで，許容されるためには，たとえば本人の福祉を向上すると信じられるような慈善的動機によること等の諸条件をクリアすべきである，と。

昨今問題になっている，たとえば煙草訴訟やホット・ドリンク火傷訴訟，またはファースト・フード肥満訴訟などのように，「自己責任」(personal responsibility)[88]の射程の狭小化傾向を理解する際には，このような「パターナリズム」

---

87) *See* Thaddeus Mason Pope, *Counting the Dragon's Teeth and Claws : The Definition of Hard Paternalism*, 20 GA. ST. U. L. REV. 659 (2004).

88) *See infra* 本節内の「6．『自己責任』と自決権」の項.

の倫理哲学的見地から法を分析することも有用であろう。

5．「非対称パターナリズム」と「リバタリアン・パターナリズム」
(asymmetric paternalism)

リバタリアニズム（*i.e.*, 反パターナリズム）とパターナリズムとの対立の中の，中庸な落とし所を探求する試みの一つとして，Camerer 達が提唱する「非対称パターナリズム」(asymmetric paternalism) という概念がある[89]。同様な概念は，「リバタリアン・パターナリズム」(libertarian paternalism) と称してSunstein（サンスタイン）も提唱している[90]。非対称パターナリズムとは，一方の，誤謬を犯す者達にとっては便益をもたらしつつ，他方の，「完全にラショナル［理性的］」（「利」に適った）(fully rational) な者達へは何の被害（即ち autonomy や self-determination 等の侵害）をも与えないというパターナリズムの意である。たとえば「default options」の利用である。選択肢 A と選択肢 B が存在し，後者 (B) の方が人々にとっての利益が高い場合，「default」（初期値）を B と設定しておいて，B を嫌う者のみが A を選択するという"作為"をしない限り，残余の大多数の者は自動的に B が適用になるという仕組みである。いわゆる「opt-out rule」である。default options を用いることで，多くの者の利益に適うパターナリズムでありながらも，選択肢 A を選ぶ権利を残すことによって完全にラショナルな人の自決権も奪っていない。つまり「非対称パターナリズム」である。これは，「法と行動科学（認知心理学）」から指摘されている「現状執着偏見」(*status quo* bias) または「不作為性向」(omission bias)[91]を利用してパターナリズムを肯定する仕組みである[92]。default 同様に，「フレイミング」(framing) または「リフレイ

---

89) 本文中の当段落の記述については，see Camerer et al., *Regulation for Conservatives*, *supra* note 79, at 1225-26.
90) Sunstein, *Libertarian Paternalism, supra* note 69.
91) *See infra* 第Ⅲ章「第三節　その他の『法と行動科学（認知心理学）』上の主要概念」内の「1.『所有効果』，『現状執着偏見』，『損失回避』，および『不作為性向』」の項.
92) Sunstein は，基盤的な法制度や基幹的制度の設計が人の選択に影響を与えると指摘しつつ，opt-out rule が「リバタリアン・パターナリズム」(libertarian paternal-

ミング」(reframing) の概念[93]を応用してパターナリスティックに契約・宣伝文言を法規制するとか，クーリング・オフ期間[94]を消費者保護的に強行法規で設定すること等も，完全にラショナルな人々の選択権を奪うことなく，自身の利益に反する選択をする人の過誤へのパターナリズムを実現していると指摘されている。

6．「自己責任」と自決権

日本でも昨今，議論になった「自己責任」の概念は，自決権や，選択の自由や，自律や，リバタリアニズムや反パターナリズム等の価値観と表裏一体の関

---

ism) としてリバタリアニズムとパターナリズムの双方に応えるという。即ち，default な初期値と異なる選択肢を opt out できることにより，リバタリアニズムに資すると同時に，初期値において選択者が better off（良化）するような設定をすることで第三者が選択者自身の福祉を向上させるように影響を与えることでパターナリスティックな側面を満たすという訳である。Sunstein, *Libertarian Paternalism, supra* note 69, at 1161-62. ところで，以下は私見ではあるが，opt-out rule のような制度設計が影響を人の選択と権利義務に与える最近のサイバー法上のトピックとしては，いわゆる「迷惑メール」または spam と言われる，unsolicited bulk e-mail (UBE) や unsolicited commercial e-mail (UCE) の問題を挙げることができる。*See, e.g.*, 拙稿「迷惑メール問題と米国における分析」『日本データ通信』127号，53頁（2002年9月）；拙稿「社会問題化した紛争の代替的解決手段：『政策法務』的アプローチの実践例」*in* 小島武司編『ADR の実際と理論Ⅱ』68頁（2005年，中央大学出版部）（日本比較法研究所研究叢書#68）．更に，いわゆる「Code Theorem」として，基盤的な仕組み（code）が公有（public domain）の範囲を不当に狭めるという指摘もある。拙書『電子商取引とサイバー法』（1999年，NTT 出版）；拙稿「サイバー法は可能か？」*in* 林紘一郎他編『IT 2001 なにが問題か』80頁（2000年，岩波書店）．

93) *See infra* 第Ⅲ章「第二節 『法と行動科学（認知心理学）』上の主要概念」内の「5.『フレイミング効果』と『予測理論』」の項．

94) Sunstein, *Libertarian Paternalism, supra* note 69, at 1188（人はその場の勢いで思慮を欠いた衝動的で後悔する判断をしがちであるから，冷静な検討をする期間を付与するため，経験を欠くような判断を感情的に下してしまうような場合には，クーリング・オフを認めると指摘している）．

係であると思われる。そう思われる理由は，たとえば前掲の，食習慣に対する政府規制の是非に関する世論調査結果と，ファースト・フード肥満訴訟への大衆の否定的な捉え方を思い起こせば理解できよう。即ち，アメリカ人の多くは食習慣を規制されたくないと望む。それは自決権や選択の自由等々の反パターナリティックな価値観である。そして同時に，ファースト・フードを食べ過ぎて肥満による疾病になった責任をファースト・フード企業に問う訴訟を如何に思うかとアメリカ人に問えば，多くはそのような責任に否定的である[95]。「自己責任」の問題と捉えるからであろう。そのように，反パターナリズムや自決権の価値観は，自己責任の概念に結び付いていると推察される。

更に自己責任が，選択の自由と裏腹な関係にある示唆としては，Ausness による次のような指摘が参考になる。即ち，Ausness は，ファースト・フード肥満訴訟が「自律の原則」(principle of autonomy) と「自己責任」(personal responsibility) を崩壊させ，アメリカ全土に広がりつつある「他人を非難する文化」を強化させて (reinforce the culture of blame that is spreading throughout our society) しまうと指摘する[96]。更に「選択権」を狭めることになるとして，以下のよ

---

95) たとえば肥満訴訟は多くの大衆がπを支持していないと世論調査が指摘しているとして，法律業界紙が以下のように伝えている。

> ディフェンス・リサーチ・インスティチュートが発表した陪審員の動向調査によれば，ファースト・フード会社に対する訴訟は怪しい，と圧倒的過半数の陪審員が考えている。同調査によれば，2,119名の対象者の内，**89%がファースト・フード訴訟を支持しない**と答え，**83%は常習性のある食習慣に対してファースト・フード会社には責任が無い**と考えている。
>
> Mane Beaudette, *Junk Science*, Legal Times, Oct. 20, 2003, at 3（訳は本書の筆者）（強調は付加）．

もっとも同記事によれば，陪審員達は同時に，子供を標的にしたファースト・フードの宣伝をすべきではない (56%) と回答し，かつ，ファースト・フードはその摂取により生じる危険性についてお客に警告すべきであると多く (36%) が思っている，と報じている。*Id. See also supra* note 75.

96) Richard C. Ausness, *Tell Me What You Eat, and I Will Tell You Whom to Sue : Big*

うな懸念も表明しているのである。

　　[I]f these lawsuits are successful, they will reduce the choices available to consumers.

Ausness, *Tell Me What You Eat, and I Will Tell You Whom to Sue, supra* note 96, at 884 (emphasis added).

　A.「自己責任」とは何か：　そもそも「自己責任」とは，他人の責任にせずに，自己の責任として捉えるべきことを意味する。判り易く言い換えれば，「何でも他人の所為にするな」といった倫理観，または社会規範の一種である。この倫理観／社会規範は，在るべき不法行為法，特に「事故法」(accident law)の検討と密接な関係を有する。何故なら事故法は，被害者に降り掛かった事故費用をそのままにしておかずに，加害者に転嫁 (shift) する場合のルール（法規範）を扱うからである。自己責任的な立場からは，一般に，加害者に転嫁すべきではないという結論に導かれる傾向に働き易く，反自己責任的な立場からは逆に，加害者にこそ損失を負担させるべきであるとなりがちである。

　ところで，Cook による以下の指摘は[97]，事故法・不法行為法の在り方を巡るアメリカにおける論議の背景として存在する，「自己責任」(personal responsibility/individual responsibility) という価値観・倫理観を理解する上で，参考になる。

　即ち Cook 曰く，負傷した者 (an injured person) を「犠牲者」(a victim) と看做すか，または反対に，自らの損失は自らが主に負う者 (the one who has primary responsibility for bearing his own losses) と看做すかの違いには，大きなものがあるという。「犠牲者」(a victim) とは，『ウエブスター辞典』によれば，他人

　　Problems Ahead for "Big Food"? 39 GA. L. REV. 839, 883-93 (2005).
97)　Douglas H. Cook, *Personal Responsibility and the Law of Torts*, 45 AM. U. L. REV. 1245 (1996).

により殺されたり，苦しめられたり，または犠牲になった者云々という意味であるから，「犠牲者」が存在するということは「カガイシャ」を明らかにして罰を科すべきである要求を伴うからである[98]。しかし，逆に，「自己責任」(personal responsibility) には，自らが被った個人的な損失に対し各個人が責任を負担するという意味が論理的に伴う。だからこそ，「個人的」(personal)「責任」(responsibility)，と言い表されるのである。自己責任が「個人的」であるのは，個人自らが損失填補の原資となるのであって，他人や社会全体に対して原資を探し回るようなことをしないからである。更に，自己責任が「責任」であるのは，自らが将来の損失に備えて適切で利用可能なステップを踏んでおくような義務を個人に課すからである[99]。たとえば家に雷が落ちて焼失するという事故の被害者を考えてみよう。普通は個人が事前に損害保険を付保購入しておくことで自己責任を果たしている。もし付保を怠っても自由であるけれども，そのために損失を被るのは仕方の無いことなのである[100]。

　Cook は続けて言う。判例法上，「損失軽減義務の法理」([t]he doctrine of mitigation of damages) が認められてきているのと同様な論理・倫理によって，もし原告（π）が合理的な作為によって将来の損害を削除することが事前に可能であった場合には，そのような作為義務がπに課されるべきである。合理的な出費によって損害の非拡大化が可能であれば，πはそのような義務を負担するのである[101]。将来降ってくる可能性のある自らの損害のマネジメントに参画する義務が，個人には本来的に課されているのである，と[102]。

　ここからは私見であるが，以上の Cook の指摘は，これまで本書が紹介してきた，以下のような事故抑止観・倫理観にも通じるものがあるのではないか。即ち，危険を 管理(コントロール) する者こそが事故の責を負うべきである[103]。「双方的危険」

---

98) *Id.* at 1248.
99) *Id.*
100) *Id.* at 1249.
101) *Id.* at 1253-54.
102) *Id.* at 1255.

(bilateral risk) に当てはまる製品事故の多くにおいては，利用者こそが，そのような「ベスト・リスク・ミニマイザー」である[104]。その者の「愚かな行動」(foolish behavior) により生じた責任を，「危険（損失）の分散」理論によって，他の多くのイノセント（罪のない）な消費者等に転嫁して「補助金」(subsidiary) を負担させるべきではない[105]。以上のような抑止観・倫理観は，自己責任の概念に通じるものがあろう。

もっとも上のような抑止・倫理観は，勿論アメリカ不法行為法の全てではない。それまでは「自己責任」と捉えられてきたものが，新規な訴訟が続くことを通じて，判例発展を促し[106]，社会もそれを「権利」として認容するようになるという社会変革が生じてきたこともまた，真実であろう。Engelは[107]，個人主義 (individualism) の概念には以下の二種類が存在すると指摘しているが，その指摘から更に推察を進めて，この二つの相互作用により社会規範が変わって法規範も変革し（またはその逆の場合もあるであろうがそれにより），不法行為法が発展していくと捉えることも可能なのではなかろうか。

---

103) *See supra* 第Ⅰ章「第三節『チーペスト・コスト・アヴォイダー』論への批判」内の「3．それでは誰がチーペスト・コスト・アヴォイダー（ベスト・リスク・ミニマイザー）なのか」の項．

104) *Id.*

105) *See supra* 第Ⅰ章「第一節　概説」内の「13．保険制度：『モラル・ハザード』と『逆選択』」の項．

106) そもそもアメリカの法曹倫理規定は，法規範の変革を促すような法曹の活動を奨励しているのである。*See, e.g.*, MODEL CODE OF PROFESSIONAL RESPONSIBILITY EC 8-1 (1981) ; MODEL RULES OF PROFESSIONAL CONDUCT, preamble, at 5th para. (1983) ; CHARLES W. WOLFRAM, MODERN LEGAL ETHICS, § 10.4.2, at 582 & n. 92 (1986).　たとえば，不法行為法ではないけれども，義務教育の segregation が合憲化されていた判例を覆した「ウオーレン・コート」(the Warren Court) 時代の有名な Brown v. Board of Ed. of Topeka, Shawnee County, Kan., 347 U.S. 483 (1954) 判決のように，差別撤廃を促進した訴訟は望ましい社会の実現化に貢献しているのである。

107) David M. Engel, *The Oven Bird's Song : Insiders, Outsiders, and Personal Injuries in an American Town*, 18 LAW & SOC'Y REV. 551 (1984).

- 「権利志向の個人主義」(a rights-oriented individualism)：利益が侵害されたと認識した際には積極的に賠償を求める。
- 「権利よりも自己責任を強調する個人主義」(an individualism emphasizing personal responsibility)：損害に対しては自らが自衛すべきであるから，自衛できずに損害を被った場合には個人的にその結果を受け入れる。

B．アメリカ人の訴訟意識と"自己責任"： 以上のように自己責任という概念を分析してくると，それは権利を主張・追求することを前提として成り立つ近代民事法の価値観と相対立するように見える場合も生じるように感じられる。即ち，事故が生じたときに，事故費用が降り掛かった被害者の立場を，「生命・身体の権利が不法に侵害された」と捉えれば，その損害の賠償を請求して事故費用の転嫁を実現しようとする「権利」を主張・追求する行為は，全く正しく，推奨される行為であると捉え得る。しかし，これに対し，その事故とそれによる損失を「自己責任」であると捉える立場からは，他人の所為にすべきではない事故費用を，倫理または社会規範に反して無理矢理に他人に転嫁させようとする行為であると捉えられ得るのである。

以上の対立構造は，以下のように表せよう。

図表#29 「自己責任（反パターナリズム）」と「パターナリズム」の対立

自己責任論・反パターナリズム	対	パターナリズム
「選択の自由・自治（自己決定権）を尊重すべき」	対	「"真"の自由意思に基づく決定ではない」
「果てしの無い権利拡張である」	対	「不当な泣き寝入りを救済する」
「何でも他人の所為にする」	対	「正しい権利主張である」
「危険の引受／誤使用／明白な危険である」	対	「"真"の危険の引受ではない／人はうっかりするものである／危険は明白ではない」

両者の間の境界線（規範）を決定する際に重要な考慮は，「平等な自由」等の倫理的諸価値や，「法と行動科学（認知心理学）」からの新しい指摘かもしれない。

以上のような分析は、法社会学 (law and society) のような学際的研究分野における指摘にも関連すると思われる。特に、法規範上、原告 (π) 側に権利実現に値するような被告による侵害行為が生じているにも拘わらず、狭いコミュニティーの中で争い事が忌み嫌われるという環境や、因習や文化、更にはマスメディアによる偏向(?)報道が原因となって[108]、「正当な」権利を有するπが訴訟を断念させられたり、思い止まらせられたような場合には、それは改善されなければならない問題であると、典型的に理解されるような事例となる。これは日本の法律学（法社会学）において、しばしば、指摘されてきたところであろう[109]。

このような分析に関連し、アメリカでも田舎町では訴訟を嫌う狭いコミュニティーの因習的な文化が存在していたという次段落において紹介するような調査研究が存在していることは、非常に興味深いことである。即ち、地域によってはアメリカでも、自己責任の社会規範や倫理観が根強いところもあるかもしれず、特にそれが新規（新奇？）な不法行為訴訟への批判的な世論になって現れる場合もあるのではないか。筆者にはそのように推察されるのである。

ところでその調査研究は、前掲の Engel が発表したものである。調査対象になったその田舎町においては、人身損害 (personal injury) を他人への訴訟に転

---

108) Michael McCann, William Haltom, and Anne Bloom, Law and Society Symposium, *Java Jive : Genealogy of a Juridical Icon*, 56 U. MIAMI L. REV. 113 (2001)（マスコミによる報道がπに有利な事実を正確に伝達していなかったことを、報道の記録を調査した上で実証し、マスコミというものは"受け"を狙った報道をすることを非難し、更に、大衆がそのマスコミ報道に左右される旨を指摘。その上で、ホット・コーヒー火傷訴訟の「*Liebeck 対 McDonald's*」はマスコミ・大衆によって不当に「自己責任」("individual/personal responsibility") とモラルの低下問題として受け止められてしまったけれども、本当の問題点は、高額過ぎる治療費や社会保障の不充実等の社会問題にあるはずなのにそれを理解されなかったことが残念である、と締めくくった論文). *See also* 小島武司、他『隣人訴訟の研究〜論議の整理と理論化の試み〜』(1989年, 日本評論社).

109) *See, e.g.*, 川島武宜『日本人の法意識』(1967年、岩波新書); 小島武司、他『隣人訴訟の研究』, *supra* note 108.

換 (transforming) することが，自身の責任から免れようとする試みであると捉えられているという[110]。金銭は苦労した長時間労働の成果として得るべきものであり，事故の不運を陪審員等の他人に見せて得るものではないと思われているのである[111]。住民は互いに直接または間接的に知り合っている狭いコミュニティーであり，互いが将来どこかで関係する蓋然性も高い。従って他人を拒絶するような態度［＝訴訟］は反感を買いがちなのである[112]。たとえば子供を交通事故で失ったある女性は，提訴さえすることなく僅か1万2,000ドルで示談に応じた。その額は少な過ぎると思っているにも拘わらず，該地域に今後も長年住み続けるのだから，提訴により「訴訟沙汰」("involved in a lawsuit") を起こしたと捉えられることが怖かったというのである[113]。更にたとえば旅客機で客室乗務員から熱いコーヒーを零されて皮膚に恒久的な火傷を負った住民は，弁護士に相談すること等は拒んで，治療費と一週間労働できなかった「失われた賃金」を示談金として航空会社から受けて，即座に示談解決してしまったという。なぜ提訴しなかったのかという質問に対しては，「私達はそういうことはしないのだ」と簡単に返事をしている[114]。更に，自動車ディーラーの敷地の裏にあったゴミ箱の上に登った女の子の上にそのゴミ箱が倒れて負傷した子の親が提訴した事例では，原告が隣の家からも無視され，かつ避けられている「アウトサイダー」("outsiders") だったと述懐している。3,000ドルで和解に至った後，その僅かな金銭が夫との諍いを起こし，しかも近くの全てのゴミ箱には子供をそこで遊ばせるなという表示が貼られ，母親は提訴すべきではなかったと述べているのである[115]。このような住民の訴訟意識を，地元の牧師は次のように評価する。被害者の両親がもし昔からの住人だったなら

---

110) Engel, *The Oven Bird's Song, supra* note 107, at 559.
111) *Id.*
112) *Id.* at 559-60.
113) *Id.* at 561.
114) *Id.*
115) *Id.* at 569-70.

ば，子供の負傷はもっときちんと監視していなかった自分達の所為であると自らを責めた（"tend to blame themselves"）に違いない。逆に両親が新規参入者であれば，自動車ディーラーとゴミ処理業者が損害賠償の責任を取るように積極的に求めることになる。後者の場合，「"戦うか逃げる"反応」（"fight-flight" reaction）を示す。即ち，皆が攻撃するならば反撃しようという反応を示すか，または，地域社会から逃げ出してしまうという「逃げ」（"flight"）の反応を示すのである，と[116]。

C. ファースト・フード肥満訴訟と自己責任： 「正当な」権利を有する原告（π）が，社会的な圧力から権利の実現を断念させられるのは，好ましいことではない。しかし，法規範上，π側の権利の存在が怪しい場合，その怪しさの度合いが増せば増す程に，社会はπによる訴訟の提起・追行を支持しなくなり，そのような新奇な訴訟は本来「自己責任」の問題であるという反響が生じる。ホット・ドリンク火傷訴訟や，ファースト・フード肥満訴訟とアメリカ社会の反響を見ると，そのように感じられるのである。

しかしここで難しいのは，訴訟が，たとえ同時代的には自己責任であると否定的に捉えられたものであっても，時代の変化や，不明であった出来事が明らかになったことや，更には人の認知上の能力の限界が万民のものであってパターナリズムが必要であると支持されるように「社会規範」（societal norm）が変わってくれば，新"奇"な訴訟も正当なものに変わり得る点にある。煙草訴訟は[117]，その判り易い一例かもしれない。他の法律と同様に，不法行為法もまた，社会や政治の変化に左右されるものなのである。以上のような分析を理解するために参考になるのは，以下のような指摘である[118]。

---

116) *Id.* at 570-71.
117) *See* 補追，第四部，第Ⅲ章「第二節 リステイトメント（第二次）不法行為法§402A『コメント *i.* 問題』」内の「3. 煙草訴訟」の項.
118) JAMES A. HENDERSON, JR. & AARON D. TWERSKI, PRODUCTS LIABILITY : CASES AND PROCESS 201 (5th ed. 2004)（訳は本書の筆者）．

危険というものは，政治的かつ社会学的な諸々の理由によって社会が選択する (chosen by society for political and sociological reasons) もの［である］。過去の…危険評価モデルは，その取り組むべきリストの最上位に (at the top of their list)，［現在のモデルとは］異なる危険を挙げていて，そのような過去のモデルの順序を置き換えることへの大きな躊躇が現れることになる。…。受容可能な危険レベルという政治的な嗜好の変化 (changing political tastes of acceptable levels of risk) は，文化の発展に不可避的な副産物 (inevitable by-products of cultural progression)［かもしれないのである］。

HENDERSON & TWERSKI, PRODUCTS LIABILITY, supra note 118, at 201.

　即ちホット・ドリンク火傷訴訟や，更にはファースト・フード肥満訴訟に対する，現時点における危険の評価は低いかもしれず，その危険を高く評価するような変化の主張に対しては躊躇も大きいけれども，将来，「発展する社会規範」(evolving societal norms)[119]の中でどのように捉えられるかという変化については，予測が難しいということになるのかもしれない。

　それにしても，自己責任と反自己責任の境界を巡る論議は，正に不法行為法が直面する課題そのものである。日々その限界が試されるのである。たとえば有名なファースト・フード肥満訴訟である「*Pelman 対 McDonald's Corp.*」(第一事件)[120]において，Sweet 判事は以下のように指摘している。

　　当訴訟はユニークかつチャレンジングな争点を提起するものである。Δがその製品をマーケティングして販売する際の慣行が欺瞞的であり，かつ，その欺瞞によって同社製品を消費してきた未成年者が肥満になって害を被った，とπは主張する。個人の責任 (personal responsibility) と常識的知識

---

119) *Id.*
120) Pelman ex rel. Pelman v. McDonald's Corp. (*Pelman I*), 237 F. Supp. 2d 512 (S.D.N.Y. 2003).

(common knowledge), 及び公衆の健康 (public health) に関する問題, 加えて, かかる争点に取り組む社会および裁判所の役割の問題が, 提起されている。

　自己責任の範囲を決めるという争点が, 法の多くの面で関わってくる。即ち, 自身の面倒をみるという個人の自己責任と, 他人が保護してあげる社会の責任との間において, 何処で線引きをすべきであろうか。個人が何らか［の理由］で自らを守ることができず, かつ, そのような個人と何らかの他の存在——個人自身, 他の個人, 又は地球全体に広がる巨大企業——との間に社会がバッファーを提供する必要があるような状況においてこそ, 法が創造されるのである。……。

Pelman I, 237 F. Supp. 2d at 516（訳は本書の筆者）.

第五節　ロールズ, フレッチャー, そしてドゥウォーキン

1．John Rawls と"正義"（justice）

　法と経済学的な分析に対する倫理哲学的な検討の文脈においては, しばしば John Rawls の哲学が引き合いに出され, これを支持する立場の論者が「Rawlsian」と呼ばれたりする。彼は, 特に反功利主義的な立場の倫理の論者として有名である。本書は法哲学の書物ではないのでこれを深く論じることはできないけれども, John Rawls の最も有名な主張を簡潔に紹介しておく。

　A．「無知のヴェール」(a veil of ignorance) と「正義の二大原則」(two principles of justice)：　　Rawls 曰く, 生まれつきの才能や家柄等による富の配分という点において自分がどのような有利・不利な地位にいるのかを全く知らない無垢な「無知のヴェール」(behind a veil of ignorance) にいる「原初状態」(original position) において, 人々が皆, 納得・合意するような「正義の二大原則」(two principles of justice) が以下のように存在する[121]。

1．あらゆる人は，全ての人々にとっての同様な自由と相容れる限り，自由への平等な権利を有している。(「正義の第一原理」=「平等な自由の原理」)
2．社会経済的不平等［が受容されるために］は，それに伴う地位や職業が全ての人々に対して公正にして平等な機会が開かれていて，かつ，社会で最も不利な構成員達にとっての最大の利益とならなければならない。(「正義の第二原理」=「格差原理」)

特に第二の原理である「格差原理」(the maximin of difference principle) は，功利主義への批判になっている。恵まれない階層（貧困層）の不利益が，利益を得る階層（富裕層）の利益によって埋め合わされるという理由では，もはや不平等を許さないと主張しているからである。更に格差原理は，「互酬性」(reciprocity) の原理も満たしている。恵まれている者と恵まれていない者の双方を格差原理は利するので，双方に受け入れられるとも主張している。

以上，Rawls の学説のごく一端を紹介したに過ぎないが，不法行為法の倫理哲学的な分析，特に「互酬性」(reciprocity) の概念を用いた不法行為法の在り方に関する分析においては，Rawls がしばしば言及されている。たとえば互酬性を中心に不法行為法を観念することにより，Rawls の「正義の第一原理」(first principle of justice) を表すことになると述べたのが，以下で紹介する George P. Fletcher である[122]。即ち Fletcher は，Rawls の論文「*Jastice as*

---

121) 本文中の記述については，see ジョン・ロールズ著（田中成明 編訳）『公正としての正義』33, 36, 122-25, 136-37, 174, 176, 179-80, 183-84, 186-87頁（1979年，木鐸社）．なお原文は以下のように記述している。

> 1. Each person has an equal claim to a fully adequate scheme of equal basic rights and liberties, which scheme is compatible with the same scheme for all.
> 2. Social and economic inequalities are to satisfy two conditions : first, they are to be attached to positions and offices open to all under conditions of fair equality of opportunity ; and second, they are to be to the greatest benefit of the least advantaged members of society.
>
> JOHN RAWLS, POLITICAL LIBERALISM 5, 30 (1996).

Fairness」『PHILOSOPHICAL REVIEW』誌67巻164, 165頁（1958年）における"[E]ach person participating in a practice, or affected by it, has an equal right to the most extensive liberty for all."という指摘のアナロジーとして, 以下のように述べている。

> [W]e all have the right to the maximum amount of security compatible with a like security for everyone else. This means that we are subject to harm, without compensation, from background risks, but that no one may suffer harm from additional risks without recourse for damages against the risk creator.
>
> Fletcher, *Fairness and Utility in Tort Theory*, *supra* note 11, at 550.

つまり安全に対する個人の平等な権利を出発点として, 次項において紹介する「互酬（reciprocal）原理」を主張したのである。その主張は, 危険効用／費用便益分析を中心とした不法行為／reasonableness責任の概念と, fairnessを尊重する「個人の自律」（individual autonomy）との調和にあると読める。（*Id.* at 566, 569, 573.）

2．"賠償の互酬原理"（reciprocal principle of recovery）とGeorge P. Fletcher

Rawlsの影響を受けて,「正義に基づく不法行為論」（justice-based accounts of torts）として「賠償の互酬原理」（reciprocal principle of recovery）を重視すべきであると主張したことで有名なのが, Fletcherである[123]。即ちFletcherは, 事

---

122) Fletcher, *Fairness and Utility in Tort Theory*, *supra* note 11, at 550.
123) *Id.* Fletcherの互酬原理を紹介する論文は多数あるけれども, たとえば see, *e.g.*, John C. P. Goldberg, *Twentieth-Century Tort Theory*, 91 GEO. L. J. 513, 567-68 (2003). 更にたとえばチーペスト・コスト・アヴォイダーで有名なGuido Calabresi & Jon

故というものを，互酬的危険（reciprocal risk）と非互酬的危険（nonreciprocal risk）に分類し，後者において無過失責任が伝統的に課されてきたと分析。そして有名な無過失責任の英国判例である「*Rylands* 対 *Fletcher*」[124]を例に挙げ，貯水池を作ってそれが崩壊して隣家に損害を与えて無過失責任が課されたのは，一方的に他方へ危険を賦課したからであると指摘。逆に互酬的危険については，過失責任主義が適用されると主張。このようなルールが不法行為法の「賠償の互酬原理」（reciprocal principle of recovery）であると説く。相互的・互酬的でない程に不公正な量の危険を与えられれば，無過失賠償を被告（⊿）から求め得るけれども，逆に無過失な互酬的危険については受忍すべきであるという立場を採ったのである。更にもし非互酬的危険を採った⊿に賠償責任を課せば社会全体にとって経済的に望ましくない効果が生じる場合には，事故補償的制度を用いるべきであると指摘している。

　Fletcher と同様に互酬原理の立場を採る不法行為責任法学者としては，本書も紹介してきた Keating が挙げられる[125]。なお，互酬原理に基づく不法行為法の学説に対する批判としては，何が互酬関係にあるのかという定義が曖昧であるという批判がある[126]。確かに世の中の様々な活動は需要がある限りはある程度まで互酬であり非難に値しないとも解釈し得るので，基準として不明確

　　T. Hirschoff, *Toward a Test for Strict Liability in Torts*, 81 YALE L. J. 1055, 1079 & nn. 77-78 (1972) も Rawls の『A THEORY OF JUSTICE』（1972）を出典表示しながら，人の生まれ等に基づいた貧富の格差による賠償を否定し，人が何をしたのかに基づく賠償が individual's just desert に従った賠償として望ましいとする Fletcher の説を紹介している。

124)　Rylands v. Fletcher, Court of Exchequer, 3 H. & C. 774, 159 Eng. Rep. 737 (1865)；Exchequer Chamber, L. R. 1 Ex. 265 (1866)；House of Lords, L. R. 3 H. L. 330 (1868). 同判例のケース・ブリーフは，see 補追，第三部，第Ⅲ章「第一節『*Rylands* 対 *Fletcher*』判例，他」の項。

125)　*E.g.*, Keating, *Reasonableness and Rationality in Negligence Theory, supra* note 16.

126)　Goldberg, *Twentieth-Century Tort Theory, supra* note 123, at 569-70. もっとも Fletcher 自身もこの弱点は自認していたと読める。*See* Fletcher, *Fairness and Utility in Tort Theory, supra* note 11, at 572.

だと言われればその通りかもしれない。しかし倫理的な配慮としてそれなりに説得力のある要素ではあるまいか。

3．Ronald Dworkin の"法の帝国"（LAW'S EMPIRE）と「平等主義」（the principle of equality）

　富の極大化を目的とする法と経済学の立場を批判する倫理哲学者として有名なのが，Dworkin である。コースの定理，または功利主義に関しても批判しつつ，以下のように有名な「平等主義」(the principle of equality) を唱える。

　即ち，人々の諸権利は衝突し合うことがある。コースの定理におけるハイポ（hypo.：hypothetical, 仮想事例）の一つのように，鉄道会社が火の粉を飛ばしながら敷地内に列車を走らせる権利と，隣接農家が農作物を線路近くに植える権利が衝突し，農作物焼失という損害が発生する。そのような場合には，平等主義的な責任が生じる。即ち，「自分の利益と同じくらい相手の利益をも尊重するような何らかの仕方で［権利を］決定しなければならない。」[127]

　このように平等な尊重（equal respect principle）を求める「平等主義」の思想は，読者も既に気付いているように，上で紹介してきた多くの倫理哲学的分析を試みる不法行為法学者にも影響を与えてきている。

4．コメント

　法と経済学的な抑止効果と，矯正的正義の当事者間における実現とは，相対立する思想であると理解され易い。確かにそのような局面もあるであろう。しかし本書が紹介してきたように，抑止と矯正的正義の両者共が，不法行為の目的として必要であると捉える有力な論者がいる[128]。そのような立場こそが，説得的ではあるまいか。何故ならば，どちらか一方の目的だけから導き出される具体的な事例の結論が，多くの人々にとって納得がゆかないものとなったり，

---

127) ロナルド・ドゥウォーキン著，小林公 訳『法の帝国』454頁（1995年，未來社）。
128) *See, e.g.*, G. Schwartz, *Affirming Both Deterrence and Corrective Justice, supra* note 1.

多くの論者の批判を浴びるものになったりすると思われるからである。どちらかに偏った論理だけでは，社会的に受容され得る不法行為法の説明が，難しくなると思われるのである。

第Ⅲ章 「法と行動科学(認知心理学)」からの新たな示唆 (law, behavioral economics, and cognitive psychology)

第一節　序　論

　そもそもアメリカのロースクールでは，「law ands」(「法と○○○」)と呼ばれる多様な学際的研究が進化・発展していて，日本においても学ぶべき点が多い。更に前述したように，不法行為法の在り方を検討する際にも，「法と経済学」が多大な影響を与え，続いて倫理哲学を用いた分析も影響を与えてきた。現代不法行為法学の研究においては，もはや，それら学際的な視点を抜きには語れない程である。そのような「law ands」と呼ばれる学際傾向に拍車を掛けるもう一つの新しい潮流として，近年，示唆に富む実証研究を示す分野として筆者が着目しているのは，「法と行動科学」(law and behavioral science) や「新しい法と心理学」(new law and psychology) または「行動的法と経済学」(behavioral law and economics) 等と呼ばれる分野である。これらの呼称には統一性がなく[1]，「認知心理学」[2]からの学際的アプローチの影響が大きいので，本書では便宜上

---

1) 法と行動科学（認知心理学）的な研究分野において現在，根幹をなすと思われる「行動経済学」(behavioral economics) 自体も，未だ，early stage of development にあると言われている。Colin Camerer, Samuel Issacharoff, George Lowenstein, Ted O'Donoghue & Mathew Rabin, *Regulation for Conservatives: Behavioral Economics and the Case for "Asymmetric Paternalism,"* 151 UNIV. PENN. L. REV. 1211, 1214 (2003). 今後は，経済学よりも心理学やその他の認知系諸科学に力点を置いた，法との間の学際的な発展も予想されるので，本書ではこの新しい学問領域を暫定的に「法と行動科学（認知心理学）」という名称で呼ぶこととした。

まとめて「法と行動科学（認知心理学）」と呼び，その概要を以下において紹介していく。

「法と行動科学（認知心理学）」は，法律学の外部の研究分野である「行動科学」(behavioral science) や，「認知心理学」(cognitive psychology) や，「認知科学」(cognitive science)，または，それ自体が既に学際分野である「行動経済学」(behavioral economics) 等からの影響も受けている。特にその理解には，これまで触れて来た，既に全米的な法律学に大きな影響を与えている「法と経済学」的な分析の知見も求められることが多い[3]。

ところで筆者が，「法と行動科学（認知心理学）」を，不法行為法に関する本書において紹介する主な理由は何であろうか。それは，危険や，事故の発生蓋然性の意識と，それに基づく判断・行動に関する研究成果が，「法と行動科学（認知心理学）」という学際分野に多く含まれているからである。「法と行動科学（認知心理学）」は，人が，いわゆる「合理的選択」(rational choice) と乖離した判断を如何にシステマティックに下すのか等に関する示唆に富む実証研究結果を提示している。即ち人は，必ずしも利己利益に適った判断や行動を選択するとは限らないことを，主に認知心理学を用いた実証研究によって解明した[4]。

---

2) 「認知心理学」(cognitive psychology) とは，人が如何に情報を処理するのか，如何に mind が機能するのかを研究する。Edward J. McCaffery, *Cognitive Theory and Tax, in* BEHAVIORAL LAW AND ECONOMICS 398, 398 (Cass R. Sunstein ed. 2000).

3) 「法と経済学」的な分析を行うけれども，従来（conventional）の「法と経済学」に対しては批判的な立場に立つ。即ち，人が効用を極大化する行動を採るという従来の法と経済学の仮定に対して疑念を抱き，"実際の人間の行動"（actual (not hypothesized) human behavior) と法の関係を探求しようとするのである。Christine Jolls, Cass R Sunstein & Richard Thaler, *A Behavioral Approach to Law and Economics, in* BEHAVIORAL LAW AND ECONOMICS 13, 14 (Cass R. Sunstein ed. 2000).

4) *E. g.*, Daniel Kahneman & Amos Tversky, *Prospect Theory : An Analysis of Decision under Risk*, 47 ECONOMETRICA 263 (1979). この「予測理論」(prospect theory) の紹介は，see *infra* 本節内の「3.『予測理論』」の項。なお人々は効用の極大化を目指して合理的に行動するというミクロ経済学の前提については，see *supra* 第Ⅰ章，第一節中の「1．序論」内の text accompanying note 10.

そのために，人は合理的選択をするはずであるというこれまでの「法と経済学」の前提を覆しつつある[5]。従って「法と経済学」に大きく影響されてきた不法行為法の在り方も，再検討を余儀なくされる虞が出てきたのである。

既に繰り返し触れてきたように，本書が主に関心を抱く事項は，「産業化社会」(industrialized society) における不可避的な事故を巡る民事責任である。その問題は，事故防止費用を果たして何処まで掛けることが正しいと判断されるべきか，という問題に突き当たる。その問題解決のためには，人が求める安全の程度や，危険の認識レベルという諸要素が不可欠に関連性を有する。そのような諸要素を理解するための一助として，「法と行動科学（認知心理学)」という学際的視点からの研究成果が，アメリカでは既に議論されてきているのである[6]。

たとえば大衆や事実認定者（fact finders）(i.e., 陪審や判事) は果たして，「ハンド判事の公式」（ハンド・フォーミュラ）等の示すリーズナブルネス（理に適っていること）の基準に従って，実際に行動の意思決定を合理的に下しているであろうか。不法行為法が関心を寄せ

---

5) ROBERT COOTER & THOMAS ULEN, LAW AND ECONOMICS 15 (4th ed. 2004) (2002年にノーベル経済学賞を受賞した Daniel Kahneman の指摘が rational choice theory に疑問を投げ掛けていると指摘).

6) E. g., BEHAVIORAL LAW AND ECONOMICS (Cass R. Sunstein ed. 2000) ; CASS R. SUNSTEIN, LAWS OF FEAR : BEYOND THE PRECAUTIONARY PRINCIPLE (2005) ; Elizabeth Hoffman & Matther L. Spitzer, *Willingness to Pay vs. Willingness to Accept : Legal and Economic Implications*, 71 WASH. U. L. Q. 59 (1993) ; Jeffrey J. Rachlinski, *The Uncertain Psychological Case for a Paternalism*, 97 NW. U. L. REV. 1165 (2003) ; James A. Henderson, Jr., & Jeffrey J. Rachlinski, *Product-Related Risk and Cognitive Biases : The Shortcomings of Enterprise Liability*, 6 ROGER WILLIAMS U. L. REV. 213 (2000) ; Kim A. Kamin & Jeffrey J. Rachlinski, *Ex Post ≠ Ex Ante : Determining Liability in Hindsight*, 19 LAW & HUM. BEHAV. 89 (1995) ; Charles Yablon, *The Meaning of Probability Judgments : An Essay on the Use and Misuses of Behavioral Economics*, 2004 U. ILL. L. REV. 899 (2004) ; Chris Guthrie, *Prospect Theory, Risk Preference, and the Law*, 97 NW. U. L. REV.. 1115 (2003) ; Howard Latin, *"Good" Warnings, Bad Products, and Cognitive Limitations*, 41 UCLA. L. REV. 1193 (1994) ; Chris Guthrie, Jeffrey J. Rachlinski & Andrew J. Wistrich, *Inside the Judicial Mind*, 86 CORNELL L. REV. 777 (2001).

る事故の発生する蓋然性・確率「P」(probability) の要素を，人は，正しく評価・判断・予測できないと言われているのである[7]。「法と行動科学（認知心理学）」は，そのような蓋然性の誤認に関する科学的実証結果[8]の法的意味を探るので，その研究は，蓋然性の意識に大きく左右される不法行為法の責任基準を再検討する手掛かりになるかもしれない，と期待されるのである。

1．「法と行動科学（認知心理学）」とは何か

近年の「法と行動科学（認知心理学）」の発展は，「行動経済学」(behavioral economics) にインスパイアされている。そして行動経済学は，「認知心理学」(cognitive psychology) の影響を受けてきた。即ち2002年のノーベル経済学賞受賞者である「認知心理学者」(cognitive psychologist) の Daniel Kahneman と，共に研究成果を公表した認知心理学者 Amos Tversky による「価値理論」(value theory) や，その発展形である「予測理論」(prospect theory) 等が「行動

---

7) たとえば以下のような指摘がある。

> Human beings are notoriously poor at the kind of probabilistic reasoning that is necessary for rationally evaluating the low probability, high magnitude harms that are the daily bread of negligence law.
> Gregory C. Keating, *Reasonableness and Rationality in Negligence Theory*, 48 STAN. L. REV. 311, 351 (1996) (emphasis added).

8) McCaffery, *Cognitive Theory and Tax, supra* note 2, at 398, 400. 以下のように分析している。殆どの認知理論（cognitive theory）は蓋然性の問題を念頭に発展して来たと言われている。将来の結果の不確実性に対して被験者が如何にアプローチするのかを研究してきたのである。それは危険を前にした際の意思決定に関するものになり易い傾向を有する。このため，認知理論を法に応用する研究においては現在までのところ，危険の問題を直接扱うものであることが自然なことである，と。更に，「法と行動科学（認知心理学）」においては，蓋然性の評価・判断を人が誤る傾向のことを，「probability neglect」（蓋然性無視）と呼ぶ場合がある。Cass R. Sunstein, *Probability Neglect : Emotions, Worst Cases, and Law*, 112 YALE L. J. 61 (2002).

経済学」という新たな学際領域を刺激し，これが「法と行動科学（認知心理学）」に影響を与えている[9]。それまでの法と経済学が依拠してきた，人は結果（効用や利潤等）極大化を目指して合理的な判断・行動をするという「合理的選択理論」(rational choice theorem) に対し，「予測理論」は人がしばしばシステマティックに結果極大化に反する判断・行動をしてしまうことを実験主義的に指摘した[10]。かかる新しい指摘を受けて「法と行動科学（認知心理学）」は，そのような「行動意思決定論」(behavioral decision theory) 的な考え方の法律分野における応用を試みるのである。Kahneman と Tverski，または心理学者 Paul Slovic[11]等の業績は，しばしば「法と行動科学（認知心理学）」にて紹介されると共に，それが法律問題に応用されてもいるのである。

2．「限定合理性」(bounded rationality) と「限定意思力」(bounded willpower)

人は「rational」に意思決定し行動するはずである，という従来の「法と経済学」が依拠してきた前提への懐疑の例として，「限定合理性」(bounded rationality) と「限定意思力」(bounded willpower) の概念を紹介しておこう[12]。まず，「限定合理性」(bounded rationality) とは，人の認知能力には限界があるという

---

9) 本文中の紹介するところについては，see, *generally* Guthrie, *Prospect Theory, Risk Preference, and the Law, supra* note 6, at 1115-16, 1119.

10) *See* Camerer et al., *Regulation for Conservatives, supra* note 1, at 1214-17（経済学においてはきちんと定義される選好を人は有し，かつそれを極大化するように選択決定することを前提にしていたけれども，人はしばしば合理的選択あるいは効用極大化とは一致しない判断を下すという"anomalies"（変則）が明らかになってきたと指摘）．なお「合理的選択理論」については，see *supra* 第Ｉ章，第一節中の「1．序論」内の text accompanying note 10.

11) 「法と行動科学（認知心理学）」に関連する Paul Slovic の学説紹介については，see, *e. g.*, Yablon, *The Meaning of Probability Judgments, supra* note 6, at 937-39 & n. 233.

12) 本文中の当段落内の記述については，see Jolls, Sunstein & Thaler, *A Behavioral Approach to Law and Economics, supra* note 3, at 14-15.

意味である。つまり，計算能力や記憶能力等に限界がある。そのような有限な頭脳の能力や，処理能力に掛かる時間を経済的に単純化するために，人は，「知能上の近道」(mental shortcuts) や「経験法」(rules of thumb) に頼る[13]。そのために，人は，判断と決定において誤った結論を下すことがある。「無限な合理性」(unbounded rationality) を有しているという従来の経済学の基準通りには，実際の人は判断・決定を下していないのである。次に「限定意思力」(bounded willpower) とは次のような意味である。即ち，人は，自身の長期的利益に反していると知っていながらも，そのような行為を採ってしまう。たとえば喫煙者は，良くないと知りながらも喫煙を止められないのである。もっとも人は，自身の意思力に限界があることを知っているから，その弊害を減少させるような行動を採る場合もある。任意加入の年金積立に自主的に加入するような場合である。法も，そのような「限定意思力」に対応している場合がある。「クーリング・オフ」や強制加入年金制度である。

　以上の指摘は，たとえば「反パターナリズム」の立場を採る伝統的な「法と経済学」に対して再考を促すことに繋がる。何故ならば，人は自身の利に適った行動を採るという「法と経済学」の従来の前提が覆され，自由な選択に委ねれば利に反する結果になるので，政府がパターナリスティックに介入・保護すべきであるという主張を肯定するからである。

3．「予測理論」(prospect theory)

　Kahneman と Tverski による「予測理論」(prospect theory) は，「法と行動科学（認知心理学）」の論文においてもしばしば言及されるので，本書でも簡単に

---

13) 「mental shortcuts」や「rules of thumb」とは，後掲の「availability」(入手容易性ヒューリスティック)，「anchoring」(投錨と調整)，および「case-based decisions」(事例に基づく判断) のことである。*See infra* 本章，第二節（特に1．「入手容易性ヒューリスティック」の項と2．「投錨と調整」の項）および第三節（特に7．「事例に基づく判断」の項）．Jolls, Sunstein & Thaler, *A Behavioral Approach to Law and Economics, supra* note 3, at 15 ; Cass R. Sunstein, *Introduction, in* BEHAVIORAL LAW AND ECONOMICS 1, 5 (Cass R. Sunstein ed. 2000).

紹介しておこう。まず, 人は,「期待効用理論」(expected utility theory: EUT) の基本的な教義と一致ない反応を示すと指摘し, それを「予測理論」と呼んだ[14]。即ち, 実証実験の結果, 以下の通りの反応を示したのである[15]。

A. 「確実性効果」(certainty effects) 等： 人は, 確実な結果に対しては, 単なる蓋然性のある結果に対するよりも, 高い主観的価値を置く。(これを Kahneman & Tverski は「certainty effects」と呼ぶ。) たとえば1,000ドルを獲得する85％の蓋然性よりも, 800ドルを確実（100％）に獲得する選択肢の方を, 人は選好するのである[16]。従って, gains（利得）の選択においては, 確実な利得の方を蓋然性のある利得よりも選好し（危険回避的選好^{risk aversion}), 逆に, losses（損失）の選択においては, 蓋然性のある損失の方を, 確実な損失よりも選好する（危険愛好的選好^{risk preferring})。即ち利得においては80％の蓋然性で1,000ドルを得る選択肢よりは, 確実に800ドルを得る選択肢を好み, 逆に, 損失においては, 確実に800ドルを失う選択肢よりも, 85％の蓋然性で1,000ドルを失う選択肢の方を好むのである。従って, たとえば英国一週間旅行に確実に行ける方が, 英仏伊三週間旅行に50％行けるかもしれないチャンスに賭けるよりも, 好ましいと思うと指摘されている[17]。

なおこの結果は,「合理的選択理論」(rational choice theory) と一致しない。合理的選択理論では, 通常, 利得の場合も損失の場合も, 共に人が「危険中立」(risk neutrality) 的か,「危険回避」(risk aversion) 的かのどちらかに行動すると前提していたからである[18]。

この指摘を法的に応用すれば, たとえば規制違反に対する有効なペナルティ

---

14) Kahneman & Tversky, *Prospect Theory, supra* note 4, at 274.
15) *Id.* at 263.
16) Daniel Kahneman & Amos Tversky, *Choices, Values, and Frames*, 39 AM. PSYCHOLOGIST 341, 341 (1984).
17) Guthrie, *Prospect Theory, Risk Preference, and the Law, supra* note 6, at 1119.
18) *Id.* at 1118.

ーを検討する際に，人は「確実に50ドルの罰金を支払うのと，5％の確率で1,000ドルを支払わなければならない罰金との間の選択においては，後者を選択しがちであるということを，考慮に入れるべきということになる。」[19]

B．「損失回避」（loss aversion）等： 人は，最終的な資産（final assets）や全体的な資産（total assets）への影響を基準に判断するのではなく，むしろ，「現状」（status quo）等の「参照点」（a reference point）に対する利得と損失に対して価値を評価する。更に，利得では100ドルから200ドルに利得する方が，1,000ドルから1,200ドルに利得するよりも主観的価値が高く，損失では，200ドルが100ドルへlossする方が1,200ドルから1,000ドルへlossするよりも［損失の］主観的価値が大きい。更にそもそも損失の方が，利得に比べれば主観的価値が大きい。（これをKahneman & Tverskiは「loss aversion」（損失回避）と呼ぶ。後掲，第三節内の「1.『所有効果』,『現状執着偏見』,『損失回避』,および『不作為性向』」の項も参照。)[20] つまり同額を得た場合の喜びよりも，同額を失った場合の悲し

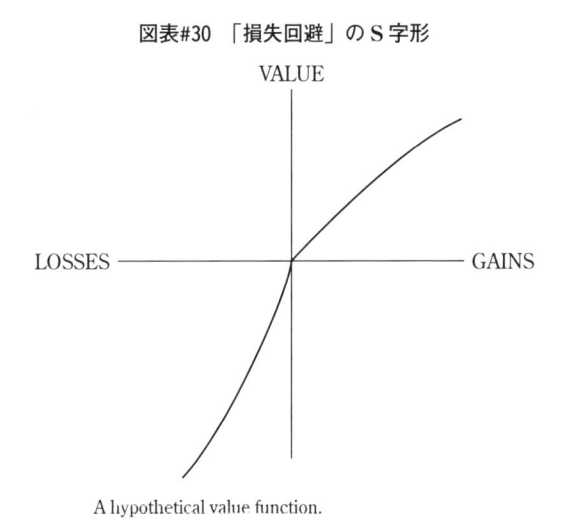

図表#30 「損失回避」のS字形

A hypothetical value function.

---

19) *Id.*

みの方が大きい[21]。従って，価値の曲線は利得面では緩やかなカーブを描き，損失面では勾配の激しい凸型を描く。これらの関係は全体としては「S字形」になる。(図表#30)[22]

C. 「nonlinearity value（非線形選好）／weight function（決定荷重）」：判断上の価値は一般的に実際の蓋然性よりも低いところにあるけれども，蓋然性の低い領域では逆に判断価値が蓋然性を超えてしまう。即ち，蓋然性の直線に比べて判断価値の線は非線形を示すのである。(図表#31)[23] 仮にロシアン・

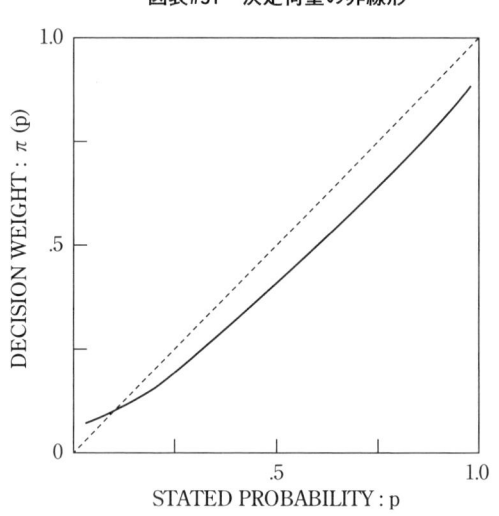

図表#31　決定荷重の非線形

A hypothetical weighting function.

20) Kahneman & Tversky, *Prospect Theory, supra* note 4, at 279 ; Kahneman & Tversky, *Choices, Values, and Frames, supra* note 16, at 342.
21) Guthrie, *Prospect Theory, Risk Preference, and the Law, supra* note 6, at 1119.
22) Sources : Kahneman & Tversky, *Prospect Theory, supra* note 4, at 279, fig. 3 ; Kahneman & Tversky, *Choices, Values, and Frames, supra* note 16, at 342, fig. 1.
23) Sources : Kahneman & Tversky, *Prospect Theory, supra* note 4, at 283, fig. 4 ; Kahneman & Tversky, *Choices, Values, and Frames, supra* note 16, at 345, fig. 2.

ルーレットを強要され，お金を支払えば弾丸を一発だけ減らすことができる場合，多くの人は，4発を3発に減らすよりも，1発をゼロ発に減らす方に，より多額な対価を支払うという例を，Kahneman & Tverski は挙げている[24]。経済学的な考慮からすれば，前者の方に費用を掛けた方が望ましいのに，人はそれとは反対の反応を示すという[25]。なお，このように"低い"蓋然性に対しては"高い"価値を置き危険愛好的になるという傾向が，保険やギャンブルの魅力の理由になっている。

D．「孤立効果」（isolation effects）等： 更に人は，選択肢の共通点は無視して，相違点のみに焦点を当てる[26]（isolation effects）。たとえば[27]，普通は4,000ドルを20％の確率で得る選択肢の方が，3,000ドルを25％の確率で得る選択肢よりも，人は好むけれども，以下のような質問の仕方をすると，後者を好む人が多くなる。即ち二段階で構成されるゲームで，第一段階では第二段階に進める蓋然性が25％であることは皆共通であるけれども，第二段階では次のど

---

24) Kahneman & Tversky, *Prospect Theory, supra* note 4, at 283.
25) この理由は原文では十分説明していないので，読者には，筆者による以下のような更なる説明が有用かもしれない。まず人は，危険がゼロ発になる方が望ましいと思いがちであろう。少し考えを進めて，4発（4/6＝66.66％）が3発（3/6＝50％）になるのも，1発（1/6＝16.66％）がゼロ発（0％）になるのも，両者共に1/6（16.66％）が減るのだから同じであると思う者も出てくるかもしれない。しかし両者の決定的な相違は，その出発点にこそ存在する。そもそも6発中4発も弾が入っている拳銃の「出発点」は，次に引き金を引いた際に死ぬ蓋然性が非常に大きい（4/6＝66.66％）。対して6発中1発しか入っていない拳銃は，次に引き金を引いた場合に発射される蓋然性がそもそも相当程度低い（1/6＝16.66％）。従って，次に引き金を引くように強要された場合，どちらの拳銃から1発を抜き取るべきかと考えれば，一方の4発入りの拳銃から抜き取らないと高い危険が残ったままになってしまい，他方の1発入り拳銃は抜き取らなくても危険は当初から低いのである。即ち優先権は，4発入り拳銃を3発に引き下げることであるべきとなる。
26) Kahneman & Tversky, *Choices, Values, and Frames, supra* note 16, at 341-42.
27) Kahneman & Tversky, *Prospect Theory, supra* note 4, at 266, 271；Kahneman & Tversky, *Choices, Values, and Frames, supra* note 16, at 345.

ちらかを選択可能であり，一つは4,000ドルを80%の確率で得る選択肢であり，他方は，3,000ドルを確実に得られる選択肢であると質問する。この場合，多くが後者を選択する。しかしこのゲームでは，全員が25%しか第二段階に進めないのだから，本当の期待値は，最初の選択肢が $4,000 \times 25\% \times 80\% = \$4,000 \times 20\%$ であり，後者の選択肢は $\$3,000 \times 25\%$ なので，当初のゲームと同じ期待値の二つの選択肢ということになる。しかし後のゲームでは後者の選択肢を選ぶ者が増えるという逆転が起きた理由は[28]，第一段階を25%しか生き残らないという"共通点"が無視されて，第二段階の"相違点"である，後の選択肢の"確実"に3,000ドルを得られるという点のみが重視されてしまったからである。これは，質問の仕方次第で判断が変わってしまう虞を示している。(後述[29]「フレイミング効果」参照。)

以上の「予測理論」を「法と行動科学(認知心理学)」の立場から一言で表せば，人が「現状」を基準として価値を評価し，現状からの「損失」(losses) の方が現状からの「利得」(gains) よりも更に大きな影響を与えるように感受される傾向を示した理論であり[30]，上記A.～D.の四つが中心的要素になっている[31]。そして予測理論は，後述する「フレイミング効果」や「投錨と調整」，その他の認知的な「ヒューリスティック」と「偏見」(bias) という概念を[32]，行動の「部分的描写理論」(a partial descriptive theory of behavior) に統合したものであると指摘されている[33]。

---

28) Kahneman & Tversky, *Prospect Theory, supra* note 4, at 271-72.
29) *See infra* 本章「第二節『法と行動科学(認知心理学)』上の主要概念」内の「5.『フレイミング効果』と『予測理論』」の項.
30) Hoffman & Spitzer, *Willingness to Pay vs. Willingness to Accept, supra* note 6, at 87-89.
31) *See* Latin, *"Good" Warnings, Bad Products, and Cognitive Limitations, supra* note 6, at 1238 & n. 195 (Kahneman & Tversky, *Prospective Theory, supra* note 4. を出典表示しながら概説).
32) *See infra* 第二節.
33) *See* Latin, *"Good" Warnings, Bad Products, and Cognitive Limitations, supra* note 6, at 1238 & n. 195.

第二節 「法と行動科学（認知心理学）」上の主要概念

　研究者達が，認知心理学または行動経済学的な分析で用いる諸概念の内，どのようなものが主に法律学において応用されるかについては，たとえば心理学と法務の双方にて学位を有するコーネル大学ロースクール教授の Rachlinski 博士が以下のように紹介している[34]。即ち，次の五つの概念が「law ands」な学際領域で主に使われるという。「入手容易性ヒューリスティック」（availability heuristics），「代表性ヒューリスティック」（representative heuristics），「投錨と調整」（anchoring and adjustment），「あと知恵の偏見」（hindsight bias），および「自己奉仕的偏見」（self-serving bias）あるいは「自己中心的偏見」（egocentric bias）の五つである。これらに加えて筆者がアメリカの法律論文（law review / law journal）をブラウズしたところ，「フレイミング」（framing）効果も，近年の法律論文でしばしば紹介・応用されているように見受けられるので，これら諸概念を以下にて簡潔に説明しておこう。

1．「入手容易性ヒューリスティック」（availability heuristics）

　A．「ヒューリスティック」（heuristics）とはそもそも何なのか：　そもそも「ヒューリスティック」（heuristics）とは，敢えて邦語に訳される場合は「簡便法」と言われる概念であるが，訳語だけでは概念を伝え難いためか，そのままカタカナ表記される場合が多いように見受けられる。ヒューリスティックは「推理における近道」（shortcuts in reasoning）または「認知上の近道」（cognitive shortcuts）とも言われ[35]，頭脳が全ての刺激（stimuli）を完全に処理し切

---

34)　Rachlinski, *The Uncertain Psychological Case for a Paternalism, supra* note 6, at 1170-73 & nn. 34, 36.
35)　本文中の以下の記述については，see, *e.g.*, Yablon, *The Meaning of Probability Judgments, supra* note 6, at 929 ; Rachlinski, *The Uncertain Psychological Case for a Paternalism, supra* note 6, at 1165 ; Henderson & Rachlinski, *Product-Related Risk and*

れずに，不完全な"近道"に依存する傾向を指す。心理学者は，そのように人が依存する「メンタルな近道」(mental shortcuts)のことをヒューリスティックと呼ぶのである[36]。即ち，人は十分熟考して選択するように見える場合でさえ，実は，演繹的な論理(deductive logic)とは一致しない単純な推理過程(simplistic reasoning process)に基づくことがある。だからこそ人は誤るのだ，と人の判断と選択を研究する認知心理学者は主張している[37]。吉田によれば[38]ヒューリスティックとは，「利用可能な情報をもとにして…，目標状態に最も近づけそうな経路を発見する方法のこと」であり，「［先行経験］を機械的にあてはめるほうが…思考労力の節約になる効果もある」ものである。なお思考労力の節約について，Sunsteinは以下のように指摘する。思考の費用が高く付く(when the costs of deliberation are high)場合に，人は，ヒューリスティックな方法に頼る。即ち，second-order decisionsをdefault rulesに用いて判断してしまうことで，［面倒な］個別具体的評価を省くのである(make particularized assessments less necessary)。判断の費用を省く方法は，関連する費用対効果の具体的な評価を省いて，以前の事例を基礎に評価してしまうことである。人々はしばしばこの方法で推理を行う。つまり一定の事例を思い描いて，それに目前の事例を比較して推理する。この方法は判断費用を省くための重要な方法である。ヒューリスティックな思考方法の"益"と"害"を理解しておくことは，法律学にとって重要である。何故ならadjudication（司法的判断を下すこと）とは，そもそも「事例依存型推理」(case-based reasoning)だからである[39]。

ヒューリスティックのような近道的思考が，時折システマティックに判断の誤りを生むことは[40]，「法と行動科学（認知心理学）」における関心事である。

  Cognitive Biases, supra note 6, at 220.
36) Guthrie, Rachlinski & Wistrich, *Inside the Judicial Mind, supra* note 6, at 780.
37) Rachlinski, *The Uncertain Psychological Case for a Paternalism, supra* note 6, at 1165.
38) 吉田敦也，他編著『行動科学ハンドブック』75頁（1989年，福村出版）。
39) *See* Cass R. Sunstein, *Behavioral Analysis of Law*, 64 U. CHI. L. REV. 1175, 1189 (1997). *See also infra* 第三節内の「7.『事例に基づく判断』」の項.

特に不法行為法では，ヒューリスティックが事故等の発生蓋然性，言い換えれば発生確率を判断する際に問題になる。何故ならば，裁判における「事実認定者」（陪審員または裁判官）が蓋然性の評価を誤ったり，行政府による安全規制の判断を大衆が誤らせたりするという虞に繋がる[41]からである。

B. 「入手容易性ヒューリスティック」（availability heuristics）とは何か：
ヒューリスティックの中でも「入手容易性ヒューリスティック」（availability heuristics）とは[42]，想起し易い過去の出来事に基づいて，人が将来の出来事の発生蓋然性を評価してしまう傾向のことを言う[43]。たとえば，「r」が最初に付く単語と，3番目に付いている単語のどちらが多いかと問えば，被験者は最初に「r」が付く単語の方が思い出し易いから前者だと答えがちだけれども，実際は後者の方が多いという実験例は有名である[44]。または，最近の出来事の方が昔の出来事よりも，比較的，より入手容易であるという指摘もある[45]。この指摘は，「法と経済学」的な分析にも影響を与えると思われる。即ち，保

---

40) Guthrie, Rachlinski & Wistrich, *Inside the Judicial Mind*, supra note 6, at 780.
41) *See* Sunstein, *Behavioral Analysis of Law*, supra note 39, at 1187.
42) *See, e.g.*, Amos Tversky & Daniel Kahneman, *Judgment under Uncertainty: Heuristics and Biases*, 185 SCIENCE 1124, 1127 (1974); Yablon, *The Meaning of Probability Judgments*, supra note 6, at 929, 901, 920 & n.108; Rachlinski, *The Uncertain Psychological Case for a Paternalism*, supra note 6, at 1165, 1173.
43) たとえば Tversky & Kahneman は以下のように定義している。

> There are situations <u>in which people assess the frequency of a class or the probability of</u> an event by the ease with which instances or occurrences can be brought to mind.
>
> Tversky & Kahneman, *Judgment under Uncertainty*, supra note 42, at 1127 (emphasis added).

44) Rachlinski, *The Uncertain Psychological Case for a Paternalism*, supra note 6, at 1170.
45) Tversky & Kahneman, *Judgment under Uncertainty*, supra note 42, at 1127.

険に関する法と経済学的な分析においてしばしば指摘される事項として，人は，たとえば洪水などの天災に遭った直後では損害保険への加入率が高まるけれども，そのような事象が起きた時期から暫くすると加入率が低くなると言われている。つまり，人の"危険"に対する認識というものが，法と経済学的な分析にも関連してくるのである。

入手容易性ヒューリスティックという概念の出典として，法律学者達に最も多く引用されているのは，やはり Twerski & Kahneman による業績である[46]。彼等による入手容易性ヒューリスティックの説明は，以下の通りである。

> たとえば，中年人口における心臓発作の危険性を，人は自分の知人における同じ出来事を思い起こすことによって評価するかもしれない。…。この判断上のヒューリスティック（簡便法）が入手容易性と呼ばれる。入手容易性は頻度または蓋然性を評価する手掛かりとして有用なものである。何故ならば，大きな部類の出来事は，頻度がより少ない出来事よりも，よりよく，かつ，より素早く通常は思い起こされるからである。
>
> Amos Tverski & Daniel Kahneman, *Judgment under Uncertainty: Heuristics and Biases*, 185 SCIENCE 1124 (1974)（訳は本書の筆者）.

従って，容易に想起され易い，即ち「入手容易性」のある事故については，人は危険度が高いと考えがちということになる。人々はある危険を過大評価し，逆に他の危険を過小評価するという偏見を有しており，それに対する対処法は未だ確立されていないと指摘されているのである[47]。たとえば，自殺によって死ぬ方が他殺で殺されるよりも多いか否かを人に尋ねた場合，もし統計データを知らなければ，人はそのどちらかの内の思い出し易い方を入手容易性

---

46) Yablon, *The Meaning of Probability Judgments, supra* note 6, at 901, 920 & n. 108.
47) *See* Sunstein, *Behavioral Analysis of Law, supra* note 39, at 1188.

ヒューリスティックによって答えるかもしれず,その答えは統計データに反するかもしれない[48]。または,原子力に対する多くの懸念が,チェルノブイリやスリーマイル島の事故といった強く記憶される諸事象との関連性から生じているという指摘[49]もある。即ち悲惨な事故や災難は,長期の間,人々の認知の中に「available」に残るので,人々はそのような出来事の再発の蓋然性を「過大予測」(overestimate) しがちである。大災害 (disaster) が発生すると,人々は後述[50]するような「あと知恵」(hindsight) によって,専門家ならば予見できたはずだ,管理できたはずだと専門家を非難しがちにもなる。即ち蓋然性の低い出来事に対して,人々が過剰反応し過ぎである,と認知学者達が再三指摘してきたとされているのである[51]。更に,ファースト・フード肥満訴訟と子供を「標的」(target) にする広告宣伝への非難に関連し,宣伝を繰り返すことによりその商品が思い出され易くなって選ばれ易くなるという入手容易性ヒューリスティックの問題を指摘する見解も見受けられる[52]。

C.「代表性ヒューリスティック」(representative heuristics)[53]:　これは,

---

48) *See* Cass R. Sunstein, *Moral Heuristics and Moral Framing*, 88 MINN. L. REV. 1556, 1566 (2004).
49) *See* Cass R. Sunstein, *Cognition and Cost-Benefit Analysis*, 29 J. LEGAL STUD. 1059, 1065 (2000). 従ってニュースになりそうな (newsworthy) 事件ばかりを取り上げるマスコミによる入手容易性ヒューリスティックへの影響も指摘されている。Metzger, *Bridging the Gap*, *infra* note 76, at 522-23. *See also infra* text accompanying note 149.
50) *See infra* 本節内の「3.『あと知恵の偏見』」の項.
51) *See* Henderson & Rachlinski, *Product-Related Risk and Cognitive Biases, supra* note 6, at 254 & n. 134.
52) Note, *The Elephant in the Room : Evolution, Behavioralism, and Counteradvertising in the Coming War against Obesity*, 116 HARV. L. REV. 1161, 1168 (2003). 更に法廷実務・民事訴訟／証拠法上の入手容易性ヒューリスティックの問題としては,陪審員が偏見を抱く虞があるために許容されない証拠に関して訴訟弁護士が陪審員に対して故意に発言しがちであり,かつ,その発言を無視せよという判事の説論も効果がないという問題がある。Metzger, *Bridging the Gap*, *infra* note 76, at 521.

人が統計的データを用いずに，不十分なサンプルや表面的な類推を用いることにより，不適切な蓋然性予測を行う場合の一つである。Bという集団にAという客体が帰属している蓋然性を判断する際に，Aがどの程度Bに似ているか，代表しているか，に拠って判断をしがちな傾向を，「代表性ヒューリスティック」(representative heuristics) と言う[54]。たとえば，ある証拠 (e.g., 被告人の態度) が，ある分類 (e.g., 犯人は神経質である) に似ていたり，代表していれば，その証拠はその分類の産物である (i.e., 有罪の証拠) と人は判断する。逆に，ある証拠が分類に似ていない (e.g., 被告人は寛いでいる) ならば，証拠が分類の生産物であるとは判断しない (i.e., 無罪の証拠)[55]。即ち人々は，ある現象と，そのあり得そうな原因との間の「表面的な近似性」(superficial likelinesses) に強く影響されるのである[56]。そして人は，入手容易性ヒューリスティックとは別に，代表性ヒューリスティックによっても影響を受ける[57]。

　Kahneman達による有名な実験例として，Sunsteinが紹介するのは[58]，リンダという名前のキャリア女性に関する質問結果事例である。彼女は31歳で独身，物言うタイプで，とても聡明。哲学を専攻していた学生時代には，差別問題と社会正義に関心を抱き，反核デモに参加したこともある。彼女に関して人々に問い掛ける質問票の選択事項の中に，彼女が「銀行員」であるか，または「銀行員でフェミニズム運動において活動的」か，と問う部分があった。すると多くの回答者は，前者である蓋然性の方が後者よりも低いと答えたという。

---

53) *See, e.g.*, Tversky & Kahneman, *Judgment under Uncertainty*, supra note 42, at 1124 ; Latin, *"Good" Warnings, Bad Products, and Cognitive Limitations*, supra note 6, at 1230 ; Rachlinski, *The Uncertain Psychological Case for a Paternalism*, supra note 6, at 1170-73.

54) Tversky & Kahneman, *Judgment under Uncertainty*, supra note 42, at 1124.

55) *See* Guthrie, Rachlinski & Wistrich, *Inside the Judicial Mind*, supra note 6, at 805.

56) Latin, *"Good" Warnings, Bad Products, and Cognitive Limitations*, supra note 6, at 1230-31.

57) Yablon, *The Meaning of Probability Judgments*, supra note 6, at 924-26 & n. 141.

58) Cass R. Sunstein, *Moral Heuristics and Moral Framing*, supra note 48, at 1561-62 & n. 15.

これは,「AかつB」の方が「単なるA」よりも蓋然性が高いと答えているので,明らかに論理的には誤りである。そのような誤謬の原因は,彼女に関する記述が単なる「銀行員」よりも,「銀行員でフェミニズム運動において活動的」の方によりマッチしているように思わせたからであり,即ち代表性ヒューリスティックによるものだ,と指摘されたのである。

更にSunsteinは以下のような例も挙げている。オーガニック・フードへの多大な人気は,「自然」という言葉と「ヘルシー」という言葉の間に関係性を思い描くことからくる代表性ヒューリスティックが原因である。逆に,人は,「化学的」という言葉を「危険」に関連させる。第二次世界大戦の初期に,日系アメリカ人を強制収用した事例も,パールハーバー攻撃から来るヒューリスティックによるものである,と[59]。または,蓋然性の判断は多くの場合,AがBを惹き起こすか？の判断である。たとえば,使い捨ておしめ (A) が公害 (B) を惹き起こすか,等の様にである。これに答える際に,AがBにどれだけ似ているだろうか,という意味でAがBを代表しているかどうか,と人は自問する。たとえば,殺虫剤に曝露されることで癌になり易いか？という問に対して,人がもし「殺虫剤」が癌を代表していると受け止めれば,因果関係が非常に高いと判断してしまう。たとえ統計データ上は蓋然性が低くても,人はデータを無視し,または自身の判断に自信過剰になり過ぎて,判断を誤るのである,と[60]。

加えてHenderson & Rachlinskiは以下のような例を挙げている。たとえば高圧電線の下の家では子供が癌になる虞が高いから,その家は購入すべきではないか否かの判断を親が迫られていると仮定する。親はその判断を行う場合に,統計データを無視して,類似の「プロトタイプ」と似ているか否か次第で危険性を判断しがちである。もしX線撮影というプロトタイプに高圧電線が似ていると思えば,統計データと無関係に危険性が高いと判断し,逆にそのプ

---

59) *Id.* at 1562-63.
60) Sunstein, *Behavioral Analysis of Law, supra* note 39, at 1188-89. なお「自信過剰」については,see *infra*「4.『自己奉仕的偏見』や『自己中心主義』」の項.

ロトタイプとは似ていないと思えば危険性が低いと判断してしまう。このような「判断を下す際の戦略」(decision-making strategy) を，心理学者は代表制ヒューリスティックと呼ぶのである。即ち，発生"蓋然性の低い"危険源 (low-probability hazards) でさえも，危険な諸活動の"プロトタイプ" (the prototype of dangerous activities) にフィットしてしまうと，危険発生蓋然性の「過大予測」(overestimate) に繋がるのである，と[61]。

D．代表性ヒューリスティックの何が問題か： 前掲の Sunstein や Henderson & Rachlinski のハイポ (hypo.：hypothetical, 仮想事例) が示すように，代表性ヒューリスティックが問題なのは，関連する統計データを過小評価する点にある。いわゆる「base-rate statistics」と呼ばれる，ベースとなる分類の発生頻度に関する統計資料を無視しがちなのである。たとえば Guthrie 達が示す Kahneman & Tverski の実証研究例によれば，「知的レベルが高いけれども，創造性を欠き，つまらなくて機械的で，他人への同情を欠いているように見える」のは，コンピューター科学に所属する大学院生か，または，人文科学と教育学に属する院生か，と学部生の被験者に問うてみたところ，被験者は，［数値的には］後者（人文科学＋教育学）の在学生数が，前者（コンピューター科学）の3倍も存在すると思いながらも，質問に対する回答においては前者である蓋然性の方が遥かに高い，と答えたという。ここでの「base-rate 情報」（即ち3倍も存在するという数値）は，明らかに関連性があるはずなのに，被験者はそれを無視または過小評価しつつ，カテゴリカルな判断を下したという訳である[62]。

このように代表性ヒューリスティックが base-rate を無視・過小評価させる現象の一つとして，「inverse fallacy」（逆転錯誤）がある[63]。inverse fallacy とは，証拠を考慮に入れた場合のハイポの蓋然性（*e.g.*, 原告（π）が受傷した場合には被

---

61) Henderson & Rachlinski, *Product-Related Risk and Cognitive Biases, supra* note 6, at 221, 254.
62) Guthrie, Rachlinski & Wistrich, *Inside the Judicial Mind, supra* note 6, at 806.
63) *Id*. at 807.

告（⊿）に過失があった）を，ハイポを考慮に入れた場合の証拠の蓋然性（*i.e.*, ⊿が過失ならばπは受傷するであろう）と，同じであると誤解することである。実は両者は同じとは限らない。(詳しくは，補遺，第三部，第Ⅱ章「第三節　過失推定則」の項を参照。)

2．「投錨と調整」（anchoring and adjustment）[64]

　数値的な推測をする際に「参照点」（reference points）に大きく依存して，そこからの調整を図るという人の傾向を「投錨と調整」（anchoring and adjustment）と言う。人は，最初に付与した価値（an initial value），即ち「投錨」("anchor")に基づいて蓋然性を判断しがちであり，これに対する「調整」（adjustment）が不十分になりがちである。それ以降の全ての蓋然性の評価が最初の投錨に基づいてしまうので，評価に誤りが生じるという訳である。TverskiとKahnemanは「投錨と調整」を以下のように説明している。「多くの場合，人々は，評価を行うために，まずは初期値（initial value）から開始してこれを調整することによって，最終的な解答を導き出す。…。…典型的な場合には調整が不十分である。即ち，出発点が異なれば評価も初期値に偏向して異なってくるのである。この現象を我々は投錨と呼ぶ」と[65]。吉田の説明によれば[66]，「人間が不確かな事象について予測する際，まず予測値を設定した後でそれを調整していく手法をとるが，その調整は最初の予測値の影響から脱しきれない…。この方略を投錨と調整（anchoring and adjustment）という。」

　「投錨と調整」をもう少し具体的に説明すると，人は数値的な見積もり（numerical estimate）を行う際に，入手可能な最初の価値（available initial value）

---

64)　*See, e. g.*, Tversky & Kahneman, *Judgment under Uncertainty, supra* note 42, at 1128 ; Rachlinski, *The Uncertain Psychological Case for a Paternalism, supra* note 6, at 1175 ; Sunstein, *Behavioral Analysis of Law, supra* note 39, at 1188.

65)　Tversky & Kahneman, *Judgment under Uncertainty, supra* note 42, at 1128（訳は本書の筆者）.

66)　吉田 他『行動科学ハンドブック』, *supra* note 38, at 78.

に依存してしまうのが普通である。たとえば家のFMV（fair market value：公正市場価値）を見積もる際には，その家の「売値」（selling price）というinitial value（初期値）に依存して評価しがちである。その初期値が人の最終的な見積もりをanchorしてしまうという訳である[67]。初期値が正しければ良いけれども，もし初期値が無関係であり，または誤っていた場合に問題が生じるのである[68]。

「投錨と調整」に関するTverski & Kahnemanが行った実証研究の例として，国連に占めるアフリカ諸国の割合に関するものがある[69]。その割合は「運命の輪」が止まる数値よりも大きいか小さいと伝えておいてから，運命の輪が10か65で止まるように秘密裏に仕組んでおいたところ，一方の10で止まった場合の被験者は25％がアフリカ諸国で占められると答え，他方の65で止まった場合の被験者は45％であると答えたという。この実験においては10や65という初期値は正解との間で全く無関係な数値であるにも拘わらず，被験者の見積もりに影響を与えたという訳である。

A. 「投錨と調整」と不法行為法： このような「投錨と調整」が法に影響を与える場合，特に不法行為法に関係する争点としては何が指摘されているのであろうか。まずは，高額な評決額である[70]。即ち裁判において陪審員が原告（π）側弁護士から最初に示された高額な懲罰賠償（punitive damages）の請求金額が「投錨」効果を陪審員に与える結果，陪審員はその最初に見た金額に引き摺られて，結局は高額な評決額を下すことになるのではないか，と疑われる。そういえば，高額評決が下されたことで有名なホット・コーヒー火傷訴

---

67) Guthrie, Rachlinski & Wistrich, *Inside the Judicial Mind, supra* note 6, at 788.
68) *Id. See also* Sunstein, *Behavioral Analysis of Law, supra* note 39, at 1188； Latin, *"Good" Warnings, Bad Products, and Cognitive Limitations, supra* note 6, at 1237 & n. 191.
69) Tversky & Kahneman, *Judgment under Uncertainty, supra* note 42, at 1128.
70) Guthrie, Rachlinski & Wistrich, *Inside the Judicial Mind, supra* note 6, at 789.

訟である「*Liebeck*」事件[71]においても，高額評決に至った懲罰賠償は，巨大ファースト・フード・チェーン店である被告のコーヒーの［全米における］売り上げの「2日分」であったが，そのように「2日分の売り上げ」を陪審が評決額の根拠に置いた理由は，そもそもπ側の代理人弁護士が，取り敢えずはそのような数値を示したことに依存しているように推察される[72]。従って，π側弁護士にとっては，最初にできるだけ高額な懲罰賠償金を請求額として示しておいた方が戦術的に有利だということになろう。ところで高額評決額に対して「法と行動科学（認知心理学）」的な影響があるのは，「投錨と調整」効果だけではなく，「フレイミング」にもそのような影響力があると指摘されている。（後掲，本節内「5．『フレイミング効果』と『予測理論』」の項を参照。）

投錨が影響を与えるのは評決額のみならず，和解・示談金や和解・示談交渉にも影響を与え得る[73]。即ち，実務ではいわゆる settlement offer と呼ばれる，和解提示額として，最初に示される initial offer の額は，投錨効果としてその後の交渉や成立和解額に影響を与えると指摘されているのである。

投錨は，以下の項目3．「あと知恵の偏見」の原因でもあると指摘されている[74]。既に生じた事実が投錨となって偏見になるという訳である。（次項参照。）

更に投錨は，いささか訴訟技術的・実務的なトピックになるけれども，陪審員が自分達と同様な人々に対してより寛容になるという性向を利用して，たとえば陪審員にも身近に感じられる，より個人的な経験等を示すことにより，それが強力な投錨または参照点（a powerful anchor or reference point）になって，陪

---

71) Liebeck v. McDonald's Restaurants, P. T. S., Inc., Civ. No. CV 93-02419, 1995 WL 360309 (N. M. Dist. Ct. Aug. 18, 1994). *See* 補追，第四部　「第Ⅳ章　ホット・ドリンク火傷訴訟」の項．

72) *See* Michael McCann, William Haltom & Anne Bloom, Law and Society Symposium, *Java Jive: Genealogy of a Juridical Icon*, 56 U. MIAMI L. REV. 113, 126 (2001); RALPH NADER & WESLEY J. SMITH, NO CONTEST: CORPORATE LAWYERS AND THE PERVERSION OF JUSTICE IN AMERICA 128-29 (1996).

73) Guthrie, Rachlinski & Wistrich, *Inside the Judicial Mind, supra* note 6, at 789.

74) Kamin & Rachlinski, *Ex Post ≠ Ex Ante, supra* note 6, at 90, 101.

審員に対する説得力のある主張をする武器になるという分析も存在する[75]。

3．「あと知恵の偏見」(hindsight bias)[76]

「あと知恵の偏見」(hindsight bias) とは「("knew-it-all-along effect" とも言われるが)，…現状が過去におけるよりも更に予見可能であったと見る傾向をいう。」[77] 過去の出来事について，その発生が事前に予見可能だったに違いないと過大に評価しがちな傾向のことである。即ち，出来事が発生した事後になってからならば，実際よりも事前に予知できたはずである，と人は誇張しがちである[78]。民事・不法行為裁判における過失責任や，製造物責任における設計・警告欠陥の有無の判断には，被告（Δ）の「*ex ante*」(事前) な予見可能性 (foreseeability) が要件とされるけれども，その評価を行う「事実認定者」(*i.e.*, 陪審員または裁判官) も「あと知恵の偏見」によって，不当に予見可能性を肯定

---

75) Valerie P. Hans & Juliet Dee, *Responsibility and Blame : Psychological and Legal Perspectives*, 68 BROOK. L. REV. 1093, 1116 (2003).

76) *See, e. g.*, Rachlinski, *The Uncertain Psychological Case for a Paternalism, supra* note 6, at 1175 ; Latin, *"Good" Warnings, Bad Products, and Cognitive Limitations, supra* note 6, at : 1220. なお「hindsight bias」に似て非なる偏見として「outcome bias」がある。後者は「良い結果」(good outcomes) に至った判断は「良い判断」(good decisions) であったと評価しがちであり，逆に「悪い結果」(bad outcomes) に至った判断は「悪い判断」(bad decisions) であったと評価しがちな偏見である。それが偏見である理由は，良い判断が常に良い結果を伴うとは限らないからである。同様に，悪い判断にも拘わらず良い結果に至ることもある。即ち判断というものは「不確実性」(uncertainty) の中で下されるものなのである。このように「outcome bias」は，「判断の質」(decision quality) の評価に対して結果がもたらす影響という偏見である。これに対して「hindsight bias」は，予見可能であったという偏見である。Mitchell B. Metzger, *Bridging the Gap : Cognitive Constraints on Control and Ethics Education*, 16 J. LAW. & PUB. POL'Y 435, 473 (2005).

77) Linda Babcock, George Loewenstein & Samuel Issacharoff, *Creating Convergence: Debiasing Biased Litigants*, 22 L. & SOC. INQUIRY 913, 916 (1997)（訳は本書の筆者）.

78) *See, e. g.*, Guthrie, Rachlinski & Wistrich, *Inside the Judicial Mind, supra* note 6, at 799.

評価し[79]，これにより⊿が責任を課される虞もある。特に医療過誤訴訟の文脈において，⊿医師には事前に予見可能であったから有責であると「あと知恵」で誤審される虞を指摘する実証研究結果が報告されている[80]。事前に費用便益分析に基づいて行動した"無責"となるべき⊿でさえも，陪審が裁判で事後的に評価すると，有責にされてしまう[81]。敗訴すべき原告が勝訴に至ると指摘されているのである。陪審員は，あと知恵の偏見や同情ゆえに，⊿に対し無闇と無過失責任を認定する虞があると指摘されている[82]。更に，裁判官でさえも，「あと知恵の偏見」を免れないという実証実験結果も存在する[83]。不法行為法にはこのように「あと知恵の偏見」が深く入り込んでしまっているので，その弊害を幾ら裁判所に留意させようと試みても無駄であるとさえ言われているのである[84]。

あと知恵の偏見の原因は，結果を知った後には，人は，その"世界観を更新"（update their beliefs about the world）していることにある。結果を知ったからこそ確信が変化したことを無視しつつも，その新しい確信に基づいて何が予見可能かを評価するために，「あと知恵の偏見」になるという訳である[85]。即ち，既に生じた事実が「投錨」となって，偏見に繋がるとも解釈できる[86]。なお，あと知恵の偏見は，「認知上の幻影」（cognitive illusions）の中でも最も強固なも

---

79) *See* Kamin & Rachlinski, *Ex Post ≠ Ex Ante, supra* note 6, at 89 ; Rachlinski, *The Uncertain Psychological Case for a Paternalism, supra* note 6, at 1196-97, 1200, 1202 & n. 173.
80) Kamin & Rachlinski, *Ex Post ≠ Ex Ante, supra* note 6, at 91.
81) Jolls, Sunstein & Thaler, *A Behavioral Approach to Law and Economics, supra* note 3, at 38.
82) *See* Stephen G. Gilles, *On Determining Negligence : Hand Formula Balancing, The Reasonable Person Standard, and the Jury*, 54 VAND. L. REV. 813, 839 (2001).
83) Guthrie, Rachlinski & Wistrich, *Inside the Judicial Mind, supra* note 6, at 803, 805.
84) Jolls, Sunstein & Thaler, *A Behavioral Approach to Law and Economics, supra* note 3, at 39.
85) Guthrie, Rachlinski & Wistrich, *Inside the Judicial Mind, supra* note 6, at 799.
86) Kamin & Rachlinski, *Ex Post ≠ Ex Ante, supra* note 6, at 90.

のの一つであるとされる[87]。

A. 過失責任（蓋然性と予見可能性評価）と「あと知恵」：　事故の発生蓋然性・予見可能性と過失責任に関する人の事後的な評価判断において，あと知恵の偏見が生じることを実証研究結果として明らかにした論文として興味深いのは，Kamin & Rachlinski による「*Ex Post ≠ Ex Ante : Determining Liability in Hindsight*」『LAW & HUMAN BEHAVIOR』誌19巻89頁（1995年）である[88]。同論文は，吊り下げ橋建設に当たり，橋に漂流物が詰まって洪水を惹き起こす蓋然性を避けるために見張りを置くべきか否かに関する判断を，以下の①～③の三種類の被験者に分けて尋ねた結果を公表している。①の被験者は，事故発生前の行政によるヒアリングに参加して，果たして見張りを置くべきか否かを評価する。②の被験者は，洪水発生後に損害を被ったパン屋から市当局被告（⊿）に対する賠償請求訴訟に参加して，果たして過失責任があったか否かを評価する。③の被験者は②と同様に事後的な評価を問われているけれども，「あと知恵の偏見」を除去する[89]ための「説示」（jury instructions）[90]を受けてから評価する

---

87) Guthrie, Rachlinski & Wistrich, *Inside the Judicial Mind, supra* note 6, at 801.
88) Kamin & Rachlinski, *Ex Post ≠ Ex Ante, supra* note 6.
89) そのような試みを「debiasing techniques」（偏見除去技能）と言う。*See infra* 次節内の「9.『偏見除去技能』」の項.
90) 同論文は，先行研究から，あと知恵の偏見が存在することや，その偏見を除去するための「偏見除去技能」と呼ばれる試みがある（けれども除去は難しい）こと等を紹介してから，本実験でも偏見除去技能として③の被験者に対しては以下のような説示を与えている。

> Making a fair determination of probability may be difficult. As we all know, hindsight is always 20/20. Therefore, it is extreme important that before you determine the probability of the outcome that did occur, you fully explore all other possible alternative outcomes which could have occurred. Please take a moment to think of all the way in which the event in question may have happened differently or not at all.
>
> 　　　　　　　　　　　　　　　Kamin & Rachlinski, *Ex Post ≠ Ex Ante,*

ように問われている。なお①〜③の全ての被験者は「ハンド・フォーミュラ」($B < PL$) を適用して判断するように指示されており[91]，従って発生蓋然性 ($P = Probability$) の予見可能性評価が判断・責任の有無の鍵となっている。

調査の結果，①において洪水の発生を予見でき得たとした者は僅かに24%であった。しかし②においては実に57.7%もが⊿を有責であると評価し，更に偏見を除去する説示を与えた③においてすら56%が⊿を有責と評価している。即ち，事前的にリーズナブルなレベルの予防策を決めようとする「真摯な努力」(a good faith effort) でさえも，あと知恵で見られると，「酷な判断」(harsh judgment) を受けることになるとされている。更に，「debiasing techniques」(偏見除去技能)[92] も，余り効を奏しないことが裏付けられたのである。

この実証研究から，たとえリーズナブルに事故防止費用を負担した⊿でさえも，事故の後では有責判決の「待ち伏せ」(ambush) に遭う虞が明らかになったのである[93]。そのため，最適な抑止を超えた事故費用負担が強いられることにもなる。更に，本実験において試した「偏見除去技能」である，「別の結果を想像してみよ」(imagine alternative outcome) という程度の説示ではあと知恵の偏見を除去するのに不十分だったことから，もっと突っ込んだ除去技能が必要であると論者は指摘している。

今更いうまでもなく，過失責任や製造物責任または不法行為責任全般においては，「蓋然性」とその評価が重要な要素である。従って，あと知恵の偏見が

---

supra note 6, at 97.
なお「20／20」とは，20フィート先から正常にものが見えることから，洞察力があるという意。

91) 更に証人から主に以下のような証言を聞いた上で被験者は判断を下している。過去60年間で川が危険水位に達したのは14回あったけれども，吊り下げ橋の水位に達したことは一度もない。見張りを置くには年間10万ドルの予算が必要になり，洪水になった場合の事故費用は100万ドルである。*Id.* at 96.

92) 「debiasing techniques」(偏見除去技能) については，see *infra* 次節内の「9．『偏見除去技能』」の項．

93) Kamin & Rachlinski, *Ex Post ≠ Ex Ante, supra* note 6, at 101.

非常に問題であることは、明白であろう。納得のゆかない多くの評決や判例の原因の一つには、この偏見が影響を与えているのかもしれない。

B. あと知恵の「偏見除去技能」(debiasing techniques) を法的に採用した例： 以上紹介したように、あと知恵の偏見は在るべき不法行為法を検討する際に解決すべき大きな問題であるけれども、その問題を除去するために採用された法律ルールの例も存在する[94]。たとえば、事後的に被告（⊿）が採用した治癒策（たとえば製品欠陥の改良）は、欠陥の証明や⊿の過失等の立証のための証拠採用が許可されない（inadmissible）という連邦証拠法上の規則である[95]。更には、医療過誤訴訟における陪審への「説示」(instructions) が、単にリーズナブリーに振る舞ったか否かを問うのではなく、事故前に医療専門家によって確立された慣行基準に合致していたかどうかを問うことになったという例もある。会社法の分野では、いわゆる「business judgment rule」（経営判断の原則）を採用して、経営判断の結果たとえ事業が失敗してもその結果のみから有責と判断されないことにしているのも、あと知恵回避の例として挙げられている。

---

94) 本文中の当段落内の記述については、see Guthrie, Rachlinski & Wistrich, *Inside the Judicial Mind, supra* note 6, at 828.
95) 以下のような規定である。

> §407 Subsequent Remedial Measures
> When, after an injury or harm allegedly caused by an event, measures are taken that, if taken previously, would have made the injury or harm less likely to occur, evidence of the subsequent measures is not admissible to prove negligence, culpable conduct, a defect in a product, a defect in a product's design, or a need for a warning or instruction. . . .
> FED. R. EVID. 407.

なおこの規定の「public policy」（公共政策）上の理由は、このような証拠が訴訟で排除されることが確かになっていなければ、自ら行った安全対策の向上が自身に不利な証拠とされることを怖れる余りに、人々が安全向上策の実施を差し控えてしまうかもしれないという懸念にある。See JAMES A. HENDERSON, JR. & AARON D. TWERSKI, PRODUCTS LIABILITY : CASES AND PROCESS 196-97 (5th ed. 2004).

4．「自己奉仕的偏見」(self-serving bias) や「自己中心主義」(egocentrism) 等[96]

　自分自身や，自己の能力を判断する際に抱かれる偏見が，この分類に属する[97]。たとえば，自動車運転者の内の九割近くが平均以上に安全運転であると過信し，または平均離婚率が50%にも達することを知りながらも結婚したてのカップルは，自分達は離婚しないであろうとほぼ全員が一致して答えることである。更にたとえば，専門家としての能力や，または自身の健康に至るまで，様々な望ましい特徴を自己評価する際には，平均以上であると判断しがちな偏見を抱くと指摘されている[98]。「自己奉仕的偏見」(self-serving bias) は，相手方よりも自分の方が正しいと過剰に信じ込むので，交渉や合意が難しくなる要素にもなる。

　「自己奉仕的偏見」は，後述するように，自発的に引き受けた諸活動に伴う危険性 (risks associated with activities voluntarily undertaken) は受容するけれども，非自発的な危険性に対しては過剰反応する傾向の原因になっているという分析がある[99]。たとえば，スキーや喫煙に伴う大きな危険性は受忍するけれども，有害廃棄物施設や原子力発電所の近くに住むといった小さな危険性に対しては

---

96)　*See, e. g.*, Rachlinski, *The Uncertain Psychological Case for a Paternalism, supra* note 6, at 1175.

97)　「自己奉仕的偏見」には以下の三種類が包含される。一つは，自己の可能性を過大評価する「楽観過剰主義」(over-optimism) である。二つ目は，結果を予測できる自らの能力を過大評価する「自信過剰」(over-confidence) である。即ち人は自らの判断に対して非現実的なまでに自信過剰になりがちである。従って，他人よりも自分は心臓病にも罹らないし，その他の健康悪化にならないと思い込むのである。そして三つ目は，自身の貢献度合いを過大評価しがちな「自己中心主義」(egocentrism) である。*See, e. g.*, Sunstein, *Behavioral Analysis of Law, supra* note 39, at 1182-84.

98)　Guthrie, Rachlinski & Wistrich, *Inside the Judicial Mind, supra* note 6, at 811.

99)　Rachlinski, *The Uncertain Psychological Case for a Paternalism, supra* note 6, at 1188-89.

過剰反応するという具合にである。

「自己中心主義」（egocentrism）は，自らが参加する出来事においては自らの役割が大きいと過剰に言いがちである偏見のことである[100]。たとえば，会話において，自分の方が相手よりも多く喋ったと互いに信じてしまうとか，家事労働を自分の方が多くやったと互いに夫婦が思ってしまう等である。そのような結果が生じる理由としては，以下が挙げられている。第一に，質問に対して自身が答弁していること。第二に，自分が信じたいと思う気休め的な証拠を探そうとする精神的傾向（belief bias または confirmation bias）。第三に，人の記憶はそもそも自身の貢献を容易に思い起こすのでそれを過剰評価することになること。そして最後に，質問内容がそもそも曖昧であれば自身の尺度で評価することによる。

なお，「自信過剰」（over-confidence）型の自己奉仕的偏見に関する不法行為法上の問題としては，「事実認定者」が自らの判断を過信する点を挙げることができる。たとえば陪審員は自分達の評決に自信過剰となる余り，たとえ高額賠償を支持しないような事実に基づいてさえも，極度に高額な賠償金を原告に付与したいと望む虞がある[101]。もっとも近年では，損害賠償額に対して制定法が上限額（cap）を設ける等の「不法行為法改革」（tort reform）が進んでいるけれども，これは自信過剰の影響に対する意識的または無意識的な対策であるという指摘もあり[102]，興味深い。

更に「自信過剰」型の自己奉仕的偏見の不法行為法への影響としては，事故発生蓋然性への認識に関係する事象を挙げることができる。即ち，人は，事故を惹き起こした状況に対して何らかの管理(コントロール)を支配している場合には，自信過剰になり，危険を過小評価または無視しがちであるという指摘がある。これは後述する，危険に身を"自発的に"晒す際には危険性がないものと信じ込む傾向に通じるものがあるのかもしれない[103]。

---

100) Guthrie, Rachlinski & Wistrich, *Inside the Judicial Mind, supra* note 6, at 812.
101) *Id.* at 828.
102) *Id.* at 829.

5．「フレイミング効果」(framing effects) と「予測理論」
(prospect theory)

「フレイムとは…何かを見ることが可能な沢山の方法のうちの一つであり，リフレイミング（reframing）とはそれを異なった方法で見ることであり，リフレイミングによって見るものの意味を変化させる効果があるものである。」[104] 即ち，フレイムとは，物事の性格付けや提示の仕方（how... is characterized or presented）である[105]。そして「法と行動科学（認知心理学）」においては，「予測理論」の文脈において用いられた「フレイミング効果」(framing effects) を特に問題にする。前掲[106]「予測理論」で紹介したように，人が危険に対する判断・決定を下す際には，(たとえば訴訟事件をトライアルにまで進めるか，または，トライアル前手続（公判前手続）の段階に止めておいて和解で終結させるべきかという決断を下すときには)[107]，何処かの「参照点」(a reference point)，たとえば「現状」(*status quo*) という参照点からの利得になるか，または，損失になるのかというように思考する。そして，その決定の際の選択肢（decision option）を「フレイミング」し，即ち「類型化」(categorize) して判断する場合，そのようなフレイミングまたは類型化したものが，人による選択肢の評価（evaluate options）に影響を与えたり，危険を発生させたいか（willingness to incur risk）否かを判断する際に影響を与えたりする。

まずは単純化された例を挙げて，フレイミング効果を紹介してみよう。たとえば，危険性を伴う治療を受けるか否かを患者に問う場合，以下の前者の方が後者よりも患者が治療に同意する蓋然性が高くなると指摘されている[108]。

---

103) Henderson & Rachlinski, *Product-Related Risk and Cognitive Biases, supra* note 6, at 254 & n. 139.
104) Hans & Dee, *Responsibility and Blame, supra* note 75, at 1122（訳は本書の筆者）.
105) Roger G. Noll & James E. Krier, *Some Implications of Cognitive Psychology for Risk Regulation, in* BEHAVIORAL LAW AND ECONOMICS 325, 330 (Cass R. Sunstein ed. 2000).
106) *See supra* 前節内の「3.『予測理論』」の項.
107) Guthrie, Rachlinski & Wistrich, *Inside the Judicial Mind, supra* note 6, at 794.

・治療を受けた患者の内，90％が5年経過しても生存した。
・治療を受けた患者の内，10％が5年経過後に死亡した。

　前者では「生存」に焦点が当たり「死亡」は霞んでしまう。逆に後者では「死亡」に焦点が当たり生存は霞んでしまう。そこで，焦点の当たったイメージ（「生存」または「死亡」のどちらか択一的）が，人々の最終的な判断に影響力を与えているという訳である。これを応用して，政策決定者（議員や官僚）が，環境対策法令の論議において，以下の(1)よりも(2)と言った方が，大衆は喜ぶと指摘されている[109]。

(1)　空気や水質を，過去のある日付（X日）当時の状態にまで戻す（"restore"）。
(2)　空気や水質を，［現在又は最近の］Y日の時点よりも向上させる（"improve"）。

　なおこの分析は，予測理論で指摘されていた，「参照点」からの利得または損失を基準に人が危険の選択決定をするという実証研究結果の応用でもあると考えられよう。即ち，参照点であるX日やY日との比較において，どれだけ利得するか（損失するか）が人の判断に影響を与えるからである。たとえば以下の(b)は，企業等のマーケティングで用い易いフレイミングの例であろう[110]。

(a)　もしあなたが省エネ機器を使えば年間Xドルを節約できる。
(b)　もしあなたが省エネ機器を使わなければ，年間Xドルを損する。

　少し複雑になるが，「フレイミング効果」の例としてKahneman & Tverskiが

---
108)　Sunstein, *Moral Heuristics and Moral Framing, supra* note 48, at 1590, 1596.
109)　Sunstein, *Behavioral Analysis of Law, supra* note 39, at 1177 & n. 15.
110)　*Id.* at 1177.

紹介したハイポ（hypo.: hypothetical，仮想事例）は，有名な「Asian Disease Problem」という実証実験結果である[111]。即ち彼等は，「Asian disease」の大発生に備えて，連邦政府が用意した以下の何れの選択肢を望むかを152名の被験者に対し訊いている。

(A) この施策(A)［おそらくはワクチン接種］を採用すると，200人の命が助かる。
(B) この施策(B)を採用すると，600人の命が助かる確率は3分の1であり，かつ，誰も助からない確率は3分の2である。

実に被験者の内の72％もが，統計的には両者に差異は無いにも拘わらず，施策(A)を選んだという。即ち殆どの人は，200人が「確実」に助かる方を，600人が助かる三つに一つの「ギャンブル」よりも好んだ，とKahneman & Tverskiは述べている[112]。そして上と同じ内容を，以下のように異なる形式で，被験者（今回は155名）に質問している。

(C) この施策(C)を採用すると，400人が死亡する。
(D) この施策(D)をすると，誰も死なない確率が3分の1で，かつ，600人が死亡する確率が3分の2である。

この訊き方においては，78％の被験者が(D)を選択した。従って，多くの被験者は，"確実"に400人が死ぬよりも，確率的に600人の命が危険に晒される方が好ましいと感じたのである。
(C)と(D)の「フレイム」の特徴は，双方共に「死亡する」と問うことにより，

---

111) Latin, *"Good" Warnings, Bad Products, and Cognitive Limitations*, supra note 6, at 1236 & n. 183. *See also* Kahneman & Tversky, *Choices, Values, and Frames*, supra note 16, at 343.

112) Kahneman & Tversky, *Choices, Values, and Frames*, supra note 16, at 343.

その比較する参照点が「生きている」となったことである。即ち生きているという reference point からの損失を問うフレイムである。これに比べて先ほどの施策(A)と(B)は,「助かる」と問うているので,比較する参照点は施策を採らなければ600名が「死ぬ」ことである。即ち死ぬという reference point からの利得を問うフレイムだったのである。このように,選択肢のフレイミングを「命が救われる」("lives saved") から「命が失われる」("lives lost") に換えたからこそ,「危険回避的」(risk averse, 確実性を好む) から「危険愛好的」(risk seeking, 蓋然性を好む) へと選好 (preference) をシフトさせることになったと解釈できる[113]。この問題を再度読ませても,被験者は同様な態度を示したので,このような「フレイム効果」(framing effects) は,単なる誤差を超えた,強固で恒久的なものであると Kahneman & Tverski は結論付けている[114]。

不法行為法に影響する問題としてフレイミング効果を考慮すべきトピックスのほんの一例としては,陪審員に対する原告 (π) 側弁護士による話法を挙げるものがある。即ち,以下の(ii)の方が(i)よりも多額な賠償評決を導き出せるというのである[115]。

(i) πを事故発生前と同じ状態にするには,幾らのお金が必要であろうか。
(ii) この傷害をπに受け入れてもらう気にさせるためには,幾らのお金をπに対し提供しなければならないのか。

これはおそらく,質問の仕方により下線部に焦点が当たって,そのイメージが人々の判断を左右すると思わる。なお,(ii)の文章には,生命・身体の損失に対する金銭的対価として,幾らの値段を付けるべきかという問題も関わって

---

113)　*Id*. at 346.
114)　*Id*. at 343.
115)　*See* Edward J. McCaffery et al., *Framing the Jury : Cognitive Perspective on Pain and Suffering Awards, in* BEHAVIORAL LAW AND ECONOMICS 259, 276 (Cass R. Sunstein ed., 2000).

くる。即ち，人は，既に自分の所有物を手放す対価としての値付（ねつけ）の方が，他人のものを得るための対価としての値付よりも，高額になると認知心理学的に指摘されている。そして生命・身体は，前者（*i.e.*, そもそも自分のものを手放す）である。従って，高い値段が付くべきだというのである。詳細は，後述する第Ⅳ章「第四節　生命・身体を価値評価する」の項を参照されたい。

更に訴訟に関連するフレイミング効果として，πは示談・和解を選好し，逆に被告（⊿）はトライアルを好むという指摘がある[116]。即ち，賠償を得ようとするπは比較的に「利得」を得る選択肢の中での判断を求められ，⊿は逆に賠償を支払う側として比較的に「損失」を被る選択肢の中での判断を強いられる。そのようにフレイムした場合，一般（低蓋然性の領域を除く）には利得の場合に危険回避的（確実性を好む）になり，損失の場合では危険愛好的（確実性よりも蓋然的な方を好む）になるという前掲の「確実性効果」(certainty effects)[117]を考慮に入れると，利得側のπは危険回避的で，損失側の⊿が危険愛好的ということになる。即ちπは確実な結果を好み，⊿はギャンブルを好むから，前者が示談・和解で確実な示談金・和解金を得ようとし，⊿はトライアルに突入して勝訴を狙いたがるという訳である。ところでこの分析に，低蓋然性の場合には危険愛好的になるという傾向を加味すると，トライアルに突入した場合のπ・⊿どちらかの勝率が低い場合には，その当事者はギャンブルをするということにもなるかもしれない。なお，筆者の実務経験からすれば，上の分析が必ずしも当てはまらない気もするけれども，その探求は別の機会に譲ることとしたい。

ところで，フレイミング効果で判明した事実の一つは，フレイムの仕方次第で人の判断上の確信も変異することである。従って，一つのフレイムだけでなく複数のフレイミングを用いて判断を試すことが必要である，と Kahneman & Tverski は指摘している[118]。

---

116)　*See* Guthrie, Rachlinski & Wistrich, *Inside the Judicial Mind, supra* note 6, at 795.
117)　*See supra*「第一節　序論」中の「3．『予測理論』」内の「A．『確実性効果』等」の項．

A. フレイミング効果・予測理論の不法行為法における意味： 筆者がフレイミング効果や関連する予測理論に関心を寄せる理由は，それがアメリカで，「法と行動科学（認知心理学）」という学際分野として着目を浴びているからだけではない。フレイミングと予測理論は，「ハンド・フォーミュラ」等に代表される，不法行為法上の重要な「蓋然性」の要素に関連するから，本書も紹介するのである。即ち前述の「Asian Disease Problem」を紹介する部分において[119] Kahneman & Tverski の論文は，次のように述べている。危険の予測は，その結果［損害の程度］と蓋然性とによって性格付けされる，と。この指摘は，正に「ハンド・フォーミュラ」($B < PL$) の右辺 ($P \times L$) と同じことである。しかし Kahneman & Tverski は続けて次のように指摘する。同じ危険も，異なる仕方でフレイムまたは記述され得る。たとえばギャンブルの結果の可能性を，「現状」(status quo) または当初の資産状態からの利得または損失によってフレイム可能なのである。そのようなフレイムの変化によって，人の選好も変化するのである，と[120]。即ち，既に紹介した予測理論とフレイミング効果によって，人は「$P \times L$」が示す危険とは異なる選好を示す。しかも，フレイミングの仕方次第で異なる選好を示すというのである。この指摘は，危険と事故防止等を対象にする事故法・不法行為法も，予測理論やフレイミング効果という知見を把握することが必要だということを示唆しているように，筆者には思われるのである。

たとえば Kahneman & Tverski は，「合理的決定論」(rational decision theory) への批判として，人が「topical organization」（題目の構成）によって判断に影響を受ける例として，10ドルのコンサート券のハイポ（hypo.：hypothetical, 仮想事例）を挙げている[121]。まず，10ドルで購入した演劇鑑賞の自由席券を紛失した場合に，新たに10ドルを支払って券を再購入するかと問うたところ，被験

---

118) Kahneman & Tversky, *Choices, Values, and Frames, supra* note 16, at 344.
119) *Id.* at 343.
120) *Id.*
121) *Id.* at 347-48.

者は，過半数（54%）が否と答えた。しかるに条件を変えて，そもそも未だ券を購入する前の状態にいると仮定して，10ドル紙幣を失くしたことを券売窓口の手前で知った場合に，それでも券を買うかと問うたところ，圧倒的多数（88%）がそれでも購入すると答えた。前者では，券を再度購入する行為が演劇鑑賞の費用を"二倍に押し上げた"という精神的な「構成」の中で捉えられたからこそ，受容できないと判断している。しかるに後者では，紙幣の喪失は演劇鑑賞の原因・説明とは無関係な「構成」の中で精神的に捉えられたからこそ，受容されたのである，と Kahneman & Tverski は分析する。

　この例は，私見では，不法行為法の事故における，"結果在りき"的な偏見の「除去技法」(debias techniques) を発見する際の鍵になるのではないかと推察している。即ち，不法行為的な事故が発生すると，被告（⊿）の立場に立たされ易い企業等の「後の行為者」(later actor) が[122]，"カガイシャ"として，当然に有責であるかの如くに，マスコミ報道や世論によって扱われがちなようである。アメリカの訴訟例を見ていると，裁判における「事実認定者」(fact finder：陪審員または裁判官) もその態度から免れられていない場合がある。このような先入観に基づく思考は，原告（π）たる"ヒガイシャ"が勝訴することが正義であり，"カガイシャ"を敗訴させないことは不正義であるとの前提に立脚している。（そもそも「加害」者と「被害」者という文言自体が，先入観を包含している。）言い換えれば，カガイシャが有責になるのは正義であるという"結論先に在りき"的な発想・偏見により，その発想に反する主張を全て「悪」(wrong) と決め付けがちなようである。

　しかし，先に紹介した「コースの定理」(Coarse theorem) や倫理哲学的な知見を改めて引き合いに出すまでもなく，「後の行為者」が"悪"であるとは限らない[123]。それにも拘わらず，人がカガイシャを悪と決め付ける理由を探る

---

122) 「後の行為者」と「先の行為者」という概念については，see supra 第Ⅱ章「第二節　平等の倫理」内の「1.『平等な自由』」の項.

123) See supra 第Ⅰ章「第二節 『コースの定理』」内の「1.『コースの定理』と『互酬的性格』」；第Ⅱ章「第二節　平等の倫理」内の「1.『平等な自由』」の項.

と，その一つは，物事をメンタルに捉える「構成」（topical organization）として，まず，⊿によってπが損を被らさせられたと認知するからこそ，即ち，⊿が非難されるべき原因であるという前提で事故のメカニズムを精神的に捉えてしまうからこそ，⊿への「平等な自由」の尊重や，⊿の行為の社会的効用や，π自身の行為の過誤（フォールト）等の諸要素を，受容しなくなりがちなのではあるまいか。つまり，πが⊿に損をさせられたという先入観があるからこそ，πが⊿へ"vindication"を求め，かつそれが満たされることこそが正義であると考えてしまう虞がある。

　そのような偏見を除去するためには，πが⊿に損をさせられたという前提を白紙に戻す必要がある。⊿が非難されるべきだという先入観を除去することが，要請される。更に，"加害"者と"被害"者という文言も改められる必要があるかもしれない。そのように，偏見と先入観を除去する際には，上で分析してきたように，そもそも人は，メンタルな構成として捉えた関係（ここでは⊿がπを"加害"し，πは⊿の"被害"者であるという関係）に引き摺られて物事を判断するという，Kahneman & Tverski の指摘を思い起こすことが有用であろう。即ち10ドルの喪失または追加出費を，精神的な「構成」として，コンサート代金の"二重払い"と捉えるからこそ，人はそれを受容できなくなる。しかし単に10ドル紙幣を喪失したと捉えた場合には，更なる10ドルの支払を受容する。要は，メンタル的に，事物を如何に捉えるかが，判断に影響を与えると言っているのである。それは，あたかも「法と経済学」において Coase が指摘したことと同じく，牧場主や鉄道会社が常に隣接農家に対する"カガイシャ"であるとは限らないことを，両者の関係のみに近視眼的に囚われずに巨視的に「社会的効果」を考慮して判断せよ，と指し示してくれたことに通じるのではあるまいか。

第三節　その他の「法と行動科学（認知心理学）」上の概念

　上で挙げた諸概念は，行動科学（認知心理学）を法律問題に応用する学際分

野において最も目につく諸概念であったけれども，「法と行動科学(認知心理学)」で検討される認知科学的な概念は上で挙げたものに止まる訳ではない。以下では，本書が特に関心を寄せる事故法や製造物責任法への関連性が高いと思われる，蓋然性や危険に関連し得るその他の諸概念を簡潔に紹介しておく。

1．「所有効果」(endowment effects)，「現状執着偏見」(*status quo bias*)，「損失回避」(loss aversion)，および「不作為性向」(omission bias)

　人は，現在の状況からの損失を嫌い，延いては変化を嫌うという傾向を示す諸概念の代表例が，「所有効果」(endowment effects)，「現状執着偏見」(*status quo* bias)，および「損失回避」(loss aversion) である[124]。まず，「損失回避」は，既に「予測理論」の項にて言及した通り[125]，同額の利得を得た喜びに比べて同額の損失を被った喪失感の方が大きいという効果である。損失回避は，一般に，変化よりも安定を好むと指摘される。(後段「現状執着偏見」参照。)

　「所有効果」(endowment effects) は，自分に賦与されている財産を手放すことを躊躇する効果である[126]。従って，自らの財産を"売る"場合の値付(ねつけ)となる「売値」(selling price) の方が，他人の財産を"買う"際の値付である「買値」(buying price) よりも高額になると指摘されている。この売値と買値の相違は，人身損害 (personal injury) に対する賠償責任を決める際にも重要な検討要素となり得る。(後掲，第Ⅳ章「第四節　生命・身体を価値評価する」の項を参照。)

　「現状執着偏見」(*status quo* bias) は，「利得」よりも「損失」の方に高い価値を置く（損失回避）ゆえに惹き起こされる。多くの判断上の問題は，現状に対する代替案の検討において生じる[127]。その際，現状に対する「利点」と「不

---

124)　Kahneman & Tversk, *Choices, Values, and Frames, supra* note 16, at 348.
125)　*See supra*　「第一節　序論」中の「3.『予測理論』」内の「A.『確実性効果』等」の項.
126)　Kahneman & Tversky, *Choices, Values, and Frames, supra* note 16, at 348.

利な点」とが比較される。しかし人は損失回避ゆえに，不利な点の方を利点よりも高く評価してしまう。そのために変化をしないという判断，即ち現状を好む方向に偏るという訳である。

　「不作為性向」(omission bias) とは，「作為」(commission) によって誤謬を犯すよりも，「不作為」(omission) による誤謬の方を好むという性向である[128]。選択肢が一つの場合より二つの場合の方がこの性向が強まると言われる。この性向により，予防接種を受けさせない危険が非常に増大すると危惧される。即ち，不作為性向は，自分の子供に対して危険を課すような積極的な手段を採りたくはない (ought not to take affirmative steps) という「倫理ヒューリスティック」(moral heuristics) を表し[129]，"裏切り"への嫌悪と不作為性向は密接に関係している[130]。つまり「不作為」よりも「作為」の方を，人は倫理的に非難をする性向がある[131]。たとえば，死を望む患者の要望に従って生命維持装置を付けず（更には付けていたものを外すことさえも），安楽死のために注射を打つという作為よりは法的にも許容されている。また，殺人（作為）は許されなくても，死にかかった人を助けなく（不作為）ても責任がない。（前掲，第一部，第Ⅱ章「第二節　過失責任」内の「8.『ノンフィザンス（不作為）』と『ミスフィザンス（失当な行為）』」の項にて説明した通り，不作為の場合に注意義務違反が課されるのは例外である。)

　たとえば[132]事例1として，暴走したトロッコ（手押し車）がそのまま進行すれば5人の命が奪われると仮定する。しかし路線を変えれば，トロッコは違うレールに進み，その先に居る一名が死ぬことになる。これに比べて事例2では，

---

127)　*Id.* at 348.
128)　Camerer et al., *Regulation for Conservatives, supra* note 1, at 1224（Ilana Ritoy & Jonathan Baron が命名したとして "omission/commission bias" を紹介している）. *See also* Sunstein, *Behavioral Analysis of Law, supra* note 39, at 1180 n. 22.
129)　*See infra* 本節内の「3.『倫理ヒューリスティック』」の項.
130)　Sunstein, *Moral Heuristics and Moral Framing, supra* note 48, at 1575.
131)　*Id.* at 1581-83 & nn. 110-11.
132)　*Id.*

暴走トロッコの先に5人の命が危うくなっている点は同じであるけれども，その5人を助けるためには一名の人間（赤の他人〔a stranger〕）をレールに投げ出して進行方向を変えるしか手段が無いと仮定する。多くの回答者は，事例1では一名の命を犠牲にするオプションを選ぶけれども，事例2では一名を投げ出すことを躊躇してしまうと指摘されている。

以上の，「現状執着偏見」等の傾向ゆえに，人は，自らの利益に反する選択判断や行動を採ってしまう。この問題を是正するための方策の一つとしては，前述の通り[133]，「default」を用いることが有効であるという指摘がある[134]。即ち人々の利益に合致する選択肢を初期値（default）として設定しておいて，その初期値を望まない者のみが他の選択肢を選ぶ「作為」（commission）をさせる（"opt out" という）仕組みである。そうすれば，人の不作為性向に合わせながらも，自律や自決権を維持しつつ多くの人々の「利」に適った政策を実現できるという訳である。

A. 危険効用と損失回避：

損失回避に関して，Sunstein は，「危険効用衡量」（risk-utility balancing）に関係する興味深い指摘をしている[135]。即ち，人は，認識上の幻影，または，認知的偏見ゆえに（a kind of perceptional illusion, a cognitive bias），"危険と効用とのトレードオフ"な関係を適切に認識していない虞があるという。即ち，危険だけが認識され，効用が認識されない場合があるのである。つまり人は「損失回避的」（loss averse）なので，「現状」（status quo）からの損失発生は現状からの便益発生よりも更に望ましくないものと捉えがちである。その結果，新規に持ち込まれた危険は，それに伴う"便益"（現状よりも利得）がたとえ非常に大きなものであったとしても，大きな問題が

---

133) *See supra* 第Ⅱ章「第四節『パターナリズム』と『自己責任』」中の「6.『自己責任』と自決権」；同節「5.『非対称パターナリズム』と『リバタリアン・パターナリズム』」の項．

134) Camerer et al., *Regulation for Conservatives, supra* note 1, at 1225-30.

135) *See* Sunstein, *Cognition and Cost-Benefit Analysis, supra* note 49, at 1068.

あると捉えられてしまうのである。だから新規な危険に対してはその危険ばかりに焦点を当ててしまい，付帯する便益面には焦点を当てない。そして問題なのは，危険だけが認識され，便益が認識されない多くの場合，実際の危険の度合いが非常に低かったりする点である。そこにおいて「費用便益分析」(cost-benefit analysis) を導入すれば，様々な要素が認識上に浮かび上がってくるので，このように効用が認識されず隠れてしまうという問題を矯正することが可能であるという[136]。

以上の Sunstein の分析は，「費用便益分析」を肯定する論理として説得力がある。即ち，人の本能的な感覚では，おそらくは生物社会学的な理由から，新規な製品や活動に対して危険を強く認識し，排除しようと評価する傾向があるのではないか。後掲する「予防原則」(precautionary principle) も，そのような人間の本能から発生した，新規な危険を排斥する思想であるように推察できる。その際に，本能や感覚に流されることなく，対象となる製品や活動を評価するための道具としても，費用便益分析や「ハンド・フォーミュラ」等が有用だということになろう。

ところで Sunstein の指摘は筆者には，たとえば後掲[137]の「ケータイはケシカラン論」や，いき過ぎた製造物責任の主張に対しても当てはまるような気がする。即ち，人は，機器（たとえばケータイ）や製造物（たとえばホット・コーヒー）[138]の"効用"を，認知的誤謬によって忘れてしまいがちなために，負の面

---

136) *But see* Michael D. Green, *Negligence = Economic Efficiency : Doubts*, 75 TEX. L. REV. 1605, 1622 (1997)（新規な工学技術等に対しては，裁判所が危険効用基準を逸脱して「higher standard of care」を課す可能性を示唆している）. *See also* Gilles, *On Determining Negligence, supra* note 82, at 837（陪審員も⊿の活動の効用を低くウエート付けする虞を第一次リステイトメントの起草者 Bohlen が示唆していたと指摘）.

137) *See infra* 第Ⅳ章「第三節　危険意識の誤謬への対応策」中の「2．効用とパターナリスティックな安全規制」内の「B．ケータイと効用」の項.

138) ホット・コーヒー火傷訴訟において，熱いからこそ美味しいという「効用」を理解していない旨の指摘については，see 補追，第四部「第Ⅵ章　ホット・ドリンク火傷訴訟」内の「第四節『*McMahon 対 Bunn-O-Matic Corp.*』判例」の項.

ばかりを過大評価 (over estimate) すると，機器や製造物への責任強化論に繋がるのではないかと思料されるのである。

2．「カスケード」(cascades：連鎖反応)

この項目で説明する概念は，一種の"風評被害"や"風説"に近似した概念である。即ち，最初の人の行動や信念を見て次の人が真似をし，更には次の人も真似るという具合に広がっていく連鎖反応で形成されていく，入手容易性ヒューリスティックの一種である[139]。

A.「カスケード」(cascades)： 「カスケード」(cascades) とは，「次々と接続すること」という意味もあるけれども，本項の文脈では，「連鎖反応」(chains of individual responses) という意味で理解するのが良い。それは別名，「bandwagon」(時流に乗る，勝ち馬に乗る) とか「snowballing effects」(雪達磨効果) と言われる。ある信念 (beliefs) が人々の間で連鎖反応的に，雪達磨式に広がり頒布されることである[140]。

B.「情報カスケード」(informational cascades)： 「情報カスケード」(informational cascades) とは，ある主張を他の人々が信じているという理由だけで，自分もそれを信じるような状態が，連鎖反応的・雪達磨式に人々の間に広がり頒布されることである[141]。たとえば近所にある廃棄物サイトが危険であるとAさんが言うと，そう言われなければ安全性について疑問を持っていなかったBさんも危険だと思い，Cさんも，AさんとBさんがそう信じるの

---

139) 本項内の記述については，see, e. g., Timur Kuran & Cass R Sunstein, *Controlling Availability Cascades, in* BEHAVIORAL LAW AND ECONOMICS 374 (Cass R. Sunstein ed. 2000)；Sunstein, *Cognition and Cost-Benefit Analysis, supra* note 49, at 1066-67；Yablon, *The Meaning of Probability Judgments, supra* note 6, at 925-26, 936-37 & nn. 153, 216, 218.

140) Kuran & Sunstein, *Controlling Availability Cascades, supra* note 139, at 375.

141) *Id.* at 383.

ならば自分もそうに違いないと思い，次はDさんも…というように，他人がそう思うからという理由だけで自分もその信じられたことを受け入れてしまう現象のことである[142]。「情報カスケード」が生じるのは，一定の事柄に対して個人的には情報を殆ど有していないときに，他人の表面的な信念に基づいて自身の信念を形成してしまう場合である[143]。

C. 「評判カスケード」(reputational cascades)： 「評判カスケード」(reputational cascades) とは，他人の主張を他人が支持するから自分も支持するという点においては「情報カスケード」と同様である。しかし，他人に追従する「動機」(motive) が情報カスケードと異なる。即ち「情報カスケード」では他人の方が自分よりも情報に詳しいと思うから自分も支持するけれども，「評判カスケード」においては，社会（他人）に受容（approve）されたいから支持し，または，社会（他人）から拒絶（disapprove）されたくないから支持するのである[144]。たとえば鈍感だとか，冷酷だとか，無関心だと思われたくないためだけに，多くの人々が何らかの危険に関して警笛を鳴らす際に，その警笛が正しく根拠のあるものか否かについて疑念を表明することができないような場合が，「評判カスケード」な状態である[145]。社会的な立場を維持したい人の態度が前提になる[146]。評判を保持したいと願うからこそ，他人の信じることや支配的な信念（beliefs）を支持しているふりをし，または少なくとも反対しないのである[147]。

D. 「入手容易性カスケード」(availability cascades)： 「入手容易性カス

---

142) Sunstein, *Cognition and Cost-Benefit Analysis, supra* note 49, at 1066-67. *See also* Kuran & Sunstein, *Controlling Availability Cascades, supra* note 139, at 383.
143) Kuran & Sunstein, *Controlling Availability Cascades, supra* note 139, at 374-75.
144) *Id.* at 375.
145) Sunstein, *Cognition and Cost-Benefit Analysis, supra* note 49, at 1066-67.
146) Kuran & Sunstein, *Controlling Availability Cascades, supra* note 139, at 385.
147) *Id.* at 375, 393.

ケード」(availability cascades) とは,「情報カスケード」と「評判カスケード」を包含する概念であり,両者の相互作用の結果,見解が公的な言説の域においてまでも入手容易になったことを通じ,それが説得力を増すように見える状態である[148]。

E.「入手容易性ヒューリスティック」との関係：　なお「情報カスケード」は,「入手容易性ヒューリスティック」(availability heuristics) と同様な文脈において指摘される。まず入手容易性ヒューリスティックの効果としては,たとえば夏になるとテレビ番組において,サメが人を襲ったというニュースが多く報道される例が挙げられている。「鮮明」(vivid) な出来事や事件を何回も繰り返しマスコミや公の場で提示することにより,海で泳ぐことも無くサメに襲われる危険性がゼロな人々が,稀な出来事であるサメの危険性を過大評価してしまうのである[149]。そしてサメの危険が人々の口の端に上り,雪達磨式に連鎖反応として伝播されていくと,それは「情報カスケード」となる。(図表#32参照。)

図表#32　"カスケード"と"入手容易性ヒューリスティック"の相互作用

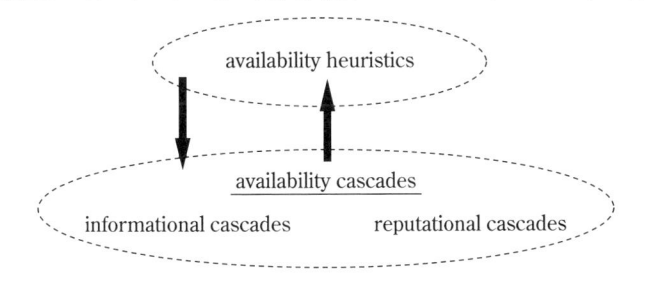

```
                    availability heuristics
                        ↓     ↑
                    availability cascades
            informational cascades    reputational cascades
```

---

148)　*Id.* at 374, 375.
149)　*See* Yablon, *The Meaning of Probability Judgments, supra* note 6, at 925-26, 936-37 & nn. 153, 216, 218.

F. 「集団的入手容易性誤謬」(collective availability errors)： 「集団的入手容易性誤謬」(collective availability errors) とは，「カスケード」と「入手容易性ヒューリスティック」との相互作用が相俟って，広く頒布されてしまった誤解に基づく信念のことである[150]。そのような「集団的入手容易性誤謬」を広める者として，「入手容易性興行主」(availability entrepreneurs) と呼ばれる者達がいる。彼等は「入手容易性カスケード」を熟知し，自らの主張を頒布すべく，または既に広がりつつある言説の頒布を促進すべく，カスケードの引き金を引き (trigger)，都合の良い解釈を選び，異議を唱える如何なる者をも無知で，騙され易くて，または腐敗した者であると非難する[151]。カスケードや誤謬によって，非生産的で無駄な法規制が制定される虞がある[152]。裁判官も，たとえば評判を維持したいという動機からの「評判カスケード」等の影響を免れるものではないと指摘されている[153]。

3．「倫理ヒューリスティック」(moral heuristics)

日常の倫理観が多くの場合は正しいけれども，一定の場合には正しい結果を導き出さないという「倫理的ヒューリスティック」(moral heuristics) の例として，Sunstein は以下のような事象を挙げている[154]。

A. 抑止効果を無視した過剰な責任負荷[155]： ワクチンと出産コントロール薬［の副作用・薬害］に関する企業への賠償責任を被験者に想定させて，更に被験者には以下の１．と２．の二つの場合において，企業への責任判断が異なるか否かの実験を行った。

---

150) Kuran & Sunstein, *Controlling Availability Cascades, supra* note 139, at 374.
151) *Id*. at 375, 393.
152) *Id*. at 394.
153) *Id*.
154) Sunstein, *Moral Heuristics and Moral Framing, supra* note 48.
155) *Id*. at 1571-72 & n. 58.

1. より高額な賠償責任を課せば，企業がもっと安全な製品を生産するように努力する場合。
2. より高額な賠償責任を課せば企業がその製品を生産することを諦める蓋然性が高く，その結果として，もっと危険な製品の殆どが市場に出回ることになってしまう場合。

　結論は，1.ばかりか2.の場合にさえも被験者が，同じように高額な賠償責任を課したという。これはおそらく事件の"非道さ"（outrageousness）に応じた罰を求めたためであり，「帰結主義的」（consequential）[156]な配慮には基づかない。その結果として人間がより安全でより健康になるか否かは構わない，どうでも良い，という程に固執した「熱狂し過ぎ」（fanatical）が原因であるとして，Sunsteinは注意すべきだとしている。これは，私見では，いわゆる「歪み効果」（distorting effects）が生じる構造の解析であり，興味深い。
　確かにSunsteinが象徴的に表したように，不法行為法や製造物責任法の判例の中には判例が及ぼす「社会的」効果や巨視的視座を無視したような近視眼的なものも見受けられる。そのようなアンリーズナブル（理不尽）な判例の原因を，Sunsteinは「熱狂し過ぎ」と表現しているが，そのような判例が出る理由には，「帰結主義」対「義務論主義」，または「抑止」対「矯正的正義」という規範観の相違も存在すると筆者には思われる。

B.　「信頼を裏切られた」という意識が厳しい反応を生む[157]：　たとえば，同じ価格の自動車AとBとのどちらを被験者が選択するかという実験において，Aにはエアバッグが装着されておらず衝突事故により2％の死亡確率があり，Bにはエアバッグが装着されているので衝突事故による死亡確率は

---

156)　*See supra* 第Ⅱ章「第一節　矯正的正義論」内の「2.『帰結主義』と『義務論主義』」の項.
157)　Sunstein, *Moral Heuristics and Moral Framing, supra* note 48, at 1573-75 & nn. 70-81.

１％だけれどもエアバッグの誤作動により死亡する確率が更に0.01％存在する場合（即ちBは計1.01％の死亡確率），被験者の内の３分の２は，何とAを選択したという。つまり危険性の大きなAを選択してまでも，人は，「裏切られる」という小さなリスクを回避したがるのである。そのように明らかにアンリーズナブル（理不尽）な選択をする理由は，「代表性ヒューリスティック」の一種として，人は自らを裏切られる危険性に晒したくないという反応の結果であるという。

ところでこれは私見であるが，確かに，製造物責任法の発展史においても嘗ては無過失責任を肯定する諸理論の一つに，消費者への信頼を"裏切った"という「信頼責任」が挙げられていたことを，上のSunsteinの指摘は思い起こさせる。即ち，無過失責任が肯定される理由の一つに，「裏切り」＝非難という関係性があるように筆者には思われる。加えて，欠陥基準として嘗ての主流であった「消費者期待基準」（consumer expectations test）も，"裏切り"を帰責事由とするヒューリスティックに通じるのではあるまいか。即ち消費者期待基準では，「通常の消費者が考える程度を超える程までに危険」（dangerous to an extent beyond that which would be contemplated by the ordinary consumer）であることを欠陥としていた[158]。これは，「期待を裏切る」場合を欠陥としていたのであると，理解できるのではあるまいか。

C. 自然を改竄することへの抵抗感[159]： 自然を勝手に変えてしまうことへの倫理的な抵抗感から，公衆による食品の遺伝子組み換えへの反対や，実質的な分析に基づかないでヒューリスティックに衝き動かされて組み換え規制が成立する，とSunsteinは指摘している。

なお私見では，この問題が，倫理ヒューリスティックとしてだけではなく，嘗てから指摘されていた，"未知"（unknown）のものに対する過剰な危険意識

---

158) *See* 補追，第四部，第Ⅱ章「第一節　欠陥基準を巡る混乱」の項．
159) Sunstein, *Moral Heuristics and Moral Framing*, *supra* note 48, at 1577-78.

という類型[160]にも当てはまると思われる。遺伝子組み換えが生む危険性は未知だからである。そして未知の危険は，いわゆる「予防原則」(precautionary principle) を巡る論議[161]にも関わる問題である。

D. ハンド・フォーミュラ（危険効用基準／費用便益分析）への嫌悪[162]：一定数の死者が出ることが判っている場合に，事故回避・予防策の費用を命と比較することを，人々は倫理的に受け入れないという。たとえば，ある安全策を自動車会社が採用するか否かを検討する際に，危険効用分析を行ったと仮定する。更に，その安全策を採用すれば100百万ドルの費用が掛かるけれども，それで救える人命は僅か4人分しかなかったと仮定する。その企業は，環境庁 (Environmental Protection Agency : EPA) により採用されている「生命価値」(value of life)（一名当たり6.1百万ドル）よりも遥かに高額な一人当たり10百万ドルという額を，安全策費用の上限として設けていたので，今回の安全策は不採用になった。この場合，その自動車会社に対する人々の評価は，厳しく罰（賠償責任）を下すものになる。むしろ，命と金銭を量ってトレードオフする危険分析を怠って人を危険に晒すような企業に対して，人々は，軽い罰を下しがちであるという。そのような反応を示す理由は，人様の命が死に至ることを知りながらその原因行為を続けてはいけない，という日常生活の倫理観にある。日常生活ではこの倫理観が上手く機能し，ある活動に従事することで他人が死ぬような行為は止めるべきだということになる。この倫理観が，ヒューリスティックの作用により，誤って一般化されて当てはめられてしまうと，上のような問題が生じる。即ち企業が，消費者の一定数が死ぬことを知りながら予防策を採らないことが，「倫理的ヒューリスティック」によって許容されないという結果になる。それ

---

160) *See infra* 第IV章「第二節　大衆の抱く危険意識の誤謬」内の「7．未知の危険」の項．

161) *See generally* SUNSTEIN, LAWS OF FEAR, *supra* note 6. *See infra* 第IV章「第五節　蓋然性が不確実な場合の『予防原則』」の項．

162) Sunstein, *Moral Heuristics and Moral Framing, supra* note 48, at 1578-79.

に比べて，危険効用分析を怠る企業は，予防策の不採用により生じる死を知らな̇い̇から厳しく罰せられないという訳である。更に Sunstein は続けて次のようにも記述している。以下の A と B の二つの企業のどちらが重く罰せられるかを人々に問うならば，A 社であるという応えが返ってくると相当確信を持って言える，と。即ち，

- A 社は，自社製品が10名の人を死に至らしめることを知りつつ，1,000万人の消費者に売った。その危険性を除去するためには100百万ドルの費用が掛かったはずである。
- B 社は，自社製品が100万個当たり1名の死の危険性があることを知りつつ，1,000万人の消費者に使わせた。その危険性を除去するには10百万ドルの費用が掛かったはずである。

そして Sunstein はこのような大衆の反応を以下のように評価する。死人が出ることを知りながら活動に従事する者を倫理的に非難することは，通常は是認される。しかし問題は，死を生じさせることを知っていることが，特にその死が一般的には望ましい活動から生じる，不可避的な副作用で比較的に少数である場合には，死ぬことを知っていても常に受容し難いものではない。たとえば高速道路を作る際には政府はそこで人が死ぬことを知っている。死ぬことが予想できる如̇何̇な̇る̇活動（any action）も許容しないという立場には説得力がないという。

私見では，ここでの Sunstein の指摘は，嘗て，G. Schwartz が，悪名高い「フォード・ピント」事件を分析する論文[163]において指摘していた問題に共通すると思われる。即ち，「ハンド・フォーミュラ」（危険効用基準・費用便益分析）的な思考に対する陪審員の嫌悪感情の問題と同じである。

---

163) Gary T. Schwartz, *The Myth of the Ford Pinto Case*, 43 RUTGERS L. REV. 1013 (1991).

4．「感情・愛情・情緒ヒューリスティック」(affect heuristics)

　人は，好きであり，または受け入れる諸活動については，否定的な見方をする諸活動よりも，危険が少ないものと捉えがちである。即ち，どれだけ好きかという程度次第で，発生蓋然性判断が左右されてしまう訳である[164]。そのような「感情・愛情・情緒ヒューリスティック」(affect heuristics) を用いながら，示唆に富む指摘をするのは Sunstein である[165]。つまり，一定の事象に対し危険と効用を評価するように問われると，人は，危険な活動ならば効用が低いと応え，効用のある活動ならば危険性が低いと応えがちである。効用が高いと同時にとても危険であると応えることは稀で，同じように，効用も危険性も双方共にないと応えることも稀である。このことから，人はまず「affect」(感情・愛情・情緒) から入って，その affect が危険と効用との双方の判断を「指図する」("direct") ことに貢献すると Sunstein は指摘している。

　このような，効用の認知という指摘は，私見では不法行為において被告の活動が有責とされるか否かにも関係して来る。即ち，不法行為責任の有無の判断において"効用"は重要な要素である[166]。それを如何に認知するか次第で，有責・無責の分岐点にもなり得るからである。たとえば，ファースト・フード肥満訴訟に関連する論文においては，ファースト・フード・チェーン店が家族に優しい環境を宣伝することで，「感情・愛情・情緒ヒューリスティック」を利用し，不健康な食物摂取により生じる危険への認識さえも前向きな"関係性" (associations) を生み出させていると責める指摘も見受けられる[167]。

---

164)　*See* Yablon, *The Meaning of Probability Judgments, supra* note 6, at 947.
165)　*See* Sunstein, *Moral Heuristics and Moral Framing, supra* note 48, at 1564.
166)　*See supra* 第Ⅰ章｜第五節　危険効用基準」内の「2．リステイトメントの示す『危険効用基準』」の項．
167)　Note, *The Elephant in the Room, supra* note 52, at 1168.

5．個人的（主観的）価値判断（individualized value judgments）

　大衆の抱く危険に対する判断が，「ハンド・フォーミュラ」（危険効用基準／費用便益分析）的で客観的なリーズナブルネス（理に適っていること）の判断から乖離する手掛かりとなるような指摘として，「主観」に着目するYablonのような学説も存在する。即ち，人は，危険というものを，「頻度」（frequency）とは別の視点で認識している。専門家による危険の分析とは異なり，一般人は「qualitative」（定性的）な部分に焦点を当てるのである。たとえば，原子力発電所に対してや，非自発的な諸活動，管理不能な諸活動，致命的または重症を生じる諸活動に対しては，人はより大きな危険性を感じる[168]。更に，効用が殆どない諸活動よりも，効用も危険も共に存在する諸活動の方がより危険性を少なく感じる。危険の認識の中には強い主観的な要素があり，だからこそ，プールで水死する方が原発事故で死ぬよりも頻度が高いにも拘わらず，人は，後者に対してより高い危険を感じてしまう。それは民主主義社会における「個人の（主観的）価値判断の現れ」（represent the individualized value judgments）なのである。即ち，「危険は，私達の心と文化から独立した『外側』に，計量され得るものとしては，存在しないのである」という[169]。

　従って，製品の「真の」リスク（the "true" risk of products）というものは，発生頻度を基に客観的に決まるものではない。使用者の違いや使用形態の違い等によって左右されるものである。たとえば自分は平均的な運転者よりも安全運転であるといった，「主観的蓋然性評価」（subjective probability assessment）という現象が生じる。主観的蓋然性評価は，質問のされ方・文脈構成の仕方によって「フレイミング効果」の影響も受ける"その場限り"（ad hoc）の性格も有する（「主観的蓋然性判断のアッドホック理論」）。加えて，「affect heuristics」（前掲，感情・愛情・情緒ヒューリスティック）によっても，蓋然性評価が主観的であるこ

---

168)　See infra 第Ⅳ章「第二節　大衆の抱く危険意識の誤謬」の項．
169)　Yablon, *The Meaning of Probability Judgments, supra* note 6, at 937-39 & n. 233.

とが支持されている。即ち人は，自らの蓋然性判断が確かである等とは言えない。何故ならば，人の蓋然性判断は，「鮮明」(vivid) な出来事や報道によって左右され易いし（入手容易性ヒューリスティック），質問や答えの形式を異ならせても左右されるし（フレイミング効果），好き・嫌いでさえも左右されるからである (affect heuristics)。「主観的蓋然性判断のアッドホック理論」においては，人は，予測不能で，しばしば一貫性を欠く蓋然性判断を下し，特定の状況に相当程度左右されて，判断過程の経過に従って徐々に発展していくものと捉えるのである，と[170]。

以上のように，人の「危険意識」(perception of risk) を巡る研究分野において，人の「主観」や「文化的世界観」(cultural worldviews) を重視する「文化的評価者諸モデル」(the cultural-evaluator models) は，費用便益分析／危険効用基準や，「法と経済学」的な「ハンド・フォーミュラ」の諸解釈的な「合理的計量者・不合理的計量者諸モデル」(the rational-weighted and irrational-weighter models) とは，対極的な見解であると位置付けられ易い[171]。何故ならば，後者の「合理的計量者・不合理的計量者諸モデル」は，有限な資源を最適に配分することにより，効率的に人々の効用や社会福祉の極大化を目指すという目的達成に向けた非常に有用な道具であるけれども[172]，その解釈次第では文化的な価値や主観を一切排除・犠牲にすることを肯定するような誤解もあり得るからである。しかし筆者の立場としては，「危険意識」の研究が，未だ発展途上にあると思われる現状においては，「合理的計量者・不合理的計量者諸モデル」だけを絶対視するのではなく，人の価値観や判断基準に対しての主観や文化の影響を強調する「文化的評価者諸モデル」にも，耳を傾ける必要性があると思われる。

---

170) *Id.* at 943-47.

171) *See, e. g.*, Dan M. Kahan, Paul Slovic, Donald Braman & John Gastil, Book Review, LAWS OF FEAR : BEYOND THE PRECAUTIONARY PRINCIPLE by Cass R. Sunstein, *Fear of Democracy : A Cultural Evaluation of Sunstein on Risk*, 119 HARV. L. REV. 1071, 1106-09 (2006).

172) *See generally* SUNSTEIN, LAWS OF FEAR, *supra* note 6.

世界の現実は，人々の効用や社会福祉を高める工学技術の進化に伴って，同時代の科学的知見では知り得ない多種多様な危険が存在するのである。限られた知見の中で，未知の危険に対する予防策をも検討しなければならない局面においては，どの危険にどれだけの予防費用を配分すべきかを決する際に，人々が危険を如何に把握し，序列化し，保護法益を如何に価値付けするのかという優先権を決する必要に迫られる。その際の道具または手法として，主に欧州では「予防原則」(precautionary principle) が唱えられている[173]。しかし Sunstein が批判するように，「予防原則」は曖昧で感覚に衝き動かされた「irrational」（不合理）な側面を払拭し切れない[174]。そこで，彼や Viscuci[175]が主張する「合理的計量者・不合理的計量者諸モデル」は，近視眼的な危険意識に止まらず，社会全体の有限な資源の効率的な配分という巨視的・社会的視点から，在るべき行為基準を求める点において，非常に説得力のあるものである。しかし同時に，人々は，異なる文化的世界観を有し，異なる価値観をも有しているからこそ，多種多様な危険に対する危険意識の多様化を招き，予防費用の優先権に対する見解も多様になるという「文化的評価者諸モデル」の説明もまた[176]，説得力を有している。文化的世界観による多様な理想社会像の対立（competing visions of the ideal society）こそが，危険意識の対立や，予防費用の優先権と安全に対する法規制を巡る対立の理由であるという「文化的評価者諸モデル」による学説は，現状の説明として説得的だからである。そこで，危険意識の研究が未成熟な現状においては，文化的な視座をも考慮に入れつつ，コンセンサスのある学説を更に探求していく必要があると思われる。

---

173) *See, e. g., id.* at 3-5, 13-34.
174) *Id.* この批判についての更なる紹介は，see *infra* 第Ⅳ章「第五節　蓋然性が不確実な場合の『予防原則』」の項.
175) *See generally* W. KIP VISCUSI, RATIONAL RISK POLICY (1998).
176) Kahan et al., *Fear of Democracy, supra* note 171, at 1106-09.

6．「シナリオ」(scenarios)

蓋然性に関する認知的な判断上の誤謬については，「シナリオ」(scenarios) という概念が使われる場合もある。即ち，ある出来事に関して，その発生蓋然性に関する先行経験が無い場合には，とても特殊なものと捉えがちである。そのような出来事を検討する場合，人はしばしば，現状から「標的」(target) となる出来事に繋がる「シナリオ」を構築する。シナリオが頭に浮かばなければ，その出来事の発生は不可能または蓋然性が極度に低いと思う。逆に，多くのシナリオが思い浮かんだり，一つの思い浮かんだシナリオにとても説得力があったりすれば，その出来事の発生に蓋然性があると思うのである，と[177]。

7．「事例に基づく判断」(case-based decision)

人間にとっては，代替案の期待費用と期待便益を計算するのは厄介である。そこで，この手続を単純化すべく，人は過去の事例・先例によって物事を判断しがちという訳である[178]。（上の「シナリオ」に近似した概念であろう。）これは前掲「入手容易性ヒューリスティック」や「代表性ヒューリスティック」の項にて指摘したように，過去の大事故のプロトタイプにフィットする危険についてはその発生蓋然性を過大予測しがちであるという傾向にも関係しよう。

8．「帰属錯誤」(attribute errors) と「観察者効果」(observer effects)

「帰属錯誤」(attribute errors) とは，損害の原因を，環境や状況に帰すのではなく，むしろ不均等に特別な原因，たとえばヒューマン・ミステイクに帰しがちであるという人の性向のことである。同様な概念としては「観察者効果」(observer effects) がある。それは，行為の原因を行為者は「状況的な要素」(situational factors) に帰す傾向にあるのに対し，該行為の観察者は行為者の「個人

---

[177] Yablon, *The Meaning of Probability Judgments, supra* note 6, at 928-29 & n. 169.
[178] 本文中の本項内の記述については，see Sunstein, *Introduction, supra* note 13, at 5.

的特性」(personal traits) に帰す傾向にあるという効果である。そもそも人は，成功のお手柄は自身に帰す傾向にあり，失敗の責任は自らにないと捉えがちである。しかし他人を評価する際にはこれが逆転する「double standard」を用いると指摘されている。即ち，他人を評価する際には，失敗の原因をその他人の責に帰す傾向にある[179]。Latin は「帰属錯誤」を，警告懈怠の文脈において用いているけれども，不法行為紛争における被告の行為への非難が認知的な「帰属錯誤」に基づくものではないか否かと疑うべき場合にも，用いることができそうな概念である。たとえばホット・ドリンクを零して火傷を負った原因や自然災害による被害の責任を，他人（ファースト・フード・チェーン企業や国）の所為に帰そうと捉えがちな原告の傾向等を説明できるかもしれない。

9 ．「偏見除去技能」(debiasing techniques)

「偏見除去技能 (debiasing techniques) とは，偏見の程度を減少させることを意図された介入のこと (intervention intended to reduce the magnitude of the bias) である…。」[180] 偏見除去技能の例としては，反論を被験者にリストアップさせることが有効だという指摘がある。更に，偏見は反対証拠を無視しがちな傾向に由来するという指摘からは，反対証拠を更に目立たさせることが有効だと言われる。同様な指摘として，反対の立場を熟考することが有効だとも指摘されている。なお，「自己奉仕的偏見」は，自身の見方や主張の弱点を列挙させるような質問を課すことによって除去できるとも言われている[181]。更に[182]，問題提示の仕方を変えれば，人が誤謬を犯すことを回避させることができる。たとえば，場合によっては論理的な演繹法を用いるように仕向けたりする。心理学

---

179) Latin, *"Good" Warnings, Bad Products, and Cognitive Limitations*, supra note 6, at 1220 ; Metzger, *Bridging the Gaps*, supra note 76, at 494-96.
180) *See, e. g.*, Babcock et al., *Creating Convergence*, supra note 77, at 916.
181) *See* Sunstein, BEHAVIORAL ANALYSIS OF LAW, supra note 39, at 1184.
182) *See* Rachlinski, *The Uncertain Psychological Case for a Paternalism*, supra note 6, at 1207-19.

者はこれまで，ヒューリスティックによる誤謬は質問の仕方を変えることで回避できることを示してきているという指摘もある。「フレイミング効果」に対しては[183]，誤った判断を下してしまう効果を取り除くために一つのフレイムだけでなく，複数のフレイムに人々を晒すことが適切であると指摘されている。「入手容易性ヒューリスティック」の問題は[184]，情報の提示の仕方や質問の仕方次第で，比較的容易に抑制することも（逆に誘い出すことも）可能である。即ち，個別の出来事やグループ内の個別構成員（individual instances or members of the group）を強調するのではなく，むしろ，特定グループや対象者全員の全体的な特徴（general characteristic of the group or population in question）を強調することによって，正しい答えを誘い出せるという。私見ではこの指摘を応用して巨視的なフレイミングを用いれば，近視眼的誤謬を回避させることに繋がるかもしれない。

10．「極端の回避」（extreme aversion）

「extreme aversion」（極端の回避）とは，人が，極端を嫌うことである[185]。たとえばメニューの中で最も高価なアイテムの次のアイテムを選択しがちなのは，最も高価なアイテムを「極端の回避」として避けた結果と捉え得る。そのような extreme aversion 故に，アイテムの並べ替えを変更することにより，異なった選択を導き出すことが可能になる。選択肢の"フレイミング"を換えることにより生じる「フレイミング効果」である。

11．「楽観への偏見」（optimistic bias）

人間は楽観的になりがちである[186]。危険に関する事実情報を知らされた後においてさえも，人は，その危険が自分には実現化しないであろうと楽観的に

---

183) *See* Sunstein, *Moral Heuristics and Moral Framing, supra* note 48, at 1596-97.
184) *See* Yablon, *The Meaning of Probability Judgments, supra* note 6, at 925 & n. 152.
185) 本文中の本項内の記述については，see Sunstein, *Introduction, supra* note 13, at 3.
186) *Id.*

思ってしまうという偏見である。(前掲[187]の「自己奉仕的偏見」と同類な概念であろう。) 更に, パターナリスティックな法規制を正当化する根拠にもなり得る概念であろう。

12.「認知不協和理論」(cognitive dissonance theory),「言質偏見」(commitment bias), および「自己奉仕推論」(self-serving inference)

「認知不協和理論」(cognitive dissonance theory),「言質偏見」(commitment bias), および「自己奉仕推論」(self-serving inference) は, 全て, 前掲の「楽観への偏見」(optimistic bias) または「自己奉仕的偏見」(self-serving bias) 等と同類な諸概念である[188]。

まず「認知不協和理論」(cognitive dissonance theory) は, ひとたび人が言質を与えると, その言質との一貫性を維持しようとする態度や信念を採ろうとする人の性向である。たとえばセールスマンは, 販売に近付くステップが採られれば, もはや成約に結びつく蓋然性が高まることを知っているとか, 交渉者 (negotiators) は, 交渉成立 (deal) に近付くステップが採られれば, やはり成約に漕ぎ着ける蓋然性が高まることを知っているといったことが,「認知不協和」の例証である。認知不協和の例として, 企業エグゼクティヴがある行動の採用を決定した後に収集する情報は, その決定を補強 (bolster) するようなものになる強い偏向が示されると指摘されている。

「言質偏見」(commitment bias) とは, 人が, 一度ある種の思想や行動を採るという「言質」(commitment) を与えると, その選択が誤りであったという証

---

187) *See supra* 本章中の「第二節 法と行動科学 (認知心理学)」上の主要概念」内の「4.『自己奉仕的偏見』や『自己中心主義』等」の項.

188) 本文中の本項内の記述については, see Donald Langevoort, *Organized Illusions: A Behavioral Theory of Why Corporations Mislead Stock Market Investors (and Cause Other Social Harms)*, in BEHAVIORAL LAW AND ECONOMICS 144, 149-52 (Cass R. Sunstein ed. 2000).

拠に抵抗を示すという偏見である。

「自己奉仕推論」(self-serving inference) は，ある事柄を受容すべきか否かについての曖昧さが残る場合に，人は，「自らが望むものを見る」(see what they want to see) という性向である。しかもその際に「見たいもの」とは，「自己利益」(self-interest) に適うものであって，自尊心や職業上の期待に脅威を与えるものではないのである。

第四節　法と行動科学（認知心理学）を使ったエンタープライズ責任（EL）の解釈の対立

Yablon はその論文[189]の中で，「エンタープライズ責任」(EL: enterprise liability) の是非を巡り，肯定派も否定派も双方が行動理論 (behavioral theory) を用いて論争していると興味深い指摘をしている。即ち，前者 (i.e., EL 肯定派) は，人が危険を"過小"評価する傾向にあると主張し，後者 (i.e., EL 反対派) は"過大"評価する傾向にあると主張する[190]。しかしどちらが正しいという解決

---

[189]　本文中の本項内の記述については，see Yablon, *The Meaning of Probability Judgments, supra* note 6.

[190]　そういえば，Calabresi も「危険の分散」の理論に基づき，付保にふさわしいのが個人消費者ではなく，企業被告・製造業者等であるのは，前者よりも後者の方が危険を正しく評価できるからであると指摘しつつ，その理由として，一方では，正しい評価のためのデータが前者に不足していることを挙げつつ，他方では，心理学的に人は危険を過小評価する傾向を挙げている。もっとも人はときに危険を過大評価することも言及してはいる。GUIDO CALABRESI, THE COSTS OF ACCIDENTS : A LEGAL AND ECONOMIC ANALYSIS 56-57 (1970). たとえば航空機の危険を自動車の危険よりも過大評価することである。しかしそれは，航空機を余り使わない人々の評価だからだと彼は指摘する。仕事で航空機を使わなければならない人にとっては航空機を使えなくなることが真の負担となってしまうので，危険を過小評価するであろうと，興味深い指摘をしている。更に，人は後に起きる危険を過小評価すること（この認知上の傾向を Calabresi は興味深いことに，「Faust attitude」とか「Faust complex」と呼んでいる。「people tend to choose the immediate "good life" and regret it later」という訳である。*Id.* at 57.) も理由として挙げて，事故が生じる場合に備えない

がつく程の経験・実証的な証拠は，未だ存在していない。更に，前掲[191]）「主観的蓋然性評価」(subjective probability assessment) の考え方の影響を受けて，最近の製造物責任に関する論議は，これまでのように危険を過小評価しがちか過大評価しがちかという対立構造を脱し，企業が「啓発者」(the "educator") になるべきか，または，「保護者」(the "protector") になるべきか，という対立構造に変わってきているという。「啓発者」と看做す見解は，危険を評価する困難性の解決のための最適な回答は，危険に関する明白でvividで包括的で正確な情報提供，即ち「警告」である，と考える。これに対し「保護者」の立場は「EL」を主張する。

　両者の対立は，究極のところ，規範観 (normative bases) の違いに拠る。前者（啓発論）は個人の「選択権」を個人への「保護」よりも重要であると看做す。そこで重視される規範観は，より大きな"選択権"(greater choice)，"製品イノベーション"，そして，警告や情報の入手容易性を重視した"過誤・フォールトに基づく責任法体制"(fault based liability regime) による「自己責任」(individual responsibility) である。そこでは，人々が「正しい選択をした」か否か (people make corrective choices) によって民主主義と資本主義市場が正当化されるのではなく，「選択の自由」(the freedom of choice) によって正当化されるのである。そこでは人が危険な製品を選択した原因が「危険回避」(risk aversion) に因るのか，認知的誤謬であったのかはそもそも問題ではなく，「選択権」を

　　　　人々の欠点をパターナリスティックに補ってあげるために，事前に保険料を強制徴収して事故発生時には保険金としての賠償が得られる危険分散の根拠としている。これも，危険の過小評価という法と行動科学（認知心理学）的な分析手法と言うことができよう。

　　　　もっとも上のCalabresiの分析が，実証研究によって正しく根拠付けられているか否かは，不明である。彼の議論を厳しく見れば，その法と行動科学（認知心理学）的主張は，全てが「人は危険を過小評価する」という結論に偏って向かっているのではないか。心理学的な議論は，（他の学際領域でも多少その傾向があるかもしれないが）論者にとって都合の良い使われ方をする危険もあるのかもしれない。

191)　*See supra* 第三節内の「5．個人的（主観的）価値判断」の項.

「保護」よりも重要とする前提の規範観を基盤とする。これに対し，EL擁護派は逆に，「保護」の方が「選択権」よりも重要だと看做すのである。（前掲，第Ⅱ章「第四節 『パターナリズム』と『自己責任』」「6．『自己責任』と自決権」内の〈B．アメリカ人の訴訟意識と"自己責任"〉の項における図表＃29参照。）

筆者には，見解の相違が規範観の違いにあるというYablonの以上の分析が，非常に説得力を有するものだと思われる。加えて，規範観の相違ゆえにこそ，対立する論者は互いに，相手方の主張を過小評価し，または拒絶するという認知的な対応が生じるのではないかとも，筆者には感じられる。いわゆる「認知的不協和理論」（cognitive dissonance theory）である[192]。

ところでYablonはその論文内で続けて，製品の種類によって，EL，か"非EL"かを分けることにより人々のコンセンサスを得られると示唆している。即ち，製薬のような一定の製品分野ではエンタープライズ・厳格責任が支持され，逆に，たとえばリクリエーション機器のような一般製品では製品選択権やイノベーションの尊重が支持されるであろう，と指摘する。この指摘も，説得力を有すると筆者には思われる。何故ならば，判例も，薬害等の製造物責任と，機械類の製造物責任とは，扱いを異にしているように思われるからである。前者はユーザー（利用者）側による事故・危険回避が難しく，その被害（severity of injuries, magnitude of losses）は個別的にも人数的にも甚大なものとなる傾向が見られる。（たとえば[193]「*Sindell 対 Abbott Laboratories*」[194]判例参照。）おそらくはそ

---

192) *See supra* 前節「12．『認知不協和理論』，『言質偏見』，および『自己奉仕推論』」の項． *See also* Latin, *"Good" Warnings, supra* note 6, at 1234（規範観に関する文脈ではないけれども，警告義務に関する当該論文内において，認知的不協和に触れつつ，人々は，自らの信念や行動に反する情報を拒絶したり過小評価していると指摘している）．なお「事故法」においては，人生設計・追行の自由を尊重する個人主義的な社会観と，相互協力と分担を奨励する社会観との二つの原理（道徳的信念）が存在し，どちらの立場を採るかは単なる選好に過ぎず，一方の立場を採る者が他方を説得しようとしても無駄である，とDworkinも指摘している．ロナルド・ドゥウォーキン著，小林 公 訳『法の帝国』428-30頁 n. 20（1995年，未來社）．説得力のある指摘であろう．

193) *See* 補追，第三部，第Ⅳ章「4．市場占有率責任」内の「A．『*Sindell 対 Abbott*

れ故にこそ，厳格責任に近い判例が薬害系訴訟においては目に付くのではないか。しかし後者（*i.e.*, 機械類等の一般製品）では，本書が関心を抱くホット・ドリンク火傷訴訟のように，利用者側の過誤・フォールトや回避可能性も事故発生に寄与している場合が多いと指摘され，かつ，被害も薬害・化学製品被害等に比べると様々である。即ち大量の個々の人々に甚大な不可避的被害を課す一定の傾向が見られる訳ではない。後者はそのような要素ゆえなのか，過失責任的な，事案毎の事実に応じたケース・ベースト（事件毎）な判断が比較的多く見受けられるようである。従って，製造物責任法を論ずる際には，全てを混同させて無過失責任云々という立場は，やはり物事の本質を見誤っていると思われる。

Laboratories』判例」の項.

194) Sindell v. Abbott Laboratories, 607 P. 2d 924 (Cal. 1980), *cert. denied,* 449 U. S. 912 (1980).

第Ⅳ章 "安心・安全"の認知と誤謬（safety and perception of risk）

　資源は稀少であるという条件下においては，資源を効率的に事故防止費用に割り当てることが必要である。そのような目的を満たすものとして，「ハンド判事の公式」（ハンド・フォーミュラ：$B < PL$）に象徴される費用便益分析，または，危険効用基準が，「法と経済学」的な立場から多くの支持を集めている。それは，やはり倫理哲学的にも，行為者への「平等な自由」の尊重等の観点から，一定の支持を集めている。しかし，その基準も，人の認知上の問題から，必ずしも的確に運用されるとは限らない虞が明らかになってきた。たとえば，「$B < PL$」の公式の中の，「P」= *probability*（蓋然性）の把握において，人は誤りを犯す[1]。事故が発生する蓋然性が"低い"という事実やデータをしばしば無視し，危険を過大評価しがちなのである。または「L」= *severity of losses*（損失の甚大さ）を，過大に評価する。そこで，既に紹介してきた「法と行動科学（認知心理学）」の研究は，そのような問題解明に資するものである。以下では，効率を妨げると指摘されている大衆の「危険意識」（risk perception）や，安心・安全に関する人の認知上の誤謬等を紹介し，在るべき不法行為法の検討に役立てたい。

---

1)　*See, e.g.*, Roger G. Noll & James E. Krier, *Some Implications of Cognitive Psychology for Risk Regulation, in* Behavioral Law and Economics 325, 331 (Cass R. Sunstein ed. 2000)（人は蓋然性の評価をシステマチックに誤り，その三つの原因として，「入手容易性ヒューリスティック」，「投錨」，および「自信過剰」を挙げている）．

第一節　効率性の重要性と価値評価の必要性

1．効率性の重要性

既に強調してきたように，資源は稀少であるから，「事故防止費用」も効率的に配分しなければならない。この点を，効率的な事前行政規制を探る文脈から，判り易く指摘するのは，Viscusi の以下の記述である。

Regulatory expenditures necessarily decrease the resources available for other uses.　Because of regulations, consumers pay higher prices, workers receive lower wages, and the public at large pays higher taxes.　Regulatory costs represent a real opportunity cost of resources that could have been allocated elsewhere.

W. KIP VISCUSI, RATIONAL RISK POLICY 75 (1998) (emphasis added).

更に Viscusi は，規制活動自身もまた危険を孕むものであるとして，非効率な事故防止策の愚をハイポ（hypo.: hypothetical，仮想事例）により例示している[2]。即ち，危険の抑止に何ら効果のない政策があったと仮定する。たとえば労働者が穴を掘り，再びそれを埋めるような，何の生産性もない政策である。それは安全性の向上に何ら資することがないにも拘わらず，作業の途中で被害が生じる虞はある。実際の政策では，そこまで極端な例はなかなか存在しないけれども，危険が無視できる程に小さい（negligible）ために，政策が生む「社会的副作用」（the adverse effects on society）の方が危険減少効果を"凌駕"（outweigh）してしまうようなことはある。そのような場合には，"無駄"な規制の費用が，たとえ健康増進という高邁な目的を持っていたとしても，社会を"悪

---

2)　W. KIP VISCUSI, RATIONAL RISK POLICY 83 (1998).

化"させてしまう (make society worse off) かもしれないのである, と。

　筆者が上のViscusiの指摘を紹介したのは, 大衆が誤って危険意識を過大に抱く場合等には, その感情が誤った規制や不法行為責任を生み, 延いては「社会を悪化」(make society worse off) させる無駄使いが生じて, より重要な危険防止費用に資源を配分できなくなる虞を懸念するからである。

　もっとも多種多様な危険の中で優先権を付けて予算を配分する決定を下す際には, 単なる費用便益分析だけでは足りず, 「文化的世界観」(cultural worldviews) に基づく価値観の相違等も考慮に入れる必要はあろう[3]。しかし, その前に, そもそも資源が有限であることを理解した上で, 無駄を抑えて効率的な配分が必要であることや, 事物のトレードオフな関係や, 「社会的副作用」という配慮がまずは必要であって, 無知蒙昧な"感覚"に基づく判断を廃して, インフォームドまたは「インテリジェントな決定」(intelligent decision) を目指すべであろう。

2. "100％の安全性"という"神話"の罪

　安全性に完璧は存在しないということは, 本書が繰り返し紹介してきたところである。しかし, 認知心理学からの指摘によれば, 人は完全な安全性を好むと分析されている。たとえばKahneman & Tverskiは, 「フレイミング効果」として, 火災には保険金が出るけれども洪水はカバーされない保険商品への好感度が, 表現 (フレイミング) の仕方次第で異なる例を以下のように示している[4]。即ち, 一方のフレイミング例では, 火災という特定の危険の「完全な」カバー (full protection) であると表現する。(洪水をカバーしない点には焦点を当てていないフレイミングである。) 他方のフレイミング例では, 財産損害に対する危険の「減少」(reduction) と表現する。すると, 人は, 後者の, 危険の「減少」

---

[3] See supra 第Ⅲ章「第三節　その他の『法と行動科学 (認知心理学)』上の主要概念」内の「5. 個人的 (主観的) 価値判断」の項.

[4] Daniel Kahneman & Amos Tversky, *Choices, Values, and Frames,* 39 AM. PSYCHOLOGIST 341, 346 (1984).

（reduction）よりも，前者の完全な「除去」（elimination）を好むから，前者の方が魅力的である，と指摘している。

このような認知心理学的な知見を用いつつ，何が問題なのかを考えれば，それは，事故防止費用を掛けて防止効果が上がるべき危険，または防止効果を上げるべき危険に対して適切な事故防止費用を掛けず，逆に，効果が上がらず，または上げるべきでない危険に対して多額の事故防止費用を掛けてしまうという，認知上の誤謬の虞である。前掲[5]のロシアン・ルーレットのハイポ（hypo.: hypothetical, 仮想事例）を用いるならば，世の中に多種多様存在する，4発の弾丸が入った拳銃に象徴される危険の方が，1発しか入っていない危険よりも，遥かに大きいので，稀少な資源を用いて効果的な事故防止費用を掛けるべきであるならば，まずは前者に対してこそ掛けるべきである。しかし人々は，認知心理的に1発を"ゼロ発にしたい"と強く望むからこそ，稀少な資源を後者に割いてしまう。これを許せば，高い危険が世の中に放置されたままになるのである。それは，「事故費用」と「事故防止費用」の和を極小化すること[6]にも反する。

しばしば巷で目にする「100％の安全性」という心地良い標語は，却ってより大きな危険を放置する虞もあると心配されるのである。

A. "100％の安全性神話"の効： もっとも，逆説的ではあるけれども，この"神話"（myth）が効を生んだと思われる事象も存在する。それは，日本の，生産管理（QC: Quality Control）である。特に製造物責任における「製造上の欠陥」の発生蓋然性低下の努力である。以前，筆者が紹介したように[7]，欧

---

5) *See supra* 第Ⅲ章「第一節　序章」中の「3.『予測理論』」内の「C.『nonlinearity value（非線形選好）/weight function（決定荷重）』」の項.

6) *See supra* 第Ⅰ章「第一節　概説」内の「2.『事故費用』と『防止費用』の和の減少＝『事故法』の目的」の項.

7) 拙書『アメリカ製造物責任法の新展開：無過失責任の死』226頁 n. 115（1995年，成文堂）.

米的な合理主義の思想では，たとえば100個に1個の割合で製造上の欠陥が出る生産ラインがあっても，その欠陥1個の発生防止が困難であれば，防止費用への投資が「*賠償額×敗訴確率*」を下回らない限り無駄な投資をしないという指摘がある。しかし日本の製造業者は，欧米的な思想からはアンリーズナブル(理不尽)だと考えられる程までに，1/100の欠陥を，1/1,000にし，更に1/10,000にするというように，製造上の欠陥を本気でゼロにすることを追求していると言われているからである。そしてこの，一見するとアンリーズナブルな生産管理の実現は，*日本製品＝高品質*という定量化し難い「評判」(reputation)という便益を産み，結果的には日本製品がよく売れることによって利潤も増したという好循環が生じたのかもしれない。もっともこの問題は，近視眼的にはアンリーズナブルに見える防止費用への投資も，副次的利得効果までをも巨視的に考慮に入れれば結局はリーズナブル(理に適う)であったと分析することが可能であろう。即ち重要なのは，巨視的な考慮という点かもしれない。

3．価値評価の必要性

　効率的な資源の配分を検討する際に必要な要素は，危険を伴う行為の"価値評価"や，その危険から保護しようとする対象事項や保護法益に対する"価値評価"である。価値評価がなければ，危険な行為がどれだけ許容され，予防費用が何処まで必要となるかが判らないからである。更にその基準は，一定であることが要請される。一定しなければ，公平性を欠き，「行為規範」(rules for players／the norm for conduct)として機能せずに効率性も欠くからである。そのように価値評価は重要であるにも拘わらず，特に価値観が多様化しているポスト・モダンな社会においては，価値評価に一定の基準を設けることは至難の業である。しかし難しいからといって価値評価の問題を避けて批評家に止まることは，望ましくあるまい。従って，今後は，この分野の研究に，日本も目を背けないことが必要であろう。なお，生命・身体（life and limb）への価値評価に関する記述は後掲「第四節　生命・身体を価値評価する」の項に譲るとして，それ以外にも人々が危険に対する意識（perception of risk）に関し以下のような

優先権を付けることはもっともなこと故に正当化され得るという指摘があるので[8]，紹介しておく。

- 癌やAIDSのように"怖れられる死"（dreaded deaths）や"高度な苦痛を伴う死"（a high degree of pain and suffering）に対して人は危険を多く感じ，その防止策には人は"高い価値"（pain and suffering premium）を置く。
- 子供を保護するための危険防止策には，人は高い価値を置く。理由は，子供が危険に対してより脆弱であったり，自らを守ることができなかったり，または，"長い寿命"を持っているだけに失うものも大きかったりする（more life-years are at stake）からである。
- 危険が降り掛かる者への回避費用負担が高価に上る場合の危険費用を，人は高く価値評価する。たとえば危険情報を有しておらず，それを得るには高い費用が掛かり，またはそれを得ても該危険を回避するためには高い費用が掛かるような場合である。この考え方は，公正（fairness）と効率性との双方から正当化され得る。公正的には，危険回避のための費用が高い者はそれを負担すべきではないと考えられ，効率的にも，危険から生じる費用を容易に回避できる者こそが防止策を執行すべきだと考えられるからである。
- "不公正に分配された死"（unfairly distributed deaths）やその危険防止策には，人は高い価値を置く。たとえば黒人やゲイに多いAIDSとその対策等である。

---

8) *See* Cass R. Sunstein, *Cognition and Cost-Benefit Analysis,* 29 J. Legal Stud. 1059, 1065, 1078-88, 1095 (2000).

第二節　大衆の抱く危険意識の誤謬

1．専門家と素人で判断が異なる例

　限りある資源を，有効に事故回避費用に割り当てるためには，危険度（i. e., ハンド・フォーミュラ「$B<PL$」における右辺「$P×L$」）の大きな危険に対しては，そうではない危険（i.e., 「$P×L$」が小さい）よりも，より多くの予算配分をすべきであろう。そのような効率的な予算配分を選択し，意思決定するためには，まず危険度を正確に把握することが必要である。しかしここで問題なのは，様々な事象に対する危険度の認識度合いが，素人と専門家との間で異なることである。素人による不正確な危険度の認識に引き摺られて予算配分されると，非効率な結果になる虞があるから，問題なのである。即ち，正確なデータに基づけば「低」危険度な事象に対して，事故回避費用として高額な予算を配分してしまうと，他の本当に「高」危険度な事象に対しての予算がなくなってしまうという問題である。

　素人と専門家の間の危険度認識の相違に関し，連邦最高裁判所 Breyer 判事（元ハーヴァード大学教授）の業績から，具体例を参考までに「図表＃33」で示しておく。

2．感情による危険度の過大評価

　「法と行動科学（認知心理学）」の観点から多数の業績を発表している Sunstein による以下の指摘も，大衆がアンリーズナブルに危険を過大評価する原因を示唆してくれているのではなかろうか[9]。曰く，危険に関する人の懸念は，"判断"（judgment）の結果として生じるのではなく，"感覚"（feeling）から生じるという研究成果が George Loewenstein 等によって指摘されているという。そのような「心配の感覚」（feelings of worry）は，しばしば悪い結果の"蓋

---

9)　*See id.* at 1071.

図表#33

健康リスクの序列

大衆による序列	該当リスク	環境庁による序列
1	有害物廃棄サイト	中〜低
2	職場化学物質への曝露	高
3	原子力事故による放射能汚染	序列無し
4	放射性廃棄物	序列無し
5	地価貯槽タンクからの化学漏洩	中〜低
6	殺虫剤	高
7	工業事故による汚染	中〜低
·	·	·
·	·	·
12	オゾン層破壊	高
·	·	·
15	車両排気	高
·	·	·
17	酸性雨	高
·	·	·
20	遺伝子操作	低
·	·	·

Source : Drawn from Stephan G. Breyer, BREAKING THE VICIOUS CIRCLE : TOWARD EFFECTIVE RISK REGULATION 21 (1993) *in* Cass R. Sunstein, *Cognition and Cost-Benefit Analysis,* 9 J. LEGAL STUD. 1059, 1063 (2000).

然性"に応じたものではなく，結果の"甚大さ"にのみ応じている（sensitive not to the probability of the bad outcome but only to its severity）（emphasis added）と報告されている。頭脳の機能は時々，強烈な感情的反応を許容し，認知的活動を最小限にしか介入させない。ある種の危険は極度に鋭く，大きく，かつ理屈抜きの反応を生む。悪くなるかもしれないという鮮明なイメージの前には，危険性の"頻度"に関する統計的証拠などは余り効果がなくなってしまう。なおSunsteinは，このような感情によるアンリーズナブル（理不尽）な感覚反応に対しては，費用便益分析が有用であると前掲[10]の通りの持論を展開している。即ち費用便益分析は，政策がヒステリーや根拠の無い警笛によって衝き動かされることなく，関連する諸リスクとその管理を完全に理解した上で動かすことを確かなものにしてくれる，と。

3．大衆（陪審員）は，「あと知恵」により，僅かな安全対策費を企業が掛けてさえいれば，その悲惨な事故被害を防止・回避でき得たはずであると誤って計量しがちである

　上述の，人は往々にして被害の"甚大さ"に左右され過ぎるために，"蓋然性"を評価しないという誤謬に関連して，既に本書が紹介して来た「あと知恵の偏見」（hindsight bias）も関係するという以下のような興味深い指摘がある[11]。即ち陪審員は，被害者個人に降り掛かった莫大な費用（enormous cost to the victim）と，僅かな安全性向上費用（the relatively negligible cost of the safety improvement）とを，比べがちであるという。つまり，大金を有する巨大な企業にとっては僅かながらの事故防止費用（たとえば安全性向上のため設計変更）を惜しまなければ，原告（π）が実際に被った悲惨な事故被害を避け得たはずであると「あと知恵」で捉える。(In hindsight, a small corporate expenditure would have pre-

---

10)　See supra 第Ⅲ章，第三節中の「1．『所有効果』，『現状執着偏見』，『損失回避』および『不作為性向』」内の〈A.　危険効用と損失回避〉の項．
11)　本文中の本項内の記述については，see W. Kip Viscusi, *Corporate Risk Analysis : A Reckless Act ?*, 52 STAN. L. REV. 547, 587, 568 (2000).

vented an identifiable death...）その僅かな防止費用を，利益追求のために惜しんだ企業には責任がある，と短絡的に陪審員（*i.e.*, 大衆）は捉えがちであるというのである。

　しかし，訴訟で問題になったその事故が実際に"発生する以前"（*ex ante*）の，企業が製品設計を検討する段階においては，しばしば，後で悲惨な事故が生じる蓋然性は低いとしか予見できず，かつ，その蓋然性の予見も不確かなものに過ぎない。(the corporation sees only a small probability of an accident, not a certainty...）従って，たまたま発生して具体化・特定化した事故を取り上げて，「あと知恵」（in hindsight）により，その具体化・特定化された事故防止費用は僅かだったから責任がある，そのような防止費用は掛けるべきであった，という判決になってしまう。

　ところが上のような判決は，その事故が"起こる前"（*ex ante*）の時点においては，そのような事故発生の蓋然性が低く，かつ，不確かな危険性に対してまでも一々防止策の費用を掛けなければならない，というルール（準則／法規範）になってしまう。これは即ち，事後的（*ex post*）に発生して具体化・特定化された「その」事故さえ防止すれば済む僅かな費用だけで足りる，ということには実はならず，発生前の時点（*ex ante*）では同じように発生するかもしれない1,000倍もの同様な不確かで抽象的な種類の無数の事故の可能性に対してまでも「同様」に費用を掛けなければならないことになってしまうのである。(*ex ante* the corporation would have had to make that expenditure thousands... of times to decrease the risk of an abstract person's death）するとその費用が反映された製品価格も桁はずれて高額になり，消費者はその高額な価格を負担しなければならないことになる。

　従って，"事後的"（*ex post*）に，「あと知恵」によって，その具体化・特定化された事故防止費用は僅かだったから責任がある，と短絡的に結論付けるのが誤りになる。陪審員（大衆）は"事後的"（*ex post*）に，特に，悲惨な被害者を目の前にして「その」事故被害に必要なだけの僅かな費用を比べてしまうと，たとえそのような悲惨な被害の発生蓋然性が低かったとしても（low-probability events with sever consequences），ついつい企業を有責だと決め付けがちである。

　つまり陪審員（大衆）は，設計変更の費用と，「特定化（identified）された」被害者が被った費用とを，「あと知恵」で比較するという反応を示すことが問題である。多くの場合，望ましくない結果発生の"蓋然性は低かった"という事実に対し，陪審員（大衆）はきちんと評価しない。ところが企業は，製品全体に亘っての決定を下さなければならない。従って，事前に，被害の生じる可能性のある当事者にだけ効果のある安全性向上策を採り得ないのである。陪審員（大衆）は，「包括的な危険分析的アプローチ」（a comprehensive risk analysis）を採らない。実際に害を被った被害者と，製品一台当たりの非常に僅かな安全性向上のための費用とを，比べがちである。市場全体や，その全体に関連する諸効用や諸費用を精査することなく，特定化された被害とその防止費用だけを見てしまう。このような「あと知恵の偏見」によって陪審員（大衆）は左右されるのである。

　以上のViscuciの分析は，不法行為法における在るべきルールを検討する際の非常に重要な考察である。何故ならば，筆者が強調するように，「行為規範」（rules for players／the norm for conduct）として何処までの安全を図るべきかという基準を定立する際に何が重要な視点であるのかを，Viscuciは思い起こさせてくれるからである。なお，前掲，第Ⅰ章，第四節中の「5．陪審員には理解され難いハンド・フォーミュラ」内の「B．反感を買う理由」の項にても紹介したViscuciの指摘の通り，人々は何百万ドルもの費用が掛かることになっても浜に打ち上げられた鯨を救おうとする。あのハイポ（hypo.: hypothetical，仮想事例）こそが，多くの者にとって腑に落ちない高額賠償評決事例が発生する理由を説明する鍵となってくれると思われる。加えて重要なのは，大衆が蓋然性を無視しがちであるという，「蓋然性無視」（probability neglect）の認知的傾向である。そのような，人の認知・判断上の欠点が判明した以上，蓋然性の重要性を大衆に思い起こさせる（remind）ことが，特に重要になろう。

4．危険性を人が過大評価・過小評価する諸要素一覧表の例

　Sunstein も，人が危険性を過大または過小認知しがちな諸要素を，表にまとめて思考・分析しようと試みている。その一部も紹介しておこう。

　即ち，新規（新奇）なものは慣れ親しんだものより危険を大きく認識したり，激しいメディア報道の対象になった事象の方がメディアに無視された事象よりも危険を大きく認知したり，効用が不明確な事象の方が明確な事象よりも危険を過大評価するという指摘である。なお，新規なものや，管理不能なものや，非自発的な危険等は，Sunstein の指摘よりも遥か以前から，大衆が危険を過大評価すると指摘されてきた。次項を参照されたい。

図表#34
危険の判断における悪化・減免要素

［事象］の種類［特徴］	悪化要素	減免要素
親近性	新しい	古い
個人による管理	管理不可能	管理可能
自発性	非自発的	自発的
メディアによる注目	激しいメディア報道	メディアに無視される
・	・	・
・	・	・
付帯する効用	明確	不明確
発生源	人間が発生源	自然により造り出されたもの
・	・	・
・	・	・

Source : Drawn from Cass R. Sunstein, *Cognition and Cost-Benefit Analysis,* 29 J. LEGAL STUD. 1059, 1078 (2000).

5．比較的古くから大衆の抱くアンリーズナブル(理不尽)な危険意識であるとしばしば指摘されてきた事象類型の例

　Sunstein が指摘するよりも以前の，比較的古い時代から，アンリーズナブルな大衆の危険意識（risk perception）として指摘されている事項[12]の代表例としては，たとえば以下を挙げることが可能である。即ち，A. 制御不能(uncontrollable)あるいは非自発的(involuntary)な危険，B. 未知(unknown)の危険，および，C. カタストロフィー(catastrophie)（生命身体に関する瞬時かつ大量の損傷的）な危険，等[13]である。各事項について別項において詳述する前に，まずは A.〜C. の全てに共通して当てはまりそうな「法と行動科学（認知心理学）」的指摘を，以下の段落において紹介しておこう。

　たとえば前掲の「フレイミング」に関する Kahneman & Tverski の「Asian Disease Problem」[14]が示しているように，人は，質問の仕方，訊きかた次第によって，蓋然性を誤って判断してしまう傾向がある。大衆も同様に，様々な危険事象に関連する蓋然性の評価を，質問の仕方（表し方）次第で誤る虞があろう。この点に関してはたとえば前述のように[15]，人の蓋然性評価はフレイミングの影響を受ける「その場限り」（ad hoc）な性格を有すると指摘され，しばしば一環性を欠く「主観的蓋然性評価」（subjective probability assessment）をすると指摘されているので参考になろう。なおフレイミングによる誤った判断は，前述した通り，「偏見除去技能」（debiasing techniques）を採ることで除去可能な

---

12) *See, e.g.*, Clayton P. Gillette & James E. Krier, *Risk, Courts, and Agencies*, 138 U. PA. L. REV. 1027, 1073-79 & nn. 140-41 (1999); Frank B. Cross. *The Public Role in Risk Control*, 24 ENVT'L L. 887, 890-91, 914 (1994).

13) 本文中の三つの事項以外にも，大衆の抱く危険意識が過大になりがちであると指摘されている事項には，たとえば将来の世代にまでも続く危険，即ち放射能による危険等もしばしば挙げられている。

14) *See supra* 第Ⅲ章「第二節『法と行動科学（認知心理学）』上の主要概念」内の「5.『フレイミング効果』と『予測理論』」の項.

15) Charles Yablon, *The Meaning of Probability Judgments: An Essay on the Use and Misuses of Behavioral Economics*, 2004 U. ILL. L. REV. 899, 943-47 (2004).

場合もあると示唆されている。即ち問題提示の仕方を変えれば，大衆が誤謬を犯すことをある程度は回避させることができ得るのかもしれない[16]。たとえば，場合によっては論理的な演繹法を用いるように仕向けたりする訳である。

更にたとえば「ヒューリスティック」に関しても，人は，「入手容易性ヒューリスティック」と「代表性ヒューリスティック」の影響により，蓋然性の低い危険を過大評価し，逆に，高蓋然性の出来事を不十分にしか評価しないというシステマティックな傾向があるとRachlinskiが紹介している[17]。従って，大衆にとって"鮮明"（vivid）な危険事故の印象は，本来の蓋然性よりも"過剰な"評価を受ける虞がある。

更にたとえばSunsteinも[18]，人が認知機能上，「感情」的な判断を先行させるために，蓋然性を考慮に入れ損ねるのではないかという疑問を提示している。この分析を，先の「ハンド・フォーミュラ」（$B<PL$）を用いて解説するならば，リーズナブルな結果を導き出すためには「$P×L$」という掛け算によって本来は危険の"程度"を期待値として算出した上で，最適（optimal）な事故回避・防止費用を費やすべきである（即ち"最適"な行動を採るべきである）。それにも拘わらず，人は，認知能力的にそのような計算が苦手であり，特に「P」（発生の蓋然性・確率）を考慮せずに感情が先走って危険性を過大評価する場合があるということになろう。そのような「蓋然性無視」（probability neglect）も，大衆が過剰な（*i.e.,* アンリーズナブルな程の）危険意識を抱く場合の説明として説得的であろう。

---

16) *See, e.g.*, Jeffrey J. Rachlinski, *The Uncertain Psychological Case for a Paternalism*, 97 Nw. U. L. Rev. 1165, 1207-19 (2003).

17) *Id.* at 1187.

18) Cass R. Sunstein, *Probability Neglect : Emotions, Worst Cases, and Law*, 112 Yale L. J. 61, 61 (2002).

6．"制御不能"（uncontrollable）あるいは"非自発的"（involunatary）な危険

ところで前掲 A. の，制御不能あるいは非自発的な危険の例としては，大気汚染による危険や，受動喫煙による危険，更には国家の意思決定者による戦争開始の決定という危険さえも挙げられている[19]。夫々一個人では制御できない危険である。これに対し制御できる危険や自発的な危険とは，たとえばスキーに行くという危険である。スキーに行けば骨折し，または悪くすれば死亡する危険さえも伴うにも拘わらず，人は「効用」（utility）を求めてスキーに行く[20]のである。大衆は，制御できる危険や自発的な危険に比べて，制御不能または非自発的な危険に対し100倍乃至1,000倍もの抵抗感を覚えるものである，という記述も古くは『SCIENCE』誌に[21]見られる。更にしばしば比較されるのが，自動車で旅行する危険と，航空機の危険である[22]。前者の方が後者よりも事故発生確率・蓋然性が高いために後者よりも危険が高いにも拘わらず，人は制御不能な後者の方により大きな危険を感じるという[23]。

---

19) See, e.g., Chauncey Starr, *Social Benefit versus Technological Risk : What Is Our Society Willing to Pay for Safety?*, 165 SCIENCE 1232, 1232 (1969).

20) See, e.g., McMahon v. Bunn-O-Matic Corp., 150 F. 3d 651, 658 (7th Cir. 1998) (Easterbrook, J.)（人々が危険なのにスキーに行くのは便益を得るためであると指摘しつつ危険効用基準を用いた適切な衡量の仕方を説明している）．同判例のケース・ブリーフについては，see 補追，第四部「第Ⅵ章 ホット・ドリンク火傷訴訟」内の「第四節『*McMahon 対 Bunn-O-Matic Corp.*』判例」の項．

21) See, e.g., Starr, *Social Benefit versus Technological Risk, supra* note 19, at 1232.

22) See, e.g., Cross, *The Public Role in Risk Control, supra* note 12, at 919.

23) もっとも Sunstein, *Cognition and Cost-Benefit Analysis, supra* note 8, at 1081-84 は，自動車運転が必ずしも自発的とは限らない（たとえば「もらい事故」の場合とか同乗者の場合等）という興味深い指摘をしつつ，そもそも自発的か否かは情報コスト等も関連する「程度」（degree）の問題であると分析している．なお，自動車対飛行機の危険意識の比較は，Guido Calabresi による法と経済学の古典の一つである，GUIDO CALABRESI, THE COSTS OF ACCIDENTS : A LEGAL AND ECONOMIC ANALYSIS 56-57 (1970) においても指摘されている程に古くから見掛ける有名な例である．

「法と行動科学（認知心理学）」の立場からは更に，上の指摘を肯定する文献が見受けられる。たとえばYablonは[24]，原子力発電所に対する危険意識のように，非自発的または管理不能な諸活動に対して，人が大きな危険性を感じると指摘しつつ，事故発生の「頻度」を問題にする専門家と異なって，大衆は危険への「個人的価値判断を表明する」(represent the individualized value judgments) としている。そして，危険は必ずしも計量できるものではなく，心と文化の影響を免れ得ないというように，前掲の興味深い指摘に続けているのである。なお，文化的な背景によって危険性への選好も異なる（e.g., 中国人の方がアメリカ人よりも危険愛好的である）という指摘は，Guthrieも紹介している[25]。ところでLatinも[26]，前掲の「認知的不協和」(cognitive dissonance) の理論[27]を引き合いに出して，人は自らの信念や行動に反する情報を拒絶し，または過小評価すると指摘している。

前掲の「感情・愛情・情緒ヒューリスティック」(affect heuristics) 故に，Yablonは[28]，好きか，または受け入れる諸活動に対しては，危険の発生蓋然性を過小評価しがちであると紹介している。更にHenderson & Rachlinskiは[29]，事故を惹き起こした状況に対して何らかの管理(コントロール)を支配している場合には，人は自信過剰になって危険を過小評価すると指摘していた。ということは，自発的な諸活動も「感情・愛情・情緒ヒューリスティック」や「自己奉仕的偏見」(self-serving bias) によって危険の蓋然性を低く評価されるけれども，逆に

---

24) Yablo, *The Meaning of Probability Judgments, supra* note 15, at 937-39 & n. 233.
25) Chris Guthrie, *Prospect Theory, Risk Preference, and the Law*, 97 Nw. U. L. Rev. 1115, 1160 & n. 310 (2003).
26) Howard Latin, *"Good" Warnings, Bad Products, and Cognitive Limitations*, 41 UCLA. L. Rev. 1193, 1234 (1994).
27) *See supra* 第Ⅲ章「第三節　その他の『法と行動科学（認知心理学）』上の概念」内の「12.『認知不協和理論』，『言質偏見』，および『自己奉仕推論』」の項.
28) Yablon, *The Meaning of Probability Judgments, supra* note 15,
29) James A. Henderson, Jr. & Jeffrey J. Rachlinski, *Product-Related Risk and Cognitive Biases: The Shortcomings of Enterprise Liability*, 6 Roger Williams U. L. Rev. 213, 254 & n. 139 (2000).

非自発的な諸活動はそのような評価を得られないということになろう。実際のところ Rachlinski は[30]，スキーに行くような危険は自発的に引き受けた活動なので「自己奉仕的偏見」によって受容されると指摘している。なお Sunstein は[31]，「感情・愛情・情緒ヒューリスティック」によって，人は，危険な活動に対しては効用を低く評価し，逆に危険ではない活動には効用が高いと評価しがちだという指摘をしているのは前掲の通りである[32]。

それでは何故に大衆は，制御不能または非自発的な危険に対しては危険性を大きく覚えるのであろうか。たとえば「裏切られた」という思いがあるからこそ[33]，制御不能または非自発的な危険への危険意識が高まるのかもしれない。もしそうならば，不法行為事故発生により「裏切られた」という思いを大衆に抱かせないような留意が，「後の行為者」(later actor)[34]には必要になるのかもしれない。

ところで製品が，もし「誤作動」(malfunction) して生命・身体に被害を及ぼせば，制御不能または非自発的な危険として，大きく拒否反応が出る虞があろう。即ち Sunstein が示唆するように，「法と行動科学（認知心理学）」的に「裏切られた」と思われる場合に倫理的感情・非難が大きくなるという点は，図ら

---

30) Rachlinski, *The Uncertain Psychological Case for a Paternalism, supra* note 16, at 1188-89.
31) *See* Cass R. Sunstein, *Moral Heuristics and Moral Framing*, 88 MINN. L. REV. 1556, 1566 (2004).
32) *See supra* 第Ⅲ章「第三節　その他の『法と行動科学（認知心理学）』上の概念」内の「4.『感情・愛情・情緒ヒューリスティック』」の項.
33) たとえば Sunstein, *Moral Heuristics and Moral Framing, supra* note 31, at 1573-75 & nn. 70-81 は，信頼を裏切られた場合の方がそうではない場合よりも，倫理的に許せないと思いがちだと指摘する。そして前掲のように，安全性向上機器であるエアバッグが効かなかったような場合等を例として挙げている。大衆の抱く「安心・安全」意識を理解する上でも参考になる指摘であろう。
34) 「後の行為者」と「先の行為者」という概念については，*see supra* 第Ⅱ章「第二節　平等の倫理」内の「1.『平等な自由』」の項. *See supra* 第Ⅰ章「第二節『コースの定理』」内の「1.『コースの定理』と『互酬的性格』」の項（後の行為者が有責であるとは限らないという Coase の巨視的な視点について）.

ずも製造物責任の実定法規範においても当てはまる場合があると筆者は捉えている。つまり「誤作動」が原因のような製品事故，即ちそもそも欠陥が存在するからこそ発生するような類型の事故については，前掲[35]の通りアメリカでも欠陥の存在や因果関係が「推認」（inference）されるというルール（*res ipsa loquitur* と呼ばれる法理の発展形）が採用されている[36]。つまり「状況証拠」（circumstantial evidence）から，通常は欠陥により生じる事故で，かつ，他原因が排除されると認定できるような，設計者が明白に意図していた製品機能を発揮し損なった場合には，製品欠陥が推認されるというルールであり，「誤作動の法理」（malfunction doctrine）と呼ばれている。日本の裁判例においても，テレビから出火して製造物／過失責任が問われた事件等で推認が肯定されていることも，前掲の通りである[37]。そもそもの，嘗ての製造物責任法（無過失責任）の法理の根拠の一つは，消費者の期待を裏切ったと解される「信頼責任」（reliability）に依拠するとされていた[38]。だからこそ過誤（フォールト）に回帰した現代製造物責任法においてさえも，「誤作動」のように「裏切られた」という概念が当てはまる場合には，無過失責任に近似する法解釈が肯定されるのかもしれない。

7．未知の危険

未知の危険の例としては，たとえば「電磁場」（electronic magnetic field : EMF）や環境ホルモン等の新技術に関連すること，または，BSEのような危険等も挙げられよう。新技術に対しては法律上（*i.e.*, 裁判官または陪審員）も不当な偏

---

35) *See supra* 第一部，第Ⅱ章「第十節　製造物責任」内の「8．『誤作動の法理』」の項．

36) *See* RESTATEMENT (THIRD) OF TORTS : PRODUCTS LIABILITY § 3 & cmt. d & Reporters' Note to cmt. b.

37) *See supra* note 35.

38) *See supra* 第Ⅲ章「第三節　その他の『法と行動科学（認知心理学）』上の概念」中の「3．『倫理ヒューリスティック』」内の「B．『信頼を裏切られた』という意識が厳しい反応を生む」の項．

見を抱かれがちであるという指摘[39]も見受けられる。確かに人が知らないものに対して畏怖の念を抱くことは，(社会生物学的に？) 極めて自然かもしれない。たとえばナイフ等の使い古された(conventional)道具に対して抱く危険意識に比べれば，どのような副作用が内在しているかもしれない化学物質に対する危険意識 (risk perception) の方が高くなるのは当然であろう。ところで新しい分類の製品 (たとえば民生用サービス・ロボット) は，これまでにはない新しい概念の製品であり未知の危険も内包されるので，もし製品事故が生じた場合には大衆から大きな拒否反応が示される虞を払拭できないのではないか，とも懸念される。

未知の危険に対して大衆がアンリーズナブル(理不尽)なまでの危険意識を抱く理由・根拠を探る上で有用な示唆は，「法と行動科学 (認知心理学)」的な立場の分析の中に見られる。たとえば Sunstein は，前掲のように[40]，人が危険性を過大評価する理由の一つとして，当該活動等に伴う「効用」を人がしばしば認識し損なうという認知的欠点に由来するという指摘をしている。即ち，Kahneman & Tverski が指摘したように，人は「損失回避的」(loss averse) なので，「現状」(*status quo*) からの「損失」発生は現状からの「利得」発生よりも更に望ましくないものと捉えがちであり[41]，そのために「現状執着偏見」(*status quo* bias) も指摘されている[42]。その結果，新規に持ち込まれた危険は，それに伴う利得 (現状よりもより良い) がたとえ非常に大きなものであったとしても，なお，大きな問題があると捉えてしまう。何故なら新規の危険性に対してはその危険

---

39) *See* Peter Huber, *Safety and the Second Best: The Hazards of Public Risk Management in the Courts*, 85 COLUM. L. REV. 277, 277 (1985). *See also* Michael D. Green, *Negligence = Economic Efficiency : Doubts,* 75 TEX. L. REV. 1605, 1622 (1997).

40) *See, e.g., supra* 第Ⅲ章「第三節 その他の『法と行動科学 (認知心理学)』上の概念」内の「4.『感情・愛情・情緒ヒューリスティック』」の項；本節内「4. 危険性を人が過大評価・過小評価する諸要素一覧表の例」の項.

41) 前掲 Kahneman & Tversky の「予測理論」による。*See supra* 第Ⅲ章「第一節 序論」中の「3.『予測理論』」内の「B.『損失回避』」等」の項.

42) *See supra* 第Ⅲ章「第三節 その他の『法と行動科学 (認知心理学)』上の概念」内の「1.『所有効果』，『現状執着偏見』，『損失回避』，および『不作為性向』」の項.

ばかりに焦点を当ててしまい,付帯する便益には焦点を当てないからである。問題なのは,危険だけが認識され便益が認識されない多くの場合に,実際の危険の蓋然性・確率がとても低かったりする点にある。そのような問題を解決すべく,「費用便益分析」(cost-benefit analysis：CBA)を導入すれば,様々な要素が認識上に浮かび上がってくるので,効用が認識されず隠れてしまうという問題を矯正することが可能である,とSunsteinは前掲の通り提言していた[43]。このような「法と行動科学（認知心理学）」的視点からの分析は,未知の危険に対して大衆が不合理なまでの危険意識を抱く問題解決への糸口になる指摘であろう。

なお,効用が殆ど無い諸活動よりも,効用も危険も共に存在する諸活動の方が,より危険を少なく感じるとYablonも指摘していた[44]。何れにせよ,効用を認識するか否かは重要な要素である。

8．カタストロフィーな危険

カタストロフィーな危険の例は,一時に大量の死傷者を生む高速走行中の列車脱線による大事故や,航空機墜落事故等である。これに対しては通常の50倍もの危険意識を有するものであるとCrossは指摘している[45]。その理由は,日常生活の突然の崩壊を人が耐え難く感じるからだと言うのである。更にSunsteinは[46],たとえば100名の生命が一時に失われた損失を定量的に100名の生命分の損失と捉えられずに,その数値を超えた危険を感じる理由は,同時に多くの死傷者が出るという不可解な出来事の再発可能性を感受するからであり,そのような「恐怖と不安が広がる」(pervasive fear and anxiety)という「波

---

43) *See supra* 本節内「5．比較的古くから大衆の抱くアンリーズナブルな危険意識であるとしばしば指摘されてきた事象類型の例」の項.

44) Yablon, *The Meaning of Probability Judgments, supra* note 15, at 937-39 & n. 233. *See supra* 第Ⅲ章「第三節 その他の『法と行動科学（認知心理学）』上の概念」内の「5．個人的（主観的）価値判断」の項.

45) Cross, *The Public Role in Risk Control, supra* note 12, at 922.

46) Sunstein, *Cognition and Cost-Benefit Analysis, supra* note 8, at 1087-88, 1095.

紋効果」(ripple effects) による拡大された費用が過剰な危険意識の原因であると指摘する。そこで，たとえば製品が，もしそのような一時に大量の死傷者を生む大惨事を起こせば，やはり拒否反応を惹き起こす虞を払拭できないと思われる。

なお，「法と行動科学（認知心理学）」の立場からは更に，大衆がカタストロフィーな危険を過大・アンリーズナブルに評価する理由に関し，以下のような手掛かりも示してくれている[47]。即ち，マスコミは，ある種の事故報道を強調して行うために，視聴者がその事故に関わる危険を過剰に評価してしまう認知上の問題があるという。たとえば前掲のように[48]，夏になるとTVで，サメが人を襲ったというニュースが多く報道されるために，サメの危険性を過大評価してしまう誤りを犯す問題があるという指摘である。これは，いわゆる「入手容易性ヒューリスティック」がマスコミの［偏向？］報道によって惹起される例と考えられる。確かに大惨事（カタストロフィー）も人々の脳に鮮明（vivid）に記憶されるから，入手容易な情報であり，過大評価に繋がるのであろう。そのような「入手容易性ヒューリスティック」が，「カスケード」(cascades) を通じて雪達磨式に連鎖して頒布されると，「集団的入手容易性誤謬」(collective availability errors) の状態に至るかもしれないのである[49]。同様な指摘はViscusiも，「目に付く危険，劇的な危険，および公表・報道された危険」(visible risks, dramatic risks, and publicized risks) は公衆の注目を浴び易いと指摘している[50]。

なお，製造物責任法と認知心理学との学際的な論文も[51]，カタストロフィ

---

47) Timur Kuran & Cass R. Sunstein, *Availability Cascades and Risk Regulation*, 51 STAN. L. REV. 683, 683, 685 (1999) ; Cass R. Sunstein, *The Law of Fear*, 115 HARV. L. REV. 1119, 1134 (2002).

48) *See supra* 第Ⅲ章「第三節　その他の『法と行動科学（認知心理学）』上の主要概念」内の「2．カスケード」の項．

49) *Id.*

50) VISCUSI, RATIONAL RISK POLICY, *supra* note 2, at 23.

51) Henderson & Rachlinski, *Product-Related Risk and Cognitive Biases, supra* note 29, at 254 & n. 135.

ーが「あと知恵の偏見」によって，たとえ客観的には発生の蓋然性が低かったとしても，専門家ならば事前に予測可能であったはずだと大衆から非難されがちであると指摘している。

第三節　危険意識の誤謬への対応策

大衆が危険に対してアンリーズナブル（理不尽）なまでに過大評価（または場合によっては過小評価）することは，以上から明らかであろう。今後の新技術・新製品の開発・普及においては，社会に有用な製品開発の萎縮効果をも生みかねない大衆の「危険意識」を考慮に入れた上で，対策を考える必要がある。本節では，たとえば「サービス・ロボット」といった新しい製品分類の普及を念頭に，「危険意識」への対策を考えてみる。

1．非自発的な危険と周知

たとえば非自発的な危険に対する過大評価への対策としては，危険を自発的なものにならしめる努力が必要かもしれない。つまり，知られざる危険や制御・管理不能な危険に対しての過剰反応があるならば，危険を正確に知らしめて，その危険を受容するか否かを自発的に判断させるような周知活動や啓発活動が必要かもしれないのである。そもそも個人が直面する危険については，その個人から同意があることこそが，次段落以下で説明する理由により最も望ましい。そして同意を得るためには，その前提としてまず，危険を周知または告知しておくことが必要になる。この点は，法の原理的な複数の法理からも支持されるところである。

たとえば既に紹介してきたように，法と経済学は「情報の非対称性」（an asymmetry of information）の問題意識ゆえに情報の開示を必要とし[52]，それは即ち危険について個人に対し開示した上で同意を取るということに繋がろう。危

---

52) *See supra* 第一章「第一節　概説」内の「12.『情報の非対称性』」の項.

険を適切に知らしめて，予防効果を上げることは，事故防止のために最適な費用を費やして，事故の社会的費用（social costs）の総量を抑える不法行為法の抑止的な目的にも適っていよう[53]。

次に倫理哲学的な視点からも，原則として，危険を適切にユーザーに知らしめて，「インフォームド・コンセント」や「intelligent decision」的な選択権を付与しなければならないという思想は，個人の「自治・自律」（autonomy）を尊重するイマニュエル・カントに起源を有する倫理哲学的な正義感にも合致している[54]。加えて倫理哲学的な論者は，先に紹介した通り，「真実」（truth）が一つの倫理的価値観であると指摘していたのである[55]。

最後に「法と行動科学（認知心理学）」的な分析からも，前掲[56]のように「裏切られた」ことへの反発感が大きいことが指摘されていた[57]。そこで，「裏切られた」という思いを回避するためにも，危険を事前に知らしめることが重要になってこよう。何故なら周知を怠るという「後の行為者」（later actor）[58]の不作為は，「先の行為者」（earlier actor）たる受傷者にとっての「知らせてもらえなかった」という感情に発展し，それが更に「裏切られた」という思いに繋がると推察されるからである。

このように分析すると，総論としてはやはり，周知・告知と同意が必要であるという原則が説得力と支持を集めていると言えよう。そこで次の問題になる

---

53) *See supra* 第Ⅰ章「第一節 概説」内の「2.『事故費用』と『防止費用』の和の減少＝『事故法』の目的」の項.

54) *See* Cross, *The Public Role in Risk Control, supra* note 12, at 915.

55) *See supra* 第Ⅱ章「第二節 平等の倫理」内の「11.『真実』」の項.

56) *See supra* 第Ⅲ章「第三節 その他の『法と行動科学（認知心理学）』上の概念」中の「3.『倫理ヒューリスティック』」内の「B.『信頼を裏切られた』という意識が厳しい反応を生む」の項.

57) *See also* Mark Geistfeld, *Reconciling Cost-Benefit Analysis with the Principle that Safety Matters More than Money*, 76 N.Y.U. L. REV. 114, 123 n. 27, 186 (2001)（経済学的な理論家も倫理哲学的な理論家も，個人が直面する危険への「同意」が必要であることにおいて一致していると指摘）.

58) *See supra* 第Ⅱ章「第二節 平等の倫理」内の「1.『平等な自由』」の項.

のは，総論としては賛成でも，さて各論として，何処まで周知告知が必要で，何処までの同意が必要なのかという，「程度」の問題である．適切な解に近付くためには，個々具体的に千差万別な検討が必要である．これまで紹介した不法行為法・製造物責任法上の分析や経験，または法の原理的な諸法理等が，何らかの参考になろう．しかし警告懈怠のトピックで検討されているように，その解を求めるための研究は未だ発展の余地も大きい[59]。警告は人の認知能力と深く関わる問題であるため，特に，認知心理学や行動科学等からの知見を法的に応用する「法と行動科学（認知心理学）」分野における更なる研究発展に期待したい．

A. 警告充実の要請と反論： ところで警告の有効性に関し，「法と行動科学（認知心理学）」からの指摘によれば，人には警告を見落とし，または従わないという欠点のあることが明らかになってきた．このため，単に警告さえ貼付すれば，それに留意しないのは利用者側の責任であるとばかりに放置しておくことが正当化し得ないのではないか，という疑問も呈されてきた．従来の「反パターナリズム」に対する反撃である．即ち Latin は[60]，人の認知能力上の限界から，危険予防策を警告に頼るべきではなく，警告の効かない人に対しても有効な安全「設計」を採用する法的義務が製造業者等に課されるべき等と主張する．もっともその論文の発表後，製造物責任法リステイトメントは製造業者等が警告を貼付しただけでは義務を免れ得ず，安全設計義務が課されるというルールを明記したので[61]，既にパターナリスティックなルールが判例法規範に反映されてきていたことが明らかであるとも解され得る．それにしても，Latin 論文に対しては，Viscusi が以下のように示唆に富む厳しい批判を与

---

59) *See supra* 第Ⅰ部，第Ⅱ章「第十節　製造物責任」; see 補追，第Ⅳ部「第Ⅲ章　警告懈怠」の項.
60) Latin, *"Good" Warnings, Bad Products, and Cognitive Limitations, supra* note 26.
61) *See supra* 第Ⅰ部，第Ⅱ章「第十節　製造物責任」内の「10. 警告貼付は必ずしも設計欠陥責任を回避させ得ない」の項.

えている[62]。

　Latin の主張は,「全てが悪い結果に至る」("Everything goes wrong.") という"マーフィーの法則"("Murphy's Law")のようである。「もし何か悪くなる可能性があれば,それは必ず悪い結果に至るのだ」("If anything can go wrong, it will.")という思想である[63]。しかし,如何に警告表示をしたところで,その警告に従わない消費者が必ず一定数存在するという事実を,必ずしも「警告政策の失敗」(a failure of the warnings policy)であると捉えるべきではない。それは,「完全に効果的な警告」(fully effective warnings)というものがもし実現できたと仮定した世界においてさえも存在し得る現象であって,個人の意思決定というものに不可避な"果てしのない性格"(open-ended nature of decision making)故の結果なのである。人が犯す意思決定上の誤りは,何も製品選択においてばかり生じるものではない。人生の中で,たとえば,職業の選択や,学校や宗教や配偶者の選択等のような重要な意思決定においても,人は判断上の誤りを犯す。そのような製品危険とは無関係なリスクも,社会的損失を生じさせる。しかし,裁判所はそのような失敗においてサンクションは課さない。政府もそのような選択上の誤りに対して規制を課さない[64]。…以上の指摘は,警告義務の分岐点設定の難しさに関する示唆に富む指摘であろう。

2．効用とパターナリスティックな安全規制

　「効用」を認識しないために危険を過大評価する虞を解消するためには,たとえば新製品の便益を周知・啓発する活動が必要であろう。そもそも新技術が導入される際に,人々はその効用を忘れて危険を過大評価しがちな結果として,かかる新技術の「打ち払い運動」に走りがちである。インターネットとケータイはその代表例であろう。

---

62)　W. Kip Viscusi, *Individual Rationality, Hazard Warnings, and the Foundations of Tort Law*, 48 Rutgers L. Rev. 625 (1996).
63)　*See id.* at 631 n. 8.
64)　*See id.* at 635-36.

A. インターネットと効用: インターネットについては，それが民生利用され，普及され始めた頃から，猥褻などのいわゆる有害コンテンツが流行った結果，インターネットという媒体そのものを邪悪な新技術と看做してその規制を声高に叫ぶ傾向が嘗て見られた。しかしインターネットの「効用」を冷静に分析する論者からすれば，責められるべきはインターネットではない。そもそもインターネットは，複製物へアクセスする (含，情報発信の) ための取引費用 (transaction costs) を著しく引き下げた媒体である。それは電話のような「一対一」(one-to-another) の通信 (*e.g.*, 電子メール) を安価にしただけではない。「放送」に近似する「一対多」(one-to-many) な通信 (*e.g.*, ウエブサイト) さえをも安価かつ容易にしたために，一般市民の誰でもが世界に対して365日，24時間に亘って情報を広く発信することを可能にしたのである。この状態は，それまで一部マスコミだけが牛耳って恣意的に発信情報を取捨選択 (*i.e.*, 検閲) していた「一対多」な情報発信機能を，広く一般市民の手に届くものとしたことを意味する。これを情報受信者の立場から捉えれば，不特定多数の市民に対して発信される利用可能な情報の「量」ばかりではなく，その「多様性」(diversity) もが著しく向上した。即ち，インターネットは，民主主義の根幹となる「知る権利」(right to know) や，文化や学術も飛躍的に発展させ得る「革命的」なメディアである[65]。そのようなインターネットの「効用」が，現在では理解され，結果として大衆に受容されたと思われる。

そもそもインターネットのメディア革命と比較される，嘗てのグーテンベルグによる活版印刷の発明 (Johann Gutenberg's invention of the printing press) でさえも，当時，聖書の普及という「効用」を生んだだけではない。調べてみると実は，活版印刷で最初に流行ったのは猥褻図画だったのである[66]。だからと

---

65) *See, e.g.*, Christa Corrine McLintock, Comment, *The Destruction of Media Diversity, or : How the FCC Leaned to Stop Regulating and Love Corporate Dominated Media*, 22 J. MARSHALL J. COMPUTER & INFO. L. 569, 572, 579-80 (2004).

66) *See, e.g.*, Marty Rimm, *Marketing Pornography on the Information Superhighway : A Survey of 917,410 Images, Descriptions, Short Stories, and Animations Downloaded 8.5*

言って活版印刷という新技術を仮に打ち壊していたならば，人類に現在のような文化・文明の発達はなかったであろう。

B．ケータイと効用： 同じことは，世界に先駆けた日本の携帯電話の技術革新にも当てはまる。それは単なる音声「電話」機能だけではなく，インターネットへの接続も可能にした「ケータイ」と呼ばれるモバイル・インターネットであり，かつ，マルチメディアでもある。それにも拘わらず「迷惑メール」という，予期されなかった[67]社会問題が勃発した際には，ケータイという新技術役務(サービス)自体を責めるような論調も現れたのであった[68]。インターネットを非難する「打ち壊し運動」のような現象が，ケータイにも見受けられたのである。そもそもケータイは，人々の生活上の利便と効用を飛躍的に向上させ，今では生活に不可欠な必需品と化したツールである。しかし，ケータイが人々に与えた非常に大きな「効用」と恩恵は容易に忘れ去られ，無責任に新技術役務が責められたのであった。今後，新技術（たとえばサービス・ロボットという新種の製品）の導入に際しても，大衆が忘れがちな「効用」を周知する努力は，大変重要であろう。

Million Times by Consumers in Over 2000 Cities in Forty Countries, Provinces, and Territories, 83 GEO. L. J. 1849, 1909 & n. 139 (1995)；Anne Wells Branscomb, *Internet Babylon? Does the Carnegie Mellon Study of Pornography on the Information Superhighway Reveal a Threat to the Stability of Society?*, 83 GEO. L. J. 1935, 1936 & n. 5 (1995).

67) なおマスコミからは迷惑メールという現象の発生を携帯電気通信事業者が予期できたはずであるという批判も出されたが，これこそ正しく「あと知恵の偏見」ではなかろうか。

68) 迷惑メールの問題と法的対応等に関しては，see, *e.g.*, 拙稿「社会問題化した紛争の代替的解決手段：『政策法務』的アプローチの実践例」*in* 小島武司 編『ADRの実際と理論Ⅱ』68頁（2005年，中央大学出版部）（日本比較法研究所研究叢書＃68）．迷惑メールについては，see 拙稿「迷惑メール問題と米国における分析」『日本データ通信』127号，53頁（2002年9月）． *See* 補追，第五部，第Ⅲ章「第二節 サイバー・トレスパスと迷惑メール」「３．非招請商業的電子メール（UCE）送信禁止判例」の項．

3．未知の危険と認知度の向上

たとえば Starr や Cross は[69]，未知な製品に対する社会の認知度が上がったり，大衆が該製品の効用面を認識すれば，その分だけより受容する傾向にあると指摘している。従って，未知の危険への対策は，非自発的な危険への対策同様に，便益を知らしめることに加えて，新規な製品をより身近な存在に感じてもらうことも必要であろう。具体的にはやはり，周知・啓発活動等ということになろう。

なお人の認知能力には欠点もあるという「法と行動科学（認知心理学）」からの示唆を考慮すれば，単なる周知・啓発活動だけでは危険を十分に認識してもらえない虞もある[70]。たとえば使い方次第では危険が大きくなるような製品やそれに伴う諸活動の場合である。そのような場合には，いわゆる「ハード・パターナリズム」（hard または strong paternalism）[71]的に政府が個人の自治・自由に介入した方が望ましいと考えられることも出てくるであろう[72]。たとえば既に自動車の運転が免許制になっている事実を類推適用して，サービス・ロボットのような新規な製品の使用についても免許制や教習の義務化等が必要になることがあるかもしれない[73]。もっとも一口にサービス・ロボットと言って

---

69) Starr, *Social Benefit versus Technological Risk, supra* note 19, at 1236-37; Cross, *The Public Role in Risk Control, supra* note 12, at 926-27.

70) *See, e.g.*, VISCUSI, RATIONAL RISK POLICY, *supra* note 2, at 44.

71) *See supra* 第Ⅱ章「第四節『パターナリズム』と『自己責任』」内の「4．『ソフト・パターナリズム』対『ハード・パターナリズム』」の項.

72) *See, e.g.*, Rachlinski, *The Uncertain Psychological Case for a Paternalism, supra* note 16, at 1176-77, 1191-92, 1195.

73) 本文中の筆者と同様な指摘については，see ロボット政策研究会「ロボット政策研究会中間報告書～ロボットで拓くビジネスフロンティア～」22, 26頁（平成17年5月）*available at* 〈http://jara.jp/pressrelease/news/img/050711rept.pdf〉 (last visited Sept. 28, 2005). なお，スキューバ・ダイビングのように一定の危険な活動については単に警告等だけでは足りず，免許制が必要であると説くものとして，Viscusi, *Individual Rationality, Hazard Warnings, and the Foundations of Tort Law,*

もその使用形態は様々に異なることとなるであろう。そこで，たとえば，全くの素人が使うサービス・ロボットか，ある程度の技能者向けなのかとか，危険を伴う活動領域で用いられるのか否か等について，今後の開発・普及の進捗に合わせて，適切に危険の分類化を行い，自治・自由への介入の度合いをその分類毎に適切な程度に止まるように検討を進めていく必要があろう。その際には，事故費用と防止費用の総和が極小化されることを目標にすべきは勿論のことである[74]。更に，社会効用が高い有意義な製品分類自体を，帰責性も不十分なままに市場から撤退させないように留意することも重要である。たとえばサービス・ロボットのような新規な製品の導入に当たっては，同ロボットを通じた効用の高い役務提供活動自体（*i.e.*, 活動レベル自体）を萎縮させるような愚を生じさせないように配慮しつつ，残余事故責任の負担者は"的確に"認定されたベスト・リスク・ミニマイザーであるというルールを実践させ続けることが肝要であろう[75]。

4．カタストロフィーと新技術

カタストロフィーな危険の過大評価の原因が感情に由来するならば，やはり周知・啓発活動が大衆にリーズナブルネスを呼び戻すための有用な手段となろう。前述した不安と恐怖が広がる「波紋効果」（ripple effects）という過剰な費用を払拭するためには，情報や教育によりその波紋効果を抑えることが効率的であるとSunsteinは指摘しており[76]，これは新規な製品に対する萎縮効果対策としても応用できる考え方であろう。

更に，Starrは[77]，新規な技術について，そのような技術が社会に広く伝

---

supra note 62, at 625, 661 の指摘も参考になる。
74) *See supra* 第Ⅰ章「第一節 概説」内の「2．『事故費用』と『防止費用』の和の減少＝『事故法』の目的」の項。
75) *See, e.g., supra* 第Ⅰ章「第二節 『コースの定理』」内の「8．『注意レベル』と『活動レベル』における抑止効果」の項。
76) Sunstein, *Cognition and Cost-Benefit Analysis, supra* note 8, at 1087-88, 1095.
77) Starr, *Social Benefit versus Technological Risk, supra* note 19, at 1233.

播・浸透された後では，その改善が困難になると指摘し，その対策としてはまず「最小単位の社会グループ」(smallest social groups) の中から新技術を試行すべきであると提言している。最小単位グループ内でならば改善のフィードバックも比較的容易だからである。この示唆は，大衆にカタストロフィーと思われる大事故の発生をできるだけ予防することにも応用できるのではなかろうか。即ち Starr が指摘するように，大事故や多発事故を未然に防ぐ努力の一つとして，利用者を限定し，そこでの経験を帰納法的にフィードバックさせれば，演繹的方法で想定されていた製品の安全技術を更に充実させることになり，有用であると思われる。なお，R. Posner も，新規な活動の導入にあたっては，拙速に伝播せずに安全策を学習する時間を稼ぐべきであると指摘している[78]ので参考になろう。

第四節　生命・身体を価値評価する (value of life)

1．生命・身体 (life and limb) の価値評価の必要性

　人の生命に値段を付けることは困難である。生命・身体 (life and limb) の安全に対する事故回避・防止費用として幾らまで掛けるべきかというアメリカの議論において，しばしば目にする文言の中に，「incommensurable」(比較できない，同じ標準では計れない) という言葉がある。即ち，生命・身体を金銭によって価値評価することは，そもそも異質なもの故に不可能なのである。日本においては更に，このような分析は，そもそも言及することさえも忌み嫌われるタブーなのかもしれない。

　しかしそれでも，稀少な資源を，効果的に，より大きい危険に対して最適な防止費用を掛けて事故回避を図る政策を検討するためには，事故費用を見積もらなければ実のある議論にはならない。その必要な検討から目を背けて，感情的かつ非効率に効果の上がらない無駄な事故防止費用を掛けることは，非経済

---

78) Richard A. Posner, Economic Analysis of Law 178 (4th ed. 1992).

的なばかりか非倫理的でもあろう。何故ならば，大きな危険に目を瞑って回避しないことに繋がるからである。そのような問題について，Viscusi は,「フォード・ピント事件」[79]を例示しながら以下のように説明している[80]。

　後掲[81]するようにピント車は，燃料タンクの設置位置が設計上，後面衝突された際に燃料漏れを惹き起こし易いものであった。そのため，後面衝突事故時には引火炎上の危険性を孕んでいることが，市場導入前の試作車等の衝突実験によって判明しており，被告（⊿）自動車製造業者は同車の販売前に設計を変更してこの問題を改善すべきか否かという判断を迫られた。しかし設計変更を実施するには費用が掛かる。そこで，⊿は，ピント車の設計変更に掛かる「費用」と，その設計変更という事故防止費用を掛けることにより得られる燃料漏れ火災事故の減少という「便益」とを比較した。「費用」は，燃料タンクの設置位置の変更等として一台当たり約11ドルと見積もり，「便益」は，火災による乗員の死亡として一人当たり約2万ドルと見積もった。この2万ドルという一人当たりの「生命価値」(value of life) は，当時の裁判における賠償費用の平均値を基に算出したものである。それは,「失われた賃金」(lost wages) から求めたものであった。そのように逸失利益等を基準に算出した「便益」の数値は，もし生命を"買う"と仮定したならば対価として幾らを支払うつもりがあるかという「支払意思額」（後段落にて説明するように「willing-to-pay : WTP」（買値）という）の平均値である5百万ドルよりも非常に低い値である。⊿は一人当たりの「生命価値」を2万ドルとして計算し，結果として「費用」の方が「便益」を約2倍上回ることになった。結局⊿は設計変更を実施せず，後に火災事故を許して悪名高い「フォード・ピント事件」の訴訟に至ることになる。この⊿による計算結果に対し，Viscusi は,「生命価値」を一人当たり5百万ドルに修正して再計算を試みている。それによれば，設計変更の「費用」よりも，生命が救われる「便益」の方が，約10倍凌駕するという結果になる。即ち,「生命価

---

79) See 補追，第三部，第Ⅵ章「第一節　懲罰賠償」の項．
80) VISCUSI, RATIONAL RISK POLICY, *supra* note 2, at 109-110.
81) *See supra* authority listed in note 79.

値」の設定の仕方次第で,「費用」よりも「便益」が凌駕するか否かの結果が, 正反対になった。従って,「生命価値」を適正に把握することが, 事故防止策の費用を掛けるべきか否かの政策決定において非常に重要であると, Viscusi は強調している。

　「生命価値」の把握が重要であるという点は, Sunstein も以下のように指摘している[82]。即ち, 生命とか健康とか美観等の非金銭的な価値 (nonmonetary values) も, 金銭的に評価すべきである。危険の程度とそこへの防止策に適切な費用配分を導き出すためには, 金銭的に評価するという手段が, 危険をプラグマチックに分析し知的に比較するために必要であり, 一貫性と統一性のある防止策費用配分にも必要だからである, と。確かに, 命には値段を付けられないと心地の良い言葉を盾に思考停止に陥れば, 有限な資源を有効配分するための建設的議論も停止してしまうと思われる。

　その点, アメリカでは, 安全のための予算を考える際に, 費用を超える効果のある事故防止費用という視点から,「支払意思額」(willingness-to-pay：WTP＝買値) としての「生命価値評価」(value-of-life estimate) を考慮に入れて検討したところ上手く機能した, と Viscusi は指摘する。彼の著書によれば[83], 様々な指標を総合評価した結果, 個人が生命を価値評価するリーズナブル(理に適った)な範囲は, 凡そ３百万ドルから５百万ドル程度であるという[84]。もっとも如何程の評価をするかは個人差が大きい。差異の例としては, 喫煙者が禁煙者よりも低く評価するとか, シートベルト不着用者も着用者より低い評価をしているとか, 喫煙し, かつシートベルト不着用でもある者は, 禁煙で着用者よりも大幅に低く自らの「生命価値」を評価しているという統計データも Viscusi は示してい

---

82)　*See* Sunstein, *Cognition and Cost-Benefit Analysis, supra* note 8, at 1077, 1094.
83)　*See* Viscusi, Rational Risk Policy, *supra* note 2, at 58-60.
84)　*Id.* なお, Sunstein の最新書 (2005年) は, アメリカ環境庁 (Environmental Protection Agency：EPA) が用いる「統計的 (確率的) 生命価値」(value of statistical life：VSL) を6.1百万ドルであると紹介している。Cass R. Sunstein, Laws of Fear：Beyond the Precautionary Principle 132 (2005).

更に Viscusi はその論文において[85]，人が何故，必要な議論を避けるのかについての原因を，以下のように示唆している。今後の日本における客観的かつ冷静な論議をする前提として，理解しておくべき指摘であろう。

- 金銭と命とを秤に掛けること自体を，人は嫌うのかもしれない。
- 金銭と命とは，相容れないものだと考えられるのかもしれない。
- 危険の計算を行ったこと自体から，安全性を無視する企業体質の現れであると捉えられてしまう。
- リーズナブル（理に適った）に危険性のトレードオフ（a rational risk tradeoff mentality）が不可欠であることを理解できず，「危険性ゼロ」でないと駄目だと考えてしまう（zero-risk mentality）。

　ところで，「生命価値」評価は，「支払意思額」（willingness-to-pay：WTP＝買値）ではなく，むしろ「受入補償額」（willingness-to-accept [compensation]：WTA＝売値）であるべきだと主張する別の論文も存在する[86]。そして"売値"（受入補償額）の方が"買値"（支払意思額）よりも高額になりがちである。既に「法と行動科学（認知心理学）」からの指摘として紹介したように[87]，「所有効果」（endowment effects）が働くからである。更にたとえば Geistfeld は次のように分析する[88]。"the maximum amount the individual would be willing to pay (*WTP*)

---

85) *See* Viscusi, *Corporate Risk Analysis, supra* note 11, at 577, 578, 587.

86) *See infra*「B.『支払意思額（*WTP*）』対『受入補償額（*WTA*）』」の項において紹介する Elizabeth Hoffman & Matther L. Spitzer, *Willingness to Pay vs. Willingness to Accept : Legal and Economic Implications*, 71 Wash. U. L. Q. 59 (1993).

87) *See supra* 第Ⅲ章「第三節　その他の『法と行動科学（認知心理学）』上の概念」中の「1.『所有効果』，『現状執着偏見』，『損失回避』，および『不作為性向』」の項。

88) Geistfeld, *Reconciling Cost-Benefit Analysis with the Principle that Safety Matters More than Money, supra* note 57, at 130-32.

to eliminate a fatal risk" という算定方法と，"the minimum amount of money the individual would be willing to accept (*WTA*) in order to face the risk" という方法の二つを示せば如何に異なる評価がなされようか。前者（支払意思額）は，個人の有する財産を上限に限定される。しかるに後者（受入補償額）は特に生命が懸っていると"無限"になり得るので，後者の方が高額になる，と。Geistfeld は続けて以下のようにも指摘する[89]。法哲学者（legal philosophers）は安全利益に高い値付（ねつけ）をすべきと主張する傾向があるけれども，経済志向の不法行為法学者は通常の「費用便益分析」(CBA: cost-benefit analysis）の基準を用いるようである。更に陪審も，通常の経済利益よりも安全利益の方がより大きなウエートを置かれるべきであると思いがちである，と。

　以上，紹介してきたように，不法行為責任の在り方を検討するためには，生命・身体の価値評価の方法も，検討しなければならない要素である。そしてその評価方法の検討においては，これまで紹介して来た「法と行動科学（認知心理学）」上の知見も，以下で示すように大きな影響を与えているのである。

図表#35　「生命価値」の評価基準の相違

　　　　lost wages　　　　　　　　WTP　　　　　　　　WTA
　「失われた賃金」等の逸失利益　＜　「支払意思額」　＜　「受入補償額」

A．「エリン・ブロコビッチ」と「受入補償額」(*WTA*)：　　「法と大衆文化」(law and popular culture) または「法曹倫理」(professional responsibility) 等の学際的研究の対象としてしばしば挙げられる映画「エリン・ブロコビッチ」[90]内に

---

89)　*Id*. at 166, 172.
90)　Erin Brockovich (2000)．ユニヴァーサル・ストゥディオ。スティーヴン・ソダーバーグ監督，ジュリア・ロバーツ主演作品。同作品を挙げる「法と大衆文化」(law and popular culture) 等の学際分野における論稿としては，see, *e.g*., Peter D. Jacobson & Shannon Brownlee, *The Health Insurance Industry and the Media: Why the Insurers Aren't Always Wrong*, 5 Hous. J. Health L. & Pol'y 235, 244-45 (2005).

も，実は「受入補償額」(*WTA*) という概念が出てくる。同作品は，環境汚染で癌等の疾病に罹った周辺住民を代理する小規模法律事務所のパラリーガル (paralegal)[91]が主人公の映画である。環境汚染の元凶である企業側の代理人女性弁護士から，低過ぎる和解提示額を示されたその主人公（エリン・ブロコビッチ）は，激怒して次のように応えるのである。あなたの子宮を幾らなら売り渡しても良いか，値段を考えてみなさい。安い和解提示額が［依頼人・被害者にとって］お話にならないことが判るはずだから，と。生命・身体の価値を評価する際の基準を如何に設定することが適正であるのかに関し，観客に訴え掛ける台詞である。

B. 「支払意思額 (*WTP*)」対「受入補償額 (*WTA*)」: ところで「支払意思額」(*WTP*: willingness to pay) とは，人が持っていない権原を"得る"ためには幾らまで対価を支払う気があるかという基準である。即ち「買値」(buying prices) である。他方の「受入補償額」(*WTA*: willingness to accept [compensation]) は，人が持っている権原を，幾らくれれば"手放す"気になるかという基準である。即ち「売値」(selling prices) である。生命・身体の価値評価を行う際には，このどちらに基準を置くか次第で金額は左右されるという指摘がある。つまり後者の方が高額になりがちであり，「支払意思額＜受入補償額」(*WTP*＜*WTA*) になるというのである[92]。生命・身体の権原は，各人がそもそも有しているものだとすれば，採用すべき基準は後者になるはずなのに，法と経済学は前者を前提にしているとして批判されがちである[93]。

---

91) 「paralegal」とは，「legal assistant」とも呼ばれる弁護士の助手。通常は法曹資格を有せず，公的資格ではなく法律事務所内での職位である。

92) Hoffman & Spitzer, *Willingness to Pay vs. Willingness to Accept, supra* note 86, at 64, 78, 95（もっとも市場での経験が深まって自らの選好の不確実性が減少していくと共に*WTA*と*WTP*が次第に一致していくという研究成果も紹介している）. *See also* Gregory C. Keating, *Reasonableness and Rationality in Negligence Theory*, 48 STAN. L. REV. 311, 336 n. 81 (1996).

93) *See supra* text accompanying note 89.

C.「支払意思額＜受入補償額」（*WTP＜WTA*）と認知科学[94]：　「支払意思額＜受入補償額」（*WTP＜WTA*）という概念は，環境保全のために人が幾らだけ価値・評価・値付（ねつけ）するのかを探る研究から発達したものである。更に，それは既に紹介してきた「法と行動科学（認知心理学）」の研究成果の影響も受けている。即ち，人が，「受入補償額」（*WTA*）の方を高く価値評価する理由は，「予測理論」（prospect theory）や「所有効果」（endowment effects）の影響に依るという。たとえば，前述のように予測理論は，「現状」（*status quo*）を*出発点＝「参照点」*（*reference*）として，そこからの「損失」（losses）の方が「利得」（gains）よりも大きく主観的に評価されるという認知的性格が人の判断に影響を与えることを明らかにした。「損失回避」（loss aversion）である[95]。これを「受入補償額」（*WTA*：willing-to-accept [compensation]）に当てはめれば，それは即ち既存の所有物や権利を手放すことを意味する。手放すとは，これ即ち「損失」である。従って，「受入補償額」（*WTA*）という"売値"は損失を含意する故に，*新たに入手する買値＝WTP*（即ち「利得」）に比べて，更に高い値付をしがちということになる。

更に前述した[96]「所有効果」（endowment effects）も，「支払意思額＜受入補償額」（*WTP＜WTA*）となる原因であると指摘されている[97]。即ち，新たに物を

---

94)　本文中の記述については，see Hoffman & Spitzer, *Willingness to Pay vs. Willingness to Accept, supra* note 86, at 62-63, 87-92.

95)　「損失回避」については see *supra* 第Ⅲ章「第一節　序論」中の「3.『予測理論』」内の「B.『損失回避』等」の項．

96)　*See supra* 第Ⅲ章「第三節　その他の『法と行動科学（認知心理学）』上の概念」中の「1.『所有効果』，『現状執着偏見』，『損失回避』，および『不作為性向』」の項．

97)　*WTP* よりも *WTA* の方が高額になるのは，「選好」（preference）上の「参照点」（reference positions）が影響している。物が個人の所有（endowment）に帰属すると個人にとってのその物の価値が上昇するという効果を，「endowment effect」と名付けたのは，Richard Thaler, *Toward a Positive Theory of Consumer Choice*, 1 J. Econ. Behav. & Org. 39 (1979) であると指摘されている。Daniel Kahneman, Jack L. Knetsch & Richard H. Thaler, *Experimental Tests of the Endowment Effect and the*

買うためには既に持っているお金（*out-of-pocket money* = *"received income"*）を拠出しなければならない。逆に，既に所有している物を所有し続けるための対価は，もし仮にその物を手放していれさえすれば得られたであろうかもしれないお金を使わなければならない（must spend money that he would have received had he sold the good），ということになり，これは，即ち，「機会費用」（"opportunity costs"）である。人は，「機会費用」よりも「received income」の方に重くウエートを置く。言い方を換えると，機会費用の方をより自由に気前良く使いたがる。従って人は，他人の物を取得するために received income を支払うよりは，自らの所有物を所有し続けるための対価である機会費用の方を，より気前良く支払いたがるので，「支払意思額＜受入補償額」（*WTP*＜*WTA*）になる。このように機会費用に対して低いウエートを置くことを「所有効果」（endowment effects）と言うのである。

更に「支払意思額＜受入補償額」（*WTP*＜*WTA*）となる原因としては，たとえば所有物への執着も影響しているという指摘もある。即ち，結婚指輪や大好きな衣服等のように，所有物に対して人は「愛着効果」（bound-up status）を抱くから，*WTP*＜*WTA* になるという説明である。加えて，人は，心理的に，取引をクロージングさせたい（closing transactions）と望むために，一度クローズされた取引を再開するためには既に支払った価格を越えた多額の賠償を望むことになり，従って「支払意思額＜受入補償額」（*WTP*＜*WTA*）になるという説明もある。更に，社会生物学からの説明として，狩猟時代の人間にとって，「損失」とは即ち「死」に繋がるという威嚇効果があったであろうから，損失の方が利得よりも更に重要であると認知されるのかもしれないという指摘もある。

Coase Theorem, in BEHAVIORAL LAW AND ECONOMICS 211, 212-23 (Cass R. Sunstein ed. 2000).

2．「受入補償額」（WTA）の"コースの定理"と"ハンド・フォーミュラ"への影響

「支払意思額＜受入補償額」（WTP＜WTA）ということになれば，取引における当事者のどちらに権原をそもそも与えるか次第によって，結果が様々に変化することになる。このため，たとえば「コースの定理」（Coase Theorem）が揺らいでくるとか，「ハンド・フォーミュラ」を当てはめた結果の過失責任の有無も異なってくる[98]等と Hoffman & Spitzer は指摘する[99]。即ち，原告と被告のどちらに権利があるべきかを決める基準として「法と経済学」的な公式を用いようと試みても，そもそも先にどちらに権利を付与したか次第で「支払意思額」（WTP）が当てはまるか「受入補償額」（WTA）が当てはまるかが決まる。そして，WTP が当てはまるか WTA が当てはまるか次第により，公式が導き出す結論も異なってきてしまう。従って，権利がどちらにあるのかが先決問題になってしまう。つまり権利をどちらに付与するのかを決する手段としては，公式が用いられなくなるという「循環理論」（circular）に陥るという訳である。その指摘を，以下，紹介する。

A．「コースの定理」への影響[100]：　経済学モデルは原則として，商品［または権利］を所有しているか否かとは"独立して"人は*商品［または権利］*

---

98) 「B＜PL」における右辺「P×L」の中の「L」の値が高額になれば，右辺全体が上昇する。従って場合によっては，以前の右辺であれば「B＞PL」という計算結果になって無責であったものが，右辺の計算結果の上昇により「B＜PL」に変化して有責となり得るという訳である。費用便益分析についても同様なことが当てはまる。即ち，事故防止「費用」に対して，事故防止により得られる「便益」の計算結果が上昇すれば，該防止費用が下回ることになるという例は，see *supra* 本節内の「1．生命・身体（life and limb）の価値評価の必要性」の項において紹介した「フォード・ピント事件」。

99) Hoffman & Spitzer, *Willingness to Pay vs. Willingness to Accept, supra* note 86.

100) 本文中の記述については，*id.* at 62-63, 85, 104-05, 107-08, 112.

の価値を評価＝値付(ねつけ)することを前提 (the "basic independence" assumption) にしていた。即ち wealth effects が無い（または小さい）という前提である。従って，「所有」(ownership) は影響を与えず，単に「価格の変化」(price changes) が影響を与えるという前提で議論していたのである。

　「コースの定理」もその前提で成り立っている。即ち，「きれいな空気の権利」(the right to clean air) が住民側に最初に付与されているか，または逆に，「煙を排出する権利」(the right to emit smoke) が最初に工場側に付与されているか，とは無関係に，[市場] 取引費用がゼロならばどちらを勝たせても，敗訴者側は権利者側から権利を買い取る取引をするのだから，結局は同じ量の煙の排出（＝効率的な結果）に至るはずである，という展開である。しかし「支払意思額」(willingness to pay: WTP) の評価と「受入補償額」(willingness to accept: WTA) の場合の評価が異なってくると，そうはいかなくなる。たとえば，工場側にとっては $WTP = WTA = S$ と仮定し，更に，住人側にとっては $WTP < WTA$ であって，かつ，$WTP < S < WTA$ であると仮定してみると，この場合，もし住人側に「きれいな空気の権利」が付与されれば，$S < WTA$ なので工場側の支払が低過ぎて住民側は権利を全く手放さず，逆にもし工場側に「煙を排出する権利」を付与すれば，$WTP < S$ なので住民側の支払が低過ぎて工場側は権利を手放さないことになり，コースの言うような，どちらにしても同じ結果とはならないのである。即ち，最初にどちら側に権利を付与するか次第によって，結果が異なってしまう。言い換えれば，「コースの定理」は $WTP \stackrel{\cdot}{=} WTA$ を当然の前提にしていたのである。

　更に穿った見方をすると，人は，そもそも自らに所有権があるか否かにより，評価を異ならせるかもしれない。即ち，ルール（法規範）が選好に影響を与えるのである。たとえば，もし住人側の $WTP = 100$ ドルとし，$WTA = 1{,}000$ ドルと仮定してみよう。その際，法律のルールがそもそも工場側に「煙を排出する権利」を付与している世界に住んでいれば，住人側が「きれいな空気の権利」に対しての値付をわずか100ドルにするであろうし，逆に，住人側に「きれいな空気の権利」を元来付与している世界に住んでいれば，住人はその権利に

1,000ドルの値付をする。つまり住人側に権利付与をすれば"きれいな空気"を希求するという「選好」(preference) が強くなるはずである。従来の経済学者はこのように法（規範）が人の選好に与える影響を考慮していなかったのである。

Hoffman & Spitzer はこの問題を以下のようなハイポ (hypo.: hypothetical, 仮想事例) を用いて更に例示している。仮に空気汚染の現状が酷くて，1,000ppm の状態にあるとする。裁判所は100ppm にまで引き下げて［差止請求］、かつ，過去の損害賠償も認容するか否かを問われていると仮定する。当初の空気の状態が100ppmであれば住民は1,000ppm の現状を許す対価 *WTA* として1,000ドルを要求すると仮定し，かつ，もし当初の空気の状態が1,000ppm であれば住民は100ppm の状態を買うためには対価 *WTP* として100ドルしか支払いたくないと仮定する。工場が汚染を100ppm に抑えるための防止装置設置には，工場に500ドルの費用が掛かると仮定する。

① この場合，もし工場側に「煙を排出する権利」［即ち1,000ppm にまで汚す権利］があれば，［住人側には100ppm の状態の権利がないので，その権利を買う対価としては *WTP* として100ドルしか値付していないから］、防止装置設置費用500ドルの方が便益100ドルよりも上回ってしまい［総和は］*−500ドル対100ドル＝−400ドル*［の損失］になってしまう。従って，裁判所は，工場に防止装置設置を命じない［過去の損害賠償も認容しない。何故ならば損害が生じたとは認定されないからである。］

② しかし，逆に，もし住人側に「きれいな空気の権利」［即ち100ppm に維持される権利］があれば，［住人側がその既得権を売る対価としては *WTA* として1,000ドルもの高い値付をしているから］、防止装置設置費用500ドルの方が便益1,000ドルよりも下回っており，［総和は］*1,000ドル−500ドル＝500ドル［の余剰］*になる。従って，裁判所は，工場に防止装置設置を命じる。加えて過去の損害への賠償も認容される。［何故ならば損害が生じたと認定され得るからである。］

さて，①と②のどちらが正しいのか。まずどちらに権利を付与すべきかが決まらないと，どちらが正しいかが決まらない。しかし社会全体にとっての総和としての便益が最初に決まらないと，権利をどちらに付与すべきかが決まらない。即ち両者は，「循環理論」(circular) と化してしまっているのである。

この循環を脱するためには，そもそも現状［の利益］（たとえば住民による「きれいな空気の権利」）を享受していた者が，それに対して既得権を有していると考えていけば解決されるという指摘もある。しかしこの説に対し，そもそも何故，現状の利益を享受していた者に対して既得権を付与するという判断が正当化されるのかという理由・根拠が薄弱であると Hoffman & Spitzer は批判している。即ち，現状に対しては相反する主張が双方に存在するから，享受している側の主張のみの肩を持つことが正当化される理由は存在しないという訳である。

B.　「ハンド・フォーミュラ」への影響[101]：　「支払意思額＜受入補償額」(WTP＜WTA) が「ハンド・フォーミュラ」を当てはめた場合にも影響を与えるとして，Hoffman & Spitzer は，英国の有名な判例『*Bolton 対 Stone*』[102]を用いて以下のように解説する。即ち，同事件では，被告（⊿）のクリケット・クラブから柵を越えて飛んできたボールにたまたま当たって原告（π）が受傷している。ボールはめったに柵を越えない。そこでハイポ（hypo.: hypothetical, 仮想事例）として，柵を高くして防止するための費用を100ドルであったと仮定する。更に，πの WTP は50ドルに過ぎないけれども，WTA は150ドルになると仮定する。もし WTP を基準として裁判所が採用すれば，［*P×L＝50ドルに対して B＝100ドルとなるから B＞PL となり*］⊿は無責 (not liable) となる。しかしもし，WTA を基準として裁判所が採用すれば，［*P×L＝150ドルに対して B＝100ドルとなるから B＜PL となり*］⊿に責任アリ (liable) になる，という

---

101)　*Id.* at 106.
102)　Bolton v. Stone, [1951] A. C. 850. *See also* 補追，第三部，第Ⅱ章「第一節　過失基準」中の「7．危険の計量」内の「F．『*Bolton 対 Stone*』判例」の項。

訳である。

3．小　括

　以上の Hoffman & Spitzer の指摘は，πにそもそも権利があるとして出発するのか（その際は WTA が基準になる），逆に，⊿に権利があるとして出発するのか（WTP が基準となる）次第により，過失の有無が異なってしまい得る点を強調している。従って，どちらに権利があるかを決める公式として「$B<PL$」（i. e., ハンド・フォーミュラ）が使えないと言わんとしているようである。何故ならば，先に権利がどちらにあるか次第で公式に当てはめた結果が異なってしまうからである。それ故に Hoffman & Spitzer は，「循環理論」に陥っていると指摘しているのであろう。

　しかし私見では，この指摘が「ハンド・フォーミュラ」の有効性を全く無にするものではないと思われる。即ち，そもそもハンド・フォーミュラにおいては，「B」「P」「L」各要素が定量的に数値化できないという問題は，以前からその発案者である Learned Hand, J. 自身によってさえも，理解されていたのである[103]。従って「$P×L$」の値も，そもそも数値化できない。即ちハンド・フォーミュラの意義は，過失責任を決定するために関連する変数と，それらのトレードオフな関係を明らかにしたこと[104]等にこそ存在するのである。従って「$P×L$」の値が WTP であろうと WTA であろうとも，「ハンド・フォーミュラ」

---

103) See, e.g., Moisan v. Loftus, 178 F. 2d 148, 149 (2d Cir. 1949)（補追，第三部，第Ⅱ章「第一節　過失基準」中の「7．危険の計量」内の「E. 定量化が困難であることを自認していた Hand 判事」の項参照）; Conway v. O'Brien, 111 F. 2d 611, 612 (2d Cir. 1949)（likelihood, seriousness, および interest which he must sacrifice to avoid the risk の三要素により注意義務の程度が示されるとしながらも，これら三要素は何れも not susceptible to any quantitative estimate であると指摘し，choice between incommensurable を含むと指摘している）．

104) Keating, *Reasonableness and Rationality*, supra note 92, at 328. See supra 第Ⅱ章「第二節　平等の倫理」内の「9．『不均衡基準』："安全利益"対"活動（の自由）利益"」の項．

の右辺には事故費用と発生蓋然性が入り，それとの比較で左辺の事故防止費用の負担義務も変化するという関係を明らかにしたハンド・フォーミュラの重要性に，変りはない。

　それでは「支払意思額＜受入補償額」（*WTP*＜*WTA*）から一体何が学べるであろうか。それは，生命・身体への価値評価を従来よりも高く評価すべきかもしれないという示唆ではあるまいか。何故ならば，*WTP*＜*WTA* 故に，*WTP* で計算した場合よりも *WTA* で計算した場合の方が π に有利な結果になるということは，簡潔に言い換えれば，生命・身体への価値を高く評価（*i.e.*, *WTA* を採用）した場合には π に有利な結果になると述べているに過ぎない。ある意味，当たり前の話である。しかしこのような検討が我々に教えることは，もしかしたら従来は *WTP* という一つの基準だけで計量して π に不利な結果を導き出していたかもしれないので，もう一つの価値評価の可能性としての *WTA* をも考慮して，生命・身体の価値をもっと高く評価し，その上で結論を導き出す必要性であろう。（前掲図表♯35参照。）このような筆者の分析に関連して参考になるのは，McCafferr, Kahneman & Spitzer による以下のような指摘である[105]。即ち，損害賠償をより高額な"売値"（selling price）に設定すれば，ラショナル（rational）な被告が更に大きな注意を払わねばならない（have to exert greater care）ように強いることになる，と指摘している。

　そのように考えていくと，「支払意思額＜受入補償額」（*WTP*＜*WTA*）の指摘は，たとえば本書が紹介してきた Keating による「*CP* ≫ *MP*」[106]に近似して来ると筆者には思われる。即ち，生命・身体の価値に比較して，防止費用は限界値ぎりぎりまでよりも，もっと高額に掛けるべきであるという考え方に，

---

105) Edward J. McCaffery, Daniel J. Kahneman & Matthew Spitzer, *Framing the Jury : Cognitive Perspective on Pain and Suffering Awards, in* BEHAVIORAL LAW AND ECONOMICS 259, 286 (Cass R. Sunstein ed. 2000).

106) Keating, *Reasonableness and Rationality, supra* note 92. *See supra* 第Ⅱ章「第二節　平等の倫理」内の「9.『不均衡基準』："安全利益"対"活動（の自由）利益"」の項。

「WTP＜WTA」は結果において近いのである。何故ならば，WTP＜WTA も CP ≫ MP も，両者共に指向しているのは，生命・身体に対する比較的な価値（即ち「B＜PL」においては「L」）を従来よりも高く評価すべきであるという結果だからである。

　繰り返しになるが，「ハンド・フォーミュラ」は，WTA や CP ≪ MP のような提案によって，その解釈や検討要素を豊かにさせこそすれ，そもそもの意義を失うことはないであろう。失われない意義の一つは，「行動規範」(rules for players/the norm of conduct) に近い「法規範」(rule of law：実質的な法原則) として，「防止費用」と「期待事故費用」が比較の関係になる点を明確化したことである。もう一つは，「期待事故費用」として，"蓋然性"の概念を明確に簡潔な公式に組み込んだことである。それは判かり易くかつ説得力を有するからこそ，支持を得てきたのであろう。社会全体への効果を念頭に置きながら，諸要素の関係性を簡潔に明示した「B＜PL」は，やはり秀逸である。それを非難する者達も，これを超える説得力のある生産的な代替案を提示することは非常に困難であると思われる。しかしハンド・フォーミュラが秀逸であるからといって，これを進化・発展させる可能性を有した各種提案に耳を塞ぐ必要はない。たとえば WTP や WTA という提案は，「B＜PL」の右辺の中の「L」の数値を如何に決定すべきかという問題である。そもそも「支払意思額」(WTP：willing-to-pay) の概念の中においてさえも，たとえば「生命価値」(value of life) を幾らにすべきかについては，多様であるし，個人個人による多様性が許容されるべきであるという主張も見受けられる[107]。多様性の論議には，「文化に基づく世界観」(cultural worldviews) の影響という主張もあり[108]，未だ議論が成熟していない現状ではその主張も無視すべきではないでろう[109]。このように，「L」

---

107) *See generally* Sunstein, Laws of Fear, *supra* note 84, at 129-74.
108) Dan M. Kahan, Paul Slovic, Donald Braman & John Gastil, Book Review, Laws of Fear : Beyond the Precautionary Principle by Cass R. Sunstein, *Fear of Democracy : A Cultural Evaluation of Sunstein on Risk*, 119 Harv. L. Rev. 1071 (2006).
109) *See supra* 第Ⅲ章「第三節　その他の『法と行動科学（認知心理学）』上の主要概

を如何に決めるかという問題は，未だ未だ今後の発展の余地が多いので，その発展の余地に耳を塞ぐ必要はないのである。更に「P」の要素にしても，「法と行動科学（認知心理学）」が指摘するように，人の認知のメカニズムと密接な関係がある。その研究の進化も，「P」を如何に評価すべきかという今後の法的解釈に影響を与え，延いては「B<PL」の結果も左右しよう。従って「法と行動科学（認知心理学）」の将来の研究成果にも，傾聴し続ける必要がある。

第五節　蓋然性が不確実な場合の「予防原則」（precautionary principle）

　これまでの検討は主に，事故発生の蓋然性をある程度，把握できるという前提の議論であった。もっとも蓋然性を確実に定量化できるという前提ではなかったけれども（そのような定量化は殆どの場合に難しいし，それがハンド・フォーミュラの重要性の核心ではないことは度々指摘[110]してきた通りである），危険と事故回避費用との比較を行ってバランスを見ることを許容する程度の，直感的な比較を前提とする議論は可能であった。

　しかし世の中には，特に最先端の新規な科学技術が係わる分野においては，将来発生するかもしれない危険の蓋然性が全くの未知数であるという問題も数多く存在する。そのように，蓋然性が不確実な場合に，人々はどの程度，事故回避策に費用（含，機会費用の喪失や健康増進の停止等[111]）を掛けるべきであろ

　　　念」内の「5．個人的（主観的）価値判断」の項．
110)　See supra 第二部，第Ⅱ章「第二節　平等の倫理」内の「9．『不均衡基準』："安全利益"対"活動（の自由）利益"」；補追，第三部，第Ⅱ章「第一節　過失基準」中の「7．危険の計量」内の〈E．定量化が困難であることを自認していた Hand 判事〉の項．
111)　即ち，科学技術を，新規で未知ゆえに，ごく僅少な危険の「可能性」を理由に採用しないために生じる不作為ゆえに，救える疾病も救えずに死亡等を阻止できないという費用も，巨視的に検討しなければ，採るべき政策の正しい検討ができないはずである。そして人は，作為による被害の可能性の方を，不作為による場合よりも

うか。不法行為法的な観点からこの問題を見れば，どの程度の事故回避費用を掛けていなかった場合に有責とされるのか，という問題になる。そしてその問題への解が，行為規範（rules for players / the norm for conduct）に繋がるのである。

このような，蓋然性が未知な場合の事故回避費用の検討に関連して，昨今，世界的に大きな議論になっている概念が，「予防原則」（precautionary principle）である[112]。たとえば Geistfeld は，物質の危険性が科学的に不明な場合には回避費用の多寡に拘わらず安全規制を尊重すべきだとする，EU が採用した「予防原則」は明確な基準を示さないルールであるとして批判する（もっとも安全性の利益には，その他の財産的利益よりも高い評価・値付（ねつけ）をした上で，費用便益分析（CBA）を適用すべきだと主張している）。以下で紹介する Sunstein も，その最新の著書[113]において同様な指摘を展開している。これは非常に興味深く，かつ，不法行為法の検討にもその議論の応用が可能であると推察するので，以下，簡単に触れておく。

1．「予防原則」（precautionary principle）とは何か[114]

そもそも「予防原則」（precautionary principle）とは，論者によって定義に差異がある概念である。一方の，緩やかに解釈する論者においては，被害の決定的な証拠を欠くからといって法規制を否定すべきではない，と定義する。他方の，厳しい論者においては，損害が生じないという科学的な証拠が現れるまでは，その活動を全て阻止する旨の政策決定をすべきである，と定義する。そして，予防原則を支持する論者においてしばしば見受けられる標語には，「公共の健康，安全……は，経済利益よりも優先すべきである」というものがある。

　　嫌うけれども，その偏見も理解した上で採るべき政策を検討しなければ，intelligent decision にはならないはずである。
[112] Mark Geistfeld, *Reconciling Cost-Benefit Analysis with the Principle that Safety Matters More than Money, supra* note 57.
[113] SUNSTEIN, LAWS OF FEAR, *supra* note 84.
[114] 本文中の本項の記述については，see, *e.g.*, *id.* at 13-14, 18-19, 22, 23, 26.

蓋然性が未知の危険に対しては，健康への取り返しのつかない被害が生じる虞を回避すべきであって，危険が実証されていないからといって経済利益のために該活動を実施してしまう決定は差し控えるべきであるとする思想である。

このような「予防原則」に対し，Sunstein は，それが，緩やかな解釈・定義の場合には理解できるとしている。何故ならそれは，確実性を伴った立証を欠く危険からは市民を保護する「安全の余裕」("margin of safety") を組み入れなければならないという，極めて常識的・処世訓的な原則に過ぎないからである。即ち「予防原則」は，蓋然性が不明な際に慎重さを求めるという意味においては当たり前の，受容できる主張である。しかし，厳し目の極端な解釈・定義に対しては，予防原則が有用な指針になっていないとして厳しく批判している。もっとも Sunstein は，蓋然性が不明な場合には，同様に存在する無数の危険が仮に発生した「最悪の事態のシナリオ」を想定 (identifying the worst-case scenarios) して，その中でも更に「最悪なものを取り除く」(eliminates the worst of these) ような回避策を選択するというアプローチ（「反カタストロフィー原則」(Anti-Catastrophe Principle)）は，支持されるとしている。しかし，蓋然性が非常に低い場合には，それに比べて不釣合いな程の回避費用を掛けることは，稀少な資源の使い方として，受容できない。「予防原則」の厳しい解釈を唱える論者は，危険の「可能性」さえあれば全ての活動を停止すべきとしているけれども，それならば一体どこまで回避費用を掛けるべきかという指針が示されない，と批判するのである。従ってそれは指針ではない，と。

2．安全利益の価値評価の多様性[115]

更に Sunstein は，以下のようにも分析していて，そこから学ぶべき点は多いように思われる。即ち，「予防原則」を支持する論者や主に欧州的な基準は，アメリカの立場を非難するけれども，しかし国家別に安全国家とそうではない国家というようにステレオタイプに分類してレッテルを貼ることは誤りであ

---

115) 本文中の本項の記述については，see, *e.g., id.* at 5, 25, 29, 32, 109, 111.

る。分野によってはアメリカの方が欧州の国よりも危険回避に厳しい規制をする分野が存在し，逆の分野も存在する。そのように，どの分野の危険を重く評価判断し，他の分野は比較的に軽く価値評価するかという問題は，文化的な背景等も反映した，諸国民の価値観とそれを民主主義ゆえに反映した政治と国家の価値評価に左右されるのである，と。

続けて Sunstein は主張する。蓋然性が不明な場合に，「反カタストロフィー原則」に従って，上のように諸国が異なる価値評価に基づいて危険回避の費用の配分を危険分野別に異ならせること自体は，否定すべきではない。しかしその際にも，巨視的な視点を失うべきではない，と。即ち，ある活動を規制することにより，却って他の危険が増したり（「代替危険」（*substitute* risk）），却って福祉が減退するという副作用も考慮に入れるべきである。（これは Viscusi の指摘として本書が紹介してきたもの[116]と同じ類の指摘である。）更に，蓋然性が余りにも低い場合にまでもそれに不釣合いな程の回避費用を配分すべきではない。何故なら資源は有限であるから，蓋然性が極度に低い危険の回避に費用を掛け過ぎると，却って重要な危険を回避する費用が枯渇してしまうからである，と。（これも Viscusi が主張してきたものと同類[117]な指摘である。）

3．何が学べるか

以上の Sunstein の紹介の最後で指摘したような，Viscusi と同様な分析は，これまで本書が紹介・主張してきたように，当然，重視すべき視点である。本書の冒頭部において，オスカー・ワイルドの『幸福な王子』の御伽噺を例にして，稀少資源の巨視的な配分の必要性を説いた筆者の主張[118]を思い起こして

---

116) *See supra* 第Ⅰ章「第一節　概要」「13．保険制度：『モラル・ハザード』と『逆選択』」の項（シートベルトと安全キャップの例を挙げている）；本章中の「第一節　効率性の重要性と価値評価の必要性」内の「1．効率性の重要性」の項．
117) *Id.*
118) *See supra* 序論「本書において筆者が重視する諸価値・諸要素」内の「1．忘れられがちな"資源の稀少性"と，『幸福な王子』のメタファーと，近視眼的思考の弊害」の項．

いただければ幸いである。不法行為法においては，しばしば，当事者の間だけにおける勝敗と，目の前に現実化した悲惨さを救いたいと願う気持ちと，更には「あと知恵」の危険や，「ディープ・ポケット」な思想等に引き摺られがちである，即ち巨視的な視点や，「行動規範」たり得なければならないという要請や，判例が当事者以外の者にも与える効果等の，"政策的"な視点を失いがちである。従って，そのような誤りを正すためには，Sunstein/Viscusi の主張や，彼等以外の論者の，たとえば Coase の指摘のような，法と経済学からの分析を重視することが必要である。

以上に加えて筆者が重要であると思う Sunstein の指摘は，諸国間において，危険の分野別に異なる価値評価を行うことを許容している点である。確かに，「ハンド・フォーミュラ」の「$B<PL$」の中で，正しい「B」を導き出すために「P」に匹敵して重要な要素は，当然「L」である。この変数の価値評価次第によって，「B」も変化する。その「L」の価値評価のためには，生命・身体または健康や，その他の非経済的損害をも計らなければならず，困難である。そもそも金銭評価には似わない諸価値であるにも拘らず，その金銭評価を強いられるからである。たとえば生命を例に取ると，若い人の生命と老人のそれとでは，事故後に生存し得る期間に差があるから，価値評価にも差異があるべきだという主張も存在する。同じ死亡でも，長時間の苦しみや恐怖が伴うものと，そうではないものとでは，価値評価を異ならせるのは当然であるとも言える。しかも，どの程度の金銭評価をするのかは，単なる「統計的（確率的）生命価値」(value of statistical life : VSL) では計れずに，実は個々人によって千差万別になるはずである。そのように，「L」の価値評価においては，個人や所属階層や国家等々毎に差異が出ることを否定せず，それも考慮に採り入れて尊重し，更に最適な回避費用と「行動規範」を希求していく態度は，より説得力のある不法行為法規範を探求する際にも，有用な視座であると筆者には思われるのである。

参 考 文 献 (References)

裁判例・判例 (Primary Authorities)

【A】
- A&M Records, Inc. v. Napster, Inc., 239 F. 3d 1004 (9th Cir. 2001).
- Adams v. Bullock, 125 N.E. 93, 227 N.Y. 208 (1919) (Cardozo, J.).
- American Civil Liberties Union v. Reno, 929 F. Supp. 824 (E.D. Pa. 1996).
- America Online, Inc. v. IMS, 1998 U.S. Dist. LEXIS 20645 (E.D. Va. 1998).
- America Online, Inc. v. LCGM, Inc., 46 F. Supp. 2d 444 (E.D. Va. 1998).
- American Tobacco Co. v. Grinnell, 951 S.W. 2d 420 (Tex. 1997).
- Auvil v. CBS 60 Minutes, 800 F. Supp. 928 (E.D. Wash. 1992).

【B】
- Baltimore & Ohio R.R. v. Goodman, 275 U.S. 66 (1927) (Holmes, J.).
- Barnett v. Leiserv, Inc., 968 F. Supp. 690 (N.D. Ga. 1997), *aff'd without opinion,* 137 F. 3d 1356 (11th Cir. 1998).
- Barrett v. Rosenthal, 9 Cal. Rptr. 3d 142 (Cal. Ct. App. 2004), *review granted,* 12 Cal. Rptr. 3d 48, 87 P. 3d 797 (2004).
- Baxter v. Ford Motor Co., 12 P. 2d 409 (Wash. 1932).
- Beshada v. Johns-Manville Products Corp., 447 A. 2d 539 (N.J. 1982).
- Blumenthal v. Drudge, 992 F. Supp. 44 (D.D.C. 1998).
- Blyth v. Birmingham Water Works, 11 Exch. 781, 156 Eng. Rep. 1047 (1856).
- Bolton v. Stone, [1951] A.C. 850.
- Brand v. Mazda Motor Corp., 978 F. Supp. 1382 (D. Kan. 1997).
- Borse v. Piece Goods Shop, Inc., 963 F. 2d 611 (3d Cir. 1992).
- Brown v. Board of Ed. of Topeka, Shawnee County, Kan., 347 U.S. 483 (1954).
- Brown v. Kendall, 60 Mass. (6 Cush.) 292 (1850).
- Brune v. Belinkoff, 354 Mass. 102, 235 N.E. 2d 793 (1968).
- Bryant v. Lefever, 4 C.P.D. 172 (1879).
- Byrne v. Boadle, 159 Eng. Rep. 299, 2 H. & C. 722 (Exch. 1863).

【C】
- Canterbury v. Spence, 464 F. 2d 772 (D.C. Cir. 1972).
- Central Hudson Gas & Elec. Corp. v. Public Service Commission of New York, 447 U. S. 557 (1980).

- CompuServe Inc. v. Cyber Promotions, Inc., 962 F. Supp. 1015 (S.D.Ohio, 1997).
- Connick v. Suzuki Motor Co., 656 N.E. 2d 170, 183 (Ill. App. Ct. 1995) *rev'd in part on other grounds,* 675 N.E. 2d 584 (Ill. 1996).
- Conway v. O'Brien, 111 F. 2d 611 (2d Cir. 1940) (Hand, J.).
- Courvoisier v. Raymond, 23 Colo. 247, 47 P. 284 (1896).
- Cubby, Inc. v. CompuServe, Inc., 776 F. Supp. 135 (S.D.N.Y. 1991).

【D】
- Dawson v. Chrysler Corp., 630 F. 2d 950 (3d Cir. 1980), *cert. denied,* 450 U.S. 959 (1981).
- Daubert v. Merrell Dow Pharmaceuticals, Inc., 509 U.S. 579 (1993).
- Desnick v. American Broadcasting Co., 44 F. 3d 1345 (7th Cir. 1995) (Posner, J.).
- Destination Ventures v. FCC, 46 F. 3d 54 (9th Cir. 1995).
- Doe v. GTE Corp., 347 F. 3d 655 (7th Cir. 2003) (Easterbrook, J.).
- Doe v. XYC Corp., 382 N.J. Super. 122, 887 A. 2d 1156 (2005).

【E】
- eBay, Inc. v. Bidder's Edge, Inc., 100 F. Supp. 2d 1058 (N.D.Cal. 2000).
- Eckert v. Long Island R.R., 43 N.Y. 502 (1871).
- Eldred v. Ashcroft, 537 U.S. 186 (2003).
- Escola v. Coca Cola Bottling Co. of Fresno, 150 P. 2d 436 (Cal. 1944).
- Eslinger v. Kmart Corp., No. 2：97-CV-0981-ST (D. Utah Sept. 12, 2001).
- Ex parte Morrison's Cafeteria of Montgomery, Inc., 431 So. 2d 975 (Ala. Civ. App. 1983), *on remand* 431 So. 2d 979 (Ala. Civ. App. 1983).

【F】
- Feist Publ'ns, Inc. v. Rural Tel. Serv. Co., 499 U.S. 340 (1991).
- Feldman v. Lederle Laboratories, 479 A. 2d 374 (N.J. 1984).
- Flaminio v. Honda Motor Co., 733 F. 2d 463 (7th Cir. 1984) (Posner, J.).
- Fletcher v. Rylands [1866] L.R. 1 Ex. 265. → Rylands v. Fletcher
- Filzwater v. Sunset Empire, Inc., 502 P. 2d 214 (Ore. 1972).

【G】
- Garrat v. Dailey, 46 Wash. 2d 197, 279 P. 2d 1091 (1955), *rev'd and remanded,* 304 P. 2d 681 (1956).
- Gates v. Jensen, 595 P. 919 (Wash. 1979).
- Greenman v. Yuba Power Products, Inc., 377 P. 2d 897 (Cal. 1963).
- Grimshaw v. Ford Motor Co., 119 Cal. App. 3d 757 (1981).
- Guille v. Swan, 19 Johns. (N.Y.) 381 (1822).
- Gunnarson v. Robert Jacob, Inc., 94 F. 2d 170 (2d Cir. 1938) (Hand, J.).

【H】
- Hadley v. Baxendale, 9 Exch. 341 (1854).
- Hamilton v. Beretta U.S.A. Corp., 96 N.Y. 2d 222 (2001).
- Hardin v. Harshfield, 12 S.W. 779 (Ky. App.1890).
- Harris v. Jones, 281 Md. 560, 380 A. 2d 611 (Ct. of App. Md., 1977).
- Helling v. Carey, 519 P. 2d 981 (Wash. 1974).
- Henningsen v. Bloomfield Motors, Inc., 161 A. 2d 69 (N.J. 1960).
- Holowaty v. McDonald's Corp., 10 F. Supp. 2d 1078 (D.Minn. 1998).
- Huppe v. Twenty-First Century Restaurants of America, Inc., 130 Misc. 2d 736, 497 N.Y.S. 2d 306 (N.Y. Sup. Ct., 1985).

【I】
- Indiana Harbor Belt Ry. Co. v. American Cyanamid Co., 916 F. 2d 1174 (7th Cir. 1990) (Posner, J.).
- *In re Polemis* → 【P】の項。
- Intel Corp. v. Hamidi, 71 P. 3d 296, 2003 Cal. LEXIS 4205 (Cal. June 30, 2003).

【J】
- Jackovach v. Yocom, 212 Iwoa 914, 237 N.W. 444 (1931).

【K】
- Kelly v. Arriba Soft Corp., 280 F. 3d 934 (9th Cir. 2002).
- Kelley v. R.G. Industries, Inc., 497 A. 2d 1143 (Md. 1985).
- Kingston v. Chicago & N.W. Ry., 211 N.W. 913 (Wis. 1927).
- K-Mart Corp. Store No. 7441 v. Trotti, 677 S.W. 2d 632 (Tex-App. 1984), *writ ref'd n.r.e.*, 686 S. W. 2d 593 (1985).
- Kremen v. Cohen., 337 F. 3d 1024 (9th Cir. 2003) (Kozinski, J.).

【L】
- Leichtamer v. American Motors Corp., 424 N.E. 2d 568 (Ohio 1981).
- Lerman v. Chuckleberry Publ'g., Inc., 521 F. Supp. 228 (S.D.N.Y. 1981).
- Lerman v. Flynt Distributing Co., 745 F. 2d 123 (2d Cir. 1984).
- Liebeck v. McDonald's Restaurants, P.T.S., Inc., Civ. No. CV 93-02419, 1995 WL 360309 (N.M. Dist. Ct. Aug. 18, 1994).
- Liriano v. Hobart Corp., 170 F. 3d 264 (2d Cir. 1999) (Calabresi, J.).
- Lloyd Corp. v. Tanner, 407 U.S. 551 (1972).
- Lorenzo v. Wirth, 170 Mass. 596, 49 N.E. 1010 (Mass. 1898) (Holmes, J.).
- Loving v. Boren, 956 F. Supp. 953 (W.D. Okla. 1997).
- Lorillard Tobacco Co. v. Reilly, 533 U.S. 525 (2001).

【M】

- MacPherson v. Buick Motor Co., 111 N.E. 1050 (N.Y. 1916) (Cardozo, J.).
- Madsen v. East Jordan Irr. Co., 125 P. 2d 794 (Utah 1942).
- Martin v. City of Struthers, Ohio, 319 U.S. 141 (1943).
- Martin v. Herzog, 126 N.E. 814 (N.Y. 1920) (Cardozo, J.).
- McCroy ex rel. McCroy v. Coastal Mart, Inc., 207 F. Sup. 2d 1265 (D. Kan. 2002).
- McMahon v. Bunn-O-Matic Corp., 150 F. 3d 651 (7th Cir. 1998) (Easterbrook, J.).
- McLaren v. Microsoft Corp., 1999 WL 339015 (Tex-App.-Dallas, 1999).
- Merrill v. Navegar, Inc., 89 Cal. Rptr. 2d 146 (Cal. Ct. App. 1999) *rev'd* 28 P. 3d 116 (Cal. 2001).
- Metro-Goldwyn-Mayer Studios Inc. v. Grokster, Ltd., ___U.S.___, 125 S. Ct. 2764, 2005 WL 1499402 (U.S.).
- Metropolitan Ry. v. Jackson, 3 A.C. 193 (1877).
- Missouri ex rel. Nixon v. American Blast Fax, Inc., 323 F. 3d 649 (Mo. 2003).
- Moisan v. Loftus, 178 F. 2d 148 (2d Cir. 1949) (Hand, J.).
- Moss v. Crosman Corp., 136 F. 3d 1169 (7th Cir. 1998).

【N】

- Nadel v. Burger King Corp., 695 N.E. 2d 1185 (Ohio Ct. App. 1997).
- Nader v. General Motors Corp., 255 N.E. 2d 765 (N.Y. 1970).
- Newmark v. Gimbel's, Inc., 246 A. 2d 11 (N.J. Supper. Ct. 1968), *aff'd*, 258 A. 2d 697 (N.J. 1969).
- New York Cent. R.R. v. Grimstad, 264 F. 334 (2d Cir. 1920).
- New York Times Co. v. Sullivan, 376 U.S. 254 (1964).

【O】

- Oliver v. Miles, 144 Miss. 852, 110 So. 666 (1926).
- Osborne v. Montgomery, 234 N.W. 372 (Wis. 1931).
- Oubre v. E-Z Serve Corp., 713 So. 2d 818, 1998 La. App. LEXIS 1392 (La. App. 1998).
- Overseas Tankship (U.K.) Ltd. v. Miller S.S. Co., [1967] 1 A.C. 617, [1967] 2 All E.R. 709 (P.C.) [Wagon Mound No. 2].
- Overseas Tankship (U.K.) Ltd. v. Morts Dock & Eng'g Co., Ltd., [The Wagon Mound (No.1)] [1961] 1 A.C. 388 (Privy Council Aust.).
- Oyster Software, Inc. v. Forms Processing, Inc., 2001 WL 1736382 (N.D.Cal., Dec. 6, 2001, No. C-00-0724 JCS).

【P】

- Palsgraf v. Long Island R.R., 162 N.E. 99 (N.Y. 1928) (Cardozo, J.).
- Pearson v. Dodd, 410 F. 2d 701, (D.C.Cir. 1969).

- Pelman ex rel. Pelman v. McDonald's Corp., 237 F. Supp. 2d 512 (S.D.N.Y. 2003).
- Peters v. Lyons, 168 N.W. 2d 759 (Iowa 1969).
- Playboy Enterprises, Inc. v. Frena, 839 F. Supp. 1552 (M.D.Fla. 1993).
- Pokora v. Wabash Ry., 292 U.S. 98 (1934) (Cardozo, J.).
- ProCD, Inc. v. Zeidenberg, 86 F. 3d 1447 (7th Cir. 1996) (Easterbrook, J.).
- *In re* Polemis & Furness, Withy & Co., 3 K.B. 560 (1921).
- Purtle v. Shelton, 474 S.W. 2d 123 (Ark. 1971).

【R】
- Recording Indus. Ass'n of Am. v. Diamond Multimedia Sys., Inc., 180 F. 3d 1072 (9th Cir. 1999).
- Religious Technology Ctr. v. Netcom On-line Commc'n Servs., 907 F. Supp. 1361 (N.D. Cal. 1995).
- Richman v. Charter Arms Corp., 571 F. Supp. 192 (E.D.La. 1983).
- Rowan v. U.S. Post Office Dept., 397 U.S. 728 (1970).
- Rylands v. Fletcher, Court of Exchequer, 3 H. & C. 774, 159 Eng. Rep. 737 (1865); Exchequer Chamber, L. R. 1 Ex. 265 (1866); House of Lords, L. R. 3 H. L. 330 (1868).

【S】
- Salvi v. Montgomery Ward & Co., 489 N.E. 2d 394 (Ill. App. Ct. 1986).
- SEGA Enterprises Ltd. v. Accolade, Inc., 977 F. 2d 1510 (9th Cir. 1992).
- SEGA Enterprises Ltd. v. MAPHIA, 857 F. Supp. 679 (N.D.Cal. 1994).
- Schloendorff v. Society of New York Hosp., 105 N.E. 92 (N.Y. 1914) (Cardozo, J.).
- Sheffield v. Eli Lilly & Co., 192 Cal. Rptr. 870 (Cal. Ct. App. 1983).
- Small v. Howard, 128 Mass. 131, 1880 WL 10522 (1880).
- Smith v. Lampe, 64 F. 2d 201 (6th Cir. 1933).
- Smyth v. Pillsbury Co., 914 F. Supp. 97 (E.D.Pa. 1996).
- Sony Corp. of America v. Universal City Studios, Inc., 464 U.S. 417 (1984).
- Sony Computer Entm't, Inc. v. Connectix Corp., 203 F. 3d 596 (9th Cir. 2000).
- Stratton Oakmont, Inc. v. Prodigy Servs Co., 1995 WL 323710 (N.Y. Sup. May 24, 1995).
- Sturges v. Bridgman, 11 Ch. D. 852 (1879).
- Summers v. Tice, 199 P. 2d 1 (Cal. 1948).

【T】
- The Case of the Thorns → The Thorns Case
- The Thorns Case, Y.B. Mich. 6 Ed. 4, f. 7, pl. 18 (1466).
- The. T. J. Hooper, 60 F. 2d 737 (2d Cir. 1932) (Hand, J.).
- Ticketmaster Corp. v. Tickets.Com, Inc., 2003 U.S. Dist. LEXIS 6484 (C.D. Cal., Mar. 6,

2003), *aff'd by* 2005 U.S. App. LEXIS 6227 (9th Cir., Cal., Apr. 11, 2005).
- Titus v. Bradford, B. & K. R. Co., 20 A. 517 (Pa. 1890).
- Todd v. Societe BIC, S.A., 21 F. 3d 1402 (7th Cir. 1994).

【U】
- United States v. Associated Press, 52 F. Supp. 362 (S.D.N.Y. 1943) (Hand, J.).
- United States v. Carroll Towing Co., 159 F. 2d 169 (2d Cir. 1947) (Hand, J.).
- Universal City Studios, Inc. v. Corley, 273 F. 3d 429 (2d Cir. 2001).

【V】
- Vaughan v. Menlove, 132 Eng. Rep. 490 (C.P. 1837).
- Venezia v. Miller Brewing Co., 626 F. 2d 188 (1st Cir. 1980).
- Vincent v. Lake Erie Transp. Co., 124 N.W. 221 (Minn. 1910).
- Vosburg v. Putney, 80 Wis. 523, 50 N.W. 403 (1891).

【W】
- Wagon Mound (No. 1) → Overseas Tankship (U.K.) Ltd. v. Morts Dock & Engineering Co., Ltd. を参照。
- Wagon Mound (No. 2) → Overseas Tankship (U.K.) Ltd. v. Miller S.S. Co. を参照。
- Weaver v. Ward, 80 Eng. Rep. 284 (K.B. 1616).
- White Buffalo Ventures, L. L. C. v. The University of Texas at Austin, 420 F. 3d 366 (5th Cir. 2005).
- Winterbottom v. Wright, 10 M. & W. 109, 152 Eng. Rep. 402 (Exch. 1842).

【Y】
- Ybarra v. Spangard, 25 Cal. 2d 486, 154 P. 2d 687 (1944).
- Yahoo! Inc. v. La Ligue Contre Le Racisme Et l'Antisemitisme (LICRA), 169 F. Supp. 2d 1181 (N.D. Cal. 2001).
- Yahoo! Inc. v. LICRA, 379 F. 3d 1120 (9th Cir. 2004).
- Yahoo! Inc. v. LICRA, 433 F. 3d 1199 (9th Cir. 2006) (en banc).

【Z】
- Zeran v. AOL, Inc., 129 F. 3d 327 (4th Cir. 1997).
- Zeran v. Diamond Broadcasting, Inc., 203 F. 3d 714 (10th Cir. 2000).

判例以外の二次的法源（Secondary Authorities）

【A】
- AMERICAN LAW INSTITUTE, RESTATEMENT (FIEST) OF TORTS (1934).
- AMERICAN LAW INSTITUTE, RESTATEMENT (SECOND) OF TORTS (1965).

- AMERICAN LAW INSTITUTE, RESTATEMENT (THIRD) OF TORTS : PRODUCTS LIABILITY (1998).
- AMERICAN LAW INSTITUTE, RESTATEMENT (THIRD) OF TORTS : APPORTIONMENT OF LIABILITY (2000).
- AMERICAN LAW INSTITUTE, RESTATEMENT (THIRD) OF TORTS : LIABILITY FOR PHYSICAL HARM (Proposed Final Draft No. 1, 2005).
- Associated Press, *Woman Burned by Hot McDonald's Coffee Gets $2.9 Million,* Aug. 18, 1994.
- Ausness, Richard C., *When Warning Also Won't Do : A Reply to Professor Philips,* 26 N. KY. L. REV. 627 (1999).
- Ausness, Richard C., *Tort Liability for the Sale of Non-Defective Products : An Analysis and Critique of the Concept of Negligence Marketing,* 53 S. C. L. REV. 907 (2002).
- Ausness, Richard C., *Tell Me What You Eat, and I Will Tell You Whom to Sue : Big Problems Ahead for "Big Food"?* 39 GA. L. REV. 839 (2005).

【B】
- Babcock, Linda, Loewenstein, George & Issacharoff, Samuel, *Creating Convergence : Debiasing Biased Litigants,* 22 LAW & SOC. INQUIRY 913 (1997).
- BAICKER-MCKEE, STEVEN, JANSSEN, WILLIAM, M., BERGER, MATTHEW H. & CORR, JOHN B., FEDERAL CIVIL RULES HANDBOOK (1995 ed.).
- Bartow, Ann, *Some Dumb Girl Syndrome : Challenging and Subverting Destructive Stereotypes of Female Attorneys,* 11 WM. & MARY J. WOMEN & L. 221, 236-38 (2005).
- Bellia, Patricia L., *Defending Cyberproperty,* 79 N.Y.U. L. REV. 2164 (2004).
- Blanke, Jordan M., *"Robust Notice" and "Informed Consent : " the Keys to Successful Spyware Legislation,* 7 COLNM. SCI. & TECH. L. REV. 2 (2006).
- Blavin, Jonathan H. & Cohen, I. Glenn, Note, *Gore, Gibson, and Goldsmith : The Evolution of Internet Metaphors in Law and Commentary,* 16 HARV. J. L. & TECH. 265 (2002).
- Beaudette, Mane, *Junk Science,* LEGAL TIMES, Oct. 20, 2003, at 3.
- BELLIA, PATRICIA L., BERMAN, PAUL SCHIFF & POST, DAVID G., CYBERLAW : PROBLEMS OF POLICY AND JURISPRUDENCE IN THE INFORMATION AGE (2d ed. 2003).
- BLACK'S LAW DICTIONARY (6th ed. 1995).
- BLACK'S LAW DICTIONARY (8th ed. 2004).
- Bambauer, Derek E., *Solving the Inbox : An Information-Based Policy Approach to Unsolicited E-mail Advertising,* 10 VA. J. L. & TECH. 5 (2005).
- Birks, Peter, *The Concept of Civil Wrong, in* PHILOSOPHICAL FOUNDATIONS OF TORT LAW 31 (David G. Owen ed. 1995).
- Boivin, Denis W., *Factual Causation in the Law of Manufacturer Failure to Warn,* 30

OTTAWA L. REV. 47 (1998).
- Branscomb, Anne Wells, *Internet Babylon? Does the Carnegie Mellon Study of Pornography on the Information Superhighway Reveal a Threat to the Stability of Society?*, 83 GEO. L. J. 1935 (1995).
- Brenner, Marie, *The Man Who Knew Too Much*, VANITY FAIR, May 1996.
- BROVINS, JOAN M. & OEHMKE, THOMAS, THE TRIAL PRACTICE GUIDE : STRATEGIES, SYSTEMS, AND PROCEDURES FOR THE ATTORNEY (Section of General Practice, ABA, 1992).
- Byassee, William S., *Jurisdiction of Cyberspace : Applying Real World Precedent to the Virtual Community*, 30 WAKE FOREST L. REV. 197, 198 n. 5 (1995).
- Burk, Dan L., *The Trouble with Trespass*, 4 J. SMALL & EMERGING BUS. L. 27 (2000).

【C】
- CALABRESI, GUIDO, THE COSTS OF ACCIDENTS : A LEGAL AND ECONOMIC ANALYSIS (1970).
- Calabresi, Guido & Hirschoff, Jon T., *Toward a Test for Strict Liability in Torts*, 81 YALE L. J. 1055 (1972).
- Camerer, Colin, Issacharoff, Samuel, Lowenstein, George, O'Donoghue, Ted & Rabin, Mathew, *Regulation for Conservatives : Behavioral Economics and the Case for "Asymmetric Paternalism,"* 151 U. PA. L. REV. 1211 (2003).
- Chong, Sandra T. M., Comment, *Data Privacy : The Use of Prisoners for Processing Personal Information*, 32 U.C. DAVIS L. REV. 201, 206-09 (1998).
- CHOPER, JESSE H., COFFEE, JR., JOHN C. & MORRIS, JR., C. ROBERT, CASES AND MATERIALS ON CORPORATIONS 9 (3d ed. 1989).
- Coase, Ronald H., *The Problem of Social Cost*, 3 J. L. & ECON. 1 (1960).
- Coleman, Jules L., *The Practice of Corrective Justice, in* PHILOSOPHICAL FOUNDATIONS OF TORT LAW 53 (David G. Owen ed. 1995).
- Cook, Douglas H., *Personal Responsibility and the Law of Torts*, 45 AM.U. L. REV. 1245 (1996).
- Cooper, Mary Quinn, *Practitioner's Guide : The Use of Demonstrative Exhibits at Trial*, 34 TULSA L. J. 567 (1999).
- COOTER, ROBERT & ULEN, THOMAS, LAW AND ECONOMICS (4th ed. 2004).
- Cross, Frank B., *The Public Role in Risk Control*, 24 ENVTL. L. 887 (1994).
- Curriden, Mark, *Jurors Increasingly Are Sending Loud Messages of Censure with Megabuck Verdict. But Critics Charge that a Jury Is the Least Qualified Body to Decide Public Policy*, 87 A.B.A. J., Aug. 2001, at 36.

【D】
- DALLER, MORTON F., TORT LAW DESK REFERENCE : A FIFTY-STATE COMPENDIUM (2005 ed.).

- Diggs, Terry K., *Through a Glass Darkly : John Grisham and Scott Turow lay down the law for millions of Americans. … Just what is it they're trying to tell?*, 82 A.B.A. J., Oct. 1996, at 72.
- Dobbs, Dan, *Tortious Interference with Contractual Relationships,* 34 Ark. L. Rev. 335, 346-47 (1980).
- Dove, Christopher, Note, *Dumb as a Matter of Law : "Superseding Cause" Modification of Comparative Negligence,* 79 Tex. L. Rev. 493 (2000).

【E】
- Eden, John M., *When Big Brother Privatizes : Commercial Surveillance, the Privacy Act of 1974, and the Future of RFID,* 2005 Duke L. & Tech. Rev. 20 (2005).
- Engel, David M., *The Oven Bird's Song : Insiders, Outsiders, and Personal Injuries in an American Town,* 18 Law & Soc'y Rev. 551 (1984).
- Epstein, Richard A., Gregory, Charles & Kalven, Jr., Harry A., Cases and Materials on Torts (1984).
- Epstein, Richard A., *Cybertrespass,* 70 U. Chi. L. Rev. 73 (2003).
- Epstein, Richard A., Cases and Materials on Torts (8th ed. 2004).

【F】
- Farnsworth, E. Allan, An Introduction to the Legal System of the United States (3d ed. 1996).
- Farnswarth, E. Allan & Grady, Mark F., Torts : Cases and Questions (2004).
- Field, Richard H., Kaplan, Benjamin & Clermont, Kevin M., Materials for Basic Course in Civil Procedure (5th ed. 1984).
- Flisko, G. M., *Employer Had Duty to Stop Worker's Porn Surfing : New Jersey Appellate Ruling Disturbs Employment Law Experts,* A.B.A. J. e-Report, Jan. 6, 2006.
- Fletcher, George P., *Fairness and Utility in Tort Theory,* 85 Harv. L. Rev. 537 (1972).
- Friedman, Lawrence M., *Law, Lawyers, and Popular Culture,* 98 Yale L. J. 1579 (1989).
- Fuller, Lon L., *The Forms and Limits of Adjudication,* 92 Harv. L. Rev. 353 (1978).
- Futter, Victor, *An Answer to the Public Perception of Corporations : A Corporate Ombudsperson?* 46 Bus. Law. 29 (1990).

【G】
- Garber, Danielle J., Note and Comment, *COPPA : Protecting Children's Personal Information on the Internet,* 10 J. L. & Pol'y 129, 136-38 & nn. 26-32 (2001).
- Geistfeld, Mark, *Economics, Moral Philosophy, and the Positive Analysis of Tort Law,* in Philosophy and the Law of Torts 250 (Gerald J. Postema ed. 2001).
- Geistfeld, Mark, *Reconciling Cost-Benefit Analysis with the Principle that Safety Matters More than Money,* 76 N.Y.U. L. Rev. 114 (2001).

- Geistfeld, Mark, Essay, *Implementing Enterprise Liability : A Comment on Henderson and Twerski*, 67 N.Y.U. L. REV. 1157 (1992).
- Gerhardt, Michael, *The Limited Path Dependency of Precedent*, 7 U. PA. J. CONST. L. 903 (2005).
- GEVURTZ, FRANKLIN A., CORPORATION LAW (2000).
- Gibeaut, John, *The Med-Mal Divide*, 91 A.B.A. J., Mar. 2005, at 39.
- Gillette, Clayton P. & Krier, James E., *Risk, Courts, and Agencies*, 138 U. PA. L. REV. 1027 (1999).
- Gilles, Stephen G., *The Invisible Hand Formula*, 80 VA. L. REV. 1015 (1994).
- Gilles, Stephen G., *On Determining Negligence : Hand Formula Balancing, The Reasonable Person Standard, and the Jury*, 54 VAND. L. REV. 813 (2001).
- Ginsburg, Jane C., *Suppression and Liberty Have Moral Rights Come of (Digital) Age in the United States?*, 19 CARDOZO ARTS & ENT. L. J. 9, 16 n. 45 (2001).
- Gordley, James, *Tort Law in the Aristotelian Tradition, in* PHILOSOPHICAL FOUNDATIONS OF TORT LAW 131 (David G. Owen ed. 1995).
- Goldberg, John C. P., *Introduction : the Restatement (Third) of Torts : General Principles and the John W. Wade Conference*, 54 VAND. L. REV. 639 (2001).
- Goldberg, John C. P., *Twentieth-Century Tort Theory*, 91 GEO. L. J. 513 (2003).
- Goldman, Jonathan S., Comments, *Take That Tobacco Settlement and Super-Size It! : The Deep-Frying of the Fast Food Industry?*, 13 TEMP. POL. & CIV. RTS. L. REV. 113 (2003).
- Gantt, II, Larry O. Natt, *An Affront to Human Dignity : Electronic Mail Monitoring in the Private Sector Workplace*, 8 HARV. J. L. & TECH. 345 (1995).
- Graydon, Scot M., *Much Ado About Spam : Unsolicited Advertising, the Internet, and You*, 32 ST. MARY'S L. J. 77 (2000).
- Grey, Thomas, *Accidental Torts*, 54 VAND. L. REV. 1225 (2001).
- Green, Michael D., *Negligence = Economic Efficiency : Doubts*, 75 TEX. L. REV. 1605 (1997).
- Guthrie, Chris, *Prospect Theory, Risk Preference, and the Law*, 97 NW. U. L. REV. 1115 (2003).
- Guthrie, Chris, Rachlinski, Jeffrey J. & Wistrich, Andrew J., *Inside the Judicial Mind*, 86 CORNELL L. REV. 777 (2001).

【H】

- Hans, Valerie P. & Dee, Juliet, *Responsibility and Blame : Psychological and Legal Perspectives*, 68 BROOK. L. REV. 1093 (2003).
- Hardin, Garrett, *The Tragedy of the Commons*, 162 SCIENCE 1243 (1968).
- Hardy, I. Trotter, *The Proper Legal Regime for "Cyberspace,"* 55 U. PITT. L. REV. 993

(1994).
- Hardy, I. Trotter, *The Ancient Doctrine of Trespass to Web Sites*, 1996 J. ONLINE L. art. 7.s
- Heller, Michael A., *The Tragedy of the Anticommons : Property in the Transition from Marx to Markets*, 111 HARV. L. REV. 684 (1998).
- Henderson, Jr., James A., *Judicial Review of Manufacturers' Conscious Design Choices : The Limits of Adjudication*, 73 COLUM. L. REV. 1531 (1973).
- Henderson, Jr., James A., *The "Habush Amendment : " Section 2(b), Comment e*, 8 KAN. J. L. & PUB. POL'Y 86 (1998).
- Henderson, Jr., James A., *Echoes of Enterprise Liability in Products Design and Marketing Litigation*, 87 CORNELL L. REV. 958 (2002).
- Henderson, Jr., James A., *Why Negligence Dominates Tort*, 50 UCLA L. REV. 377 (2002).
- Henderson, Jr., James A. & Rachlinski, Jeffrey J., *Product-Related Risk and Cognitive Biases : The Shortcomings of Enterprise Liability*, 6 ROGER WILLIAMS U. L. REV. 213 (2000).
- HENDERSON, JR., JAMES A. & TWERSKI, AARON D., PRODUCTS LIABILITY : CASES AND PROCESS (Supp. 1989).
- Henderson, Jr., James A. & Twerski, Aaron D., *Doctrinal Collapse in Products Liability : Empty Shell of Failure to Warn*, 65 N.Y.U. L. REV 265 (1990).
- Henderson, Jr., James A. & Twerski, Aaron D., *Closing the American Products Liability Frontier : The Rejection of Liability without Defect*, 66 N.Y.U. L. REV 1263 (1991).
- Henderson, Jr., James A. & Twerski, Aaron D., *A Proposed Revision of Section 402A of the Restatement (Second) of Torts*, 77 CORNELL L. REV. 1512 (1992).
- Henderson, Jr., James A. & Twerski, Aaron D., *What Europe, Japan, and Other Countries Can Learn from the New American Restatement of Products Liability*, 34 TEX. INT'L L. J. 1 (1998).
- Henderson, Jr., James A. & Twerski, Aaron D., *Achieving Consensus on Defective Product Design*, 83 CORNELL L. REV. 867 (1998).
- Henderson, Jr., James A. & Twerski, Aaron D., *Intuition and Technology in Products Design Litigation : An Essay on Proximate Causation*, 88 GEO. L. J. 659 (2000).
- Henderson, Jr., James A. & Twerski, Aaron D., *Consumers Expectations' Last Hope : A Response to Professional Kysar*, 103 COLUM. L. REV. 1791 (2003).
- HENDERSON, JR., JAMES A. & TWERSKI, AARON D., PRODUCTS LIABILITY : CASES AND PROCESS (5th ed. 2004).
- Hestermeyer, Holger P., *Personal Jurisdiction for Internet Torts : Towards an International Solution?*, 26 NW. J. INT'L L. & BUS. 267 (2006).
- Hoffman, Elizabeth & Spitzer, Matther L., *Willingness to Pay vs. Willingness to*

Accept: Legal and Economic Implications, 71 WASH. U. L. Q. 59 (1993).
- HOLMES, JR., OLIVER WENDELL, THE COMMON LAW (1881).
- Holmes, Jr., Oliver Wendell, *The Path of the Law,* 10 HARV. L.REV. 457 (1897).
- Honore, Tony, *The Morality of Tort Law: Questions and Answers, in* PHILOSOPHICAL FOUNDATIONS OF TORT LAW 31 (David G. Owen ed. 1995).
- Hornung, Meir S., Note, *Think before You Type: A Look at Email Privacy in the Workplace,* 11 FORDHAM J. CORP. & FIN. L. 115 (2005).
- Howells, Geraint G., *The Relationship between Product Liability and Product Safety — Understanding a Necessary Element in a European Product Liability through a Comparison with the U.S. Position,* 39 WASHBURN L. J. 308 (2000).
- Huber, Peter, *Safety and the Second Best: The Hazards of Public Risk Management in the Courts,* 85 COLUM. L. REV. 277 (1985).

【J】
- Jacobson, Peter D. & Brownlee, Shannon, *The Health Insurance Industry and the Media: Why the Insurers Aren't Always Wrong,* 5 HOUS. J. HEALTH L. & POL'Y 235 (2005).
- Jankowski, Theodore S., *Focusing on Quality and Risk: The Central Role of Reasonable Alternatives in Evaluating Design and Warning Decisions,* 36 S. TEX. L. REV. 283 (1995).
- Jensen, Bryce A., Note, *From Tobacco to Health Care and Beyond – A Critique of Lawsuits Targeting Unpopular Industries,* 86 CORNELL L. REV. 1334 (2001).
- JOHNSON, VINCENT R. & GUNN, ALAN, TEACHING TORTS: A TEACHR'S GUIDE TO STUDIES IN ANERICAN TORT LAW (3d ed. 2005).
- Jolls, Christine, *Behavioral Economic Analysis of Redistributive Rules, in* BEHAVIORAL LAW AND ECONOMICS 288 (Cass R. Sunstein ed. 2000).
- Jolls, Christine, Sunstein, Cass R. & Thaler, Richard, *A Behavioral Approach to Law and Economics, in* BEHAVIORAL LAW AND ECONOMICS 13 (Cass R. Sunstein ed. 2000).

【K】
- Kahan, Dan M., Slovic, Paul, Braman, Donald & Gastil, John, Book Review, LAWS OF FEAR: BEYOND THE PRECAUTIONARY PRINCIPLE by Cass R. Sunstein, *Fear of Democracy: A Cultural Evaluation of Sunstein on Risk,* 119 HARV. L. REV. 1071, 1106-09 (2006).
- Kahneman, Daniel & Tversky, Amos, *Prospect Theory: An Analysis of Decision under Risk,* 47 ECONOMETRICA 263 (1979).
- Kahneman, Daniel & Tversky, Amos, *Choices, Values, and Frames,* 39 AM. PSYCHOLOGIST 341 (1984).
- Kahneman, Daniel, Knetsch, Jack L. & Thaler, Richard H., *Experimental Tests of the Endowment Effect and the Coase Theorem, in* BEHAVIORAL LAW AND ECONOMICS 211 (Cass

R. Sunstein ed. 2000).
- Kamin, Kim A. & Rachlinski, Jeffrey J., *Ex Post ≠ Ex Ante : Determining Liability in Hindsight,* 19 LAW & HUM. BEHAV. 89 (1995).
- Kaye, David, *Probability Theory Meets Res Ipsa Loquitur,* 77 MICH. L. REV. 1456 (1979).
- Kearney, Daniel, Note, *Network Effects and the Emerging Doctrine of Cybertrespass,* 23 YALE L. & POL'Y REV. 313 (2005).
- Keating, Gregory C., *Reasonableness and Rationality in Negligence Theory,* 48 STAN. L. REV. 311 (1996).
- Keating, Gregory C., *A Social Contract Conception of the Tort Law of Accidents, in* PHILOSOPHY AND THE LAW OF TORTS 22 (Gerald J. Postema ed. 2001).
- KEETON, ROBERT E., SARGENTICH, LEWIS D. & KEATING, GREGORY C., TORTS AND ACCIDENT LAW : CASES AND MATERIALS (4th ed. 2004).
- Kerr, Orin L., *The Problem of Perspective in Internet Law,* 91 GEO. L. J. 357 (2003).
- Kline, Robert, *Freedom of Speech on the Electronic Village Green : Applying the First Amendment Lessons of Cable Television to the Internet,* 6 CORNELL J. L. & PUB. POL'Y 23, 25 (1996).
- Knaiser, Robert G., Note, *An Informed-Choice Duty to Instruct? Liriano, Burke, and the Practical Limits of Subtle Jurisprudence,* 88 CORNELL L. REV. 814 (2003).
- Kobayashi, Hideyuki & Furuta, Yoshimasa, *Products Liability Act and Transnational Litigation in Japan,* 34 TEX. INT'l L. J. 93 (1999).
- Kosiba, Jeffrey L., Comment, *Legal Relief from Spam Induced Internet Indigestion,* 25 DAYTON L. REV. 187 (1999).
- Krause, Jason, *Mass E-mail Marketing Can Make Sense, But It Can Be Solicitation in Some States,* 91 A.B.A. J., Jan. 2005, at 22.
- Kuran, Timur & Sunstein, Cass R., *Availability Cascades and Risk Regulation,* 51 STAN. L. REV. 683 (1999).
- Kuran, Timur & Sunstein, Cass R., *Controlling Availability Cascades, in* BEHAVIORAL LAW AND ECONOMICS 374 (Cass R. Sunstein ed. 2000).

【L】
- Langevoort, Donald, *Organized Illusions : A Behavioral Theory of Why Corporations Mislead Stock Market Investors (and Cause Other Social Harms), in* BEHAVIORAL LAW AND ECONOMICS 144 (Cass R. Sunstein ed. 2000).
- Latin, Howard, *"Good" Warnings, Bad Products, and Cognitive Limitations,* 41 UCLA. L. REV. 1193 (1994).
- Lessig, Lawrence, *The Law of the Horse : What Cyberspace Might Teach,* 113 HARV. L. REV. 501 (1999).

- Lichtman, Doug & Posner, Eric, *Holding Internet Service Providers Accountable, in* THE LAW AND ECONONICS OF CYBERSECURITY 221 (Mark F. Grady & Francesco Parisi ed. 2006).
- Litowitz, Douglas E., Review Essay, *Frank Kafka's Outsider Jurisprudence,* 27 LAW & SOC. INQUIRY 103 (2002).

【M】
- McBrayer, Lauren, A Note and Brief, *The DirecTV case : Applying Anti-SLAPP Laws to Copyright Protection Cease-and-Desist Letters,* 20 BERKELEY TECH. L. J. 603 (2005).
- McCaffery, Edward J., *Cognitive Theory and Tax, in* BEHAVIORAL LAW AND ECONOMICS 398 (Cass R. Sunstein ed. 2000).
- McCaffery, Edward J., Kahneman, Daniel J. & Spitzer, Matthew, *Framing the Jury : Cognitive Perspective on Pain and Suffering Awards, in* BEHAVIORAL LAW AND ECONOMICS 259 (Cass R. Sunstein ed. 2000).
- McCann, Michael, Haltom, William & Bloom, Anne, *Java Jive : Genealogy of a Juridical Icon,* 56 U. MIAMI L. REV. 113 (2001).
- McClurg, Andrew Jay, *The Tortious Marketing of Handguns : Strict Liability Is Dead, Long Live Negligence,* 19 SETON HALL LEGIS. J. 777 (1995).
- McLintock, Christa Corrine, Comment, *The Destruction of Media Diversity, or : How the FCC Leaned to Stop Regulating and Love Corporate Dominated Media,* 22 J. MARSHALL J. COMPUTER & INFO. L. 569 (2004).
- Metzer, Michael B., *Bridging the Gaps : Cognitive Constraints on Corporate Control & Ethics Education,* 16 J. LAW. & PUB. POL'Y 435, 473 (2005).
- Miller, Gary, *How to Can Spam : Legislating Unsolicited Commercial E-Mail,* 2 VAND. J. ENT. L. & PRAC. 127 (2000).
- Morgan, S. Reed, *Verdict against McDonald's Is Fully Justified,* NAT'L L. J., Oct. 24, 1994, at A 20.
- Morris, Clarence, *Custom and Negligence,* 42 COLUM. L. REV. 1147 (1942).
- Munger, Lee J., Note & Comment : *Is Ronald McDonald the Next Joe Camel? Regulating Fast Food Advertisements Targeting Children in Light of the American Overweight and Obesity Epidemic,* 3 CONN. PUB. INT. L. J. 456 (2004).

【N】
- NADER, RALPH & SMITH, WESLEY J., NO CONTEST : CORPORATE LAWYERS AND THE PERVERSION OF JUSTICE IN AMERICA (1996).
- Noll, Roger G. & Krier, James E., *Some Implications of Cognitive Psychology for Risk Regulation, in* BEHAVIORAL LAW AND ECONOMICS 325 (Cass R. Sunstein ed. 2000).
- Note, *The Elephant in the Room : Evolution, Behavioralism, and Counteradvertising in*

the Coming War against Obesity, 116 Harv. L. Rev. 1161 (2003).

【O】
- Owen, David G., *The Moral Foundations of Products Liability Law : Toward First Principles,* 68 Notre Dame L. Rev. 427 (1993).
- Owen, David G., *Forward : Why Philosophy Matters to Tort Law, in* Philosophical Foundations of Tort Law 1 (David G. Owen ed. 1995).
- Owen, David G., *Philosophical Foundations of Fault in Tort Law, in* Philosophical Foundations of Tort Law 201 (David G. Owen ed. 1995).
- Owen, David G., *Toward a Proper Test for Design Defectiveness : "Micro-Balancing" Costs and Benefits,* 75 Tex. L. Rev. 1661 (1997).
- Owen, David, *Products Liability Law Restated,* 49 S.C. L. Rev. 273 (1998).
- Owen, David, *Inherent Product Hazards,* 93 Ky. L. J. 377 (2004).
- Owen, David G., Products Liability Law (2005).

【P】
- Palmer, Geoffrey, *The Design of Compensation Systems : Tort Principles Rule, O.K.?,* 29 Val. U. L. Rev. 1115 (1995).
- Penny, Steven, *Mass Torts, Mass Culture : Canadian Mass Tort Law and Hollywood Narrative Film,* 30 Queen's L. J. 2005 (2004).
- Perry, Stephen, *Responsibility for Outcomes, Risk, and the Law of Torts, in* Philosophy and the Law of Torts 72 (Gerald J. Postema ed. 2001).
- Pollack, Andrew, *$4.9 Billion Jury Verdict in G.M. Fuel Tank Case,* The New York Times, Page 8, Column 5, July 10, 1999.
- Polinsky, A. Mitchell, An Introduction to Law and Economics (1989).
- Pope, Thaddeus Mason, *Counting the Dragon's Teeth and Claws : The Definition of Hard Paternalism,* 20 Ga. St. U. L. Rev. 659 (2004).
- Posner, Richard A., *A Theory of Negligence,* 1 J. Legal Stud. 29 (1972).
- Ponsner, Richard A., Cardozo : A Study in Reputation (1990).
- Ponsner, Richard A., Economic Analysis of Law (4th ed. 1992).
- Ponsner, Richard A., Law and Literature (revised and enlarged ed. 1998).
- Ponsner, Richard A., Catastrophe : Risk and Response (2004).
- Postema, Gerald J., *Introduction : Search for an Explanatory Theory of Torts, in* Philosophy and the Law of Torts 1 (Gerald J. Postema ed. 2001).
- Priest, George L., *The Invention of Enterprise Liability : A Critical History of the Intellectual Foundations of Modern Tort Law,* 141 J. Legal Stud. 461 (1985).
- Priest, George L., *The Current Insurance Crisis and Modern Tort Law,* 96 Yale L. J. 1521 (1987).

- Dobbs, Dan B., Keeton, Robert E. & Owen, David G., Prosser and Keeton on Torts (5th ed. 1984).
- Schwartz Victor E., Kelly, Kathryn & Partlett, David E., Prosser, Wade and Schwartz's Torts : Cases and Materials (11th ed. 2005).

【R】
- Rachlinski, Jeffrey J., *The Uncertain Psychological Case for a Paternalism*, 97 Nw. U. L. Rev. 1165 (2003).
- Reid, Jr., Charles J., *The Three Antinomies of Modern Legal Positivism and Their Resolution in Christian Legal Thought*, 18 Regent U. L. Rev. 53 (2005).
- Rhode, Deborah L., *Too Much Law, Too Little Justice : Too Much Rhetoric, Too Little Reform*, 11 Geo. J. Legal Ethics 989 (1998).
- Ritov, Ilana & Baron, Jonathan, *Reluctance to Vaccinate : Omission Bias and Ambiguity*, in Behavioral Law and Economics 168 (Cass R. Sunstein ed. 2000).
- Rimm, Marty, *Marketing Pornography on the Information Superhighway : A Survey of 917,410 Images, Descriptions, Short Stories, and Animations Downloaded 8.5 Million Times by Consumers in Over 2000 Cities in Forty Countries, Provinces, and Territories*, 83 Geo. L. J. 1849 (1995).
- Rombauer, Marjorie D., Legal Problem Solving : Analysis, Research and Writing (3d ed. 1978).
- Rustad, Michael L. & Paulsson, Sandra R., *Monitoring Employee E-mail and Internet Usage : Avoiding the Omniscient Electronic Sweatshop : Insights from Europe*, 7 U. Pa. J. Lab. & Emp. L. 829 (2005).

【S】
- Scharf, Irene, *Breathe Deeply : The Tort of Smokers' Battery*, 32 Hous. L. Rev. 615 (1995).
- Schlosser, Eric, Fast Food Nation (2002).
- Schwartz, Gary T., *Tort Law and Economy in Nineteenth-Century America : A Reinterpretation*, 90 Yale L. J. 1717 (1981).
- Schwartz, Gary T., *The Myth of the Ford Pinto Case*, 43 Rutgers L. Rev. 1013 (1991).
- Schwartz, Gary T., *Products Liability and Medical Malpractice in Comparative Context*, in The Liability Maze 36-51, 63-67, 70-75 (1991 Huber & Litan eds.) *reprinted in* James A. Henderson, Jr. & Aaron D. Twerski, Products Liability : Cases and Process 699-707 (5th ed. 2004).
- Schwartz, Gary T., *The Hidden and Fundamental Issue of Employer Vicarious Liability*, 69 S. Cal. L. Rev. 1739 (1996).
- Schwartz, Gary T., *Mixed Theories of Tort Law : Affirming Both Deterrence and*

Corrective Justice, 75 Tex. L. Rev. 1801 (1997).
- Schwartz, Paul M., *Privacy and Democracy in Cyberspace*, 52 Vand. L. Rev. 1609, 1656 (1999).
- Schwartz, Victor E., *The Restatement (Third) of Torts : Products Liability : a Guide to Its Highlights*, 34 Tort & Ins. L. J. 85 (1998).
- Schwartz, Victor E., Behrens, Mark A. & Mathews III, Leavy, *Federalism and Federal Liability Reform : The United States Constitution Support Reform*, 36 Harv. J. on Legis. 269 (1999).
- Schwartz, Victor E., Behrens, Mark A. & Parham, Monica G., *Fostering Mutual Respect and Cooperation between State Courts and State Legislatures : A Sound Alternative to a Tort Tug of War*, 103 W. Va. L. Rev. 1 (2000).
- Shames, Matthew E., Note and Comment, *Congress Opts out of Canning Spam*, 66 U. Pitt. L. Rev. 385 (2004).
- Shapo, Marshall S., Principles of Tort Law (2003).
- Simons, Kenneth W., *The Hand Formula in the Draft Restatement (Third) of Torts : Encompassing Fairness as Efficiency Value*, 54 Vand. L. Rev. 901 (2001).
- Simons, Kenneth W., *Reflection on Assumption of Risk*, 50 UCLA L. Rev. 481 (2002).
- Sorkin, David E., *Technical and Legal Approach to Unsolicited Electronic Mail*, 35 U.S.F. L. Rev. 325 (2001).
- Sorkin, David E., *Regulation of Unsolicited E-mail, in* 情報ネットワーク法学会「第二回研究大会予稿集」10頁（2002年）.
- Speiser, Stuart M., Legal Lore : *Nader v. GM*, Litig. Mag. Fall 1996, at 53, 53 (Vol. 23, No.1).
- Starr, Chauncey, *Social Benefit versus Technological Risk : What Is Our Society Willing to Pay for Safety?*, 165 Science 1232 (1969).
- Suda, Yohei, *Monitoring E-Mail of Employees in the Private Sector : A Comparison between Western Europe and the United States*, 4 Wash. U. Global Stud. L. Rev. 209 (2005).
- Sunstein, Cass R., *Behavioral Analysis of Law*, 64 U. Chi. L. Rev. 1175 (1997).
- Sunstein, Cass R., *Cognition and Cost-Benefit Analysis*, 29 J. Legal Stud. 1059 (2000).
- Sunstein, Cass R., *Introduction, in* Behavioral Law and Economics 1 (Cass R. Sunstein ed. 2000).
- Sunstein, Cass R., Kahneman, Daniel & Schkade, David, *Assessing Punitive Damages (with Notes on Cognition and Valuation in Law), in* Behavioral Law and Economics 232 (Cass R. Sunstein ed. 2000).
- Sunstein, Cass R., *Probability Neglect : Emotions, Worst Cases, and Law*, 112 Yale L. J.

61 (2002).
- Sunstein, Cass R., *The Law of Fear,* 115 HARV. L. REV. 1119 (2002).
- Sunstein, Cass R., *Libertarian Paternalism Is Not an Oxymoron,,* 70 U. CHI. L. REV. 1159 (2003).
- Sunstein, Cass R., *Moral Heuristics and Moral Framing,* 88 MINN. L. REV. 1556 (2004).
- SUNSTEIN, CASS R., LAWS OF FEAR : BEYOND THE PRECAUTIONARY PRINCIPLE (2005).
- Swonoda, Frank & Mayer, Caroline E., *A $4.9 Billion Message : Jury Hits GM with Historic Crash Verdict,* THE WASHINGTON POST, July 10, 1999, at page A01.

【T】
- Taschner, Hans Claudius, *Harmonization of Product Liability Law in the European Community,* 34 TEX. INT'L L. J. 21 (1999).
- Terry, Henry T., *Negligence,* 29 HARV. L. REV. 40 (1915).
- Tribe, Lawrence H. *The Constitution in Cyberspace,* http://www.sgrm.com/art1.htm (last visited Apr. 5, 2006).
- Turow, Scott, *Law and Literature : Introductory Remarks and Panel Discussion,* 31 N.M. L. REV. 67 (2001).
- Tversky, Amos & Kahneman, Daniel, *Judgment under Uncertainty : Heuristics and Biases,* 185 SCIENCE 1124 (1974).
- Twerski, Aaron D. et al., *The Use and Abuse of Warnings in Products Liability — Design Defect Liability Comes of Age,* 61 CORNELL L. REV. 495 (1976).
- TWERSKI, AARON D. & HENDERSON, JR., JAMES A., TORTS : CASES AND MATERIALS (2003).

【U】
- United States Department of Commerce, A Framework for Global Electronic Commerce (1999).

【V】
- Viscusi, W. Kip, *How Do Judges Think about Risk?,* 1 AM. L. & ECO. REV. 26 (1991).
- Viscusi, W. Kip, *Individual Rationality, Hazard Warnings, and the Foundations of Tort Law,* 48 RUTGERS L. REV. 625 (1996).
- VISCUSI, W. KIP, RATIONAL RISK POLICY (1998).
- Viscusi, W. Kip, *Corporate Risk Analysis : A Reckless Act?,* 52 STAN. L. REV. 547 (2000).

【W】
- Wade, John W., *On the Nature of Strict Tort Liability for Products,* 44 MISS. L. J. 825 (1973).
- Warren, Samuel D. & Brandeis, Louis D., *The Right to Privacy,* 4 HARV. L. REV. 193 (1890).
- Wagner, R. Polk, *Information Wants to Be Free : Intellectual Property and the*

Mythologies of Control, 103 COLUM. L. REV. 995 (2003).
- Willson, Michael Jay, *A View of Justice in Shakespeare's The Merchant of Venice and Measure for Measure,* 70 NOTRE DAME L. REV. 695 (1995).
- Wandt, Manfred, *German Approaches to Product Liability,* 34 TEX. INT'L L. J. 71 (1999).
- Whang, Calvin, Comment, *An Analysis of California's Common and Statutory Law Dealing with Unsolicited Commercial Electronic Mail : An Argument for Revision,* 37 SAN DIEGO L. REV. 1201 (2000).
- WHITE, JAMES J. & SUMMERS, ROBERT S., THE UNIFORM COMMERCIAL CODE (5th ed. 2000).
- Witt, John Fabian, *Toward a New History of American Accident Law : Classical Tort Law and the Cooperative First-party Insurance Movement,* 114 HARV. L. REV. 690 (2001).
- WEAVER, RUSSELL L., BAUMAN, JOHN H., CROSS, JOHN T., KLEIN, ANDREW R., MARTIN, EDWARD C. & ZWIER, II, PAUL J., TORTS : CASES, PROBLEMS, AND EXERCISES (2005).
- Wein, Leon E., *Maladjusted Contrivances and Clumsy Automation : A Jurisprudential Investigation,* 9 HARV. J. L. & TECH. 375 (1996).
- WOLFRAM, CHARLES W., MODERN LEGAL ETHICS (1986).
- Wright, Richard W., *Right, Justice and Tort Law, in* PHILOSOPHICAL FOUNDATIONS OF TORT LAW 159 (David G. Owen ed. 1995).
- Wright, Richard W., *The Standards of Care in Negligence Law, in* PHILOSOPHICAL FOUNDATIONS OF TORT LAW 249 (David G. Owen ed. 1995).
- Wright, Richard W., *Hand, Posner, and the Myth of the "Hand Formula,"* 4 THEORETICAL INQUIRIES L. 145 (2003).

【Y】
- Yablon, Charles, *The Meaning of Probability Judgments : An Essay on the Use and Misuses of Behavioral Economics,* 2004 U. ILL. L. REV. 899 (2004).
- Yen, Alfred C., *Western Frontier or Feudal Society? : Metaphors and Perceptions of Cyberspace,* 12 BERKELEY TECH. L. J. 1207 (2002), *reprinted in* PATRICIA L. BELLIA, PAUL SCHIFF BERMAN & DAVID G. POST, CYBERLAW : PROBLEMS OF POLICY AND JURISPRUDENCE IN THE INFORMATION AGE 21 (2d ed. 2003).

邦 語 文 献

【あ行】
- 岡本佳代，小関和彦，平野晋，他『企業のPL対策』（平成7年，商事法務研究会）。
- 奥野正寛『ミクロ経済学入門』（1990年，日本経済新聞社）。

【か行】
- 川島武宜『日本人の法意識』（1967年，岩波新書）。
- クーター，ロバートD. ＆ユーレン，トーマスS. 著，太田勝造 訳『新版 法と経済学』（平成9年，商事法務研究会）。
- 経済産業省「ロボット政策研究会（第一回）の開催について」平成17年1月25日 *available at* ⟨http://www.meti.go.jp/press/20050125003/050125robbot.pdf⟩(last visited Sept. 28, 2005)。
- 小島武司，他『隣人訴訟の研究〜論議の整理と理論化の試み〜』（1989年，日本評論社）。

【さ行】
- 参議院　第129回国会　商工委員会　第7号　平成六年六月二十日　会議録。
- 衆議院　第129回国会　商工委員会　第7号　平成六年六月十日　および　第5号　同年六月三〇日　会議録。

【た行】
- 田中英夫編集代表『英米法辞典』（1991年，東京大学出版会）。
- 通商産業省消費経済課『製造物責任法の解説』（平成6年9月20日，通商産業調査会）。
- ドゥウォーキン，ロナルド 著，小林公 訳『法の帝国』（1995年，未來社）。

【は行】
- HEARN, LAFCADIO 著（荻原恭平 訳注）『KWAIDAN 怪談』（昭和27年，研究社）。
- 林田清明『《法と経済学》の法理論』（1996年，北海道大学図書刊行会）。
- 樋口範雄『アメリカ契約法』（平成6年，弘文堂）。
- 平野晋「アメリカ不法行為法入門」『際商』Vol. 20, No. 5, 496頁〜Vol. 22, No. 1, 81, 85頁（1992年5月〜94年1月）。
  平野晋『アメリカ製造物責任法の新展開：無過失責任の死』（1995年，成文堂）。
- 平野晋「アメリカ不法行為法第三次リステイトメント製造物責任法における"機能的"設計欠陥基準」『損保企画』Nos. 663, 664, 666　（1997年12月〜1998年1月）。
- 平野晋＆相良紀子「解説『Zeran対AOL』事件（ネットワークと法の中心課題2）」『判タ』No. 985, 73頁（1998年12月15日）。

- 平野晋『電子商取引とサイバー法』(1999年，NTT出版)。
- 平野晋「"法と文学"と法職倫理」『際商』Vol.29, No.4～Vol.31, No.10（2001年4月～2003年10月）。
- 平野晋「ユーザーの名誉毀損行為に対するISPの民事責任（上）（下）」『判タ』Nos. 1002-03, 45頁（1999年8月1・15日）。
- 平野晋「サイバー法は可能か？」in 林紘一郎 他 編『IT 2001 なにが問題か』80頁（2000年，岩波書店）。
- 平野晋「国際法務から"政策"法務へ（下）」『際商』Vol. 30, No. 5, 648, 648-53頁（2002年5月）。
- 平野晋「迷惑メール問題と米国における分析」『日本データ通信』No. 127, 53頁（2002年9月）。
- 平野晋「補追（海外のPL制度の現状）（米国のPL法）『不法行為法第三次リステイトメント製造物責任』発表後の判例～起草者による分析等から～」97頁 in 財団法人製品安全協会・事故救済措置研究会『（平成14年度）流通合理化促進調査等（被害救済体制の整備に関する）報告書』（平成15年3月）。
- 平野晋「ニフティサーブ・スパムメール送信禁止事件（浦和地決平11・3・9）」『サイバー法判例解説』別冊 NBL No. 79, 2頁（2003年）。
- 「東京地裁，大量宛先不明メール（迷惑メール）送信業者に対し，NTTドコモへ損害賠償支払いを命じる」『NBL』759号6頁（2003年4月15日）。
- 平野晋「国際法務戦略」in 林昇一＆高橋宏幸 編集代表『戦略経営ハンドブック』466頁（2003年，中央経済社）。
- 平野晋「迷惑メールに関する米国法との比較法的考察」『法とコンピュータ』No. 21, 25頁（2003年7月）。
- 平野晋「企業の法務と国際ビジネス～グローバル企業の法務の現場から～」『英米法學』No. 43, 3頁（2004年6月）。
- 平野晋「社会問題化した紛争の代替的解決手段：『政策法務』的アプローチの実践例」in 小島武司編『ADRの実際と理論Ⅱ』68頁（2005年，中央大学出版部）（日本比較法研究所研究叢書#68）。
- 平野晋「ロボットPL：ファースト・フード訴訟に学ぶ『製品分類別責任』」『ロボット』168号（2006年1月，日本ロボット工業会）。
- 平野晋「ロボットPL：ロボットの"安心・安全"と製造物責任」『総合政策研究（中央大学）』13号（2006年3月，中央大学）。
- 平野晋「わが国における迷惑メールの法規制は」『Q&Aインターネットの法務と税務』923頁（2006年，新日本法規）。
- 平野晋「ホット・ドリンク訴訟と Easterbrook, J. の法廷意見」in『小島武司先生古希記念論文集』（2006年 forthcoming，商事法務研究会）。

【ま行】
- 丸橋透「NTT ドコモ迷惑メール送信禁止仮処分事件（横浜地決平13・10・29）」『サイバー法判例解説』別冊 NBL No. 79, 22頁（2003年）。
- 「迷惑メール配信拒否　ドコモ，あて先不明多発で判断，『日本も法整備必要』」『日経産業新聞』2001年11月6日。
- 森本好則『ミクロ経済学』（19992年，有斐閣ブックス）。

【や行】
- 吉田敦也，他編著『行動科学ハンドブック』（1989年，福村出版）。

【ら行】
- ロールズ，ジョン著，田中成明 編訳『公正としての正義』（1979年，木鐸社）。
- ロボット政策研究会「ロボット政策研究会中間報告書〜ロボットで拓くビジネスフロンティア〜」平成17年5月 *available at*〈http://jara.jp/pressrelease/news/img/-050711rept.pdf〉(last visited Sept. 28, 2005).

索　引

《和文索引》

ア　行

明らかな危険（patent danger rule）　189
悪化（worse off）　19, 228
あと知恵の偏見（hindsight bias）　370
アメリカ法律協会（American Law Institute：ALI）　63 n.94
安全利益（security interest）　12, 296 n.16, 309
アンリーズナブル（unreasonable）　106, 162 n.215
萎縮効果（chilling effects）　35, 207
異常なまでに危険な諸活動（abnormally dangerous activities）　111
一次的危険の引受（primary assumption of risk）　129
一次的法源（primary authorities）　55
一般評決（general verdict）　143
一方的危険（unilateral risk）　19, 248, 300
一方的予防（unilateral precautions）　163
古（いにしえ）の厳格責任主義　66 n.105
因果応報（Karma；retribution）　227, 253
インジャンクション（injunction："inj"）　29 n.11, 133
インフォームド・コンセント（informed consent）　147
インフォームド選択型（informed choice）　172
受入補償額（willingness-to-accept [compensation]：WTA＝売値）　441, 443
薄い頭骸骨の準則→ thin-skull rule

運用費用（administrative costs）　11 n.25, 47, 50
エリン・ブロコビッチ（Erin Brockovich）　319, 442
エンタープライズ責任（enterprise liability：EL）　21 n.44, 44
狼少年効果（crying wolf）　179
汚名（stigma）　15, 32
愚かな行動（foolish behavior）　164 n.220, 236

カ　行

開示手続（discovery）　i, 73-74
蓋然性無視（probability neglect）　281-82, 351 nn.7-8, 419
買値（buying price）　385
開発危険［の抗弁］→ development risk
外部効果（external effect）　229
外部性（externalities）　229
格差原理（the difference principle）　343
確実性効果（certainty effects）　354
過失推定則（*res ipsa loquitur*）　109
過失なければ責任なし　43
過剰警告（オーヴァー・ウォーニング）　179
過剰抑止（over-deterrence）　24, 194, 259
カスケード（cascades：連鎖反応）　389
活動（行為）利益（activity (action) interest）　12, 296 n.16
活動レベル（activity levels）　24, 250
カフカ（Kafka, Franz）　36 & n.30
カルドア＝ヒックス効率（Kaldor-Hicks efficiency：可能性・潜在的パレート最適）　228

慣行→業界慣行
観察者効果（observer effects） 401
カンティアン・アリストテリアン理論
　　（Kantian-Aristotelian theory） 293
帰結主義（consequentialism） 294
危険愛好（risk-seeking, risk preferring）
　　238, 254
危険回避（risk aversion） 238
危険減少型（risk reduction） 172
危険効用基準（risk-utility test） 107,
　　161, 285
危険責任 153
危険（損失）の分散（risk (loss) spreading）　9 n.22, 154, 219-20
危険中立的（risk neutral） 283, 354
危険の引受（assumption of risk） 120
技術水準（state-of-the art） 192
稀少（な）資源 10, 216, 275 n.171
帰属錯誤（attribute errors） 401
期待事故費用（expected accident costs）
　　268-71
義務論主義（deontology） 294
逆選考（adverse selection） 47, 235
業界慣行（industry custom） 109, 146
矯正的正義（corrective justice） 35,
　　220, 225, 291
共有地の悲劇（The Tragedy of the
　　Commons） 231
寄与過失（contributory negligence）
　　125
巨視的 13, 17, 19
近因（proximate cause） 108, 113, 128
近視眼 13, 14, 16
クリア・アンド・コンヴィンシング・エ
　　ヴィデンス／明白かつ確信を抱くに
　　足る証明（clear and convincing evidence）　87, 200
警告汚染（warning pollution） 175,
　　179
警告懈怠（failure to warn） 171
契約法上の厳格責任（strict liability in
　　contract）　151 n.187, 152 fig.17
ケースブック（casebook） v n.10,
　　28 n.7, 57 n.84
現状執着偏見（status quo bias） 385
原初状態（original position） 342
限定意思力（bounded willpower） 352
限定合理性（bounded rationality） 352
行為規範　iv, 14, 23, 274, 311
公人（public figures） 200 & n.318
公然かつ明白な危険（open and obvious
　　danger） 177, 190
行動経済学（behavioral economics）
　　348-49
行動の自由利益（liberty interest） 309
衡平法（equity） 54 n.75, 133
合理的選択（rational choice） 328,
　　349, 352 & n.10, 354
コースの定理（Coase Theorem） 239
誤作動（malfunction） 167, 168, 394,
　　425-26
互酬（reciprocal）原理 107, 220, 343-
　　44
個人的（主観的）価値判断（individualized value judgments） 398
個人の尊厳（personal/individual dignity,
　　personal sovereignty） 174, 202
個別評決（special verdict） 143
コミュニタリアニズム（communitarianism） 315
コモン・ロー（common law） 54 n.75,
　　133
孤立効果（isolation effects） 357

サ　行

最安価事故回避者（cheapest cost
　　avoider） 154, 254
サイバースペース（cyberspace） v,
　　199, 207
サイバー・トーツ（cyber-torts） v,
　　206
裁判官裁判（bench trial） 141
先の行為者（earlier actors） 153, 241
　　& n.89, 297
指図評決（directed verdict：" DV "）
　　78, 80

索　引　483

サマリー・ジャッジメントの申立（motion for a summary judgment）77-78
産業化社会（industrialized society）　1, 36, 43, 106
残余事故費用（residual accident costs）24, 36 n.32, 251 & n.117
自決権（self determination）　132, 148, 174, 322, 332
事後（*ex post*）　16, 23, 100, 292
事故回避（防止）費用（costs of avoidance）　10, 218, 410
自己決定権（right to determine his own fate）　174
自己責任（personal responsibility）　132, 174, 322, 332, 406
自己中心主義（egocentrism）　375
事故法（accident law）　v, 1, 43
自己奉仕推論（self-serving inference）405
自己奉仕的偏見（self-serving bias）375
事実的原因／事実的因果関係（cause in fact）　113, 115
事実認定者（fact finder, trier of fact）65 n.101, 143-44
事実問題（a matter of fact）　77, 143-44
市場（market）　217
市場取引費用（market transaction costs）243
市場の失敗（market failure）　229
自信過剰（over-confidence）　375 n.97, 376
事前（*ex ante*）　23, 100, 216, 370
質問書（interrogatories）　i, 73 n.127
シナリオ（scenarios）　401
支払意思額（willingness-to-pay：WTP＝買値）　440, 443
慈悲（mercy）　237 & n.78
社会的（限界）費用（social (marginal) costs）　230 fig.25, 231, 263
集団的入手容易性誤謬（collective availability errors）　392
出訴期限（statutes of limitations）　133
受容された相互作用（an accepted interaction）　299
証言録取（depositions）　i, 73-74
証拠採用（admissible）　ii, 83
証拠提出責任（burden of presentation）86, 145
使用者責任（*respondeat superior*）　112
衝突耐性（crashworthiness）　i, 21
消費者期待基準（consumer expectations test）　15, 160, 161, 394
情報化社会（information society）　1 n.3
情報経済（information economy）／情報産業（information industry）　199, 207
情報の非対称性（information asymmetries）　233
所有効果（endowment effect）　385
書類等提出要求（request for production of documents and things）　i, 73
自律（autonomy）　148, 295, 322, 332, 344
事例に基づく判断（case-based decision）401
信頼責任　156
スパマー（spammer）　207
スパム（spam）　208
正義の第一原理＝平等な自由の原理　343
正義の第二原理＝格差原理　343
正義の二大原則（two principles of justice）　342
請求棄却の申立（motion to dismiss）75
精神的苦痛の故意による賦課（intentional infliction of emotional distress：IIED）　94
製造上の欠陥（manufacturing defects）155, 157
製造物責任法リステイトメント　152, 162

制定法違反即過失（negligence *per se*） 109
製品分類別責任（product category liability） 168, 183
生命価値（value of life） 282, 438
責任制限期間（statute of repose） 133
積極的抗弁（affirmative defense） 124, 191
設計欠陥（design defects） 6, 46, 160
説示（charges または jury instructions） 71, 143 n.156
説得責任（burden of persuasion） 86
選択の自由（freedom of choice） 132, 148, 322, 332
専門家証人（expert witness） 83, 146
双方的危険（bilateral risk） 19, 153
双方的予防（bilateral precautions） 20, 163, 248
ゾーン・オブ・デインジャー（zone of danger） 108
訴訟原因（couse of action） 28 n.9
訴答に基づく判決申立（motion for judgment on the pleadings） 77
損失回避（loss aversion） 355, 385

タ 行

代位責任（vicarious liability） 112
代替設計案（reasonable alternative design：RAD） iii, 161-62 & n.215
代表性ヒューリスティック（representative heuristics） 363
他人の所為 16, 337 fig.29
ダビデとゴリアテ（David against Goliath） 320 & n.64
卵の殻の頭蓋骨の準則→ eggshell-skull rule
注意レベル（care levels） 24, 41, 250
中断原因（superseding cause） 122, 138
超危険な諸活動（ultra-hazardous activities） 111
懲罰賠償（punitive damages） 134, 136
ディープ・ポケット（deep pocket） 9, 219
転嫁（shift） 10, 27
同意あれば被害なし（*volemti non fit unjuria*） 130
道具（instrumentality） 43, 216
当然の注意義務（due care） 96
投錨と調整（anchoring and adjustment） 367
答弁書（answer） 76 & n.138
独立参入原因（intervening cause） 122, 138
トライアル（trial） i, 70
トライアル後の手続（公判後手続）（posttrial practices または posttrial procedure） 75
トライアル前手続（公判前手続）（pretrial practices または pretrial procedure） 73
取引（bargain） 242
取引費用→市場取引費用
トレードオフ（tradeoffs） 16, 312

ナ 行

内部化（internalization） 41, 231, 233, 247
二次的危険の引受（secondary assumption of risk） 129
二次的法源（secondary authorities） 56 & n.82, 63
入手容易性ヒューリスティック（availability heuristics） 361
ニュー・トライアル：再審理（new trial） 75, 84
認知心理学（cognitive psychology） 348 n.2
認知不協和理論（cognitive-dissonance theory） 404
熱心な擁護者（zealous advocate） 61 n.91, 245 n.102
後の行為者（later actors） 153, 241 & n.89, 297

索　引　485

ノンフィザンス（nonfeasance，不作為）　103
ノンスーツ（non-suit）　80

ハ 行

陪審裁判（jury trial）　70-71 & n.118, 72
パイの切り分け　217 & n.12
外れ玉（manufacturing flaws）　158
パターナリズム（paternalism）　322
果てしのない（open-ended）　160, 194
波紋効果（ripple effects）　428-29, 437
パレート最適（Pareto efficiency）　227
ハンド判事の公式（Hand Formula：$B<PL$）　14, 266, 312
反パターナリズム（anti-paternalism）　322
比較フォールト／比較過失（comparative fault, comparative negligence）　125
非互酬的危険（nonreciprocal risk）　ix, 345
非難に値する／帰責性（blameworthy）　ix, 31, 46
ヒューリスティック（heuristics）　359
評議（jury deliberation）　72
評決（verdict）　72, 142
評決無視の判決（judgment n. o. v. または judgment notwithstanding the verdict）　78, 80-82
標準逸脱基準（deviation-from-the-norm test）　158
平等な自由（equal freedom）　20, 293, 295
費用便益分析（cost-benefit analysis：CBA）　7, 107, 162, 229
フォード・ピント事件（Ford Pinto case）　278, 282, 318, 439
不可避な危険（inherent/unavoidable danger）　183
不均衡基準（disproportionate test）　309
不作為性向（omission bias）　386

不法行為法上の厳格責任（strict liability in tort）　151 & n.187, 152 fig.17
ブラック・レター（black-letter law）　64
プリポンダランス・オブ・エヴィデンス／証拠の優越（preponderance of evidence）　65, 86
フレイミング効果（framing effects）　377
プレリミナリー・インジャンクション（preliminary injunction）／暫定的差止　88
文化的世界観（cultural worldviews）　399, 411
分配的正義（distributive justice）　220, 224, 292 n.5
ベスト・リスク・ミニマイザー（the best risk minimizer）　18, 263
偏見除去技能（debiasing techniques）　100 n.25, 374
報償責任　153
法的因果関係（proximate cause または legal cause）　113
法と経済学（law and economics）　iii, 215
法と大衆文化（law and popular culture）　iv, 279 n.188, 318
法と文学（law and literature）　iv, 33, 318
法の帝国（Law's Empire）　317 n.53, 346, 407 n.192
法律問題（a matter of law）　77, 143-45
法律問題としての判決（judgment as a matter of law）　78
保険者（insurer）　45, 47, 164, 194, 220, 235
補償的損害賠償（compensatory damages）　3, 5, 135
補助金（subsidiary）　20 & n.44, 164, 237, 258
ホット・ドリンク火傷訴訟　2, 139
ポリセントリック（polycentric，多中心

的） 275

マ行

ミスフィザンス（misfeasance, 失当な行為） 104
無知のヴェール（behind a veil of ignorance） 342
明示の危険の引受（express assumption of risk） 129
名目的損害賠償（nominal damages） 136
迷惑メール 207
申立（motions） 74 n.131
モラル・ハザード（moral hazard） 47, 235

ヤ行

歪み効果（distorting effects） 24, 227, 231, 253, 259
善きサマリア人（Good Samaritan） 105, 148, 149 & n.180
抑止（deterrence） 39, 213 fig.24, 215
予見可能性（foreseeability："4cb"） 98, 109, 117, 192
予測理論（prospect theory） 353, 377
予防原則（precautionary principle） 388, 453

ラ行

ラスト・クリア・チャンス（last clear chance） 127
楽観過剰主義（over-optimism） 375 n.97
楽観への偏見（optimistic bias） 403
リーズナブルな代替設計案（reasonable alternative design：RAD） 162 & n.215
リーズナブル・パーソン・スタンダード（a reasonable person standard） 97
リステイトメント 56, 59-60 & n.89, 62-64
立証責任（burden of proof） 85, 145

リバタリアニズム（libertarianism） 322
留意の推定（heeding presumption） 175
良化（better off） 228, 247
倫理的ヒューリスティック（moral heuristics） 392
レミッティター（remittitur, 損害額減額決定） 82, 135
論証的欠陥設計（demonstratively defective designs） 167

《欧文索引》

A

actual malice（現実の害意） 200
adversary system（当事者対抗主義） 60 n.91, 245 n.102
Asian Disease Problem 379
assault（脅迫） 94
ATLA（アトラ） 40 n.40
attractive nuisance doctrine（魅惑的危険物の法理） 105

B

bargain →取引
battery（暴行） 94
Brandeis, Louis D. 203
bribe（賄賂） 221
but-for causation 115

C

Calabresi, Guido 1, 219, 221
Cardozo, Benjamin Nathan 58, 64, 107, 109, 286 fig.27
case-based reasoning 360
citation 64 n.96
Coase, Ronald H. 1, 239
conversion（横領） 94

D

defensive medicine（防衛的医療） 147

D

demurrer（ディマラー） 76
development risk 192
dual requirement 162 n.215, 186
Dworkin, Ronald 317 n.53, 346, 407 n.192

E

eggshell-skull rule 119
expert witness（専門家証人） 83, 146
extreme aversion（極端の回避） 403

F

false imprisonment（不法監禁） 94
Fletcher, George P. 67 n.105, 107, 220, 343
foreseeable misuse（予見可能な誤使用） 181 n.270, 191

G

Grisham, John 34, 319

H

Hand, Learned 64, 106, 109, 267, 286 fig.27
Henderson, James A., Jr. iii, 22, 39, 163
Holmes, Oliver Wendell, Jr. 17 & n.36, 25, 39, 64, 142 n.154

I

incommensurable（比較できない） 438
inference（推論・推認） 87
irrebuttable presumption（反証を許さない推定） 88

J

junk science 83 n.164

K

The Killing Field 47 & n.57, 254

L

law ands（法と〇〇） iii, 211, 348
law journal（ロー・ジャーナル） vii, 56 n.81, 64 n.96
law review（ロー・レヴュー）→law journal
lay witness（素人証人） 83
(legal) reasoning iii, 59-62, 92
libel（ライバル） 198

N

[private] nuisance（生活妨害） 95, 240, 248

O

one-bite rule 111
opt out 331, 332 n.92, 387
overkill 46 & n.57, 255

P

pleadings（訴答手続） 76
Posner, Richard A. 37, 212 fig.23, 269
presumption（推定） 87
Prosser, William L. 39, 95, 205
public policy（公共政策） 58 n.86, 92

R

Rawls, John 229, 342
rebuttable presumption（反証を許す推定） 88
right to be let alone（放っておいてもらう権利） 202

S

Schwartz, Gary T. 39, 44, 346 n.128
sine qua non 115
slander（スランダー） 198
SLAPP（スラップ） 200
state-of-the art（技術水準の抗弁） 191

T

thin-skull rule 119
The tortfeasor must take his victim as he finds him. 119
trespass to chattels（動産への不法侵害） 94, 208
trespass to land（不動産への不法侵害） 94
TRO（temporary restraint order） 88

W

Wade, John 286 fig.27
Warren, Samuel D. 203

平　野　晋
（ひらの　すすむ）

1961年	東京都に生まれる
1984年	中央大学法学部法律学科卒業
1989年	企業派遣米国法務留学
1990年	コーネル大学ロースクール修了（LL. M.）
同　年	ニューヨーク州法曹資格試験（bar exam.）受験・合格
同　年	コーネル大学ロースクール特別研究生（『コーネル・インターナショナル・ロー・ジャーナル』誌編集員に選抜）
1991年	Morgan Lewis & Bockius 法律事務所研修生
1993年	White & Case 法律事務所アソシエイト
1995年	NTTインターナショナル㈱法務担当課長
2000年	㈱NTTドコモ法務室長
2004年	中央大学教授（総合政策学部）
2013年	中央大学 大学院 総合政策研究科委員長
2018年	中央大学 国際情報学部開設準備室長
現　在	中央大学教授・学部長（国際情報学部），米国ニューヨーク州弁護士，博士（総合政策）（中央大学）

アメリカ不法行為法

2006年10月15日　初版第1刷発行
2007年 9 月20日　初版第2刷発行
2013年 6 月21日　初版第3刷発行
2022年11月15日　初版第4刷発行

著　者　平　野　　　晋
発行者　松　本　雄一郎
発行所　中 央 大 学 出 版 部
〒192-0393
東京都八王子市東中野742番地1
電話042-674-2351・FAX 042-674-2354

Ⓒ 2006　Susumu Hirano　　　　　　　　　㈱TOP印刷

ISBN978-4-8057-0719-7

本書の無断複写は，著作権法上での除外を除き，禁じられています。
複写される場合は，その都度，当発行所の許諾を得てください。